中国延安干部学院学术文库

从兴盛到衰败

近代中国民信局（1866—1934）

徐建国 著

中国社会科学出版社

图书在版编目（CIP）数据

从兴盛到衰败：近代中国民信局：1866—1934 / 徐建国著.—北京：中国社会科学出版社，2017.6
ISBN 978 - 7 - 5203 - 0345 - 3

Ⅰ.①从… Ⅱ.①徐… Ⅲ.①邮政—经济史—史料—中国—1866 - 1934 Ⅳ.①F632.9

中国版本图书馆 CIP 数据核字（2017）第 099910 号

出 版 人	赵剑英
责任编辑	刘志兵
特约编辑	张翠萍等
责任校对	冯英爽
责任印制	李寡寡
出　　版	中国社会科学出版社
社　　址	北京鼓楼西大街甲 158 号
邮　　编	100720
网　　址	http://www.csspw.cn
发 行 部	010 - 84083685
门 市 部	010 - 84029450
经　　销	新华书店及其他书店
印　　刷	北京明恒达印务有限公司
装　　订	廊坊市广阳区广增装订厂
版　　次	2017 年 6 月第 1 版
印　　次	2017 年 6 月第 1 次印刷
开　　本	710×1000　1/16
印　　张	21.75
插　　页	2
字　　数	346 千字
定　　价	89.00 元

凡购买中国社会科学出版社图书，如有质量问题请与本社营销中心联系调换
电话：010 - 84083683
版权所有　侵权必究

目 录

第一章 导论 (1)
第一节 选题缘由和学术史回顾 (1)
一 选题缘由 (1)
二 学术史回顾 (2)
第二节 研究对象、文章的结构和内容 (10)
一 关于研究对象的说明 (10)
二 文章的结构和内容 (16)
第三节 时间断限、资料说明及学术贡献 (17)
一 时间断限 (17)
二 资料说明 (18)
三 学术贡献 (20)

第二章 民信局的兴起 (22)
第一节 古代社会的信息沟通 (22)
第二节 关于民信局产生的三种说法 (24)
第三节 民信局产生的经济环境 (30)
一 明清时期商品流通范围的扩大 (30)
二 明清时期商人经商范围的扩大 (34)
第四节 民信局兴起的历史进程 (37)

第三章 晚清时期的民信局 (42)
第一节 晚清时期商品经济的发展概况 (42)
一 全国各主要经济区域的完全形成 (42)
二 各区域间商品流通的频繁 (59)

第二节　晚清时期民信局的发展概况 …………………………… (65)
　　一　长江沿线地区 ……………………………………………… (66)
　　二　东部沿海地区 ……………………………………………… (81)
　　三　其他地区 …………………………………………………… (92)
　　四　关于晚清时期民信局的数量和分布地点问题 …………… (93)
第三节　晚清时期民信局的寄递网络研究 ……………………… (98)
　　一　民信局的空间网络分析 …………………………………… (98)
　　二　民信局的寄递网络分析 ………………………………… (111)
第四节　晚清时期民信局寄递网络和商品流通网络之间的
　　　　　关系 …………………………………………………… (120)
　　一　信息沟通对商品流通的促进作用 ……………………… (120)
　　二　商品流通网络是民信局寄递网络展开的基础 ………… (124)

第四章　民信局的组织和经营 ………………………………… (143)
第一节　民信局的组织和运营概况 ……………………………… (143)
　　一　民信局内部及相互之间的关系 ………………………… (144)
　　二　民信局的邮递方式 ……………………………………… (156)
　　三　民信局的资本额 ………………………………………… (166)
　　四　民信局的经营方式 ……………………………………… (171)
　　五　信业公所与民信局 ……………………………………… (179)
第二节　民信局的经营理念和经营特色 ………………………… (188)
　　一　民信局的业务范围广 …………………………………… (188)
　　二　民信局注重服务中的细节 ……………………………… (191)
　　三　民信局的资费低廉 ……………………………………… (199)
　　四　民信局的低成本运营模式 ……………………………… (201)
第三节　民信局存在的弊端 ……………………………………… (205)
　　一　民信局经营线路的选择性 ……………………………… (205)
　　二　民信局从业者的不轨行为 ……………………………… (209)
　　三　民信局之间的无序竞争性 ……………………………… (217)
　　四　对相关从业者缺乏有效的制度制约 …………………… (223)
　　五　民信业缺乏有效的赔偿机制及抵御风险的能力 ……… (230)

第五章　民间信局和官办邮政之间的博弈……………………(237)
第一节　民间信局和官办邮政的相互竞争时期(1896—1911)……(238)
一　官办邮政对民间信局进行排挤和竞争的具体措施…………(238)
二　民信局的抗争和初步萎缩……………………………………(272)
第二节　民间信局和官办邮政的一退一进时期(1912—1934)……(287)
一　官办邮政对民间信局进行打击和竞争的具体措施…………(287)
二　民信局的完全衰落及最终被取缔……………………………(306)

第六章　结语…………………………………………………………(323)
第一节　民信局的兴起与发展是适应商品经济发展需要的
结果……………………………………………………………(323)
第二节　现代化进程中传统与现代之间的关系……………………(325)
第三节　现代化进程中的国家意志…………………………………(327)

参考文献………………………………………………………………(332)

后记……………………………………………………………………(340)

第 一 章

导　　论

本章主要说明选题缘由，过去关于这一问题的研究概况，本书的研究思路和基本框架，研究的创新点及所要阐述的学术问题，而且对所运用的基本资料情况也做一简单介绍。

第一节　选题缘由和学术史回顾

一　选题缘由

在传统社会的信息传递中，除官营的驿站外，民信局也占有重要的地位。但长期以来，关于驿站制度的研究处于主流地位，缺乏对民信业全面系统的研究。按照目前关于民信局研究的唯一一本专著的说法："民信局是中国民间非常特殊的行业，不过国人研究者不多，也甚简略"，"民信局服务民间的历史颇长，对民间书信及财货的流通贡献至巨。只是对于此一行业渊源、组织、发展、业务及贡献的探讨，并不多见"。[①]

关于近代中国社会商品经济的快速发展，这是无可争辩的事实。关于信息沟通在其中所起到的积极作用，人们也有所认识，但在提到信息沟通方式时，却忽视了民信局所起到的作用。作为一种重要的民间通信形式，在近代官办邮政普遍设立之前，民信局对于沟通商业信息、促进亲情友情交流，都起到极大的作用，值得详加剖析。另外，关于民信局产生的原因，各种材料及研究文章都强调是适应商品经济发展需要的结果，但在有

[①]　彭瀛添：《民信局发展史——中国的民间通讯事业》，（台北）"中国文化大学出版社"1992年版，自序第2页，正文第2页。

关经济史或商业史研究的文章或专著中，却很少提及民信局。由于缺乏对这种民营服务行业的系统研究，人们对在前近代尤其是近代以来极大地促进商业和社会经济发展的这种民间通信形式缺乏深刻认识。对于民信局在中国社会经济发展中所起到的积极作用，应该做出客观的评价，仅从这一点讲，也有研究之必要。

更为重要的是，由于原始资料缺乏，在目前关于民信业已经进行的相关研究中，不但专著和文章有限，而且还存在互相因袭的情况，以致有些本来就没有根据的说法被沿袭下来，长期没有得到纠正；有些问题则表达不清，从而造成人们对民信业的种种不实甚至错误的认识。

有鉴于此，本书在前人研究的基础上，尽最大努力挖掘史料：一方面从较为微观的层面概述晚清时期民信局处于鼎盛时期的状况、民信局的组织和经营状况及经营特色与存在的弊端，纠正过去关于民信业的某些不实或不确说法和结论；另一方面从较为宏观的层面探讨民信局寄递网络和商品流通网络之间的关系、民信局和官办邮政之间的博弈状况，力求在一定程度上加深对这一问题的研究，以求使人们能够对这一近代重要的民间通信形式有更为明晰的认识。

二　学术史回顾

作为近代中国社会存在过的一种重要民间通信形式，要对民信局研究作系统的学术史回顾，就不能不首先提到近代邮政的研究状况。近代邮政制度是随着西方的入侵而移植到中国来的，从目前的研究状况看，近代邮政研究也是一个比较薄弱的课题：一是各地虽然以省市为单位编写了邮政志或邮电志，但基本上是以时间为经概述了当地邮政或邮电的发展过程，主要表现的是其历时性的一面，而且其中许多著作的质量水平不高；二是缺乏一部有力度、有影响力的全国性近代邮政史著作。现在所见到的唯一一本以近代邮电史命名的著作是《中国近代邮电史》（人民邮电出版社1984年版）。该书是为邮电系统职工了解近代邮电发展状况而编写的通俗普及读物，学术性不强，正如编者所说，是"为了使邮电职工尤其是新入局的职工能比较全面系统地了解我国邮电事业的历史"而编写的。从另一个角度讲，该书出版在30多年前，不可避免地带有时代烙印，其中有些观点需要重新审视，有些史实需要根据已经发现的史料加以补充和纠正。

但该书的开创性在于它比较简略地讲述了近代中国邮电事业的发展历程，不可否认，该书对于从事这方面研究还是有一定的借鉴作用的。

近年来，有一些中国近现代史专业的研究生纷纷选择近代邮政作为论文题目，写出了一批学位论文，但主要限于硕士研究生，就目前查阅到的论文看，尚没有博士生将近代邮政研究作为论文选题。关于这部分学位论文，有的从全国范围角度，有的从地方邮政发展角度。《近代中国邮政统一与发展研究》概述了全国邮政统一的历程及近代邮政的发展，认为近代邮政的统一与发展促进了国民经济发展、推动了文化传播、便利了民众生活，指出近代中国邮政具有发展的不平衡性和相对落后性的特点[1]；《晚清中国邮政的近代化》概述了古代邮驿的状况、近代邮政的产生以及组织管理状况，认为从西方引进的邮政制度对近代中国邮政事业的发展具有促进作用，推动了中国邮政的近代化进程。[2] 另外，有论文从制度经济学视角论述了近代邮政的发展。《制度、运作与效应：清末国家邮政事业述论》论述了晚清时期邮政的建立和发展、运营状况以及邮政与民信局、客邮和驿站之间的竞争情况，认为国家邮政的建立是现代文明的重要组成部分，体现了社会变迁。[3] 有的论文则从邮政与社会互动的角度展开论述。《邮政与中国近代社会——以山西为中心（1896—1937）》概述了近代中国邮政的建立及邮政与社会之间的互动，认为近代邮政制度的建立使人们可以通过邮政表达其诉求，从而构建起开放的社会体系。[4] 有学位论文论述了晚清邮政与财政之间的关系。《晚清邮政与财政的关系问题研究》认为晚清财政危机导致了邮政开办，财政的窘困又制约了邮政的发展，因而造成邮政权委诸外人、邮路拓展不平衡的现象。但晚清邮政建立的积极作用在于促进了文化交流和社会进步，也有利于邮权统一。[5] 有学位论文论述了海关邮政。《试论晚清的海关邮政》概述了海关邮政开办前的中国邮政状况、海关控制

---

[1] 参见胡婷《近代中国邮政统一与发展研究（1896—1937）》，硕士学位论文，安徽师范大学，2006年。

[2] 参见崔红欣《晚清中国邮政的近代化》，硕士学位论文，河北师范大学，2007年。

[3] 参见尹学梅《制度、运作与效应：清末国家邮政事业述论》，硕士学位论文，天津师范大学，2005年。

[4] 参见田明《邮政与中国近代社会——以山西为中心（1896—1937）》，硕士学位论文，山西大学，2005年。

[5] 参见丁国花《晚清邮政与财政的关系问题研究》，硕士学位论文，北京师范大学，2005年。

邮政的过程、海关管理邮政等内容，分析了海关邮政的特点和影响，认为海关邮政是中国近代化过程的产物，促进了近代邮政事业的发展。① 还有部分学位论文从区域角度论述了近代邮政的发展状况。《苏中邮电事业早期现代化进程（19世纪末—1949年）》概述了苏中地区的邮电事业在清末、民国时期的发展状况，认为晚清时期建立起来的近代苏中邮电体系是苏中邮电通信方式向现代通信方式、技术的过渡。② 《天津近代邮政的产生及其发展研究（1878—1928）》概述了天津近代邮政产生的背景、天津邮政机构的变化及邮路建设、天津邮政的发展，并分析了邮政发展的原因和影响。③ 《1911—1928年福建邮政的发展》概述了福建邮政在1911—1928年的发展状况、邮政与客邮和民信局之间的关系，分析了福建邮政发展的原因和局限性。④ 从总体上看，以上这些学位论文普遍存在史料堆积和罗列现象，分析缺乏深度和广度。

关于近代邮政研究的文章数量有限。《徐世昌与近代中国邮政》一文论述了徐世昌在邮传部尚书任内为邮政事业的发展所做出的贡献：一是兴办邮政学堂；二是选派学生赴奥学习邮政；三是借鉴西方经验，建立邮政机构和各项制度。⑤ 《中国近代邮政的经营管理述论（1896—1936）》论述了近代邮政的兴起和发展、管理制度和组织结构方面的变化、业务经营等问题，并简略分析了制约近代邮政经营管理成效的其他因素。⑥ 《从海关档看中国邮政之肇基——以赫德所颁1—10号邮令为例》认为中国近代邮政萌发于1866年海关兼办的寄递外国文件，海关对其发端、成长直至确立，具有引导、扶助及推进作用。⑦ 《民信局的取缔与邮政的近代化》认

---

① 参见于越《试论晚清的海关邮政》，硕士学位论文，吉林大学，2006年。
② 参见顾臻伟《苏中邮电事业早期现代化进程（19世纪末—1949年）》，硕士学位论文，扬州大学，2007年。
③ 参见肖晓虹《天津近代邮政的产生及其发展研究（1878—1928）》，硕士学位论文，华中师范大学，2009年。
④ 参见胡中升《1911—1928年福建邮政的发展》，硕士学位论文，福建师范大学，2006年。
⑤ 参见傅贵九《徐世昌与近代中国邮政》，《学术月刊》1990年第11期。
⑥ 参见徐卫国《中国近代邮政的经营管理述论（1896—1936）》，载刘兰兮主编《中国现代化过程中的企业发展》，福建人民出版社2006年版。
⑦ 参见吴弘明《从海关档看中国邮政之肇基——以赫德所颁第1—10号邮令为例》，《历史教学》2006年第6期。

为邮政官局在控制、排挤和取缔民信局的过程中，取长补短，在资费调整、业务兴革、提高工作效率等方面有所改进，推动了邮政的近代化。①《赫德与近代中国邮政制度的确立和初步发展》一文认为赫德采取了总体上缓进的策略，并且取得清廷的正式批准及各级官府对邮政的支持、恰当处理与其他邮递形式之间的关系、学习借鉴民信局的经验教训、加强邮政的制度建设、利用海关资金支持邮政发展等措施，使移植自西方的新式邮政体制建立起来，实现了由旧式邮政向新式邮政的彻底转变。② 以上文章大部分都强调了海关与近代邮政事业发展之间的关系，表明海关对于近代邮政制度的确立所起到的推动作用。从以上论述可以看出，关于近代邮政史的研究十分薄弱，普遍存在低层次、低水准、资料征引范围狭窄的缺陷，需要相关课题的深入研究来填补空白。在近代邮政史研究中，有时也会提到民信局，但都是在论述近代邮递系统的混乱状况时简略提及，基本上把民信局视为官邮在实现邮政垄断权的过程中排挤和打击的对象看待，对于民信局所起到的积极作用鲜有论及。其实，民信局不只是官邮排挤和打击的对象，同时也是其学习和借鉴的对象，民信局的竞争促进了官邮的发展，官邮的网点普及和邮路的开辟及延伸、服务项目的增加和改进等，都建立在与民信局竞争的基础上。

关于近代邮政史的研究已属薄弱，关于民信局的研究则更加薄弱，有许多人对前近代中国社会发展过程中存在过的这种重要的民间通信形式所知甚少甚至一无所知。即使是生活在那个时代的人，对民信局的经营、组织、业务等情况也了解不多，"对局外人来说，这永远是一个谜：这些机构是如何作账和检查它们下属机构的业务活动"③。其实，民信业研究早就引起人们的兴趣，1928年出版的《中国邮电航空史》一书中有专门的《信局》一节，较为简略地对民信局的由来、发展及当时的状况做了宏观描述。作者在当时民族国家建构的过程中，提出研究民信局的价值是"外人动讥吾国人民无组织能力、无自治能力，盖未洞悉吾国社会情状也。故

---

① 参见胡婷《民信局的取缔与邮政的近代化》，《重庆邮电大学学报》（社会科学版）2007年第1期。

② 参见徐建国《赫德与近代中国邮政制度的确立和初步发展》，《历史教学》（高校版）2009年第10期。

③ 秦惠中主编：《近代厦门社会经济概况》，鹭江出版社1990年版，第332页。

详陈各地信局状况于下,以证其说之诬"。① 其他像楼祖诒所著的《中国邮驿发达史》等专著中也略有提及。但他们都采用概述的形式,非常简略,无法形成人们对民信局的系统认识。

1949年以后,民信业研究一直没有引起国内学者的足够重视,相关研究不多。《民信局兴亡简史》是比较早的一篇文章,但主要是介绍性质,论述了民信局的产生是商品经济发展的结果、民信局的业务经营情况以及民信局设立过多的弊端,认为民信局被官邮所取代是历史发展的必然。② 《试论近代海关邮政与民信局的关系》一文认为从1866年海关兼理邮政开始到1911年间,双方之间的关系分为三个阶段:1866年至1895年,两者之间尚未发生利益冲突,海关邮政对民信局采取竞争、利用并举,以利用为主的做法;从1896年到1905年,官局与民局发生利益冲突,在两者竞争日趋激烈的基础上,官邮对民信局采取利用、限制、排挤,以控制为主的做法;从1906年到1911年,随着官邮势力的不断增强,对民信局采取了控制、排挤,以排挤为主的做法。③《近代民信局的空间网络分析》从民信局的网络结构、寄递地点和范围、数量、业务量等方面分析了近代民信局的空间网络结构,认为民信局的空间网络呈现出通信网络的稀疏性、寄递线路的选择性、寄递地点的有限性和同业之间的无序竞争性等特点。④《近代民信局的寄递网络研究》通过对民信局寄递地点和范围的分析,认为民信局的寄递网络主要呈中心城市、中等城市和城镇三个层级展开;各区域中心城市民信局的寄递网络展开的特点不同;民信局的寄递网络说明在区域内部经济联系密切的基础上,区域间的经济联系已经突破了内部束缚,呈现出日益加强的表征;民信局的寄递网络以沿海沿江一线为主干,体现出了该地区经济一体化的发展趋势。⑤《清末官办邮政与民信局的关系研究(1896—1911)》认为官邮具有管理者和经营者的双重身份,它以国家强制力为后盾,采取各种措施排挤和打击民信局,表现在压缩其

---

① 谢彬:《中国邮电航空史》,上海书店1991年版,第28页。
② 参见黄鉴晖《民信局兴亡简史》,《浙江学刊》1986年第6期。
③ 参见黄福才《试论近代海关邮政与民信局的关系》,《中国社会经济史研究》1996年第3期。
④ 参见徐建国《近代民信局的空间网络分析》,《中国经济史研究》2008年第3期。
⑤ 参见徐建国《近代民信局的寄递网络研究》,《安徽史学》2009年第3期。

经营空间、业务空间、利润空间和查缉其私运邮件行为等方面，同时还积极向竞争对手学习，导致双方势力的转变，初步实现了官邮在邮递事业上的垄断地位，这是官邮利用国家强制力实现行政垄断的结果。[1]

到目前为止，关于民信局研究的唯一一本专著是《民信局发展史——中国的民间通讯事业》（台湾"中国文化大学出版社"1992年版），有必要对它做较为详细的介绍。第一章"导论"论述了中国驿政的演进和客邮的发展状况；第二章"民信局的缘起"分民信局和批信局两部分，论述了其产生的原因；第三章"民信局的发展"也是分为两部分，论述了其发展及分布状况；第四章"民信局的贡献"同样是分两部分，论述了其对于社会经济发展和方便民众的贡献；第五章"民信局的取缔"依然是分两部分，论述了民信局被取缔以及批信局的延续。本书从较为宏观的高度和视角研究了民信局和侨批局的发展历程，但缺乏对民信局的组织和经营状况、民信局的信息沟通和商品流通之间的关系、民信局和官办邮局之间的博弈而体现出来的民信局的衰落过程等问题的微观论述。

除了民信局研究外，对侨批局的研究状况也需要做出说明，这是因为在进行民信业研究时，一直把侨批局视为民信局的分支，在关于两者关系的认识上，一直含混不清。《民信局与侨批局关系考辨》一文对此进行了专门论述，认为两者在起源、寄递范围、经营项目、资本额等方面都存在较大差异，两者达到鼎盛时期的时间段也不一致，把两者放在一起研究，容易产生混淆，如果把两者区别开来并进行比较研究，当更有助于对问题的认识。[2] 从总体上看，由于侨批业所具有的特殊性，研究成果较多，按照时间段大致可分为南京国民政府时期、新中国成立初期和改革开放后三个时期。民国时期的侨批业研究即取得丰硕成果，其中高质量的专著当属《福建华侨汇款》和《广东省的华侨汇款》。前者主要论述了福建侨汇的数额、汇款者的组成、侨汇的用途、侨汇对福建侨乡社会经济生活习俗的影响、侨汇机构与侨汇手续、福建吸纳华侨资本的能力等方面。[3] 后者论述

---

[1] 参见徐建国《清末官办邮政与民信局的关系研究（1896—1911）》，《重庆邮电大学学报》（社会科学版）2011年第1期。

[2] 参见徐建国《民信局与侨批局关系考辨》，《福建论坛》（人文社会科学版）2011年第5期。

[3] 参见郑林宽《福建华侨汇款》，福建省政府秘书处统计室1940年印行。

了广东和潮汕地区的侨批业运营状况，阐明了侨批业经营的多种方式，包括兑换方式、卖港单或省单之法、运货抵账以及送现接济等，集中论述了潮汕侨汇"上盘生意"的操作方式，并比较了潮汕侨批业与厦门侨批业经营的差异。① 新中国成立初期，由于侨汇对经济发展的重要性，国家对侨汇工作非常重视，先后组织人员对各地侨批业进行了调查，在资料搜集方面取得很大成绩，形成了一批调查资料，但这批资料在当时没有得到很好的利用。这一时期发表的文章不多，主要有《侨批局利润研究》和《南洋侨汇与美洲侨汇》等。前者详细研究了侨批局在不同时期的利润情况②；后者则用比较方法详细分析了东南亚与美洲的侨汇机构、侨汇数额和侨汇政策等方面的差异以及造成这种差异的原因。③

改革开放后是侨批业研究重新崛起时期，研究成果日益增多，表现在研究时段延长、研究范围扩大、研究视角多样化等方面。其中《福建批信局述论》一文详细论述了批信局的萌芽时期、逐步发展时期、艰难发展时期、畸形发展时期和社会主义改造时期的情况，阐明了批信局在不同时期的发展特点和形式，肯定了批信局在沟通海内外联系方面所具有的桥梁作用和在争取侨汇中的积极作用。④《潮汕批信局的经营网络》一文详细分析了潮汕批信局经营网络的组成和结构情况。⑤ 在关于侨批业的研究中，现代化理论、网络理论、新经济社会学理论、新制度经济学理论等不断被应用到相关研究中。如滨下武志以新加坡、马来西亚华人社会的"合会"和批信局为例，分析华人金融的特点和性质，认为批信局是传统区域社会对外联系的金融组织，其内部组织、经营方法都具有传统社会特征。⑥ 戴一峰以20世纪上半叶批信局与中国银行的关系为切入点，详细探讨了批信局与银行之间的竞争、合作、利用、借鉴及共生等多重关系，认为把

---

① 参见姚曾荫编著《广东省的华侨汇款》，商务印书馆1943年版。
② 参见向阳《侨批局利润研究》，《经济导报周刊》1949年第129期。
③ 参见冯肇伯《南洋侨汇与美洲侨汇》，《社会经济研究》1951年第2期。
④ 参见林真《福建批信局述论》，《华侨华人历史研究》1988年第4期。
⑤ 参见马明达、黄泽纯《潮汕批信局的经营网络》，《暨南学报》（人文社科版）2004年第1期。
⑥ 参见［日］滨下武志《传统社会与庶民金融——新加坡、马来西亚华人社会的"合会"与"银信汇兑"》，载《华侨华人历史国际研讨会论文集1985》，中山大学东南亚历史研究所1985年印行。

"现代"与"传统"简单对立的模式有失偏颇,传统与现代的关系非常复杂多样,有合作、互补、融合和共生的一面,传统中也包含许多积极的推进性因素。① 戴一峰的另一篇文章则运用新经济社会学和新制度经济学理论探讨了非正式制度对批信局组建的影响以及批信局与社会网络之间的关系,认为批信局借助社会纽带将自身网络化,并使其商业活动结构性地嵌入华人跨国社会。② 另外,还有文章从批信局与官办邮局关系的角度探讨了双方关系的演变。焦建华的一篇文章认为批信局在20世纪二三十年代利用遍及各地的分号、商号和杂货店以及邮局、银行等构建了一套完整的经营网络。晚清邮政建立后,由于两者存在业务交叉和利益冲突,以国家作后盾的官办邮政采取各种法律和行政手段,通过提高邮资、颁发执照并严格管理、限制批信局的分号设立和信件自带、严厉打击走私等,逐渐打击和排挤批信局,最终确立了官办邮政的垄断地位。③ 焦建华的另一篇文章论述了1928—1949年官办邮局和批信局之间在进入壁垒、具体业务和走私等方面存在的冲突,由于两者的地位存在很大差异,官办邮局处于垄断地位,在双方竞争中具有极大优势,但批信局作为社会经济组织利用各方面的力量对官办邮局进行"规制",表明可竞争理论的可行性以及社会力量也能对垄断企业进行"规制",从而可以弥补仅从政府层面规制垄断企业的不足。④ 凌彦的文章认为晚清邮政诞生后,为维护邮权不断挤压民信局。到民国时期,在国家邮政的强力扩张下,民信局和批信局以走私方式与邮局展开竞争,邮局则以缉私来捍卫国家邮权和邮政利益。民信局的走私和邮政的缉私斗争,反映了国家邮政与民信局关系的一个侧面。邮政对民信局的整合是中国社会向近代转型过程中,国家权力对社会控制由弱

---

① 参见戴一峰《传统与现代:近代中国企业制度变迁的再思考——以侨批局与银行关系为中心》,《中国社会经济史研究》2004年第1期。
② 参见戴一峰《网络化企业与嵌入性:近代侨批局的制度建构(1850s—1940s)》,《中国社会经济史研究》2003年第1期。
③ 参见焦建华《竞争与垄断:近代中国邮政业研究——以福建批信局与国营邮局关系为例(1928—1949)》,《学术月刊》2007年第1期。
④ 参见焦建华《中国近代的垄断与"规制"——以福建批信局与国营邮局关系为例》,《厦门大学学报》(哲学社会科学版)2007年第5期。

到强的一个转变。[①] 但文中的民信局指的是为海外华侨服务的侨批局，而非从事国内各地之间邮件寄递的民信局，作者对此没有进行严格区分。

综合起来看，目前关于民信业的研究尚十分薄弱，主要原因在于：（1）民信局作为一种民间通信服务组织，不属于国家正式经济组织的范畴，长期以来没有引起重视，一般的邮政史研究把它作为近代官办邮政的对立物或比较物一带而过，缺乏深入探讨，这是民信业研究薄弱的主观原因；（2）由于民信局是民间通信组织，属于民营经济范畴，不但其本身没有系统的资料保存下来，而且由于它不在国家管理范围内，官方也没有系统资料保存下来；（3）对于时人来说，民信局只是传递信息的工具，即使是文人墨客也很少有人对它感兴趣，比如在林则徐、郭松焘等人的日记中，仅仅提及某年某月某日利用某信局寄递信件而已。以上三点说明资料的缺乏，是民信业研究薄弱的客观原因。

第二节 研究对象、文章的结构和内容

一 关于研究对象的说明

对于本书的研究对象，需要做出特别说明。

首先，是关于民信局的名称。当时从事民间邮件寄递的这个服务性行业，并不自称"民信局"或"民局"，而是自称"某某信局"或"某某局"。如"天津市内的民局，几乎有十五六所，冠以各自的家号，挂着写有某某信局的招牌"[②]。这在留存下来的实寄封中可以得到证实，如老公利信局、三盛信局、广泰信局、全泰盛轮船局、全泰盛旱道徽州局等。之所以出现"民信局"或"民局"，是在官办邮政出现后，人们为了把两者区分开而使用的名称，"民信局"是作为与"送信官局"相对应的词而出现的。如"闰五月总理衙门拟就通商各口岸设立送信官局，由总税务司管

[①] 参见凌彦《民国邮政与民间信局的关系析论——以20世纪30年代的厦门为中心》，《中山大学学报》（社会科学版）2007年第3期。

[②] ［日］中国驻屯军司令部编：《二十世纪初的天津概况》，侯振彤译，1986年印行，第35页。

理"以及"四年得复,遂于北京、天津、烟台、牛庄、上海五处首先设立送信官局"。①

其次,关于民信局和侨批局之间的区别。在关于民信局研究的专著或文章中,基本上都分为民信局和侨批局两个部分。也就是说,可以视侨批局为民信局的一种特殊形式,两者共同组成了近代中国的民间通信形式。但两者之间的区别是比较明显的,过去已经有人注意到它们在经营地域、拥有的资本量和经营的业务等方面的差别。如据厦门海关报告,1891年底,本地有23家邮政代办处,其中有8家是侨批局,其业务是发送和接收来自海峡殖民地、泰国、西贡、马尼拉和其他外国口岸的信件,"据说,它们还拥有相当数量的资本,从事厦门与上述地区的贸易和银行业务"。对于从事国内各地之间邮件传递的民信局,"本地有12家信局或信行,办理收发来往各通商口岸的信件等业务","它们规模小,没有或几乎没有资本"。②从不同角度看,两者之间都存在较大差异。到民国时期,官办邮政在统一全国邮政的过程中,由于侨批局所具有的特殊性,"惟闽粤一带的侨批局,因与华侨属乡谊关系,寄信汇款可以不写地址、甚至不写姓名,都能安全送交侨眷,邮局无法代替"③,有允许它继续存在的必要,于是对二者进行了严格区分。1933年12月,国家邮政总局在给各地邮局的通饬中指出:为便于区别,就民局业务性质分别办理:(1)专营国内普通信件者,定名为民信局,不准兼收批信;(2)专营国外侨民银信,及收寄侨民家属回批者,定名为批信局,不准收寄普通信件。④这是就两者的业务性质和寄递范围做出的划分,以此作为是否取缔的依据。所以,把侨批局也称为"民信局",是在此之前未对二者进行区分时包括官方在内对它的通用名称,此后,官方书面语称之为"批信局",而华侨、侨眷一直称为"侨批局"。

作为本书特定的研究对象,有必要从更为微观的角度对二者进行区分。

---

① 王桎:《邮政》,商务印书馆1935年版,第2—3页。
② 秦惠中主编:《近代厦门社会经济概况》,鹭江出版社1990年版,第289页。
③ 许涤新、吴承明主编:《中国资本主义发展史》第2卷,人民出版社2003年版,第633页。
④ 参见福建省档案馆编《福建华侨档案史料》,档案出版社1990年版,第311页。

（1）两者产生的时间不同。关于民信局的起源，学术界公认的看法是在明永乐年间（1403—1424）。其中比较明确的记载，来自交通部邮政总局1921年度邮政事务总论中《置邮溯源》中的说法，"惟民间所用之邮递方法与官立之驿站迥不相同，民间邮递之法，有明永乐以前似未尝有也"。[①] 可以看出，明永乐说是笼统的说法。关于侨批局产生的具体年代，也没有一致的看法，大致是在鸦片战争后。据1934年6月邮政总局所作的调查，当时共有侨批局322家，绝大多数开设于民国建元以后。创始于清朝的只有15家，最早的是梅县的振大兴，设立于光绪六年。[②] 从产生时间上说，两者相差数百年。

（2）从起源上讲，两者也存在较大差异。民信局是作为民用通信服务组织而出现的，主要为商业服务；而侨批局是为海外华人与国内亲人之间的信款传递服务的。关于民信局产生的原因，下文将详细论及，在此不作展开。侨批局的产生，则与到海外谋生群体的扩大紧密联系在一起。东南沿海地区居民在历史上就有到海外尤其是东南亚一带谋生的传统，15世纪出现的历史性大规模移民，除清朝实行海禁政策时期外，一直不断增加。近代以后，到海外谋生的人越来越多，海峡殖民地、暹罗、缅甸、安南、爪哇、澳大利亚、纽芬兰、菲律宾、檀香山以及南洋各岛等地，都有数量众多的闽粤移民，他们有与国内亲人之间进行书信和汇款沟通的强烈需求。但当时的驿站只为政府服务，列强在华设立的"客邮"也不为侨民服务，而新式邮政设立的时间较晚。除了缺乏为海外移民服务的邮递形式这个客观原因外，相当一部分移民自身受文化水平制约等方面的主观原因，也限制了他们与国内之间信款往来的畅通。侨批局正适应了海外移民的需要，为他们的信款寄递提供便捷服务。设在南洋一带的信局，对于新到侨民即招徕在店，将其本人及在国内家属的姓名、住址、职业等详细登记，并予编号，同时，备具复本送交设在厦门、汕头等地的联号存查。日后侨民如有款项汇回国内，仅需于信件上书明编号及家属姓名，寄到厦、汕等地的联号，即可查明地址，连同款项派人送达，并当面取得回信，以为收据（名曰回批）。如收款人不谙文字，信局投送人员可代为书写并带

[①] 张志和主编：《中国邮政事务总论》（上），北京燕山出版社1995年版，第658页。
[②] 参见张翊《中华邮政史》，（台北）东大图书公司1996年版，第64页。

回。所以，侨批局的出现是适应侨民信款寄递需要的结果。对两者之间的关系，彭瀛添认为：为满足侨民与侨乡间的书信和汇款需要，在国内民信寄递的基础上又衍生出侨批这种别具特性的民间通信服务方式。在初期，主要是由从事国内民信寄递的信局兼营侨批业务，专门从事华侨批信批款业务的信局并不普遍。但随着近代以后到国外谋生的华侨人数剧增，侨批业务也在不断增长，于是出现了专门从事侨批业务的侨批局。[①]

（3）从寄递范围上看，有国内和国外之分。民信局以有商业往来的国内城市和商业网络为基础，主要分布在沿海沿江一线以及经济比较发达的内陆地区，其分布地域广大。而批信局主要存在于华侨众多的闽粤地区，分布地域狭小，并形成几个较大的中心，主要有厦门、广州、汕头等地，与国外联系的范围则比较广大，如暹罗、缅甸、海峡殖民地、爪哇、新西兰以及檀香山等地。从总分局的关系讲，主要分为两种情况，一是总局设在国内的，二是总局设在国外的。如在厦门设立总局的"天一局"。20世纪初，这些较大的侨批局在许多地方设有分局或代理店，如马尼拉、西贡、槟城、新加坡、棉兰、巴达维亚、万隆、三宝珑、仰光等地，国内则在泉州、漳州、同安、安溪、金门、惠安等地设有分局，办理华侨书信和汇款事宜。另外，还有不少是以东南亚为根据地的银信局，它们以新加坡、曼谷、马六甲、巴达维亚、马尼拉等为据点，在香港、广东、海南岛、福建各地都设有分局或代理店。[②]

（4）两者的业务范围也存在较大差异。民信局不但传递信件，而且兼及汇兑、寄递包裹、派送报纸等业务，还可以代购商品，甚至代顾客运输货物、提供保镖服务等，经营范围广泛；而批信局则以办理侨汇为主，附带办理信函业务。也就是说，金融功能是侨批局的主要功能，而邮政功能是其次要功能。批信局有邮政局与汇兑银行两种功能，特别是很多兼营贸易事业者，也与贸易金融及金银贸易有着很深的关系。如在厦门，侨批局"除了收送信件，据说，他们还拥有相当数量的资本，从事厦门与上述地

[①] 参见彭瀛添《民信局发展史——中国的民间通讯事业》，（台北）"中国文化大学出版社" 1992年版，第1页。

[②] 参见［日］滨下武志《中国近代经济史研究》，孙斌等译，江苏人民出版社2006年版，第152页。

区的贸易和银行业务,他们签发汇票,收费约1%,较钱庄的汇率高"①。

(5) 两者达到鼎盛时期的时间段不同。关于民信局的鼎盛时期,大多数文章和资料都以大致的时间段来划分。如直到清嘉庆、道光年间,民信局才有了较快发展,到了同治、光绪年间,民信局才进入全盛时期;再如到清道光、咸丰、同治年间,民信局营业发展最盛,全国大小信局有数千家。按《清稗类钞》的记载,"自同治初粤寇乱平,而信局之业乃大盛"。②而《民信局发展史——中国的民间通讯事业》则做出明确的时间划分,"自清道光二十二年(一八四二)开五口通商,迄光绪二十二年(一八九六)奏准创办中国现代邮政,大约有五十年之久,正是民信局的全盛时期"。③无论采用何种说法,大致上是把晚清同治、光绪时期作为民信业的鼎盛时期,其差别在于有的把时间段稍稍提前,有的则把时间段缩短了。综合以上说法,笔者认为"当有清道咸同光之间,为其极盛时代"的说法更符合历史事实。这一时期,民信局发展到顶峰,形成了遍及全国经济发达和较为发达地区的通信网络。

批信局的鼎盛时期则要晚得多,侨批业的发展与出国移民的数量联系在一起。从时间段上说,主要是在鸦片战争后,出国谋生的闽粤地区人民越来越多。如在汕头,在原出国移民的示范带动下,"特别从1880年以来,由于人们眼见这些移民把他们的节余存款从海外汇回汕头以及许多回国者带来可观的家产,出国移民有增无减。1912年达到高峰,共有十二万四千人迁往国外。据说,从本地区移居在外的侨民已达三百万人。他们每年汇回款项总额达二千一百万元"。④就总体的移民数量看,"只就南洋马来各岛(即新嘉坡、吉隆坡、怡保、太平、麻剌甲、庇能芙蓉等处)而言,共有侨民二三百万"。⑤到1936年、1937年,闽粤两省移居海外的人数据估计总数达800余万,主要居住在泰国、马来西亚、印度尼西亚、印

---

① 秦惠中主编:《近代厦门社会经济概况》,鹭江出版社1990年版,第289页。
② 徐珂:《清稗类钞》第5册,载《信局》,中华书局1984年版,第2290页。
③ 彭瀛添:《民信局发展史——中国的民间通讯事业》,(台北)"中国文化大学出版社"1992年版,第122页。
④ 中国海关学会汕头海关小组等编:《潮海关史料汇编》,1988年印行,第86页。
⑤ 实业部中国经济年鉴编纂委员会编:《中国经济年鉴 1934年》第十二章,商务印书馆1934年版,第712页。

度支那、缅甸、菲律宾、夏威夷及北美洲和中美洲。就侨汇而言，据估算，每年在4000万海关两（1912）至23220万海关两（1931）之间。①所以，直到20世纪三四十年代，侨批业的发展才达到顶峰，数量众多的批信局遍布闽、粤、港及东南亚各大小口岸及华侨聚集区，经营网络甚至深入到闽粤内陆偏远地区。如在厦门，19世纪八九十年代，有侨批局8家②；1901年，达30家③；1916年，"厦门挂号民局由二十三家增至三十九家，包封信件为七十万零一千件，其旺盛之原因实缘与马来各邦及荷属各殖民地之华侨有关"④，增长的主要是侨批局，民信局此时已处于衰落状态。随着海外华侨数量的增加，侨批局数量迅速增加。1931年底，厦门一地就有侨批局60家。⑤从整个福建来讲，1934年邮政当局对两者的业务性质和范围做了明确划分与限定后，全省共有民信局26家，批信局121家⑥；到1935年，厦门一地有侨批局153家，其他各地有32家，全省共185家。⑦而民信局到这一时期已经大大衰落，1934年被国家明令取缔。

（6）关于二者的研究资料方面也存在较大差异。由于侨批局的特殊性，尤其是在民国时期把它纳入统一的管理范畴后，留下了相当多的资料，其中既有官方资料，也有相关金融机构及民间资料。新中国成立初期，由于侨汇对经济建设的重要作用，国家先后组织人员对各地侨批业进行调查，在资料搜集方面取得很大成绩。相反，关于民信局的资料要少得多，没有完整系统的资料留存下来。

鉴于民信局和侨批局二者存在明显的差别，把它们放在一起研究，不

---

① 参见郑友揆《中国的对外贸易和工业发展（1840—1948年）》，程麟荪译，上海社会科学院出版社1984年版，第111—113页。

② 参见秦惠中主编《近代厦门社会经济概况》，鹭江出版社1990年版，第289页。

③ 参见李良溪主编《泉州侨批业史料》，厦门大学出版社1994年版，第6页。

④ 关庚麟署：《交通史·邮政编》第1册，交通、铁道部交通史编纂委员会1930年，第65页。

⑤ 参见秦惠中主编《近代厦门社会经济概况》，鹭江出版社1990年版，第389页。

⑥ 参见福建经济年鉴编辑委员会编《福建经济年鉴1985》，福建人民出版社1985年版，第277页。

⑦ 参见杨建成主编《三十年代南洋华侨侨汇投资调查报告书》，（台北）文史哲出版社1983年版，第99页。

是本书能够单独完成的。而且，关于侨批局的研究状况要远远好于民信局，闽粤地区有些高校和人员在从事于相关研究，已经有相当一部分成果出现，而关于民信局研究至今没有几篇文章。但作为一种对社会经济发展具有极大推动作用的民间通信组织，确有进一步深入研究之必要。所以，从研究对象上说，本书指的是从事国内各地之间传递业务的民信局，基本上不包括从事国内与海外之间银信传递的侨批局，只在行文中论及相关问题时简略提及。就本书研究的空间范围讲，在论述民信局的发展状况、民信局的空间网络结构、民信局的寄递网络等问题时，在地理范围上一般只到福建厦门地区，对于两广地区则基本不涉及。这是由两方面原因造成的：一是从经济联系上讲，这一地区属于以香港为中心的经济圈，它们与以上海为中心的沿海沿江经济圈的联系相对较弱，而民信局寄递网络与商品流通网络之间的关系是本书论述的主要内容之一；二是由于这一地区批信局的数量众多、力量强大，相关资料关于侨批局的记载较多，而关于民信局的记载较少，能够查找的关于本地民信局的资料十分有限。

二　文章的结构和内容

本书共分为六章。第一章为导论，除了选题缘由、学术史回顾以及研究对象的界定、文章的结构和内容外，还包括时间断限、资料说明及学术贡献等。第二章概述古代社会的信息沟通、关于民信局产生的三种说法以及民信局兴起的经济环境和民信局的发展历程。第三章在概述晚清时期商品经济发展的基础上，论述该时期民信局的发展状况，对这一时期民信局的空间网络、寄递网络进行详细深入的剖析，概述民信局寄递网络和商品流通网络之间的一致性。第四章就民信局的组织和经营状况进行详细论述，并分析民信局的经营特色和存在的弊端。第五章从官办邮政和民信局博弈角度论述双方关系及势力的变化，表明官办邮政势力的扩张和民信局势力的萎缩、衰落及衰败过程。官办邮政势力的增长和民信局的衰落是一个过程的两个方面，两者之间是此消彼长的过程，主要分双方之间相互竞争时期和一退一进时期两个阶段，概述了官办邮政对民信局展开排挤、打击和竞争的具体措施以及民信局在此过程中的萎缩、衰落以致衰败情况。第六章为结语，主要论述现代化进程中传统与现代之间的关系，中国作为后发外生型的现代化模式国家在现代化进程中的作用。

第三节 时间断限、资料说明及学术贡献

一 时间断限

按照学术界公认的看法，民信局大约产生于明永乐年间。如在楼祖诒编著的《中国邮驿史料》以及王桱著的《邮政》中都是如此，而彭瀛添"试将千百年来民信业的巨大贡献"的说法，则将其产生时间大大提前了，但这种说法缺乏有力的证据。即使是从明永乐年间开始到1934年民信局被政府强制勒令停歇止，前后有500多年，也不是本书研究所能承载的时间段，本书选取的是从1866年到1934年。之所以选取这一时间段，主要出于以下考虑。

（1）民信业是在商品经济发展的刺激下产生的一种服务行业，主要是适应商人的需要，民信业的发展是以商品经济的发展为基础的。第二次鸦片战争后，西方列强强迫中国开放的通商口岸越来越多，并沿海向北和沿长江向中上游扩展，对小农经济造成冲击的范围扩大，也越来越强烈，国内外贸易的发展带动各区域之间经济联系的进一步加强，形成沿海和沿江地区的近代商品流通网络，由此带动了为商贸服务的民信业的极大发展。所以，第二次鸦片战争后民信业才进入快速发展时期。

（2）从1866年开始，中国在原有的官办官用驿站、为民众服务的民信局以及随着西方入侵而进入中国的"客邮"之外，又出现了一种新的邮递方式——海关邮政。近代意义的中国邮政，即萌发于1866年海关兼办的寄递外国文件。从同年12月起，北京、上海、镇江、天津海关先后设立邮务办事处，从而出现多种邮递方式并存的局面，也开始了民间信局和官办邮政的并存时期，两者的兴衰演变是近代中国邮政发展的主题，其最终结果是一方被取缔而另一方完成对邮递事业的垄断。

（3）在此期间，民信局经历了鼎盛、萎缩和衰落、衰败三个时期，直至最终被彻底取缔。1866年到1895年间，民信局得到迅速发展，而海关邮政则处于比较缓慢的发展时期，双方处于互不联系的平行发展状态；1896年到1911年间，双方处于相互竞争时期，官邮快速发展，民信局则在官邮的排挤和竞争下，处于萎缩和衰落状态；1912年到1934年间，官邮进入普及时期，民信局则处于逐步衰败时期。从具有标志性的时间点来

讲，双方展开面对面的竞争是从1896年清政府授权海关正式开办邮政开始，直到1934年民信局被国家强制彻底取缔，最终退出了历史舞台。所以，从发展历程看，1866年到1934年间，民信业经历了从鼎盛到衰败的转变，而官办邮政则经历了从缓慢发展到快速扩张时期，两者的兴衰演变得到明显体现。因此，本书选取这一时段，剖析民信局处于鼎盛时期的状况、民信局的组织和经营状况以及它与官办邮政之间的关系演变。

二 资料说明

关于资料收集，笔者面临两个问题：一是关于官办邮政的资料收集比较容易，尤其是在相关的邮政史资料以及各地组织编写的邮政志中，详细叙述了各地邮政的发展过程，这是有利于本书研究的一方面；另一方面，关于民信局的资料收集却非常困难。其原因在于，民信局本身并无详细的统计资料或系统的记录流传下来；同时，民信局原为钱庄和商号的副业，往往视业绩为独家机密，向不公开，况早年官方并未设置管理机构，政府也没有留下任何档案记录。还有，民信局作为一种私营服务组织，无法引起时人的重视，也没有相关记载留存下来。也就是说，无论官方、民间还是民信局自身，都没有相关系统资料留存下来，以致造成今日资料的匮乏。为了保证研究工作的顺利进行，笔者扩大资料搜集范围，所引用的资料主要包括以下几个方面。

（一）海关报告中的资料

各地海关报告中有一部分关于民信局及近代邮政的资料，这部分资料是按照海关总税务司署的要求，由各地海关把当时当地民信业的状况和官办邮政的发展情况记录下来，但由于以十年作为一个时间段，时间跨度较长，相关记载非常简略。虽然如此，这部分资料依然是本书所依据的主要资料之一，也是所能利用的较为系统的资料。这部分资料有一部分已经译成中文，大部分没有翻译过来，保存在京华出版社出版的《中国旧海关史料》中。

（二）《申报》中的资料

《申报》于1872年4月在上海创刊，至1945年5月停刊，不仅是近代中国发行时间最长的报纸，也是具有广泛社会影响力的报纸之一。在长达77年的发行历程中，《申报》历经晚清、北洋政府、国民政府三个时代，刊载的内容成为研究近现代中国社会的重要史料，被誉为研究中国近现代史的"百科全书"。上海作为近代中国的经济贸易中心，同时也是民信局的中心和汇集之地，《申报》记载了当时民信局的情况。对笔者来说，最有用的部分是《申报》中民信局遗失寄递物的广告以及关于民信局组织和经营状况的内容，笔者在细细爬梳这部分内容的基础上，把相关资料加以系统利用。

（三）民信局实寄封上的资料

关于民信局的系统资料虽然缺乏，但由于离现在的时间不是很长，有相当多的民信局实寄封被保存下来，上面包含大量信息。如实寄封上要盖信局戳记，可以发现信局的设立地点；实寄封上可以看到资费的付费方式，专函或快递函件上也有付费金额和方式；不能一程送到的信函的转寄方式；从实寄封上的寄递地点和范围体现出来的区域内部及区域之间的信息沟通与资金流转表现出的商品流通和往来关系；等等。笔者利用实寄封上的资料，作为文字记载的重要证明和补充。而且，从一定程度上说，这些信息比文字记载更有说服力，充分利用过去往往为人们所忽略的实寄封上的资料，是本书的重要特色之一。

（四）已经出版的邮政资料

我国过去已经出版了一些邮政或邮电档案资料，这也是本书利用的重要资料。早在20世纪30年代，交通、铁道部交通史编纂委员会编辑出版的《交通史·邮政编》共四册，概述了近代邮政的发展过程。20世纪60年代，中国近代经济史资料丛刊编辑委员会编辑出版了一套近代经济史资料丛刊，其中有《中国海关与邮政》。1995年，北京燕山出版社出版了《中国邮政事务总论》一书，分上、中、下三册，是关于历年邮政事务发展概况的汇编，分别出清邮传部邮政总局和中华民国交通部邮政总局逐渐续编，始于1904年，成于1943年。同一时期，北京市邮政管理局文史中心编辑出版了《全国各级政协文史资料——邮电史料》，主要内容按全国区域分为东北、华北、华东、中南、西北、西南六个区，不仅提供了各地邮政事业发展的微观史料，而且可以起到匡正某些文献史料的误记、弥补现有文献史料遗缺的作用。从1988年至1993年，天津市邮政局和天津市档案馆合编了《天津邮政史料》，共五辑六册，上限自1878年海关试办邮政，下限至1965年。虽然是以概述天津邮政的发展状况为主，但也有相当一部分资料可资利用。其他出版或印行的资料还有《清末天津海关邮政档案选编》《清末镇江邮界总局档案摘译汇编》《中国近代邮政史料》等。此外，有些地方也编辑出版了地方性邮政资料，但大多数没有正式出版，如《武汉邮政史料》《中国邮电史料》《辽宁邮电志资料选编》《黑龙江地方志邮电志采辑》等。这些资料以官邮为主，但也有涉及民信局的部分内容可资利用。

虽然笔者在资料搜集方面下过一定的功夫，但在研究过程中，仍感到资料之不足。由于资料方面的原因，有些问题可能语焉不详。比如关于民信局内部的组织经营状况，就所掌握的资料，尚无法做出全面系统的论述和总结。所以，笔者虽然想让这项研究建立在坚实的资料基础上，但无奈有些方面非主观努力所能达到，确实力不从心，所留下的缺憾，只能留待以后弥补了。

三　学术贡献

作为一篇博士学位论文，自然不可忽视其学术价值。关于该项研究的学术创新点，主要包括以下两个方面。

（1）民信局作为晚清时期重要的民间通信组织，对商品经济的发展起到极大的促进作用，但以往缺乏对民信局寄递网络和商品流通网络之间关系的研究。笔者在详细剖析民信局的空间网络和寄递网络的基础上，探讨了民信局寄递网络和商品流通网络之间的一致性关系，揭示出商品流通网络是民信局寄递网络展开的基础。还有过去缺乏对民信局组织和经营状况的研究，笔者在努力搜集资料的基础上，初步系统论述了民信局的组织和经营状况，探讨了民信局的经营理念和经营特色，分析了它在组织和经营方面存在的弊端，填补了关于民信局组织和经营状况方面研究的空白，使得过去一些相互因袭、含混不清的问题得到了澄清。所以，本研究具有弥补学术界研究之不足的意义和价值。

（2）在资料搜集方面，笔者在确定近代民信局研究这个主题以后，曾经因为资料的缺乏而有所退缩。这是因为笔者在博士生一年级下学期开始着手搜集资料后，发现搜集到的资料不充分，于是决定查阅《申报》，但在开始时笔者也不知道能从中查到多少相关内容，并且深深为图书馆报刊室那一层层字迹甚为细小和模糊的《申报》的查阅工作而感到苦恼。后来发现这样速度太慢，效率极低，于是强迫自己必须坚持下去，慢慢地笔者查阅的速度和效率都在逐渐提高。另外，笔者开始翻阅的主要是新闻部分，发现可资利用的材料极为有限，主要是为数不多的几则关于信局被盗或被抢的新闻而已，寥寥数字，极为简略。同时，笔者注意到其中的广告部分，有相当一部分为信局因被盗抢而发布的损失名单、信局之间租局牌或收回局牌的布告、信局的开业广告、信局的寄递地点、信局之间的纠纷等。这部分内容是当时民信局的组织、经营等方面情况的原始性记载，真实反映了当时民信局的状况，于是，笔者着重注意这部分内容。在查阅这部分内容的过程中，原来有些模糊的问题逐渐清晰起来。所以，本研究在资料搜集方面也有比较鲜明的特点，即充分利用了报纸广告中的内容。

第二章

民信局的兴起

任何一种社会经济组织的产生都有其特定的时代背景，民信局作为一种民营服务行业，也是如此。本章主要对明清时期的商品经济发展状况做一概述，论述民信局产生的经济环境，就关于民信局产生的三种说法做出述评，并概述民信局兴起的历史进程。

第一节 古代社会的信息沟通

信息沟通顺畅已经成为现代社会人们日常生活的重要组成部分，关于传统社会信息传递和沟通方面的情况，人们可能知道周幽王为博美人一笑而烽火戏诸侯的故事。该故事出自司马迁所著的《史记·周本记》，"褒姒不好笑，幽王欲其笑万方，故不笑。幽王为烽燧（白天燃烽以望火烟，夜间举燧以望火光）大鼓，有寇至则举烽火。诸侯悉至，至而无寇，褒姒乃大笑。幽王说（悦）之，为数举烽火。其后不信，诸侯益亦不至"。故事以周幽王被杀、褒姒被虏而告终。本书不拟从政治角度评判这个故事，而从信息传递的角度讲，点烟报警只是在某些时期特殊情况下的军事报警方式，作为在古代日常情形下的政令传达、军情传递等方面的信息沟通，则采用驿站制度。中国在漫长的封建社会里，形成了各项比较完备的制度，其中包括驿站制度。早在春秋战国时期，随着社会经济的发展，交通条件的改善，尤其是出于诸侯、列国间征战和交往的需要，邮传机构已经比较普遍地建立起来。《孟子·公孙丑》中引用孔子"德之流行，速于置邮而传命"的说法，是当时出现邮传的证明。公元前221年，秦始皇统一中国后，为了加强对王国的控制，加强了邮驿建设。经过汉、唐、宋、元诸朝的发展，邮驿制度逐渐完善，形成遍及全国的驿站网，对于封建王朝政令的上传下达、军事消息的传递起到不可低估的作用，是保证大一统局面的重要措施和制度之一。除了为政治和军事服务外，驿差还有别的用途。唐代诗人杜牧的《过华清宫绝句》说："长安回望绣成堆，山顶千门次第开。一骑红尘妃子笑，无人知是荔枝来！"描写的是驿差为杨贵妃从岭南快速递送新鲜荔枝到长安的故事。

邮驿属于国家机构，专为政府传递公文而设立。"我国邮驿之制，自古以来，专供政府利用，非民间所得而私，故民间私函非有专人递送，莫由抵达"①，这是有利于封建统治的重要制度之一，"中国政府就是这样猜疑不安。它垄断向公众提供或封锁消息的权利"②。但信息沟通的主体并不限于封建政府，广大普通民众也需要信息沟通。在传统社会中，普通民众的信息沟通非常困难。在古代，托人捎书是一种比较普遍的信息沟通方式。《晋书·殷浩传》记载：东晋时，殷羡（字洪乔）奉命到豫章（今南昌）做太守，临行前，京师人士托他捎带的书信有一百多封。当时的京师在建康（今南京，又名石头城），他走到石头城下，把信统统扔到江中，说"浮者自浮，沉者自沉，殷洪乔不为致书邮"。后人把这件事概括为"洪乔之误"的成语流传下来。随着社会的发展，"人文稍进，往来书信，或托商人，或托旅馆，或托车夫、榜人寄递，而尤以旅馆为最便，以有四方旅客最便嘱托也。然旅客行踪靡定，莫济缓急"③，这种信息沟通方式存在漫长性和不确定性。有一则关于著名剧作家孔尚任的记载，清康熙年间，他从北京寄江苏书籍出版商张潮的信件25封，大多托人捎带。其中一封于1698年发出，至1701年始达张潮处，一信竟寄三年之久。

在现实社会中人们进行信息传递的愿望得不到满足的情况下，富有浪漫气息的古人把目光投向天空中飞行的大雁、水中游动的鱼儿，希望通过它们完成在现实中无法实现的愿望。"遗我双鲤鱼"的典故，出自

---

① 王桎：《邮政》，商务印书馆1935年版，第124页。
② ［法］阿兰·佩雷菲特：《停滞的帝国——两个世界的撞击》，王国卿等译，三联书店1993年版，第110页。
③ 黑龙江省邮电管理局史志办公室：《黑龙江地方志邮电志采辑》，1990年印行，第90页。

汉代乐府诗歌《饮马长城窟行》："青青河畔草，绵绵思远道。远道不可思，宿昔梦见之。梦见在我傍，忽觉在他乡。他乡各异县，展转不可见。枯桑知天风，海水知天寒。入门各自媚，谁肯相与言！客从远方来，遗我双鲤鱼。呼儿烹鲤鱼，中有尺素书。长跪读素书，书中竟何如？上言加餐食，下言长相忆。"诗歌表达了在接到亲人书信时的喜悦之情。需要说明的是，古人常用竹木或缣帛等制成鲤鱼或雁鸟形状的双层匣子，如同函一样，中间夹有书信，以资寄递，现在常说的"遗我双鲤鱼""中有尺素书"即出自这首汉代乐府诗歌。关于寄书云中雁的典故也有很多。南朝梁人范云的《赠张徐州稷》中说："恨不具鸡黍，得与故人挥，怀情徒草草，泪下空霏霏，寄书云间雁，为我西北飞。"唐代诗人杜甫在《天末怀李白》中写道："凉风起天末，君子意如何？鸿雁几时到？江湖秋水多。文章憎命达，魑魅喜人过。应共冤魂语，投诗赠汨罗。"这首诗表达了杜甫对李白的思念之情。另外，还有很多诗词表达了对信息传递的渴望。杜甫的《春望》诗中"烽火连三月，家书抵万金"一句，已经成为千古名句。陆游的《渔家傲·寄仲高》中写道："东望山阴何处是？往来一万三千里；写得家书空满纸。流清泪，书回已是明年事！"这些诗词表达了对信息沟通顺畅的渴望和对难以进行信息沟通的感慨，透露出的是无尽的辛酸和悲凉。

第二节　关于民信局产生的三种说法

在传统社会发展的过程中，长期缺乏廉价、高效和快捷的专业化民间通信方式，这与当时的社会经济发展水平密切相关。只有当商品流通和人员流动达到一定程度，全国性或区域性的市场联系和交通建设达到一定规模时，民间通信的需要才可能推动类似组织的出现。到明清时期，中国封建社会发展到顶峰，社会经济发展水平极大提高，于是产生了专门为民间通信服务的组织——民信局。民信局的出现，适应了商品经济发展的需要，填补了民间通信方面的空白。

关于民信局的起源，有人有"民信局的起源至今尚是个谜"的说法。之所以称之为"谜"，是因为对民信局产生的具体时间和地点尚无法做出明确回答。不仅如此，就是对民信局具体的业务状况、民信局相互之间的业务联系和往来、民信局的资本额等问题，也是语焉不详。从起源上看，民信局作为一种民间服务组织，其最初的起源并非专营，而是由别的行业兼营，比较一致的看法是民信业起源于银钱业或商业。"民信局本是汇钱庄或商号，在传递本身信件并兼带他人信件时，逐渐演变而成"①，但实际情况并不尽然。如近代西南地区最大的一家民信局——麻乡约大帮信轿行，其创始人陈洪义在开始做轿夫时，就时常帮人捎带信件，他发现不但能收得信资，还能得到像"赏钱"之类的额外收入，是一项获利多而且无风险的生意，这对他后来开办信轿行产生了重要影响。由于开始时并不是一个专门行业，所以没有资料说明第一家专业民信局具体产生于何时、何地。虽然无法弄清民信局最早产生的具体时间和地点，但关于这一组织产生的原因和大致时间，却有三种比较明确的说法。

第一种被广泛征引的是《中华民国十年邮政事务总论》中《置邮溯源》中的说法，可以称之为"绍兴师爷说"。

> 惟民间所用之邮递方法与官立之驿站迥不相同，民间邮递之法，有明永乐以前似未尝有也。是时之前，所有驿递除供王事之用外，其组织及办法实未完备。是时积习，凡属缙绅之辈，宦游必携幕友，职备顾问，又兼案牍，伊等与各省往来函件甚多，民局之事业由是肇基焉。幕宾大都籍隶浙江绍兴，而宁波为绍兴之口岸，民局即滥觞于此。嗣后全国之私立信局咸以此处为中枢。②

这段文字包含的主要信息：一是民信局大约产生于明永乐年间；二是民信局的产生与绍兴师爷群体紧密相关。绍兴师爷群体庞大，他们随各级官吏到全国各地，身兼顾问和文秘两项职责，与各地有数量较大而且比较频繁的书信往来，因而产生适应他们信函传递需要的民信局。对于这种说法，《民信局发展史》一书持怀疑态度，笔者的观点与之相同。理由在于民信业作为一种专门的服务行业，其存在是以一定的业务量为

---

① 彭瀛添：《民信局发展史——中国的民间通讯事业》，（台北）"中国文化大学出版社"1992年版，第123页。
② 张志和等主编：《中国邮政事务总论》（上），北京燕山出版社1995年版，第658页。

基础的，如果没有业务量作基础，民信局不可能生存发展下去，绍兴师爷的信函往来不可能维持一个专门服务行业的存在。尤其需要指出的是，官府有免费使用驿站传递公文的权力，如果以绍兴师爷的私人信函来维持民信局的存在，则更不可能。《置邮溯源》中可能也感觉到这种说法不能令人信服，于是又从商业发展与信息沟通的角度阐述了民信局的产生。

> 此项信局，与汇钱庄或商号有关，盖此项庄号与各处庄号均有商业之连系，因其必须办理自身往来信函，且为他人承带信函起见，遂将其办理信函之业务随其本来所办之商业，逐渐推至他处，而不知其经办信业事务已越出本来所办商业之范围。根据此项办法，于是强固之民信局遂即由是发展，渐次取得国人信任。①

这段文字显示的信息是，民信业在开始时并非一个独立行业，而是钱庄或商号为自身信息沟通服务时，"承担了为别人传递信件的工作，渐渐地把邮递业务的范围扩大到他们一般商务往来的地区之外"②。随着业务扩展，逐渐形成专门从事信函寄递的行业。这比前一种说法更令人信服，也是人们普遍认为民信业起源于钱庄票号的原因。这种说法是有根据的，据记载，在经济发展水平相对落后的陕西，在官邮未设立之前，没有专业民信局，为保持信息沟通，"银号信札则由自用之夫役传递"③，为民信业起源于钱庄票号做了注脚。

第二种说法是民信业起源于人们亲情、友情沟通的需要，可以称之为"湖广填四川说"④，这种说法认为民信业起源于四川。

---

① 张志和等主编：《中国邮政事务总论》（上），北京燕山出版社1995年版，第658页。
② [英]魏尔特：《赫德与中国海关》（上），陈彤才等译，厦门大学出版社1993年版，第422页。
③ 张志和等主编：《中国邮政事务总论》（上），北京燕山出版社1995年版，第704页。
④ 注：所谓"湖广填四川"系指湖北、湖南两省人口迁居四川。其历史渊源是元朝设置湖广行中书省，包括今湖南省全境及湖北、广东、广西的部分地区；到明朝时，设立的湖广布政使司，将今广东、广西辖地分出，只包括今湖北、湖南两省，仍叫湖广；清朝初年，也称之为湖广省；直到雍正朝时，才分为湖北、湖南两省，但管辖两湖地区的总督仍称为湖广总督。胡昭曦：《张献忠屠蜀考辨——兼析湖广填四川》，四川人民出版社1980年版，引言第2页。

在四川省有一种称为"麻乡约"的民间通信方法,亦始于明代。按明初在四川割据的"夏国"被明军灭亡后,四川省土地肥沃而人口不多,各省纷纷移民入川,其中尤以湖北省麻城及孝感的农民移往者居多,他们初离乡井,乡思殷切,于是每年约期聚会,推派代表还乡一次,传信带钱,称为"麻约",这也算是非正式的同乡合作通信组织。①

这种说法与明清时期"湖广填四川"的社会大背景联系在一起,容易增强其可信性,更重要的是它强调民信业具有沟通亲情、友情的功能,符合中国人的传统心理。但对"湖广填四川"大规模发生的时间需要做出纠正,是在清初而不是明初,上面的说法把时间提前到明初,或许是为了与民信局产生于明永乐年间的说法相一致。"湖广填四川"的背景是,明末农民战争后,由于四川人口大量死亡和外逃,经济凋敝,于是从清康熙年间开始实行了一系列招民垦荒的措施。在政府各项政策的鼓励下,主要是湖广、江西、贵州等省人民大规模移居四川,从而形成"湖广填四川"的移民大潮。关于移居人口以湖北麻城一带居多的说法,是有历史根据的。康熙七年(1668),四川巡抚张德地在奏疏中说:"查川省孑遗,祖籍多系湖广人氏。访问乡老,具言川中自昔每遭劫难,亦必至有土无人,无奈迁外省人民填实地方。所以见存之民,祖籍湖广麻城者更多。"这与相关资料的记载基本一致。据光绪《大邑乡土志·户口》中记载:"查大邑土著,历来惟有汉人……献贼乱后,几无孑遗。全资两湖、江西、两广、山陕之人来邑垦荒生聚。麻城人较多,江西、山陕次之,两广又次之。俗传'湖广填四川',其明征也。"②

其他一些关于民信业产生的说法虽然没有直接引用这个典故,但它们表达的民信业适应沟通亲情友情需要而产生的意思与此一致。如《邮政》一书中说:"我国邮驿之制,自古以来,专供政府利用,非民间所得而私,

---

① 晏星编著:《中华邮政发展史》,(台北)商务印书馆1994年版,第185页。
② 胡昭曦:《张献忠屠蜀考辨——兼析湖广填四川》,四川大学出版社1986年版,第74—75、84页。

故乡间私函非有专人递送，莫由抵达。厥后人文渐进，社交日密，书信之往还益频，而苦无相当之机关，以为之介。于是有代寄书函，博得微利，藉以此为营业者，则民信局是也。"① 《中国邮政》一书也持类似观点："民间私人书缄，一无投递之设备，偶遇紧急事故，则必遣人远道传书，信札来往或请旅馆嘱托四方旅客、商人、车夫或榜人寄递，但彼等行踪无定，莫济缓急。厥后人文进步，民间信札往来亦多，既不能交驿代寄，又无他项机关传送，民办信局遂应时而起。"②

中华民族是重视血缘、地缘关系的民族，人们在谈到民信局起源时，从沟通亲情友情的角度入手恰好说明了这个问题。《申报》所载《推广邮政刍议》一文中的这段话富含文采，更具有代表性："嗟乎！夫人别故乡适异域，凄凄杨柳之诗，惆惆关山之路，行者肠断，居者心悲。凡自仕宦游学商贾，下逮贩夫佣卒，无一（不）盼一纸音书以慰旅人情况，当夫平安报到，喜逐颜开；若或雁杳鱼沉，即又书空咄咄，悲欢欣戚，变幻百端。故凡信函之果能速达者，虽索价过昂，亦必如数给偿，会不稍形吝惜，则以望其通两地之情，怀慰三秋之思念也。"③ 但是，沟通亲情友情的需要是民信局产生的必要条件而非充分条件，亲朋之间的信息沟通需求在当时的经济发展水平下，还不能支撑起一个专门服务行业的存在。这种说法没有论及商品经济发展对信息沟通的需求，带有较大的片面性。

第三种说法的起源地与第一种说法一样，也是在东部沿海地区，但原因不是绍兴师爷与外界沟通的需要，而是东部沿海地区在明清时期商品经济的发展，出现对民信业的强烈需求，于是在明永乐年间，在商品经济发达的宁波等地出现了民信局，这种说法可以称为"宁波说"。"当甬商初设信局也，虽远赴万里，鱼来雁往消息，无不可通。较之曩时之作客他乡，累月经年，欲求一纸平安，杳不可得，其为便利，亦何待言。"④《交通史·邮政编》中也说："宁波商

---

① 王桎：《邮政》，商务印书馆1935年版，第124页。
② 张樑任：《中国邮政》（上），上海书店出版社1990年版，第11页。
③ 《推广邮政刍议》，《申报》1897年9月12日第1版。
④ 《书信局吁恩后》，《申报》1900年3月21日第1版。

人本其锐敏眼光,应商业需要,扩大其原来信局之组织,争设总局于上海,普设分局或代办所于各埠,星罗棋布。"① 其他类似说法还有很多。如"吾郡素以商业著称,郡人足迹遍及全国,间且及于海外,故交通事业亦随商业而发展,当邮局未设施时,甬人首创信局"②。对于民信局是否真正起源于宁波,还需要进一步考证和相关史料的证明才能使人信服,但把民信局产生的原因归结为商品经济的发展对信息沟通的需要,这种说法最有说服力。

以上三种说法,都有其理由,前两种着重的是沟通亲朋之间的信息,第三种则是从社会经济发展产生信息沟通需要的角度。把民信局产生的时间界定为明永乐年间,这符合当时社会经济发展的大背景。但对于明永乐年间是否已经出现专业化的民信局,有人提出不同看法,认为这只是为以后专业民信局的出现打下基础的阶段。"到了明代永乐年间,随着资本主义在中国萌芽,商业十分活跃起来,大商行兼带银信有了发展,从货运、汇银、信物到专递,但是并没有民邮组织和通信网络,更没有健全的规章制度。当然勿庸讳言商行兼带民信和其它传递业务为以后创建民邮组织打下了基础。从古代私邮到商民经营的通信组织以至创建挂牌的民营信局有一段漫长的历史发展阶段。"③ 诚然,明永乐以后随着商品经济的发展,原来由别的行业兼营的民信业也相应地有了较快发展,为后来专业民信局的出现奠定了基础,这是符合历史发展逻辑的推理。所以,民信局产生于明永乐年间只是一种笼统说法,而不是严格的时间界限,民信从业者也采用这种说法来阐述其行业起源。1900年3月,宁波民信业在致宁绍道台的信中说:"泣声局等信业,在长江南北洋,自乾隆朝创始迄今百余年,内河之局数百年。"④ 他们把本行业的出现界定到乾隆年间,所以,把明永乐年间视为民信局出现的时间上限当是符合历史发展的推断。

---

① 武汉邮政志编纂办公室编:《武汉邮政史料》第1辑,1983年印行,第54页。
② 民国《鄞县通志》,转引自宁波金融志编纂委员会编《宁波金融志》第1卷,中华书局1996年版,第153页。
③ 郑挥:《牛角集——郑挥集邮研究论文集》(民信局篇),未刊稿,2002年,第2页。
④ 中国近代经济史资料丛刊编辑委员会主编:《中国海关与邮政》,中华书局1983年版,第138页。

不论是哪种说法，都表明民信业的产生是适应社会发展需要的结果，这不仅包括商人，也包括普通民众。从总体上看，商业信息沟通和亲情友情联系的共同需要促进了民信业的产生。随着工商业经济的发展和出外做工经商人群的增加，企业、亲朋、家庭之间通信的要求越来越普遍，民间书信不通成为经济发展和人们交往的严重障碍，因而民信局的产生就成为历史发展的必然。

第三节 民信局产生的经济环境

民信局的产生以明清时期商品经济的发展为背景。从社会经济发展水平看，明清时期是中国封建社会发展的最高峰，商品经济获得较大发展，区域经济的发展和大规模的商品流通，是明清时期经济发展中两个最为显著的特征，即各区域之间的经济联系和商品流通都大大加强了。

一 明清时期商品流通范围的扩大

在封建社会发展的过程中，全国范围内的商品流通种类以奢侈品为主的局面保持了相当长的时期，直到唐宋时期才转变为以盐为主、粮食次之的格局。又经过长期发展，到明末以至清时期，以盐为主、粮食次之的长途贩贸格局又有所变化。布替代盐成为远距离贸易的主要手工业品，而丝绸的长途贩运量也很大。也就是说，参与流通的商品以民生日用品为主。而且，商品流向已经不是单纯地调剂余缺，而是适应商品经济发展的需要，这样的流通是市场机制运作下的结果，价格高低主要取决于市场因素，商品盈缺取决于物流总量。虽然对粮、棉、丝、茶、盐这几种主要商品的商品量无法做出准确的统计，但从事于相关研究的专家学者根据有关数据做出的估计可以给人比较直观的印象。据吴承明估计，到鸦片战争前，这几种主要商品的商品量和商品值如下表[①]：

[①] 吴承明：《中国资本主义与国内市场》，中国社会科学出版社1985年版，第251页。

表 2—3—1　　　　　鸦片战争前几种主要商品的市场估计

商品名称	商品量	商品值 银（万两）	比重（%）	商品量占产量（%）
粮食	245.0 亿斤	16333.3	42.14	10.5
棉花	255.5 万担	1277.5	3.30	26.3
棉布	31517.7 万匹	9455.3	24.39	52.8
丝	7.1 万担	1202.3	3.10	92.2
丝织品	4.9 万担	1455.0	3.75	
茶	260.5 万担	3186.1	8.22	
盐	32.2 亿斤	5852.9	15.10	
合计		38762.4		

从上表可以看出，这几种主要商品无论是从商品总量还是从商品量占产量的比重来讲，都是比较大的。鸦片战争前，围绕这几种主要商品的流通，形成了全国范围内的商品流通网。此外，烟叶、瓷器、纸张、食用油、木材等也都进入长距离贩运行列，商品流通种类增加了很多。从这些商品的流向看，形成沿运河、沿江、沿海三条主要流向。在封建社会发展的过程中，长期以运河为主要的商品流通渠道。明清时期，运河在全国商品流通中发挥了重要作用，其流通范围至少可达直隶、河南、山东、山陕、湖广、闽粤、江西、安徽、江苏、浙江以及辽东等地，遍及明代十三布政司中的 9 个，清代关内十八行省中的 14 个，以及关外广大地区。通过运河的货物运输，实现了南北之间及运河沿线各地之间的商品交流。

以运河为主展开的商品流通在明清时期占有重要地位，但随着商品经济的发展，单纯沿运河一线的商品流通已经不能适应商品经济发展的需要，与乾隆以来运河贸易日益不景气的情形正好相反，沿海贸易不断上升、日盛一日。明清时期，全国商品流通的宏观布局从以运河流通为主转向以沿海、沿江流通为主，从而形成沿运河、沿海、沿江三线共同发展的局面。就沿江一线来说，清代东西贸易有重大突破。长江上游（宜宾至宜昌段）的商运主要是清代开拓的，长江中游（宜昌至汉口段）的贸易也是清代才大发展的。清代随着两湖、四川等省开发的不断深化，商品运输路线随着商品经济的发展逐渐向上游延伸，整个长江流域各省间的经济往来日益频繁,商品流通规模大大增长,长江成为全国最重要的商品流通渠道和贯通东西的经济大动脉。通过这条黄金水道,上、中、下游之间的经济联系日益密切,把原来经济相对落后的中上游地区纳入全国商品流通的范围,促进了这些地区商品经济的进一步发展,并且沿运河和沿长江的商品流通网相互交织,形成以江南地区为中心的经济互动。沿长江一线的商品流通网络是以长江及其支流为主干形成的庞大运输体系,直到19世纪末,中国的商品运输主要是靠水运,长江是最重要的航道,货运量常占全国的一半以上。

除沿运河和沿长江的商品运输路线外,清代前期还形成了沿海的南、北两条商品运输航线:由上海"出吴淞口迤南由浙及闽粤"为南洋航线,自吴淞口"迤北由通(州)、海(门)、山东、直隶及关东"为北洋航线。谢占壬的《古今海运异宜》中记述了明清两代沿海贸易的变化,"自从康熙年间大开海道,始有商贾经过登州海面,直趋天津、奉天,万商辐辏之亘古未有",体现出的是沿海运输路线的延伸。相比较沿运河和沿长江一线的商品运输量来说,沿海一线的商品运输量更大。据许檀估计,清代中叶沿海贸易的南北海船合计约为4000艘,总吨位为50万—70万吨;作为南北洋贸易枢纽的上海港,货物年吞吐量约计为170万吨。[1] 这是沿运河和沿江一线的商品运输量所无法比拟的。处于沿海沿江交汇位置的上海,在18世纪末至19世纪前期,就集中了五条航线,分别是来自关东、辽东、天津、山东等地的北洋航线,来自广东、福建的南洋航线,自西向东顺流而下的长江航线,沿运河、太湖、吴淞江而来的内河航线,还有来往于东南亚及东北亚的外洋航线。"每年进口的船只,约有七千艘,其中从海外来的有一千六百艘。"[2] 沿海一线的商品运输路线北到东北,南到闽粤台地区,形成相互之间频繁的商品流通,促进了各地商品经济的发展。

明清时期商品经济的发展,除表现在沿运河、沿长江和沿海一线的运输路线拓展外,还表现在商路不断向内陆地区延伸,使得商品流通范围不断扩大,并且形成覆盖范围大小不一的商品流通枢纽城镇。如隆庆年间刊

---

[1] 参见许檀《清代前期流通格局的变化》,《清史研究》1999年第3期。
[2] 上海金融史话编写组:《上海金融史话》,上海人民出版社1978年版,第2页。

行的商书《天下水陆路程》中记载了从淮安到开封的商品运输路线,这条水路由淮安经洪泽湖进入淮河→经凤阳府、寿州至正阳关纳税后入颖河→溯颖河西北行,经颖上、阜阳、太和等县进入河南界→再经过130里至周家店(注:今周口)→从周家店转贾鲁河北上45里抵西华县城→再北行160里至朱仙镇→从朱仙镇起车,陆路行40里至开封。[①] 这条路线是河南东部地区与江南地区商品流通的重要路线。通过这条商路,形成豫东与江南地区的经济互动,豫东地区成为江南地区的腹地,处于颖河、沙河和贾鲁河交汇处的周口成为这条商路上的转运枢纽,其商业腹地涵盖了河南东部的陈州府和开封府的大部分地区,汝宁府的北部地区,以及河南中部的部分州县,共计20余州县。

综上所述,由于明清时期商品经济的发展,形成以沿江、沿海和沿运河为主的商品流通格局,"地区间的贸易活动主要依靠便利的水上交通。像茶砖即是从长江、汉水运到北方,再经驼队运往蒙古和俄罗斯的,华北和长江三角洲地区亦通过大运河或海运互通有无。如福建的茶叶和安徽的丝绸经赣江运往广州,四川的货物沿长江而下,宁波等地的货物可用舢板一直运到满洲,而厦门的货物则运往东南亚地区"[②],这三条商品流通路线纵横交织,把全国主要的商品经济发达地区连接起来,形成了一个巨大的运输网络系统。这个商品流通网不断向内陆甚至于边疆地区延伸,逐渐打破了各区域之间相互隔绝的状态,形成各区域、各地方之间的经济互动,市场的扩展把越来越多的地方联系起来,到18世纪已经形成一个全国性的商品流通网。在这个商品流通网中,从最基层的沟通城乡的集镇到可以覆盖一省或数省的商品流通中心,它们作为这个流通网络中不同层次的节点,形成金字塔形的关系,从沿海沿江的经济发达地区向内陆地区延伸,形成商品的自由顺畅流动。到19世纪,因商品经济发展和贸易的发达,全国中小市镇总数已经达到2.8万余个,达到历史上的最高水平。[③]到19世纪初,在全国范围内由12条商业流通干道所组成的陆运网已经形

---

① 参见杨正泰校注《天下水陆路程 天下路程图引 客商一览醒迷》,山西人民出版社1992年版,第148—149页。

② [美]费正清:《中国:传统与变迁》,张沛译,世界知识出版社2002年版,第297页。

③ 参见何一民《中国城市史纲》,四川大学出版社1994年版,第222页。

成，这些干道不仅把所有的内陆省份和大多数主要城市连接起来，而且也把蒙古、新疆、西藏、青海等边远地区与内地联系起来，形成总体上的经济互动。①虽然这种互动在有些地方、有些方面还比较薄弱，但它已经打破了地区之间的隔绝状态。

二 明清时期商人经商范围的扩大

人是从事经济活动的主体，商品流通范围的扩大建立在商人经商范围扩大的基础上。随着商品经济的发展，形成商人在全国范围内流动、进行频繁的商贸活动的局面。明清时期，以地域命名的商帮开始形成，在这种较高水平的地区间贸易中，许多以籍贯为基础的商人集团，诸如徽商、晋商、宁波商人、广东商人等发挥了一种居中引导的作用。在这种引导下，才逐步形成了真正统一的国内市场。这样的商人集团广泛分布在各个地区，内部组织相当完善，而且为了共同的利益彼此间能够进行很好的合作。

进入清代以后，各商帮的实力进一步增强。清代的大商人资本有进一步发展，徽商、山陕商、海商之外，有粤商、宁绍商、沙船商和经营国际贸易的行商兴起。入清以后，他们就大多在所到城市设立庄号，乃至批零兼营，于是商人会馆林立，反映了长距离贩运贸易的发展。就晋商来说，清代晋商在全国范围内进行商贸活动，范围包括京、津、鲁、豫、两湖、江淮、东北、西南、西北的广大地区。②就徽商而言，"足迹几遍禹（宇）内"，"滇、黔、闽、粤、豫、晋、燕、秦，贸迁无弗至焉；淮、浙、楚、汉又其迩焉者矣"。③徽商和晋商的经商范围广大，作为在实力上与之有差距的山东商人来说，经商范围也遍及大半个中国，东北到辽宁、吉林、黑龙江，西北到张家口、包头，华北到天津、京都，河南的郑州、开封，南至长江中下游的汉口、芜湖、南京、苏州、上海等地。④

在各地的商品流通枢纽城市中，有来自全国各地的商人从事商业活

---

① 参见刘秀生《清代商品经济与商业资本》，中国商业出版社1993年版，第163—226页。
② 参见乔南《清代山西商人行商地域范围研究》，《晋阳学刊》2008年第2期。
③ 《歙事闲谭》第18册《歙风俗礼教考》，转引自张海鹏等主编《徽商研究》，安徽人民出版社1995年版，第260页。
④ 参见张海鹏等主编《中国十大商帮》，黄山书社1993年版，第198页。

动。从一定程度上讲，从事商业活动的商人来自地域的多寡反映该城市商业地位的高低。日本学者斯波义信对明清时期的汉口做过这样的描述："这一地域的成长，一定程度上仰赖于地域内特产化商品的输出和经过汉口的商品交易，而控制流通大宗商品的是山西、新安、江西、广东、宁波等有实力的外来客帮商人集团。新安、江浙商人主要控制米的经销，江南商人主营木材，广东、山陕商人则为茶，而山陕商人则掌握着金融业；与此相对而言，当地商人则经营省内外的木材，控制交通业及本地所产的米、茶等专营项目。"① 在地区性商业枢纽城市开封，明清时期汇集了来自全国各地的商人和货物，"京城、临清、南京、泰安、济宁、兖州各处客来，贩卖不断"，"此市有天下客商，堆积杂货等物，每日拥塞不断"。② 另外，清代中叶聚集开封的还有江浙、闽广、安徽、两湖、直隶等省的商人。在山东周村，清代中叶云集周村的客商来自山西、河南、直隶、奉天、吉林、福建、江西、湖南、湖北等省。依据道光四年重修关帝庙时的捐资统计，周村当时的商人商号数量当有八九百家乃至千家之多。从《关帝庙重修碑记》所镌刻的捐款商号的地域分布看，来自本省者有济南府历城、齐东、章丘，武定府利津，青州府乐安，莱州府昌邑、潍县、胶州等地；山西商人来自太原、潞安、泽州、太谷、盂县、寿阳等地；河南商号多来自开封；直隶商号来自京城、广平、冀州、南宫、赤峰等地；东北商号以盛京为多，也有来自锦州、吉林者。此外，还有几家来自江西、湖南的商号也参与了此次集资。③

不断到更多地方开设分号既是商业发展的表现，也是商人经商范围扩大的表现。如清时期晋商中的介休侯氏资产达七八百万两，所开设的"蔚"字商号遍布上海、苏州、杭州、宁波、厦门、福州、南昌、长沙、汉口、沙市、济南、北京、天津、辽宁、成都、重庆、兰州、肃州、西安、三原、迪化、广州、桂林、凉州、开封、道口、昆明、太原、运城、曲沃等商埠。④ 山西票号随着商业贸易的发展，其分号遍及全国主要的商

---

① [日]斯波义信：《宋代江南经济史研究》，方健等译，江苏人民出版社2001年版，第30页。
② 孔宪易校注：《如梦录》，"街市纪第六"，中州古籍出版社1984年版，第31页。
③ 参见许檀《清代山东周村镇的商业》，《史学月刊》2007年第8期。
④ 参见张海鹏等主编《中国十大商帮》，黄山书社1993年版，第33页。

业重镇。就日升昌票号来说，到1850年，已经在北京、苏州等18个城镇设立了分号；到1886年后又陆续在沙市、上海等5个城镇开设了分号；1900年以后，设立分号的城市已经达到80多个，遍及全国各地，包括北京、张家口、天津、奉天、济南、扬州、江宁、苏州、芜湖、屯溪、河口（江西）、广州、长沙、常德、湘潭、汉口、沙市、重庆、成都、西安、三原、开封、周家口、上海、杭州、福州、厦门、汕头、营口、南昌、九江、桂林、梧州、昆明、贵阳、镇江、巴塘、里塘、打箭炉、自流井、迪化、甘州、南宁、解县、新绛、介休、曲沃、烟台、包头、兰州、肃州、归化、周村、张兰、宁夏、潮州、文水、汾阳、万县、雅安、康定、正阳关、通州、赊旗、兴化镇、禹县、博爱、清化、怀庆、寿阳、交城、喇嘛庙、凉州、孟县、库伦、吉林、长春、黑龙江、锦州、安东、安庆、运城、徐州、亳州、道口、济宁、获鹿、承德、多伦、赤峰、香港等。① 宁波帮商人往往把总店设在大城市，在全国各地广设分支机构。如宁波帮巨商周宗良开设的谦和靛油号，总号设在上海，在全国遍设推销机构。分支机构分为三级：第一级是设在各省大城市的分号，先后设立的有芜湖、济南、天津、营口、西安、汉口、长沙、贵阳、开封、苏州、蚌埠、南昌、宁波、南通、福州、重庆等地；第二级是由分号管辖的分号，每一分号下有三至六个分号，如济南分号下有烟台、青岛、潍县三个分号，汉口分号下有老河口、洛阳、许昌、驻马店、郑州、宜昌六个分号；第三级是由支号管辖的经销店或代销店，如青岛支号下有德州、临沂、兖州等店，从而形成广泛的销售网络。②

　　商人经商范围扩大的另一个重要表现是，在外地经商的商人在当地集资修建会馆，各地所建商业会馆的数量在一定程度上反映了该地在商品流通网络中的地位。如清代福建、浙江、安徽、山陕、河南等省以及江西各府商人，均在江西铅山县河口镇建有会馆。同治年间，河口镇已建立了16家会馆，外省有全福、永春、山陕、旌得、浙江、徽州、中州、昭武会馆；省内有南昌、建昌、赣州、吉安、临江、贵溪、瑞州会馆以及公熟

---

① 参见张正明《晋商兴衰史》，山西古籍出版社2001年版，第120—122页。
② 参见张海鹏等主编《中国十大商帮》，黄山书社1993年，第124—125页。

子祠。① 在当时的重要经济中心城市,时称"四聚"②之一的苏州,更是商旅汇集之地,设立了众多会馆。据统计,鸦片战争前设立的会馆有岭南、三山、东莞、潮州、宝安、冈州、大兴、东齐、江西、漳州、宛陵、邵武、汀州、泉州、浙绍、延宁、江鲁、安徽、湖南、八旗奉直、宁吴、湖北、全浙、兴安、洞庭、高宝、浙宁、陕西、武林、宣州、金华、钱江、毗陵、全晋、徽郡、山东、云贵、济宁、武安、徽宁、宁绍、两广、济东、杭县、元宁、东越、吴兴、仙翁、嘉应、橐业、翼城、新安、中州等几十所③,从这些会馆包含的地名中不难看到商人来源的广泛性。

综上所述,明清时期我国的商业发展已经达到很高的水平,"前工业化时期高效率的水运系统和特殊的商业手段,使中国克服了长距离、低技术的障碍,并在清朝中期形成了全国性的市场"。④ 在全国范围内广泛的商品流通基础上,已经形成了一个涵盖广阔、运作自如的城乡市场网络体系,商品流通摆脱了调剂余缺的阶段,其目的是获得商业利润,商品流通种类、数量、方向等信息的及时获得和沟通成为决定商业运作能否成功的关键因素之一,为信息沟通服务的组织之出现成为历史发展的必然。

第四节 民信局兴起的历史进程

虽然一般把民信局的产生界定在明永乐年间,但其地域范围主要限于商品经济发达的长江下游地区。道光年间有官员在奏陈长江下游地区的鸦片走私时说:"上海县地方滨临海口,向有闽粤奸商雇驾洋舡,就广东口外夷舡贩卖呢羽杂货并鸦片烟土,由海路运至上海县入口,转贩苏州省城并太仓、通州各路,而大分则归苏州,由苏州分销全省及邻境之安徽、山东、浙江各处地方,江苏省外州县,民间设有信舡、带货船各数只,轮日

---

① 参见叶琦《近代河口镇经济与社会变迁》,硕士学位论文,苏州大学,2005年,第37页。

② 注:"四聚"的说法源自:"天下有四大聚,北则京师,南则佛山,东则苏州,西则汉口。"(清)刘献庭:《广阳杂记》卷4,中华书局1957年版,第193页。

③ 参见陈学文《明清时期太湖流域的商品经济与市场网络》,浙江人民出版社2000年版,第291—293页。

④ [美]罗威廉:《汉口:一个中国城市的商业和社会(1796—1889)》,江溶等译,中国人民大学出版社2005年版,第80页。

赴苏递送书信并代运货物，凡外县买食鸦片者，俱托该舡代购。"① 这段话涉及民信局的经营区域及运输方式，说明该地区已有民信局存在。

民信局的产生与当地的商品经济发展水平紧密联系在一起，经济发展水平的差异性导致各地民信局产生的时间存在较大差异。长江下游地区有明确开设年代的民信局要远远早于其他地区。1934年，邮政部门对708家已登记领照的民信局调查显示，其历史最早可以追溯至18世纪的乾隆年间。如协兴昌记信局称"本局自乾隆年间开设江浙两省"。② 再如，九江民信局在上当地官府的禀帖中说："民等溯自乾隆年间创设信局以来，一百年之久"③；宁波安泰信局自称开办已有60余年，即19世纪初④；江西丰泰利信局则成立于19世纪50年代，"丰泰利专走江西吴城樟树等处，设立已有三十余年"⑤；老福兴信局创立于1860年前后，"吾老福兴信局创设以来，迄今垂四十余年"⑥。从总体上看，这些信局的设立时间与邮局的调查结果是一致的。

表2—4—1　　　　　　　民信局创设年代调查⑦　　　　　　　单位：家

年代	数量	年代	数量	年代	数量
乾隆（1736—1795）	46	咸丰（1851—1861）	24	宣统（1909—1911）	3
嘉庆（1796—1820）	11	同治（1862—1874）	64	民国（1912年以后）	16
道光（1821—1850）	14	光绪（1875—1908）	63		

注：1. 乾隆年间的数字包括只注明创设百余年的38家信局，其中江苏吴县24家，镇江14家。2. 同治年间的数字包括只注明创设六七十年的21家信局。3. 其余信局未注明创设年代。

---

① 中国第一历史档案馆编：《鸦片战争档案史料》第1册，上海人民出版社1987年版，第407页。
② 《协兴昌记轮船信局》，《申报》1875年2月26日第6版。
③ 《信局禀批》，《申报》1900年4月30日第2版。
④ 《安泰信局》，《申报》1887年10月15日第6版。
⑤ 《新通江西河口信局》，《申报》1889年10月28日第5版。
⑥ 《声明局事》，《申报》1901年3月26日第7版。
⑦ 信息产业部《中国邮票史》编审委员会编：《中国邮票史》第1卷，商务印书馆1999年版，第36页。

在商品经济发展水平相对落后的地区，民信局的设立要晚得多，在西南、西北地区尤其如此。在重庆，最早的民信局是1822年总号设在汉口的胡万昌信局设立的分号。在云贵地区，最早的民信局大约设立于咸丰二年（1852），在昆明设立。它设立的经济背景是，在传统经济时代云南滇东盐岸一带的商号、票号与川、黔两省的盐商和银钱帮的信函往来，主要由来往的马帮递送。鸦片战争后，川、滇、黔地区的商业资本比往昔有了较大发展，需要更方便快捷的方式来交流商情、商谈贸易、传递账单，同时也需要快速的汇兑服务，以便加速资金周转，获得高额利润，马帮递送已缓不济时。为此，麻乡约创办了大帮信轿行，专门从事信息传递和货物运输，受到商号、票号和盐号的欢迎，以至于滇东各地的信件和汇款，几乎全部被它承担下来。随着业务的扩展，为了获得更好的发展环境，1866年麻乡约在重庆设立总局，随后在成都、嘉定、泸州、贵阳、昆明、打箭炉等地设立分局，其寄递地点几乎囊括了西南经济相对发达地区。① 可以看出，贵阳、昆明等地的民信局最早出现于19世纪50年代后。在西北地区，民信局不但出现时间晚，而且在绝大部分地方的邮政资料中根本找不到有关记载。如在蒙古地区，1896年后，察哈尔多伦淖尔旗由于商业、手工业、金融颇为发展，为解决民用通信问题，多伦城商户仿效内地开办了民信局。

由于资料匮乏和历史久远，关于民信局产生的具体时间在没有新的资料出现的情况下，目前只能采用笼统的说法，"至民信局究起始于何时，则无可稽查，从历史推究，约在明代永乐年以后"②。明清时期的商品经济有了很大发展，其构成要素中除商品市场外，还有劳动力、金融、信息等市场，各种信息的传递需要更经常、更方便、更快捷的方式，把民信局的出现界定为明永乐年间，是有商品经济发展的大背景的。虽然没有资料或实物能证明这种说法，但明崇祯年间刊行的《雁鱼锦笺》中记载有一封传递商业信息的信③：

---

① 参见政协四川省委员会等编《四川文史资料选辑》第7辑，1980年印行，第136页。
② 张樑任：《中国邮政》（上），上海书店1990年版，第11页。
③ 增补校正赞廷李先生注解《雁鱼锦笺》卷7，转引自陈学文《明清时期太湖流域的商品经济与市场网络》，浙江人民出版社2000年版，第368页。

父字示男×：知儿奔走风尘，父之心岂不怀念，但尔能体亲之心，保重身体，则老父无忧矣。货到彼地时价好否，至于发货之际，切要检点。尔在外狂药（酒）少饮，美色宜远。帐完之日，即速归来，慰我悬望。家中大小平安，尔无虑焉。见此字示，余不多及。

×月×日老父拙笔平安信寄

由于是转引，有很多未知信息，但从中可以看出以下几点：一是信的字数及内容较少；二是家中的父亲对儿子的行踪比较了解；三是信中所说"货到彼地时价好否"、"余不多及"和"老父拙笔平安信"等信息判断，他们之间的通信比较频繁。对于比较频繁的通信，每次都派专人递送的可能性不大，推断可能是由信局寄递。如果这个推断正确，则说明崇祯年间已经出现了民信局。

姑且不论民信局究竟产生于何时、何地，一个不争的事实是，在鸦片战争前后，我国存在过一种为商民服务的邮递组织——民信局。民信局的产生，结束了民间缺乏信息传递组织的历史，形成官办驿站和民间信局并存的局面，标志着我国的邮递事业由国家专营时代进入了官民并举时代。在时人的日记中，有许多利用民信局寄递信物的记载，由此可见民信业带来的极大便利。比如，《郭嵩焘日记》记载：同治十年六月十八日（1871年8月4日），他与金眉生之间的通信，通过"胡万昌信局"收寄；同治十三年十二月二十三日（1874年2月9日），"由正大信局发家信一封"，等等。另外，在郭的日记中有很多信件收发的记载，大多数没有出现明确的信局寄递的字样，但推断是由民信局寄递的，因为凡是由人捎来或托人带去的信件，都会出现捎带人的姓名。如"冒小山自粤来，带到其兄冒哲成及李湘甫、姚朵云三信"、"文贵自省来，带到姚桂轩、蔡稚云二信"等。[①] 林则徐也是如此，如道光十九年十二月八日（1840年1月12日），在广州"封十九号家书，交郭恩信局付捷足带闽"；道光二十一年正月十四日（1841年2月5日），"由苏州信局寄来去腊初三日松江所发第十二

---

① 湖南人民出版社校点：《郭嵩焘日记》第2卷《同治时期》，湖南人民出版社1981年版，第437、629、668、861页。

号家书一封",等等。① 这说明像郭、林这样的官吏也经常利用民信局传递信件,那就更不要说普通商民了。

综上所述,明清时期在商品经济发展的基础上,全国范围内的商品流通无论是在数量、品种上,还是在流通范围上,都有了极大发展,商品交流、物资采购、票据往来、银钱结算等均需要传递,这为民信局的出现打下了基础。出于自身内部信息联系和沟通的需要,民信业作为一种由钱庄或票号兼营的行业,从明永乐年间开始在主要为自己服务的同时,也逐渐发展到为商民寄带信函。鸦片战争后,随着商品经济的进一步发展,商业贸易活跃起来,无论是洋货输入、土货输出还是各地之间的商品流通,在更广大的范围内展开。商人需要了解商贸信息,需要互相沟通信息;同时随着钱庄"划汇"制度的盛行,商品流通带动资金的中转和流动,各种银钱和票据需要传递;还有随着人口流动的增加和频繁,需要进行书信和汇款等方面的传递,所有这些因素促使专营民信局出现并迅速发展。

---

① 中山大学历史系中国近代史教研组研究室编:《林则徐集·日记》,中华书局1962年版,第365、381页。

第 三 章

晚清时期的民信局

本章主要论述晚清时期商品经济的发展概况，以及建立在此基础上的民信局的发展概况，并对晚清时期民信局的空间网络、寄递网络进行深入分析，然后从民信局寄递网络和商品流通网络关系的角度分析两者之间的一致性。

第一节 晚清时期商品经济的发展概况

近代以后，西方列强用坚船利炮打开了中国的大门，清政府闭关锁国的局面被彻底打破，中国被迫进入"开埠"阶段。"开埠"的主要含义是"自今以后，大皇帝恩准英国人民带同所属家眷，寄居大清沿海之广州、福州、厦门、宁波、上海等五处港口，贸易通商无碍；且大英国君主派设领事、管事等官住该五处城邑，专理商贾事宜，与各该地方官公文往来"[①]。中国自给自足的自然经济受到强烈冲击，商品经济在原来的基础上得到进一步发展，商品流通范围的扩大进一步打破了地域界限，地区之间的经济联系更加密切。在各区域之间的经济联系日益加强的基础上，各区域内部及区域之间的商品流通更为频繁。

一 全国各主要经济区域的完全形成

关于明清时期初步形成几大经济区的观点，已经在学术界达成共识。但关于具体的划分标准和区域空间布局，则存在一定分歧，综合起来看，

---

① 王铁崖编：《中外旧约章汇编》第1卷，生活·读书·新知三联书店1957年版，第31页。

主要是国外学者和国内学者之间的分歧。国外学者以施坚雅为代表,其划分标准以自然地理条件为主,把中国分为华北、西北、长江上游、长江中游、长江下游、东南沿海、岭南、云贵、东北九大经济区。施氏的划分法遭到部分国内学者的质疑,如许檀从商品生产与流通的角度,把全国分为高效农业与丝、棉纺织业并重的江南经济区,以外贸为导向迅速崛起的珠江三角洲经济区,以种植结构调整与农副产品加工业兴起的华北经济区,全国最大的商品粮输出区长江中上游经济区以及初步得到开发的边疆经济区。① 姑且不论哪种划分法更为合理,在鸦片战争前,已经初步形成了以上海为中心的长江下游经济区、以天津为中心的华北经济区、以汉口为中心的长江中游经济区、以重庆为中心的西南经济区、以广州为中心的东南沿海经济区,当是一种客观事实。近代以后,由于各区域内部及区域之间经济交流的日益频繁和密切,这些经济区进一步发展和扩大,最终形成了几大经济区,这些大城市处于全国商品流通网络的区域中心和枢纽地位。

(一) 以重庆为中心的西南经济区

由于地理上的原因,西南地区相对比较闭塞,与内地之间的经济联系较少。明清时期,西南地区闭塞的状况发生较大改变,与内地之间的商品流通相较过去要频繁得多。清代前期四川与长江中下游地区之间大规模的商业贸易兴起,尤其是粮食和棉花这两种最基本的生活必需品作为互换产品投入长途贩运,标志着四川与长江中下游地区之间的经济联系空前加强,四川传统的内向型经济模式开始被打破。西南地区尤其是四川与内地之间的经济联系主要通过重庆来实现。关于重庆的经济中心地位,随着清中期四川商业经济重心的东移,重庆已成为省内最大的商品贸易市场,其商贸范围除了四川地区外,也开始吸收西南地区的黔北、滇北、藏卫和陕南、甘南以及东部长江下游各地农副产品的投入。随着四川与长江中下游之间大规模商业贸易的兴起,重庆在长江航运方面的优势充分发挥出来,所具有的商品集散能力在逐渐增强,辐射范围逐渐扩大,一跃成为四川以至西南与长江中下游地区经济联系的最重要的商品集散地和交易中心。"水陆冲衢,商贾云屯,百物萃聚","东南各省的货物和四川的粮食、盐、

---

① 参见许檀《明清时期中国经济发展轨迹探讨》,《天津师范大学学报》(社会科学版) 2002 年第 2 期。

木材等大宗商品都要由此进出，它是四川最大的商业贸易中心。江津、云阳、巫山等都在川江一线，以重庆为中心，形成了一个商品流通网"。①

近代以后，随着全国范围内商品交流的频繁，重庆所起到的西南地区与中东部地区之间的经济交流中介和枢纽作用也越来越强。重庆依靠其地理优势，把辐射范围延伸到周围更广大地区，它"当二江合流，有舟航转运之利，蜀西南北，旁及康藏，以及滇、黔之一隅，商货出入，输会必于重庆，故重庆者，蜀物所萃，亦四方商贾辐凑地也"。1891 年重庆被开辟为商埠后，更是成为四川最大的商业贸易中心，成为"四川第一巨埠"。②1892 年的海关报告记载："重庆是川省的重要商业中心，所有殷商大贾的总部都设在这里。有些商号在位于重庆和宜昌半道上的万县、省城成都都设有分支机构，很多商号在收购季节派人到产地收购出口货，如保宁、嘉定和灌县的丝和麝香。进口货都是重庆分发来的，通常分成小包，卖给那些行商小贩，由他们供应农村地区"③，由此可以看出，一个以重庆为中心的洋货分销网和土货收购网已经形成。重庆的商贸辐射范围比原来又有了更大的扩展，正如郑观应所说："重庆是四川最大商埠，上达云、贵、甘、陕、西藏等省，往来货多"④，带动了这些地区商业城镇的形成和发展。就四川而言，众多的市镇都与重庆保持着密切的商业联系。"每年在一定的季节里，商人从偏僻和辽远的城镇，如成都、保宁府、潼川府、遂宁县、嘉定府、叙州府、绵州、合川及其他重要地方，有的由陆路，有的由水路来到重庆，运来他们的土产——鸦片、药材、生丝等等，并运回洋货。"⑤ 就区域贸易而言，20 世纪以来，重庆口岸大致形成了以四川、云南、贵州、陕西等地区为土洋货基本流动集散范围的贸易圈，邻近省区各大商埠成为其次级集散中心。此贸易圈向外辐射至沪汉、康藏和甘肃等地。

---

① 李孝聪：《中国区域历史地理》，北京大学出版社 2004 年版，第 119 页。
② （民国）向楚主编，巴县县志办公室选注：《巴县志选注》，重庆出版社 1989 年版，第 174、658 页。
③ 周勇等译编：《近代重庆经济与社会发展（1876—1949）》，四川大学出版社 1987 年版，第 169 页。
④ 夏东元编：《郑观应集》（上），上海人民出版社 1982 年版，第 1026 页。
⑤ 姚贤镐编：《中国近代对外贸易史资料》第 3 册，中华书局 1962 年版，第 1549 页。

在重庆与其腹地的商业联系中,四川境内的重要陆路运输路线是成都与重庆之间的成渝路,起自重庆,经璧山、永川、荣昌、隆昌、内江、资中、资阳、简阳到达成都,这条路线沟通了川东和川西两个经济中心城市。重庆对周围的黔、滇、康、藏的辐射作用则通过以下两条运输路线来实现,从重庆出发,这两条货运路线分别向南连接滇、黔,向西通往川西北地区乃至西藏;川南线由重庆经叙州府宜宾,南下筠连出川至昭通。昭通地处川滇交通要道,向南经东川通往昆明,向东则与贵州相接,是为川滇黔货运线路的主要集散地。其中重庆至贵州的川黔路,起自重庆,经长江南岸的綦江、松坎和贵州的桐梓、遵义、息烽、贵阳,到达安顺。通往川西北和西藏的一路,自北循岷江至乐山后分道,一支仍沿岷江上溯至灌县后陆路通松潘;一支入青衣江至雅川后,陆路经打箭炉、里塘、巴塘在江卡入藏,其中打箭炉为交易、转运要地。

表3—1—1　　　　1875—1911年重庆港进出口贸易额统计[①]　　单位:万海关两

年份	洋货进口值	土货进口值	进口总值	土货出口值	贸易总值
1875	15.6	—	15.6	—	15.6
1877	115.7	—	115.7	—	115.7
1879	265.9	—	265.9	24.1	290.0
1881	405.9	—	405.9	—	405.9
1885	361.2	—	361.2	105.6	466.8
1890	481.6	—	481.6	203.7	685.3
1891	436.1	9.4	445.5	202.7	648.2
1895	561.8	685.7	1247.5	639.5	1887.0
1900	1291.8	454.2	1746.0	699.3	2445.3
1905	1155.8	500.8	1656.6	1116.9	2773.5
1910	1254.7	427.1	1681.8	1547.1	3228.9
1911	1255.9	651.1	1907.0	989.9	2896.9

从上表中可以清晰地看出重庆港洋货进口值和土货出口值迅速增加的

---

① 吴松弟主编:《中国百年经济拼图:港口城市及其腹地与中国现代化》,山东画报出版社2006年版,第171页。

势头。重庆和上海之间由于货运网络的联系加强,推动了重庆进出口贸易的发展,1891年至1910年,重庆港进出口贸易总值增长11.7倍,年均增长幅度达13.1%。①

(二)以汉口为中心的长江中游经济区

在明清时期的商品流通格局中,汉口地理位置的优越性在于无论是在南北还是在沿长江的商品流通中,它都处于中心位置,成为全国商品流通的枢纽之一。诚如方志所称:汉口"当江汉交汇之处,水道之便无他埠可拟。循大江而东,可通皖赣吴越诸名区,以直达上海。循大江而南,可越洞庭入沅湘以通两广云贵。又西上荆宜而入三峡可通巴蜀,以上溯金沙江;至于遵汉水而西,经安陆、襄阳、郧阳诸府,纵贯全鄂以抵汉中,又沿汉水之支流白河、丹江二水以入宛洛,所谓九省之会矣"②,由此可见汉口"九省通衢"的地理位置。

汉口的经济地位在近代以前已经奠定了基础,作为我国内地尤其是长江中上游地区最大的交通枢纽和物资集散地,其商业的发展早在唐宋时期就已初具规模,到明清之际已达到相当高的水平。明后期经久不息的全国性动乱结束之后,清朝的安定局面更加促使汉口发展成为中国最大的商品集散地,它的贸易腹地范围不断扩大,作为商品流通枢纽和商品集散地的功能不断增强。"汉口不特为楚省咽喉,而云贵、四川、湖南、广西、陕西、河南、江西之货,皆于此焉转输,虽欲不雄天下,不可得也。"③斯波义信也指出:汉口在"19世纪初发展成为拥有100万人口,控制由两湖的全部、江西、河南、陕西的各一部组成的商业圈——'长江中游大地区'——的中枢首府;而且成长为集地区首府、大城市、地方城市三重商圈的交易功能于一体,各种功能兼而备之的商业中心"④。

近代以后,汉口成为长江沿线仅次于上海的第二大商业都市。"至若

---

① 参见周勇等译编《近代重庆经济与社会发展(1876—1949)》,四川大学出版社1987年版,第500页。

② 《夏口县志·商务》,转引自冯天瑜等主编《武汉现代化进程研究》,武汉大学出版社2002年版,第112页。

③ 刘献庭:《广阳杂记》(及其他一种)卷4,中华书局1985年版,第177页。

④ [日]斯波义信:《宋代江南经济史研究》,方健等译,江苏人民出版社2001年版,第30页。

中国之有扬子江，由江苏迄乎四川绵亘四五千里，中间通商口岸若镇江若江宁若芜湖若九江若汉口若沙市若宜昌若重庆，其大者已有八九处。此外，滨江各市镇星罗棋布，尤不可以数计，类皆行旅络绎商贾骈阗，而核其商务之最盛，则终以汉口为首屈一指，盖以其地为长江之中西通巴蜀东达吴越南则逾洞庭湖而至湖南，西北则溯襄河而至陕西，故论用兵之险要，其地固系上游，而论经商之情形，其地尤为要道，比年以来华洋巨商接踵而来，固已为百货之转输成四方之都会。"[1] 汉口对湖北、湖南的辐射作用是通过各种类型的区域商品流通中心体现出来的，它们与汉口的距离远近不一，如宜昌、沙市、岳州、长沙、湘潭等。就宜昌来说，19世纪80年代，"宜昌地方近日生意颇有起色，轮船之往彼来者每次装载洋布七八百包，大约购者有人，故货销尚易也"。[2] 到20世纪初，宜昌的商务益加繁盛，"商务素盛，开埠以来更臻繁庶，迩若湘蜀江西，远至山陕福建"[3]，都有商人到此地贸易。处于入川要道上的沙市的商务也非常繁荣，"鄂省荆郡所属之沙市镇地方袤广一二十里，商贾辐辏，帆樯云集，系入蜀要道，离省六七百里，与荆州府咫尺之隔"。[4]

湖南境内的商品流向随着新的商品流通格局的出现而发生较大变化。近代以后，广州一口通商时期的传统粤汉商路即原先经由湘江等南下广州的货物纷纷改由长江东赴上海进出，由此导致湖南境内的商品分头循湘江、资江、沅江、澧江四水而下，汇入洞庭湖经岳州而进入长江。湘潭、长沙位于湘江一线，益阳、常德、澧州则分处资江、沅江、澧江三水的入湖要口，这些地方的商品经济发展迅速。到1903年，这些地方的过境货运已非常频繁，"湘省本年常德、湘潭等处商务大兴，而洋商之寄居其间者，亦日见其众，内地各小轮船尤一律畅行，较之从前之以闭关为事者，其气象迥不相同矣"。[5] 同时，从汉口等地运来的商品也循同一线路输入湖南，通过这些商品流通中心输送到省内各地。岳州地处洞庭湖畔，扼湖南出省水道要道，南通湘、资、沅、澧四水，处于湖南省的门户地位，它

---

[1] 《汉口商务必将日盛说》，《申报》1901年12月22日第1版。
[2] 《宜昌近信》，《申报》1882年5月31日第1版。
[3] 《宜昌浙帮同人公启》，《申报》1900年2月27日第5版。
[4] 《沙镇近事》，《申报》1882年6月16日第2版。
[5] 《湘省商务》，《申报》1903年8月15日第2版。

是以汉口为中心的商品流通网络在湖南境内的重要节点之一。"凡由汉口至湘省及由长沙、湘潭至汉口者，必取道于此；云南、贵州两省所出之煤炭、湘潭所产茶叶，如欲输运他省，亦必道出岳关。"①

从1862年开埠到1900年，汉口最重要的出口商品是茶叶。1900年以后，茶叶出口一枝独秀的局面逐渐动摇，在出口商品中的相对份额迅速下降，但随着棉花、牛皮、桐油、豆类、烟叶等众多土特产品成为大宗出口商品，汉口港多元出口的局面到来，与之相适应的是，汉口的腹地范围也进一步扩大。仅就桐油贸易而言，桐树主要生长于川、湘、鄂三省，占了全国桐油生产总量的大部分。此外，黔、陕、晋、豫、皖、赣等省也有部分桐油生产，它们往往集中到汉口输出。四川桐油产区在长江、嘉陵江、乌江流域附近，一般是先集中到万县、重庆两大油市，然后转运到汉口，称为川桐；贵州乌江流域所产的部分桐油，湖南主要在湘江、沅江和澧水流域所产的桐油，也都集中到汉口，称为南桐；陕西主要在紫阳、白河、兴安、旬阳等地所产的桐油，会同湖北西北部所产的桐油一起运到汉口，称为襄古桐；汉口以上长江沿岸所产的桐油主要集中在沙市，称为荆沙桐；汉口长江以下的桐油主要集中到武穴后再运往汉口，称为江边油。仅就桐油集散地区域来看，汉口的商品聚散区域甚是广大。

输入汉口港的外来商品，经汉口转运到两湖及周边省份。相对于土货来源地而言，经由汉口转销内地的洋货辐射范围更为广大，不仅几乎囊括了两湖所有地区，还包括川东的重庆、夔州以及成都平原的部分府县，贵州中部和北部的贵阳、同仁、思南、镇远、遵义，广西的桂林；西北方向，不仅到达汉水流域的兴安、汉中，还进入关中平原，并远及甘肃兰州；向北达到河南的南阳盆地，并进一步进入豫中和晋南。汉口的商贸辐射范围也顺着汉水深入到关中地区，1862年汉口开埠后，从上海运出的进口商品经汉口入汉水深入至秦岭以南地区。汉水支流所系的商州镇安县，已有"汉江、上海棉花、布、糖等由兴安河运入"；1910年，经汉水

---

① 《岳埠情形》，《江南商务报》第2期，转引自戴鞍钢《港口·城市·腹地——上海与长江流域经济关系的历史考察（1843—1913）》，复旦大学出版社1998年版，第179页。

输入陕西汉中府的进口棉纺织品和煤油价值29340银两。① 从商品流通金额上看，1895—1911年汉口的直接对外贸易额由540万海关两增加到3700万海关两，15年间增长了5.9倍；间接对外贸易则由4500万海关两增加到1.35亿海关两，15年间增长了2倍多。②

（三）以上海为中心的长江下游经济区

长江下游地区的经济中心经历了从苏州向上海的转变。在以运河为主要运输路线的时代，苏州通过运河与全国各地相连接，同时又通过运河和浏河与长江相连接，渡江往西，可以到达皖、鄂；越彭，通楚、蜀、岭南；经运河，走齐、豫，直达北京；经运河直至杭州，远连交、广地区，成为全国最大的商业都市之一。有人描述当时的苏州是"货物店肆充溢金闾，贸易锻至辐辏"，"远方贾人，携资以谋厚利"。③ 直到近代以前，苏州在全国商品流通中一直处于中心之一的位置，"苏城为百货聚集之区，银钱交易全藉商贾流通。向来山东、山西、河南、陕甘等处每年来苏置货，约可到银数百万两"。④ 但这一时期，由于沿江和沿海一线商品流通路线的地位日益凸显，上海以其优越的地理位置在商品流通中的作用逐渐显现。明万历时期，"上海据吴会之东，负海带江，天下称壮县"；清嘉庆年间，上海是"闽、广、辽沈之货鳞萃羽集，远及西洋、暹罗之舟岁亦间至，地大物博，号称烦剧，诚江海之通津，东南之都会也"⑤，已经是一个繁华的商业城市；到19世纪初叶，上海不仅是长江流域的主要港口，也是中国南北方沿海贸易的中心。但在开埠前，上海所具有的地理和区位优势并未完全发挥出来，尚从属于以苏州为中心的太湖平原经济区，担当着该区域出海口和转运港的角色。

上海开埠后，它所具有的地理区位优势完全显现出来。"沪地为中外

---

① 参见李文治编《中国近代农业史资料》第1辑，生活·读书·新知三联书店1957年版，第488页。
② 参见隗瀛涛等《上海开埠与长江流域城市近代化》，载天津社会科学院历史研究所等合编《城市史研究》第10辑，天津古籍出版社1995年版，第2—3页。
③ 何一民：《中国传统工商业城市在近代的衰落——以苏州、杭州、扬州为例》，《西南民族大学学报》（人文社科版）2007年第4期。
④ 黄鉴晖等编：《山西票号史料》，山西经济出版社2002年版，第27页。
⑤ 戴鞍钢等主编：《中国地方志经济资料汇编》，汉语大词典出版社1999年版，第518页。

冲衢，实苏省总汇码头，商贾辐辏"①，成为商品流通的枢纽，"中国自与泰西各国通道互市，西人以沪上一隅南通闽粤，北达幽燕，大海为其屏藩，长江为其管钥，轮船荟萃，电掣风驰，用是商务之兴，蒸蒸日上，合计地球通商各埠，英国伦敦而外，繁盛几无与抗衡"②，发展成为中国最大的经济中心城市。在长江下游地区，上海通过宁波、杭州、芜湖、镇江、苏州等区域中心城市使其辐射范围扩大到苏、浙、皖、鲁、豫的广大地区。在以上海为中心的长江下游经济圈中，镇江成为商品流通网络中的重要节点之一。正如镇江海关报告所称："查本口之位置，天然利便，为支配江北一带商务之中枢。"③ 由于镇江位于运河与长江的交汇处，"为南北水陆交通之枢纽，故背域广大，北含山东、河南、江苏北部，南包安徽、江苏南部以及长江一带"④，贸易区位优势明显，是上海联系苏北扬州、淮安、徐州、海州以及河南开封、山东济宁等地的中介。开埠后的镇江成为南北货商云集之地，来自全国各地的商品都汇集于此等待交易，各种洋货也在这里等待着进入腹地市场。上海洋货转口至镇江的总额，1875年、1880年、1886年、1890年、1895年、1899年分别为824.7万海关两、758万海关两、589.3万海关两、611.2万海关两、1154.6万海关两、1281.3万海关两。⑤

上海开埠后，它所具有的区位优势限制了宁波的发展，宁波"所借以销卖洋货者，唯浙东之宁、绍、台、金等府；其内地贩来货物，仅有福建、安徽及浙省之绍属茶斤，并宁、绍、金、衢、严等府土产油蜡药材麻棉纸席杂货等物"⑥，腹地范围狭小，成为上海向浙东南地区辐射的重要区域中心城市，通过它的中介作用，杭嘉湖以外的处州、金华和绍兴等大部分地区乃至毗邻的江西广信、安徽徽州等地，都成为上海港间接腹地的

---

① 《抄录告示》，《申报》1875年9月13日第5版。

② 《汉口商务必将日盛说》，《申报》1901年12月22日第1版。

③ 《清末民初镇江海关华洋贸易情形》，载中国社会科学院近代史资料编辑部编《近代史资料》总103号，中国社会科学出版社2002年版，第32页。

④ 李长傅：《镇江地理》，东方地舆学社1933年版，第39页。

⑤ 参见樊卫国《激活与生长——上海现代经济兴起之若干分析（1870—1941）》，上海人民出版社2002年版，第77页。

⑥ 中国第一历史档案馆编：《鸦片战争档案史料》第7册，天津古籍出版社1992年版，第441页。

一部分。1882—1891年的浙海关报告记载："上海是宁波出售产品和采购供应的市场，在十年中，每天有轮船往来，上海向来是我们进行商业的中间媒介。"① 仅就洋货销售而言，1870年，经由宁波运往内地的洋布共有281187匹，其中运往衢州府33454匹，广信府25429匹，绍兴府22312匹，金华府18208匹，温州府16346匹。② 1864—1904年，上海有约十分之一的洋货转运至宁波。土货出口也是如此。1904年宁波经由上海出口的土货值占宁波出口总值的97%，几乎是宁波对外贸易的全部。对于两地之间紧密的商业贸易，1905年英国驻宁波领事称："上海充当了宁波所有其它货物的分配中心。这是由于某些商品如煤油，从这条道上运输比较方便，而有些商品如丝织品，当地商人更愿意到上海这一较大的市场上去收购，因为在那里他们有更大的选择余地。"③ 1876年，温州开埠后成为上海内外贸易在浙东南的另一个转运港，该港进口的洋货和土货，大部分是从上海转运而来的。出口土货大部分也是运到上海，再转销国内外各地，所以温州最重要的贸易对象是上海。

除苏、浙两省外，从经济区的意义上讲，安徽也属于以上海为中心的长江下游经济区的重要组成部分，上海对安徽的经济辐射作用通过芜湖对安徽各地的直接辐射而体现出来，关于芜湖对安徽各地的经济辐射作用状况，由于在下文讲民信局寄递网络和商品流通网络之间的一致性时有详细阐述，兹不赘述。

（四）以天津为中心的华北经济区

清代中期，天津的贸易范围已经由大运河沿线地区逐步扩展到华北、江浙和闽粤的沿海地区，成为华北最大的商业中心和港口城市了，也就是说，在开埠以前天津已经奠定了其华北地区商业中心的地位。1860年开埠后，它与周围地区之间的经济联系日益密切，辐射范围也在扩大，进一步强化了其华北地区经济中心的地位，起到了加强华北传统市场与国际市场联系的作用。由于天津港是蒙古地区、直隶山西两省以及河南、山东北

---

① 徐蔚葳主编：《近代浙江通商口岸经济社会概况》，浙江人民出版社2002年版，第17页。
② 参见戴鞍钢《近代上海与长江流域市场网络的架构》，《复旦学报》（社会科学版）1996年第5期。
③ 陈梅龙等译：《宁波英国领事贸易报告选译》，《档案与史学》2001年第4期。

部的天然出入口，开埠后，各种外来商品越来越多地经过天津输往华北各地。在山西，据记载，晋商在天津购置到的布匹等洋杂货，先用民船沿子牙河向西运输，然后再经过陆路，辗转运到山西境内销售。在河南，卫河流经豫北平原的怀庆府、卫辉府和彰德府，在山东临清入南运河而通往天津，一直是豫北平原与山东、直隶的许多地区进行商品交流的主要通道。天津开埠后，豫北卫河沿线地区处于天津的直接辐射范围之内，天津进口的各色布匹和其他洋货，经卫河大量输送到彰德府、卫辉府和怀庆府的广大地区。豫北地区运往天津的药材、棉花等货物，"也是经卫河下运，而道口正是一个集散地"。[①]

表3—1—2　　　　天津进口商品在华北腹地省份分销概况　　　　单位：万两

年份	直隶	山西	山东	河南	合计
1902	1422.6	338.9	131.3	131.3	2024.1
1903	1659.5	480.4	154.9	149	2443.8
1904	1540.7	440.1	99.1	131.9	2211.8
1905	1997.5	566.5	90.2	107.7	2761.9
1906	2212	657.9	142	116.5	3128.4
1910	1584.3	543.2	98.7	140.4	2366.6
1915	1689	523	176	166	2554

资料来源：吴弘明编译：《津海关贸易年报（1865—1946）》，天津社会科学院出版社2006年版，第234页；[日]中国驻屯军司令部编：《二十世纪初的天津概况》，侯振彤译，1986年印行，第274页；宋美云：《近代天津商会》，天津社会科学院出版社2002年版，第22页。

19世纪80年代以后，天津的辐射范围在原来的基础上进一步扩大，"天津当河北五大河汇（会）流之点，贸易区域北至内外蒙古，西连山西、陕西、甘肃、新疆，南及河南、山东之北部，范围之大，除上海外，殆无其匹"。[②] 当时日本人所作的调查也证明了这一点，"天津是华北最优越的商港，是往来于直隶、山西、陕西、甘肃、内外蒙古及奉天、吉林、河

---

① 史念海：《中国的运河》，陕西人民出版社1988年版，第354页。
② 张其昀：《中国地理大纲》，第六章"中国之都市与交通"，商务印书馆1935年版，第52页。

南、山东各省的要地,是它们的一部分货物的几乎是唯一无二的吞吐港"。①

从上表可以清晰地看出天津与直隶、山西、山东、河南四省经济联系密切程度的不同,天津与直隶的经济联系最密切,其次是山西。1866年的津海关贸易报告记载:"天津进口货之大半,为直、晋两省所得。"通过天津出口的货物来源也是如此,"晋省得自天津所进洋货之份额,堪称巨擘;直省所得者自亦不鲜,然天津之出口货,则殆皆赖此二省供应"。②河南、山东与天津的贸易联系相对较弱,只涉及两省北部部分地区。19世纪60—80年代,天津的"货物亦有自津运赴豫北者",另有部分进口商品输往鲁西地区。③

到20世纪初,天津的通商区域扩展到直隶、山东、山西、河南、甘肃、陕西、吉林、奉天及内外蒙古。在这些区域消费的货物,要从海外各国输入;同时还担负有把蒙古、陕西、甘肃、山西、直隶地区的土产进行输出的任务。据1902—1914年津海关内地贸易统计,常年通过天津进行进口贸易的省区有晋、鲁、豫、陕、甘、奉、吉、黑、蒙、新疆等。据估计,20世纪初,天津港的经济影响力已经辐射到了直隶、山西(包括归化、包头一带)和蒙古的全部,陕西、甘肃和新疆的各二分之一,山东的三分之一,河南的五分之一,满洲的十分之一。④天津的商业腹地,包括与其他口岸相重叠的混合腹地,几乎囊括了黄河以北的半个中国,由此可见腹地范围的广阔。据1910年的统计:河北、山东、山西、河南以及东北和西北部分地区的物产聚集在天津市场转出口的就占了当年上述地区出口总额的69.7%,而从天津市场转销上述地区的货物占了当年上述地区输入货值的30.3%;1912年分别为57.8%和42.2%。⑤

---

① [日]中国驻屯军司令部编:《二十世纪初的天津概况》,侯振彤译,1986年印行,第239页。

② 吴弘明编译:《津海关贸易年报(1865—1946)》,天津社会科学院出版社2006年版,第13—14页。

③ 庄维民:《贸易依存度与间接腹地:近代上海与华北腹地市场》,《中国经济史研究》2008年第1期。

④ 参见[日]中国驻屯军司令部编《二十世纪初的天津概况》,侯振彤译,1986年印行,第243、269页。

⑤ 参见李洛之等编著《天津的经济地位》,南开大学出版社1994年版,第39页。

天津开埠后，随着商品经济的发展及贸易辐射范围的逐渐扩大，进出口贸易一直保持稳定的增长态势，1875年进出口总值为3987313海关两，1890年增长到6459365海关两，1895年则达到14287074海关两。进入20世纪，天津的进出口贸易又有很大发展，1901年贸易总额为49411423海关两，1911年上升至116536648海关两。[①]

（五）以福州、厦门为中心的东南沿海经济区[②]

福建位于东南沿海地区，北、西、南三面环山，东面临海，境内多山地丘陵和河谷盆地，特殊的地理条件决定了它总体上商品经济发展的落后性。但由于福建境内海岸线曲折，形成了许多优良的港口，如福州、厦门、泉州等。明清以来，福建通过诸多优良港口与台湾、浙江、江苏、山东直至东北三省，以及海外广大地区尤其是东南亚各国进行频繁的贸易往来。鸦片战争后，厦门和福州分别于1843年11月和1844年7月正式开埠，从此开始了福建近代对外贸易的新格局。福建的对外和沿海贸易主要通过福州和厦门来进行，这两个港口在近代福建经济发展中扮演了极其重要的角色。但由于受地理位置以及所在地区经济发展水平和市场潜力的限制，以福州、厦门为中心的东南沿海地区的经济发展水平不高，腹地范围狭小。并且，由于受地形限制，与省内外的交通不便，造成运输困难。"闽省虽与粤、浙、江西等省毗连，然除海道可以四通八达外，其余各处非系崎岖之峻岭，即属湍急之险滩"，故"闽省厦门之物资，则止能售于本省，不能旁及地方，盖由地势使然"。[③] 如在福州，"从1843年福州开放到1853年，在福州没有进行过大量的对外贸易"。[④]

福州位于闽江入海口，闽江作为福建境内最大的内河航线，可以把流域内的各种土特产源源不断地运到福州。同时，福州的进口商品也通过闽

---

① 参见汪寿松《对外贸易与近代天津市场》，载天津社会科学院历史研究所等编《城市史研究》第21辑（特刊），天津社会科学院出版社2002年版，第153页。

② 注：从全国范围看，福建属于以上海为中心的经济区和以广州为中心的经济区的交错地区，福州、厦门的辐射范围主要限于福建境内的狭小地区，本书之所以单列出以福州、厦门为中心的东南沿海经济区，一是因为福建与外界的经济交流主要通过福州、厦门来实现，福州、厦门表现出比较明显的对福建内地的辐射作用；二是本书所论述的民信局的地域沿海向南只到达厦门地区。

③ 戴鞍钢：《近代上海的枢纽港地位》，《浙江学刊》2006年第5期。

④ 姚贤镐编：《中国近代对外贸易史资料》第1册，中华书局1962年版，第406页。

江溯流而上，转运到闽江流域的广大地区。与沿海沿江的区域经济中心辐射范围比较，福州的腹地范围狭小，而且比较贫瘠，无论是土特产的输出还是外来商品的输入，数量都不多。就进口商品而言，在开埠初期，鸦片输入是福州港进口贸易的主要商品，这种状况到19世纪60年代也没有发生太大变化，当地人尚没有"从他们的隐居状态中摆脱出来"，从而使得洋货在当地的消费仅限于除奢侈品之外的很小一部分。直到19世纪末，以棉布、棉纱、五金和煤油、火柴等日用消费品为主要进口商品的贸易结构才成为福州港进口商品的主体。福州进口商品的地域流向主要是沿闽江向内陆地区延伸，19世纪40年代后期，鸦片沿闽江进入武夷山茶区和江西；到60年代后期，大约有占福州进口总量三分之二的鸦片销售到内地的建宁府、延平府和邵武府。由福州进口的棉布、铅及其他洋杂货除在福州府销售外，在19世纪70年代初期，已经在以建宁府为主的建宁、建阳、崇安、邵武、沙县以及偏处闽东的福安等内地市场出现了；至迟在80年代早期，又扩展到汀州府的上杭及闽东的福鼎、福安等地。[①] 到这一时期，福州的贸易辐射范围涵盖了闽江流域的大部和闽东的全部。

  茶叶作为福建最重要的出口商品，在福州的进出口贸易中占有重要地位，它在一定程度上决定着福州港的兴衰。1855年到1880年间，福州茶叶输出不仅年年上升，而且始终占全国茶叶输出总量的三分之一以上，"福州由是遂成驰名世界之茶叶集中地"。[②] 但到19世纪80年代初开始下降，到1891年就跌至361304担，尚不及最高年份1880年的一半。此外，纸张、木材、水果等也是福州港的重要输出商品。从总体上讲，包括延平府、邵武府、建宁府、福州府在内的闽江流域的大部和闽东地区的全部，以及兴化、永春二府（州）的一部和汀州府之上杭等县，可以视为福州港的最大腹地圈。

  从国内商品流通角度讲，与福州有经贸往来的地区主要限于沿海一线，从闽海关各年度的贸易报告中，可以看到福州港进口货物的地点包括香港、汕头、厦门、宁波、上海、芝罘、天津、牛庄、台湾等地，福州土货在国内的出口主要也是上述各地。福州进出口贸易除个别年份有波动

---

  ① 参见池贤仁主编《近代福州及闽东地区社会经济概况》，华艺出版社1992年版，第36、89—90、92、121页。

  ② 姚贤镐编：《中国近代对外贸易史资料》第1册，中华书局1962年版，第609页。

外，总体上呈增长势头。1864年从上述各地进口货值总计3636670元，1865年达到4167255元。1864年福州土货出口到国内上述各口岸（注：香港除外）的总值为1174892元，1865年为1686165元。①

东南沿海经济区的另一个重要中心是厦门，它的腹地范围也非常狭小。"由于地形原因，我们口岸的内地贸易与其他口岸的内地贸易不同，仅局限于毗邻地区，从未有领取本口岸子口税单的商人涉足于漳州和泉州府之外的更远地方"，造成厦门与内地之间的经济往来贸易量不大。"厦门口岸的进口货，几乎全是为了满足本地区的需求。除了在其他口岸出现不利情况的时候，本口岸并无太大转口贸易。"据记载，19世纪70年代，"运入本口岸的各种有销路的货物，有3/10或4/10运往台湾，其余的则运往下列5个地区：彰州府、石码、泉州府、安海和同安"，主要是面向内陆极其有限的地区。厦门的进口商品主要销往附近的泉州府、漳州府和兴化府一带，另外在龙岩州也有一部分销售市场。厦门的出口商品向来以糖、茶和纸为主，主要来自漳州府、龙岩州、永春州、泉州府、汀州府的全部或部分地区。从大致范围上看，厦门的辐射范围主要包括"从北面的兴化府到西北的宁洋县划一道线，西南则到福建省省界。方圆约为15100平方哩，包括20个府城、州城和县城"。②

从厦门与区域外的经济贸易区域看，与之有频繁经贸往来的同样主要是东部沿海地区，包括牛庄、天津、烟台、上海、宁波、温州、台湾、南澳岛、汕头和香港等地。据记载，19世纪70年代后，大多数货物的进口都有稳步增长，它们主要来自上海、烟台、淡水、牛庄、宁波和福州。由于厦门所处的地理位置以及周围地区人民向来有下南洋谋生的传统，它的贸易区域主要分为四个方向：（1）厦门及泉州、漳州二府与其他内地的贸易；（2）厦门与东北、华北各港的贸易；（3）厦门与台湾的贸易；（4）厦门与东南亚的贸易。③

---

① 参见池贤仁主编《近代福州及闽东地区社会经济概况》，华艺出版社1992年版，第9、12页。

② 秦惠中主编：《近代厦门社会经济概况》，鹭江出版社1990年版，第10、20、31、74、80、262、286页。

③ 参见［日］滨下武志《中国近代经济史研究》，孙斌等译，江苏人民出版社2006年版，第244页。

(六) 以营口为中心的东北经济区①

东北地区的经济开发是从清朝开始的，随着对东北的开禁，大批移民进入东北地区，大量土地被开垦出来。到清代中叶，东北已经成为江浙地区最重要的杂粮和手工业原料的供应地。东北从南方输入的则主要是棉布、绸缎、糖、茶、纸张等手工业品。随着东北的持续开发，东北与其他地区之间的经济联系日益频繁和密切，与南方诸省的贸易往来得到长足发展。嘉庆道光年间，东北输往直隶、山东二省的高粱、粟米等粮食每年有一二百万石；而输往江南的豆麦、杂粮数量更大，其中尤以大豆为多。谢占壬称："数十年前江浙海船赴奉天贸易，岁止两次，近则一年运回四回，凡北方所产粮、豆、枣、梨运来江浙，每年不下一千万石。"包世臣亦言："关东豆麦，每年至上海者千余万石。"②

东北与其他地区之间的商品流通主要通过水路来实现，这既包括贯穿东北主要地区的辽河水运，也包括沿海一线的海运。道光初年，营口已经逐渐与陆地相连，辽河出海口下移至今日的营口。营口开埠后，成为辽河流域货物的吐纳之口，经济腹地广阔，物产资源丰富，"翘然成为东三省最重要的商埠"。营口兴盛的关键原因在于它是辽东半岛乃至东三省唯一的吞吐港，经济腹地广阔，物产资源丰富，③因而成为近代辽河流域乃至东北地区的第一个高级市场。

营口开埠通商后，带动了辽河航运能力不断增强，辽河成为当时东北地区重要的商路，促进了沿岸商业城镇的经济发展，并借助这条重要的商路拓展经济腹地，使营口对东北地区的辐射能力不断增强。辽河适于航行的河段，上游以郑家屯为起点，下至入海口，航程近800公里。从郑家屯转陆路，循松花江支流伊通河至伯都，经松花江北达齐齐哈尔，以及呼兰、阿什河流域。并且，辽河有太子河、浑河、蒲河、柴河、辉发河、柳

---

① 注：东北地区的经济中心在不同时期发生变化，清代前期以锦州为中心，到道光末年，营口在东北沿海贸易中的地位已经超过锦州而居首位了；甲午战争后又转为以大连为中心。本节内容是为论述鼎盛时期民信局寄递网络和这一时期商品流通网络之关系做铺垫，所以只概述以营口为中心时期的东北经济区。

② 参见《清经世文编》卷48，谢占壬"古今海运异宜"；包世臣《中衢一勺》卷1，转引自张利民等《近代环渤海地区经济与社会研究》，天津社会科学院出版社2003年版，第23—24页。

③ 李孝聪：《中国区域历史地理》，北京大学出版社2004年版，第436—437页。

河等众多支流,这些支流流程虽短,但在19世纪以前均可通航,它们与辽河相衔接,大大扩展了辽河的航运区域,构成了一个以辽河干流为主体的庞大水运网络。1877年前后,辽河的水运地点向北延伸,通江口成为辽河航运最北端的码头。据记载,"辽河自通江口以下,八百里达于营口,帆樯如织,擅水运之利"①,体现了其重要的商品流通作用。依托辽河这条重要商道,辽河流域沿岸城镇的工商业经济取得了长足发展。沿辽河一线出现了一批重要的商品集散中心,至1850年,已有大约50个城镇,主要包括奉天、金州、辽阳、海城、锦州、兴京(今新宾)、三姓(今依兰)、瑷珲、卜奎(今齐齐哈尔)、吉林乌拉(今吉林)、海拉尔、呼玛、复州、牛庄、盖平、铁岭、开原、昌图、凤凰城、新民、千金寨(今抚顺)、本溪湖(今本溪)、伯都讷(今松原)、珲春、阿勒楚喀(今阿城)、双城堡、呼兰、拉林、舒兰等。

  通过以辽河水运为主干的商贸带动作用,辽河沿岸及其周围地区的商品经济逐步繁荣,相互之间的经济联系日益密切,在此基础上形成了沿辽河经济带的五个城镇集群:一是辽河上游城镇集群,以昌图、通江口为轴心;二是辽河中游城镇集群,以铁岭、新民为轴心;三是辽河下游城镇集群;四是辽河支流太子河、浑河沿岸城镇集群;五是处于首位的营口及其周围城镇。此外,东北与地区以外的交往,也是以位于辽河出海口的营口为枢纽,与关内各地特别是华北以及华南连成一体。1861—1898年,辽河的帆船贸易极盛,"内地用品的供给全赖帆船为之输,将抑营口在全国海港中所占的地位,营口一方面既与东三省内地联系密切,另一方面又与国内其他各大商港有轮船为之联络,而且我国汽船、帆船之货载大半以营口为终点,所以能够蒸蒸日上,执东北商务之牛耳"。②

  营口擅沿辽河和沿海水运之便,处于东北地区商品流通网的最高层,既具有与华北、华南进行物资交流的便利,也具有沿辽河及其支流辐射东北的能力。至1890年,营口已成为东北地区最大的物资集散中心,"舶来

---

  ① 徐曦:《东三省纪略》,商务印书馆1915年版,第156页。
  ② 李孝聪:《中国区域历史地理》,北京大学出版社2004年版,第437页。

之品，土产之货，水陆交通，皆以此为总汇"。① 营口的货物航运可分为上航与下航两类。上航将湖广、云南、贵州、山东、山西等地的布匹、绸缎、棉花、药材、瓷器、铁器、糖、食盐以及洋货等，分别运到各码头，转销至奉、吉、黑三省及内蒙古东部各城镇；下航主要装运大豆、豆饼、豆油、高粱、杂谷、烧酒、烟草、人参、皮毛等货物到营口，转销至天津、上海、宁波、香港等地，其中一部分再转销到国外，商业网络相当广泛。到1894年前后，营口已成为仅次于上海、天津、广州、汕头和厦门的全国第六大港口。从商品流通总值来说，营口1866年的海关贸易总额为4448297海关两，1888年增加到7012648海关两，1899年又快速增长到48438023海关两，此后至1905年的贸易额维持在此水平上。②

二 各区域间商品流通的频繁

上文对近代以来形成的各主要经济区做了宏观论述，在全国范围内，不仅有各区域内部各地之间的经济互动，也有各区域之间日益频繁的经济贸易往来。"处于当时技术水平的晚清中国经济，以商业的高度发展为其特点，货物和商人在全国广泛地流动，国内的经济在一定程度上已经与世界市场发生了联系。在最基层，每一个农村地区的农民都有规律地在为其周围村落服务的城镇定期集市上做买卖。在这里，他们生产的剩余农产品和手工业品被用来交换其他地方的土产，或者交换通商口岸城市的制成品或进口货（后两种货物逐级通过交换体系最终到达消费者手中）。"③ 近代商品流通包括两个方面：一是国内各区域之间的商品流通进一步发展和扩大；二是与进出口贸易有关，包括进口商品的流通和国内土货的外运。以汉口为例，它在1855—1900年进出的货物种类如下表：

---

① （民国）王树楠等纂，东北文史丛书编辑委员会点校：《奉天通志》卷162《交通志》，沈阳古旧书店1983年影印本，第3775页。

② 参见姚永超《开港贸易、腹地纵深与新"东北"区域的塑造（1861—1931）》，《浙江学刊》2006年第5期。

③ [美]费正清等编：《剑桥中国晚清史》（下），中国社会科学院历史研究所编译室译，中国社会科学出版社1985年版，第53页。

表3—1—3　　　　汉口区域间贸易的种类（1855—1909）①

地区	来汉口	出汉口
长江中游	大米、粟、茶、油、煤、木材、金属、中药、漆、麻、烟草、原棉、脱脂棉	盐、原棉、糖、大米、纺织品、工业品、食品
长江下游	盐、棉线、茶、纺织品、陶瓷、漆、墨、海味、食品	大米、其他粮食、豆、油、煤、皮、麻、染色棉、中药、木材、纺织品
长江上游	大米、中药、油、盐、糖、蜡、丝绸、麻、食品	纺织品、棉线、其他工业品
西北	皮革、羊毛、畜产品、漆、豆、油、酒、原棉	棉线、纺织品、茶、食品
华北	粟、豆、皮革、麻、油、中药、小麦、鸦片、煤、纺织品、地方手工艺品	棉线、纺织品、大米、食品
岭南	洋货和土货、糖、食品、鸦片	中药、谷物、豆、油、麻
东南沿海	茶、海产、食品	谷物、豆、油、煤、麻、中药
云贵地区	漆、油、蜡、木材、鸦片	棉线、纺织品

从上表可以看出，经过汉口进出的商品来自全国各地，其种类更加丰富多样。汉口作为区域经济中心城市如此，烟台等次级区域中心城市也是如此。烟台从长江流域进口芜湖米，四川桐油、药材，九江纸、夏布、陶瓷器，浙江丝绸、纸，上海机制布。甚至处于交通要道上的城镇也是如此。如江西铅山县河口镇位于信江和铅山河交汇处，处于闽、浙、赣、皖四省接合点上。在清代的乾、嘉、道时期，河口镇上汇集的来自全国各地甚至海外的商品种类繁多，就国内而言，这些商品大多来自闽越、江浙、湖广，也有一部分来自安徽、河南、山东等省份。

除了各地市场上货物来源地域和种类的广泛性外，各区域之间商品流通频繁的另一个表现是各地之间直接的商品交流。在商品经济发达的长江下游地区，区域内部各地之间的商品流动更为频繁和活跃。如19世纪80年代，从事宁波和镇江间商品运输的船只约有110艘；还有约300艘民船专门从镇江往宁波运输大米；有一打民船从事宁波和温州间的货物运输；

---

① ［美］罗威廉:《汉口：一个中国城市的商业和社会（1796—1889）》，江溶等译，中国人民大学出版社2005年版，第75页。

有10艘台州船从事宁波和台州间的货物运输。又据1892—1901年的瓯海关报告记载,约有30艘沙船主要往来于温州、宁波、乍浦、台州和镇江之间从事运输业务,约有20艘福建民船往来于温州、福州、兴化、泉州和漳州之间从事运输。①

在东部沿海和长江中下游地区的二级商业中心城市,如宁波、镇江、九江、芜湖、烟台等,不但与本区域内的城镇之间存在频繁的商品交流,而且还突破地域限制,与区域外的经济联系和往来增多,表现了沿海和长江中下游地区间经济一体化的发展趋势。如芜湖在1882年到1891年,从进出口货物的数量上看,据海关报告记载:"从分布上看,我港出口至镇江货值(主要是煤)从6000海关两增加到4.7万海关两;往汉口(丝绸、茶叶等等)从7.3万海关两增加到36.5万海关两;到上海(丝、茶、大米、羽毛等)从86万海关两增加到103万海关两。过去由上海转口的大米现更多地直运广州,此项贸易由过去的34万海关两增加到341万海关两。本港的国内进口来自上海方面(食糖、土布等)由过去的39万海关两增至将近69万海关两,来自九江(草席等)由3.9万海关两增至10.9万海关两;来自汉口(土布、桐油、菜油等)从13.6万海关两增至77.8万海关两。"②芜湖作为当时的四大米市之一,大米源源不断地从各地汇集而来,"皖江素产鱼米,芜湖为交通口岸,近来粤商来芜买米,航海贩售,每年出口数千万石"。③在芜湖从事米粮采运的客商分为四帮,即广州帮、潮州帮、烟台帮、宁波帮。四帮的销路存在较大差异:广、潮帮由上海黄浦江出口运销至华南沿海缺粮地区如广州、汕头等地;烟、宁两帮则运销至天津、烟台、青岛、威海卫等华北地区;也有部分顺江而下运往南京、碛石、无锡、南通、上海等地。

近代以后,以上海为中心的商品流通格局的重要性更加明显,通过上海的中转,商品流通扩展到更广大地区。单从农产品转销来说,东北辽宁、登莱一带的商人纷纷把大豆及豆饼贩运到上海,再转销至湖北、

---

① 参见徐蔚葳主编《近代浙江通商口岸经济社会概况》,浙江人民出版社2002年版,第31、431页。
② 茅家琦等主编:《中国旧海关史料》第152册,京华出版社2001年版,第31页。
③ 《芜湖杂志》,《申报》1889年11月14日第3版。

福建、广东等省。上海作为近代国内的粮食转运市场，海运北至天津、青岛等地，南至宁波、厦门、汕头、广州等地。在花生销售方面，上海花生市场的货源多半来自津浦及陇海两路附近地区，多销往广东及福建两省。上海是主要的食糖市场，近代镇江商人贩运的糖行销地区多属长江流域及江北、皖、豫、鲁等杂粮产地，所以一面销糖，一面收购杂粮。① 通海一带民众喜食的西苽产自陕西，多先运至天津，由天津再运到上海转销至南通。而汉口、九江、湖南、安徽等地的大豆也经上海转运至汕头、温州、台州、宁波、绍兴、无锡等处，形成农产品在全国范围内的流动。

除了上海与各区域城市之间频繁的经贸往来外，其他区域城市之间的经济往来同样日益密切。如在福州，单就生活必需品而言，"福州与其他地方还有大量的交易：如来自邻省江西的瓷器，由最远的山西省供给的兽皮和毛皮，从山东省、天津及沿海其他各地以木船运来的蔬菜和药材，还有从宁波输入的棉布"。② 又据1892—1901年的闽海关报告记载，福州与国内各地之间的民船贸易量很大，其中福州与天津、山东和牛庄之间从事贸易往来的船只约有40艘，从事福州与兴化之间贸易往来的船只约有30艘，专门从事福州与台湾之间贸易往来的船只约有7艘，另外，从事福州与上海、烟台、泰州、宁波、温州等地之间贸易往来的船只最多，约有60艘。③ 这个记载比起上一个十年海关报告的记载，无论是从发生经济贸易往来的城市数量上还是贸易空间上都有较大的增加和扩大。再如烟台，与之有经贸往来的地区除其腹地外，省外主要包括牛庄、天津，长江流域的汉口、芜湖、九江、镇江，华中的上海、宁波、温州，华南的汕头、厦门、广州、香港、福州、淡水等港口。

沿海沿江的大中城市具有广阔的腹地，它们与腹地之间的经济联系不仅表现在直接的贸易往来，更重要的是通过一个个内陆城镇而进行的间接贸易往来。这些城镇一般位于重要交通线上，它们既是港口城市连接腹地

---

① 参见许道夫编《中国近代农业生产及贸易统计资料》，上海人民出版社1983年版，第158页表6、第200页表7。

② 姚贤镐编：《中国近代对外贸易史资料》第1册，中华书局1962年版，第595页。

③ 参见池贤仁主编《近代福州及闽东地区社会经济概况》，华艺出版社1992年版，第399—400页。

的重要节点，又是腹地某一个区域的交通枢纽或经济中心，它们的辐射范围不限于本地，而是向周围地区扩展。所以，各区域中心城市对本区域的经济辐射作用是建立在中小城市辐射作用基础上的。如直隶保定府束鹿县辛集镇以毛皮加工闻名，不但其原料来源地区广大，其产品的销售去向也是如此。1900年前后，辛集的"羊皮由保定、正定、河间、顺德及泊头、周家口等处陆路输入，每年计粗、细两色，约三十万张，本境制成皮袄、皮褥等货，由陆路运至天津出售。羊毛由归化、城西、泊头、张家口及五台、顺德等处陆路输入，每年均计约四五十万斤，本境制成织绒、粘毯、帽头等货，由陆路运至天津、湖广等处出售。骡马杂皮本境制为黑绿皮脸，每年均计约须二十万张，买由赵、冀州、大名府等处，卖在山东、归化城、天津、广东等处，皆由陆路转运"。就华中地区相对偏远的麻城来说，其货物输出范围也很大，"麻城输出之货，西南以花布为大宗，销售于襄樊、河口，陕西之兴安、白河，四川之渝、万、泸、叙等处。东南以黄丝、茯苓、木油为大宗，销售于川湘闽粤等处。西北以木油、汤粉、花生油为大宗，销售于江浙、闽广等处"。① 在商品经济发展水平相对落后的四川，商品流通范围的扩大，主要表现在区域内各州县之间有了比较广泛的农业和手工业产品交换。当时四川各地的县志和乡土志，凡有商业贸易记载的，没有一县不从省内其他州县运入商品，本县出产也无不行销省内各地。如清末西充县出产的丝织品、棉布、药材等商品销售至省内约174个州县，又从省内12个州县运入粮食、菜油、布匹、纸张、铁器等；新繁县出产的农副产品、手工业品行销成都及彭县等6个州县，又从省内17个州县运入各种商品。②

在区域内部及区域之间商品流通日益频繁的基础上，商品流通量和流通值也在不断增加和提高。就全国市场而言，1840年前后，国内市场几种主要商品的价值约为38762万两，全部市场交易总值约为4亿两，到1894年已增至约10亿两，较前增长150%。③ 就通商口岸而言，1872年，

---

① 戴鞍钢等主编：《中国地方志经济资料汇编》，汉语大词典出版社1999年版，第685、723页。
② 参见王永年、谢放《近代四川市场研究》，《四川大学学报》（哲学社会科学版）1987年第1期。
③ 参见许涤新等主编《中国资本主义发展史》第2卷，人民出版社1990年版，第996页。

各商埠之间的相互贸易总值为 2.52 亿海关两，1894 年增至 4.42 亿海关两，增长约 75%。甲午战争后，国内各区域间的经济联系更加频繁，贸易增长幅度更大。一项截至 1913 年的统计表明，1895 年进出口贸易总值为 4.91 亿元，1913 年达 14.22 亿元，增加 3.1 倍；而国内埠际贸易总额从 1895 年的 7.40 亿元，增至 1913 年的 17.42 亿元，增加 2.4 倍。①

以上概述了国内各区域之间商品流通的状况，此外，商品流通的另一个重要方面是进出口贸易的活跃，尤其是在第二次鸦片战争后，"1860 年代是中国贸易在方法上发生巨大变化的时期。第二次鸦片战争造成的长期荒废局面有所恢复，太平天国运动被镇压，长江对外国船只的开放和长江流域通商口岸的增加等等因素，使得在以往的生产规模和市场流通结构中，出口贸易逐渐增大起来。而由于大型汽船时代的到来，实现了运输革命，中国与欧洲和美国市场的距离大大缩短，这些因素也都带来了在华外国商社交易方法上的变化"②，因此，"中外贸易之状况，年盛一年"③，进出口贸易的发展以 1900 年为界分为前后两个阶段。就对外贸易而言，1868 年的进出口贸易总值为 12510.8 万海关两，1900 年为 37006.7 万海关两，这段时间的增长速度相对缓慢，而到 1913 年，迅速增加到 97346.9 万海关两。这 13 年间增加的贸易额，是在此之前的 32 年（1868—1900）增加额的 2 倍多。④ 姑且不论上海，仅就汉口而言，从 1867 年到 1889 年，直接对外贸易额由 522342 海关两上升到 5581659 海关两，间接对外贸易额由 23245273 海关两上升到 37610898 海关两⑤，1907 年则分别上升至 31683214 海关两和 115071383 海关两，与 1889 年相比，分别增长了 567.69% 和 306%。1910 年，汉口的进出口贸易总额

---

① 参见赵德馨主编《中国近代国民经济史教程》，高等教育出版社 1988 年版，第 40、153 页。
② [日] 滨下武志：《中国近代经济史研究——清末海关财政与通商口岸市场圈》，孙彬等译，江苏人民出版社 2006 年版，第 101 页。
③ 《东方杂志》第四年第十一期《商务》部分之《中外商埠纪略》，光绪三十三年十一月二十五日发行，第 112 页。
④ 参见郑友揆《中国的对外贸易和工业发展（1840—1948 年）》，程麟荪译，上海社会科学院出版社 1984 年版，第 15 页。
⑤ 参见吕一群等《清末汉口贸易地位的转变与武汉现代化的开启》，《湖北大学学报》（哲学社会科学版）2006 年第 2 期。

更高达1.5万亿海关两，成为全国第二大通商口岸。①

就农副产品出口来说，其增长速度也很快。大量的农副产品经由作为初级市场的遍布各地农村的贸易集镇汇集起来，然后运往通商口岸。正如时人所言："中国现在虽然以大量原料运往外国市场，但是，中国的输出品仍然要在初级市场上以铜钱收购，从个别人买来的微小数量，当其运到口岸来时，便像滚雪球一样，积成巨大的数量。"② 据统计，1893年农产品出口总值为2842.3万元，占全部出口贸易总值的15.6%；到1903年分别增至8949.6万元和26.8%；1910年又达23195.7万元和39.1%。同一时期，外国商品对华输入有增无减，进口贸易净值指数如以1871年至1873年为100，则1891年至1893年为206.6，1909年至1911年为662.3。③

综上所述，晚清时期商品经济的发展不仅表现在全国各主要经济区的完全形成，更表现在各区域之间及各区域内部之间商品流通的频繁，都需要广泛而便捷的信息沟通和交流，这无疑为民信局的快速发展奠定了坚实的经济基础。

第二节　晚清时期民信局的发展概况

1840年以来，中国的现代化因素首先产生于沿海沿江的通商口岸地区，之后再沿着交通路线向广大内陆地区推进，从而构成了中国现代化的空间进程，与沿海口岸的贸易联系成为各区域经济联系的主要方向，中国近代交通也都以沿海口岸城市为主要指向。这表明近代中国的现代化呈现出从沿海沿江一线向内陆地区扩展的特点，随着近代中国商品经济由沿海沿江向内陆地区的延伸，民信局的发展也呈现出以沿海沿江一线为中心向内陆地区扩展的态势，这在以上海、汉口、天津、重庆等地为中心的民信局的发展方面表现得最为明显。

---

① 参见涂文学等《张之洞"湖北新政"遗产的历史命运》，《江汉论坛》2003年第8期。
② 章有义编：《中国近代农业史资料》第2辑，生活·读书·新知三联书店1957年版，第276页。
③ 参见严中平等编《中国近代经济史统计资料选辑》，科学出版社1955年版，第72—73页。

一 长江沿线地区

由于近代以来沿长江一线地区经济的迅速发展以及以长江为主干的运输路线的繁忙,在长江一线形成了一批重要的商品流通枢纽城市。与之相适应,这些城市民信局的数量众多,形成了以上海为中心的长江下游、以汉口为中心的长江中游和以重庆为中心的长江上游三个区域。

(一) 长江下游地区

长江下游地区自明清以来一直处于全国的经济中心地位,经济发展水平最高,并且由于其对全国的经济辐射作用,形成与其他区域之间的经济互动。近代以后,长江下游地区不但继续保持其经济上的优势,而且,对全国范围内的经济辐射作用进一步增强,形成以上海为枢纽的沿江沿海一线的商品流通网。表现在民信局方面,即民信局的设立非常普遍,甚至达到最基层的相当一部分村镇。

由于地理位置上的优越性以及在全国经济中的中心地位,近代以后的上海成为民信局汇集之地,总局大部分都设在上海,推设分局到各省都市,然后再向内地扩展,以至于形成"上海信局,实为信局总汇所在"①的局面。上海民信局逐渐形成南北两个集中的地区,大致分布在南市咸瓜街和北市二马路(今九江路)、外国坟山一带,并且形成投寄地域上的分工。南市主要利用轮船、脚夫投递沿江、沿海各埠,北市主要利用民船、脚夫投递内地各省市。从数量上说,19世纪初,民信局已经达到70余家。到19世纪八九十年代,更是形成"本埠各省信局林立,不下百余家"②的局面。1896年官办邮政正式开办时,在邮局挂号的信局有70家,次年达到77家。进入20世纪,据1908年的邮政事务情形总论记载,上海民信局有所减少,但仍有69家,其中52家挂号,17家没有挂号。③1910年,上海民信局的数量又有变化,"仍有挂号民局六十五家,未挂号者二十一家,另有私设之经理处及脚夫等为数亦甚多"。④

---

① 沈阳市邮政局邮政志办公室编:《中国邮电史料》第2辑,1986年印行,第53页。
② 《外埠由信购药写明酒资回给方免误事》,《申报》1895年8月29日第4版。
③ 参见张志和等主编《中国邮政事务总论》(上),北京燕山出版社1995年版,第130页。
④ 关庚麟署:《交通史·邮政编》第1册,交通、铁道部交通史编纂委员会1930年印行,第62页。

第三章　晚清时期的民信局　67

这一时期，上海有一部分民信局号名在海关十年报告中被记载下来，有协兴昌记、协兴昌、协兴、全泰洽、太古晋、正大、森昌盛、森昌、永和裕、永和、福兴康、全昌仁、和泰、永利、永义昶、协太、全盛、政大源、全泰成、全泰盛、精顺、福兴润、福润、老福兴隆记、老福兴、乾昌、乾昌仁、裕兴福、正和协记、亿大、仁昌正、裕兴昌、茂昌、福和昌、太古盛、老亿丰、合发顺、松兴公、胡万昌、永义泰、铨昌祥、松兴公福记、正和合记、永和仁、林仁记、永泰丰、老正大、通顺、协源汪记、协源、顺成、协大、鸿源、宝顺、通裕、日生、全盛合记、致大、德和、公利、马正源、全泰顺、恒利、全泰福、永其昌、永和合、协泰顺、兴裕康等。① 另外，还有一些号名在《申报》中被记载下来，如同泰仁、怡和昌、悦昌生等。② 但按照鼎盛时期有100多家的说法，还是有一部分没有被记载下来。

随着商品经济的发展，民信局适应业务发展的需要，纷纷扩大规模。如1885年4月，"正大宁绍信局太古晋长江信局向在后马路，开设二十余年，因房屋欠宽，今迁移至二马路外国坟山对过开张"。③ 扩大店面只是业务发展的表现之一，更重要的是上海民信局不断扩大经营区域，到周围城镇开设众多分号。1821年，上海民信局在周围各县设立的分号，已经达到51处。在道光年间（1821—1850），金山县开设有全泰盛、汪协源、顺成等信局的分号，其中全泰盛在朱泾、吕巷、张堰还设有分号，汪协源在朱泾、张堰、枫泾设有分号，顺成在张堰、吕巷、枫泾设有分号。青浦县城所在地青浦镇设有全盛、顺成、协源等信局的分号，这些分号又向更基层的村镇延伸，其中全盛先后在县内的角里、练塘等地设有分号；在南汇县城、周浦、大团、祝桥、新场等地设有日生盛和宝顺信局的分号；在嘉定县设有永义昶、王全利、信诚、全盛、宝顺、老正大信局的分号。咸同光年间，上海民信局在周围城镇设立的分号进一步增多，无论是覆盖范围还是密度都有增加。咸丰至同治年间，宝山县设有宝顺、全盛、老正大

---

① 参见徐雪筠等译编《上海近代社会经济发展概况》，上海社会科学院出版社1985年版，第122—137页。

② 参见《遗失信局包封》，《申报》1883年11月10日第4版；《英界公堂琐案》，《申报》1883年9月26日第3版；《新开徽州信局》，《申报》1891年10月16日第6版。

③ 《信局迁移》，《申报》1885年4月15日第4版。

信局的分号。光绪年间，松江县内设有协源、全盛、顺成信局的分号，奉贤县内设有方大成信局南桥镇分号。① 民信局分号还进一步向下延伸到较大的村镇，仅就青浦县之珠街角而言，设有全泰盛、协和、顺成等信局的分号。②

上海作为全国民信局的中心，不仅在周围地区开设众多分号，在更大的范围内，在把分号和联号开办到全国各地的同时，其寄递路线也在向外延伸，这从新设立信局的运营路线上可以得到充分体现。如义和信局"专走徽州、歙县、黟县、休宁、屯溪以及江西饶州、景德镇等处"③。民信局的寄递路线延伸到哪里，其分号或联号就开设到哪里，义和信局在上述各地都设有分号或联号。通过这种方式，上海民信局把寄递路线拓展到全国重要地区，"上海各民信局的显著特点是，这些机构几乎全是在厦门和汕头以北的沿海口岸以及在整个长江流域经营业务的那些大型机构的总局或总办事处，这就体现了它们的重要性"。④ 如烟台民信局的总号都在上海，这与1934年3月官邮的调查是一致的，当时烟台登记领照的6家信局都是上海信局的联号。⑤ 在江西九江，"各家总局皆在上海或汉口，本地特其重要分局耳"。⑥ 上海民信局的分号或联号不仅开设在处于民信局寄递网络第二层次的烟台、九江等地，也开办到处于第一层次的汉口、天津等地，但上海民信局与这些地方的民信局主要是联号关系。如上海和广州、汉口之间就是如此，"在最南端，广州几家大行的经营范围同上海那些民信局的经营范围相重叠，在这项业务中占了最大的份额。在西部地区也是如此，大部分发送业务仍由几家不受上海支配的汉口民信局承办。上海的一些民信局虽在汉口、广州设有分支机构，也控制了那些地点附近的

---

① 参见上海通志编纂委员会编《上海通志》第6册，上海人民出版社2005年版，第4261页；上海郊县邮电志编纂委员会编《上海郊县邮电志》，1995年印行，第2、137、151、172页。
② 参见《信船被劫》，《申报》1885年2月10日第3版；《信船被劫续述》，《申报》1885年2月11日第3版。
③ 《新开信局》，《申报》1885年5月2日第4版。
④ 徐雪筠等译编：《上海近代社会经济发展概况》，上海社会科学院出版社1985年版，第99页。
⑤ 参见山东省邮电管理局史志办公室复制《山东邮电史稿》（上），1982年印行，第23—24页。
⑥ 谢彬：《中国邮电航空史》，上海书店1991年版，第35页。

发送业务，但大多数是依靠那里的代理行来扩大发送网的"。① 这个"代理行"就是联号。

在江苏境内，除上海及其周围地区外，民信局的设立也非常普遍，尤其是苏州、通州、常州、镇江、扬州等地众多的村镇也都设有民信局，其中大多数是上海民信局的分号。如1898年，扬州城内设有21家信局，其中在邮局挂号的有乾昌、森昌、铨昌祥、太古晋、政大源、全泰盛、亿大、胡万昌、福兴润、正和协、协兴昌、全昌仁、全泰洽、裕兴康、裕兴昌、老福兴等。② 1914年，扬州还有22家信局，其中在邮局挂号的有17家。③ 其他像扬州仙女庙、邵伯、仪征、姜堰等地，都设有森昌信局。④ 在东台县，光绪初年设立叶聚财民信局，后又陆续开设何兆福、赵济元、周公茂三家。后来，安丰、梁垛、富安等地也有了类似行业，俗称"脚带"，主要往来于泰州、扬州、镇江三个中心点，信局派人随帮船递送。寄到江北姜堰、曲塘、泰兴、靖江等地的，由泰州中转；到高邮、邵伯、宝应一带的，到扬州中转；往江南的从镇江中转；到海安、如皋一带的，一般都乘不定期帮船递送。⑤ 在泰州，咸丰年间（1851—1861），城西有老公盛，城内有全泰盛，姜堰有聚盛，总计有10余家信局。⑥

清末，通州及周围城镇设有70家民信局，最早的是咸丰年间设立的福兴润，系上海福兴润的分号，其次是光绪二年设立的全泰盛。在光绪九年至十九年间（1883—1893），又陆续设立老福兴、裕兴福、协兴昌、全昌仁、乾昌、政大源、太古晋、松兴公等16家，大都是上海民信局的分号，它们又在通州附近的唐家闸、三十里（平潮）、白蒲、石港、金沙及如皋、掘

---

① 徐雪筠等译编：《上海近代社会经济发展概况》，上海社会科学院出版社1985年版，第99页。

② 参见顾臻伟《苏中邮电事业早期现代化进程（19世纪末—1949年）》，硕士学位论文，扬州大学，2007年，第12页。

③ 参见张志和等主编《中国邮政事务总论》（上），北京燕山出版社1995年版，第355页。

④ 参见《吕宋票外埠代售处总登》，《申报》1880年12月16日第5版。

⑤ 参见陆建平《东台早期的"民局"、"脚带"》，《江苏地方志》1996年第4期。

⑥ 参见顾臻伟《苏中邮电事业早期现代化进程（19世纪末—1949年）》，硕士学位论文，扬州大学，2007年，第12页。

港、海门等城镇设立分号。① 光绪二年（1876），上海永义昶信局在通州、海门地区设立的分号数量更多，"今以添设江北海门茅家镇、麒麟镇、三阳镇、崇海镇、长兴镇、聚兴镇、常乐镇、九龙镇、吕四汇、四甲坝、二甲坝、金沙镇、圩西镇、北新镇、灵甸镇、中央镇、汇龙镇，一切各镇专托妥稳友人经理"。② 1893年，通州又设立裕兴康、全泰洽、铨昌祥、正和协四家，并分别在曲塘设立四家信局的分号。通州城的民信局除与本地各县城镇相互寄递信件、包裹外，与外地联系的主要有上海、宁波、苏州、无锡、常州、江阴、南京、芜湖、汉口等地，其他各地信件再由上述各地之民信局经转。③ 1901年，通州邮局设立时，城内挂号信局有5家。1902年，泰兴设立邮局时，挂号信局有1家，另外还有3家代理机构。④

苏州作为长江下游地区的区域经济中心之一，民信局的数量众多，寄递范围很广。1896—1901年的苏州海关报告中记载："苏州有本国的邮行30家至40家，支行遍及江苏与浙江。沿海岸线从牛庄到广州，均有代理行。……这一张长长的地名表上，可发现18个省份都可以投寄信件，但甘肃除外。投寄甘肃的信件，是往湖北汉口或山西送的，然后再转往目的地。"⑤ 苏州历史悠久且有较高社会声誉的信局，主要有全泰盛、森昌、乾昌、全盛、宝顺、鸿源、协源、通顺、通裕、老正大十家。⑥ 关于苏州民信局的数量，1908年设立最多，共有52家。⑦ 不仅苏州城，苏州府境内的县城及众多村镇也都设有民信局。如道光年间（1821—1850），盛泽设有全盛信局，震泽有全盛义记、林永和、老协兴信局，黎里有金顺信局，同里有全盛合记信局。⑧ 19世纪90年代，盛泽至少设有全泰盛、林

---

① 参见顾臻伟《苏中邮电事业早期现代化进程（19世纪末—1949年）》，硕士学位论文，扬州大学，2007年，第13页。

② 《永义昶信局新增码头》，《申报》1876年10月2日第6版。

③ 参见顾臻伟《苏中邮电事业早期现代化进程（19世纪末—1949年）》，硕士学位论文，扬州大学，2007年，第13页。

④ 参见季心田主编《镇江邮电志》，上海社会科学院出版社1997年版，第58—59页。

⑤ 陆允昌编：《苏州洋关史料（1896—1945）》，南京大学出版社1991年版，第87页。

⑥ 参见《信局声明》，《申报》1894年8月31日第8版。

⑦ 参见苏州市地方志编纂委员会编《苏州市志》第1册，江苏人民出版社1995年版，第584—585页。

⑧ 参见张志和等主编《全国各级政协文史资料——邮电史料》（上），北京燕山出版社1995年版，第513页。

仁记、福润、永利、永泰丰、正源、协兴等数家[1]；震泽设有全盛、永和、永泰丰、正源等。[2] 在常熟县，至光绪末年，城厢有永义昶等十多家信局，其他有明确记载的还有致大、宝顺、永利、协兴、全泰盛等数家。[3] 常熟县梅里镇设有德和等信局，其他像石浦、黎里、用直等村镇也都设有永义昶信局。[4] 随着商品经济的发展，苏州民信局到周围更多的城镇设立分号，其数量也越来越多。如"苏省鸿源、全盛、永和三信局分设和桥、宜兴、溧阳、金坦各埠，开设源盛和牌号信局并宝顺信局"[5]。到清末，苏州民信局在吴江县内各大集镇相继设立了分号。

在镇江，第一家民信局胡万昌分号创设于道光年间。镇江开埠后，1853年到1878年间，又陆续开办了裕兴康、政大源、福兴润、老福兴、正和协、全昌仁、铨昌祥7家。1894年前后，民信业的发展更加迅速，增设裕兴福、松兴公、森昌、乾昌、太古晋、协兴昌、全泰盛等多家。1896年，镇江邮局设立时，按照要求挂号的信局有16家。就镇江民信局的数量来说，据1908年的统计，达54家之多，其中挂号者30家，未挂号者20余家。1910年，镇江还有民信局50家，其中挂号者29家，未挂号者21家。[6] 1915年，挂号民信局尚有裕兴康、政大源、福兴润、老福兴、正和协、铨昌祥、裕兴福、松兴公、森昌、乾昌、太古晋、协兴昌、全泰盛、亿大、全泰洽、胡万昌等17家。[7] 在镇江境内的其他地方如溧阳、丹阳等地都设立过民信局，溧阳设有亿大、协兴昌、宝顺等信局[8]；

---

[1] 参见《信船被盗》，《申报》1894年6月5日第3版；《信船被盗》，《申报》1894年11月28日第3版；《支票作废》，《申报》1911年1月5日第1张第8版。

[2] 参见《信船被劫》，《申报》1887年1月6日第2版。

[3] 参见《被盗声明》，《申报》1908年7月11日第1张第8版。

[4] 参见《吕宋票外埠代售处总登》，《申报》1880年12月7日第6版。

[5] 《信船被劫》，《申报》1901年8月25日第4版。

[6] 参见关庚麟署《交通史·邮政编》第1册，交通、铁道部交通史编纂委员会1930年印行，第61页。

[7] 参见张志和等主编《全国各级政协文史资料——邮电史料》(上)，北京燕山出版社1995年版，第473—474页。

[8] 参见《吕宋票外埠代售处总登》，《申报》1880年12月7日第6版；《代收转递电报告白》，《申报》1883年2月1日第7版；《失票声明》，《申报》1912年5月24日第1版。

丹阳也设立过亿大、协兴昌等信局。①

就南京来讲,属于本省商务繁荣之地。咸丰年间,南京设立了协兴昌、福兴润两家;同治年间,又增设铨昌祥、全泰洽两家。② 20世纪初,南京共设有16家信局。③ 后来数量又有所增加,1909年,"南京挂号民局有十六家,其在六合、浦口、滁州、五河、上新河等处之民局,全未挂号"。④ 南京民信局的号名虽然没有系统记载,但从《申报》上可查到有全昌仁、森昌、福兴润等。

常州也是民信局较多之地,19世纪八九十年代,设有森昌、协兴昌、永和裕记等。1901年,常州邮局设立时,挂号信局有8家。⑤ 常州境内的县城及众多的村镇也都设有民信局,如20世纪初,江阴县城设有福兴润、全泰盛、协兴昌、裕兴福、裕兴康、松兴公等多家。⑥ 宜兴设有亿大信局,其他像孟河镇、奔牛镇设立过上海永和、全盛等信局的分号。19世纪八九十年代,无锡设有协兴昌、永和裕记等信局。⑦

在苏北地区,也有民信局的设立。如徐州设有沈天和等信局。⑧ 民国成立前后,宿迁设有3家信局。⑨ 在淮安府清江浦,1898年设立邮局时,挂号信局有4家。⑩

安徽民信局的数量众多,分布也比较广泛,像芜湖、安庆、徽州、屯溪、大通等都是民信局汇集之地,上海、芜湖等地的民信局在安徽境内的许多地方开设了分号。据说,清乾隆年间,芜湖民信局已遍布各府县。在

---

① 参见《吕宋票外埠代售处总登》,《申报》1880年12月7日第6版;《代收转递电报告白》,《申报》1883年2月1日第7版。

② 参见南京市地方志编纂委员会等编《南京邮政志》,中国城市出版社1993年版,第12页。

③ 参见《信局吁恩》,《申报》1900年3月15日第2版。

④ 关庚麟署:《交通史·邮政编》第1册,交通、铁道部交通史编纂委员会1930年印行,第60页。

⑤ 参见季心田主编《镇江邮电志》,上海社会科学院出版社1997年版,第58页。

⑥ 参见张铸泉主编《清末镇江邮界总局档案摘译汇编》,1997年印行,第46页。

⑦ 参见《代收转递电报告白》,《申报》1883年2月1日第7版;《新开永和裕记信局》,《申报》1892年12月21日第6版。

⑧ 参见《失票声明》,《申报》1904年8月31日第7版。

⑨ 参见张志和等主编《中国邮政事务总论》(上),北京燕山出版社1995年版,第355页。

⑩ 参见季心田主编《镇江邮电志》,上海社会科学院出版社1997年版,第58页。

民信局鼎盛时期，芜湖当地有名的信局达17家，其中内地专行的信局有政大源、正和协、全泰盛、全泰洽、松兴公、老福兴、胡万昌、福兴润、裕兴福、裕兴康、全昌仁、铨昌祥、乾昌、亿大昌、老森昌，另外还有轮船信局太古晋记、协兴昌记。① 合肥、柘皋、巢县等地设立的信局，基本上都是芜湖信局的分号，如三地设立的政大源信局就是如此。

安庆民信局处于鼎盛时期时，有铨昌祥、乾昌、老福兴、王吉祥、全泰洽、黄尚志玉记、潘桂芳、福兴润生记、安徽森昌信局、安庆森昌老信局、安庆正协和协记信局、安庆金泰顺记、安庆正和协记轮船信局、安庆全昌仁记信局等十几家。② 20世纪初，安庆仅挂号信局就有18家。③

池州府大通镇也设立过多家民信局，有胡万昌、太古晋、政大源、施泰兴、协和徽州信局、日新徽州信栈、乾昌、明秋信局。④ 另外，大通还设立过森昌、协兴昌等信局。⑤ 1915年左右，大通的民信局达到17家。⑥

徽州府在明清时期属于经济比较发达地区，下辖歙县、休宁、婺源、祁门、黟县、绩溪六县，是徽商的故乡。近代以后，随着商品经济的发展，徽州与杭州、上海等地之间的经济贸易联系日益密切，属于民信局设立较多的地区。但缺乏关于民信局数量和号名的系统记载，只能通过零星资料来反映。清同治五年（1866），黟县城中有公利、老公利、福兴、悦来4家信局。各信局的寄递路线，均是黟县商民旅居较多的城市，如安庆、大通、芜湖、九江、景德镇、上海、汉口等地。⑦ 19世纪80年代，徽州府城设有老公利、协兴昌等信局。⑧ 其他还有歙县郑坑店老公利苏记

---

① 参见政协安徽省芜湖市文史委编《芜湖文史资料》第4辑，1001年印行，第111页。
② 参见安徽省地方志编纂委员会编《安徽省志·邮电志》，安徽人民出版社1993年版，第7页。
③ 参见张志和等主编《中国邮政事务总论》（上），北京燕山出版社1995年版，第312页。
④ 参见安徽省地方志编纂委员会编《安徽省志·邮电志》，安徽人民出版社1993年版，第6页。
⑤ 参见《吕宋票外埠代售处总登》，《申报》1880年12月7日第6版；《代收转递电报告白》，《申报》1883年2月1日第7版。
⑥ 参见关庚麟署《交通史·邮政编》第1册，交通、铁道部交通史编纂委员会1930年印行，第65页。
⑦ 参见黟县地方志编纂委员会编《黟县志》，光明日报出版社1989年版，第249页。
⑧ 参见《信局被劫》，《申报》1881年12月24日第6版；《代收转递电报告白》，《申报》1883年2月1日第7版。

信局、歙县全泰盛慎记信局、歙南石潭吴社春发记信局、歙南深渡姚宝信局、徽州马正源彬记信局等数家。后来，黟县还设立过全泰盛慎记、马正源彬记等信局。休宁设立过公利等信局。① 休宁县屯溪镇是当时的商贸中心，设有全泰盛、马正元、通和源、政大源、全昌仁等多家信局。② 其他像位于内陆地区的广德州建平县在20世纪初也设立了芜湖民信局的分号。③ 颍州府的亳州设有全泰盛等信局。④

随着社会经济的发展，安徽境内的民信局通过水路和陆路的延伸，把更多的地点纳入寄递范围。19世纪80年代初，芜湖太古晋记轮船信局在开设于长江各埠的基础上，又开设了以芜湖为中心的旱道信局网，主要是在原来没有设立信局的太平、宁国等内陆地区，包括庐州府城、柘皋镇、运漕镇、太平府城、宁国府城、湾沚镇等地。⑤ 1883年，芜湖全昌仁信局又在安徽境内长江南北各地包括太平、宁国、湾沚、庐州、正阳、六安、柘皋、巢县、运漕、无为州、和州等处设立分号，进一步扩大了寄递范围。⑥ 协兴昌本来属于轮船信局，后来又开办了旱路，"专走潜山、石牌、太湖、华阳等处"。⑦ 随着业务量的增加，协兴昌旱道信局的寄递地点和范围进一步增加和扩大，分为南北两路，包括六安、正阳、寿州、三河、庐江、庐州、柘皋、巢县、运漕、和州、徽州、屯溪、休宁、旌德、泾县、南陵、宁国、湾沚、太平府等处。⑧ 芜湖协大昌信局也在不断开拓寄递区域，1886年又在庐州、颍州、六安、正阳、寿州、三河、庐江等处开设分号。⑨ 其他信局也都不断拓展寄递范围，如"芜湖政大源全昌仁向

---

① 参见安徽省地方志编纂委员会编《安徽省志·邮电志》，安徽人民出版社1993年版，第7页。
② 参见《新设屯溪徽州等镇信局》，《申报》1886年9月4日第4版；《补明失票》，《申报》1898年9月22日第6版；《失票声明》，《申报》1904年10月31日第7版；《失票声明》，《申报》1906年6月13日第8版；《盗劫汇票声明》，《申报》1906年6月16日第8版。
③ 参见《庐州府太古澍信局》，《申报》1900年7月9日第7版。
④ 参见《亳州全泰盛信局班夫往庐州府局在途汇票被窃》，《申报》1896年12月13日第4版。
⑤ 参见《新设旱道信栈》，《申报》1880年2月29日第5版。
⑥ 参见《芜湖全昌仁信局》，《申报》1883年6月19日第4版。
⑦ 《皖省添设旱道信局》，《申报》1885年4月3日第6版。
⑧ 参见《芜湖分设南北旱道信栈》，《申报》1888年6月19日第6版。
⑨ 参见《分设信局》，《申报》1886年8月31日第4版。

有江南江北各府州县澍记旱道老信局，自八月起新添屯溪、徽州、旌德、泾县、南陵各镇信局"①。1887年，芜湖政大源、胡万昌、全昌仁、太古澍四家添设的旱道信局寄递地点有江南的太平府、宁国府、湾沚、南陵、泾县、榔桥河、旌德、徽州、歙县、祁门、黟县、屯溪、休宁，江北的运漕、和州、无为州、巢县、柘皋、庐州府、三河、庐江、六安、寿州、正阳等处。② 20世纪初，庐州府太古澍信局以其为中心组织轮船水班，"寄带银洋信件，两天到芜湖，兼通六安、三河、正阳、寿州、柘皋、巢县、运漕、芝城"。③ 安徽境内的轮船信局和旱道信局的寄递地点与寄递路线相互交织、重叠，形成了以芜湖为中心的寄递网络。

（二）长江中游地区

长江中游地区主要包括湖北、湖南、江西等省，这一地区也是民信局集中地区，汉口则是本区域民信业的中心。道光二年（1822）以前，汉口便有了民信局，这些民信局的拓展相当迅速。据记载，1822年在汉口设立的胡万昌总局，当年就沿长江开设了沙市、宜昌、夔州、万县、重庆、成都等分号。随着华中地区以及长江上游地区商品经济的发展和各区域之间经济联系的加强，汉口所起到的中介作用日益重要。1861年后，不仅本地民信局增多，而且上海、福州、广州、重庆都在汉口设有分号或联号。

由于地理位置的特殊性和重要性，汉口起到了东西部之间商品流通桥梁的作用，民信局的服务与此一致，按收信范围分为上水与下水两条线路，上水收寄往长江上游及内地的邮件，主要采用陆路形式，下水收寄往长江下游各港口的邮件，主要采用水路形式。其中，汉口民信局"以走下河者居多数"。1891年，汉口的27家信局中有12家由陆路运递，主要有汪洪兴、李永隆、吴永裕、陈永昌、胡万昌、森昌、全泰盛、公利等；有15家通过轮船运递，主要有老福兴、乾昌、太古晋、协兴昌、政大源、正和协、全昌仁、全泰协、铨昌祥等。④ 从以下所列的寄递地点和区域可以看出汉口信局的中介和桥梁作用：汪洪兴（湖北省、老河口、襄阳、樊

---

① 《新设屯溪徽州等镇信局》，《申报》1886年9月4日第4版。
② 参见《添设旱道信局告白》，《申报》1887年7月1日第5版。
③ 《庐州府太古澍信局》，《申报》1900年7月9日第7版。
④ 参见林学明等主编《湖北省志·交通邮电》，湖北人民出版社1995年版，第718—720页。

城地方），李永隆（湖北省及江岸地方），吴永裕（江西），陈永昌（湖北、湖南、陕西），胡万昌（四川、湖南），森昌（湖北省及江岸地方），全永盛（湖北省及江岸地方），公利（四川），张瑞丰（江西），万昌（四川、湖南）；而下河信局的寄递区域是"皆往长江沿岸及长江以至北清及南清"。①

就数量而言，清同治年间（1862—1874），汉口设有全泰盛、松兴公、正大源、裕兴康、乾昌、协兴昌、太古晋、福兴润、全昌仁、老福兴、全泰强11家。以后随着商品经济的发展，数量又有较大增加，1891年，增加到27家；1897年，仅挂号信局就有47家。② 1900年，汉口向邮局联名请愿反对包封加费的信局有16家，都是在邮局挂号的信局。③ 到1901年底，"目前本地注册的私人民信局有17家"④。1908年，"汉口一界挂号民局有四十七家，用信夫五十名至八十名，信路约长一千七百里"⑤，这应该是汉口民信局达到顶峰时期的数字。1910年，数量明显减少，挂号信局仅剩下23家。汉口民信局的寄递地点，除本省设有其分局及其代理店的城镇外，部分民信局还在外省设有分局或代理机构，收寄江西、河南、陕西、安徽、云南、湖南、四川等省一些城镇及广州、香港、天津、北京、宁波、上海、大通（属安徽铜陵）、南京、镇江等城市的邮件。

在湖北省的其他重要交通枢纽或经济中心城市，也都设有民信局，但它们基本上都是汉口民信局的分号。如1891年，宜昌设有合昌、万昌和永昌三家。1897年，武穴设有全太洽、政大源两家，沙市设有全泰盛、森昌和李永隆三家。⑥ 另外，沙市还设立过协兴昌、亿大等信局。⑦ 1910年，沙市尚有挂号信局8家。1902年，老河口有汪洪兴、森昌信局，黄石港有太古晋、全昌仁信局。1903年，樊城设有汪洪兴、

---

① 武汉邮政志编纂办公室编：《武汉邮政史料》第1辑，1983年印行，第59—60页。
② 同上书，第55页。
③ 参见《汉水明珠》，《申报》1900年4月13日第2版。
④ ［英］穆和德等：《近代武汉经济与社会》，李策译，（香港）天马图书公司1993年版，第64页。
⑤ 关庚麟署：《交通史·邮政编》第1册，交通、铁道部交通史编纂委员会1930年印行，第59页。
⑥ 参见林学明等主编《湖北省志·交通邮电》，湖北人民出版社1995年版，第720页。
⑦ 参见《本馆告白》，《申报》1873年11月19日第1版；《遗失汇票》，《申报》1901年10月8日第7版。

森昌信局。① 在孝感，清嘉庆末年道光初年就设立了"李家信行"，在道光中期进入全盛时期，据说是"长江内河，都是我家运银船只，送信人马遍及十三省"②。

在湖南，民信局的设立地点也遍及重要的府州县城。汉口老福兴在19世纪90年代所作广告中说："今分设湖南全省各镇信局"③，由此可见设立的普遍性。就长沙而言，至少设有胡万昌、老福兴、全泰盛等信局。④ 永州府祁阳县当时是比较偏远的地方，1903年设立邮政代办所以前，就有胡万昌、全泰盛两家信局。宝庆府新化县，在1906年官邮设立之前，县城设有曾森昌、全泰盛两家信局。曾森昌信局的分号遍及长江流域各地，长沙、津市等地都设有其分号，据说曾森昌信局处于兴盛时期时，在湖南绝大部分县市都设有其分号。⑤ 1876年，曾森昌信局分号在津市开业，这是常德地区最早见载于史的民信局。后来，津市又开设了李永隆、全泰盛信局。1910年，常德城区有3家民信局。1913年，常德城区有曾森昌、李永隆等7家民信局，与汉口、长沙、沙市、津市、湘潭及长江下游各口岸均有往来。⑥

在湘潭，道光初年设立曾森昌信局，咸丰年间，又先后设立全泰盛、李永隆、裕兴康三家，在官办邮政建立前，一直保持四家的数量，它们的通信联络范围约2000里。1904年，官邮对民信局进行登记时，只有曾森昌、全泰盛两家。⑦ 清道光年间（1820—1850），道州始设集资合股经营的民信局，通邮地点共20多处，长途包括永州、衡州、湘潭、长沙、宝庆、白水、全州及邻县。⑧ 到清末，湖南省内民信局的数量虽然有所减

---

① 参见林学明等主编《湖北省志·交通邮电》，湖北人民出版社1995年版，第720页。
② 张志和等主编：《全国各级政协文史资料——邮电史料》（中），北京燕山出版社1995年版，第939—940页。
③ 《汉口老福兴分设湖南全省信局》，《申报》1894年11月27日第6版。
④ 参见《外埠售报处》，《申报》1883年7月14日第1版；《汉口老福兴分设湖南全省信局》，《申报》1894年11月27日第6版。
⑤ 参见张志和等主编《全国各级政协文史资料——邮电史料》（中），北京燕山出版社1995年版，第1026、1112、1123页。
⑥ 参见瞿新辉主编《常德地区志·邮电志》，中国物价出版社1993年版，第3页；张志和等主编《全国各级政协文史资料——邮电史料》（中），北京燕山出版社1995年版，第1163页。
⑦ 参见张志和等主编《全国各级政协文史资料——邮电史料》（中），北京燕山出版社1995年版，第1079页。
⑧ 参见湖南省道县县志编纂委员会编《道县志》，中国社会出版社1994年版，第470页。

少，但在岳州、长沙、常德、津市、湘潭、宝庆、益阳等主要城镇，还设有曾森昌、全泰盛、李永隆等10多家。1909年，长沙、岳州共有民信局6家。1910年，长沙有民信局4家，常德有3家。①

江西在近代社会经济发展中亦属于比较发达地区，南昌、弋阳、乐平、贵溪、鄱阳、吉安、赣州、饶阳、景德镇、河口镇、吴城镇、樟树镇等地，都设有民信局，而且有比较固定的寄递日期和路线。此外，丰城、高安、万载、上高、宜春、萍乡等地也都设有民信局。江西境内的民信局以九江为中心，"浔埠信局，在邮政未办之先，势力颇大"②，各地与省外其他地方之间的联系主要通过九江来完成。19世纪八九十年代，九江设有全泰盛、福兴、胡万昌、森昌、乾昌、亿天、全泰洽、协兴昌、政大源、太古晋、铨昌祥、正和协、张瑞丰、全昌仁等14家。③ 20世纪初，九江民信局的数量进一步增加，据1908年的邮政事务总论记载，当时有21家，"用有百名之信夫，百名投信之人，经过寄路六千里"。④ 1909年，九江民信局仍为21家，其中挂号者16家，未挂号者5家。⑤

在南昌，第一家民信局是1872年正月开设的"永成和"，该信局在江西境内的高安、上高、万载和宜春四地设有分局。1888年，森昌信局开张，在省内的抚州、南城、黎川、浒湾、贵溪、弋阳、河口七地设有分局。19世纪八九十年代，南昌府城至少设有协兴昌、恒源、乾昌、全泰盛、铨昌祥、森昌、胡万昌、全昌仁、福兴润、丰泰利等数十家信局。⑥ 同一时期，吴城镇、河口镇都设有协兴昌、丰泰利等信局，樟树镇也设有

---

① 参见湖南省地方志编纂委员会编《湖南省志》第11卷《邮电志》，湖南出版社1995年版，第1、28—29页。
② 九江指南社编印：《九江指南》，1932年印行，第44页。
③ 参见茅家琦等主编《中国旧海关史料（1859—1948）》，第152册，京华出版社2000年版，第224—225页；《外埠售票处》，《申报》1882年2月24日第1版。
④ 张志和等主编：《中国邮政事务总论》（上），北京燕山出版社1995年版，第130页。
⑤ 参见关庚麟署《交通史·邮政编》第1册，交通、铁道部交通史编纂委员会1930年印行，第60页。
⑥ 参见《代收转递电报告白》，《申报》1883年2月1日第7版；《外埠售报处》，《申报》1883年7月14日第1版；《包封被盗》，《申报》1886年10月17日第5版；《外埠售报处》，《申报》1887年10月26日第1版。

丰泰利信局。① 19世纪末20世纪初，景德镇设有全泰盛、福兴、乾昌等信局②，抚州设有协兴昌等信局③，吉安设有全泰盛等信局。④ 1912年前后，河口镇至少设有16家信局。⑤

（三）长江上游地区

长江上游地区主要包括云、贵、川等省，这一地区民信局的覆盖点相对较少，寄递路线相对稀疏。重庆作为西南地区的经济中心，同时也是民信局寄递网络展开的中心。重庆最早的民信局是1822年汉口胡万昌设立的分局。1823年，松柏长信局设总局于重庆。重庆规模最大的民信局是"麻乡约大帮信轿行"所属的"麻乡约民信局"，该信局于1852年开设于昆明。1866年，为寻求更大的发展空间，麻乡约迁来重庆。西南地区的民信局以重庆为中心，贵阳、成都、昆明、叙州府等地基本上都是重庆信局的分号。

在西南地区，四川境内的民信局最多，"据报四川境内民局漫衍全省，其承办既久，故能蒂固根深，而且经理完善，运赴陕西、甘肃及远西各地方，均有极妥之组织"。⑥ 四川民信局以重庆为总口，除传递汉口、云南、贵州、陕西、甘肃各省及省内往来信件，代运货物、包裹、现金、汇划款项，还兼为旅客代雇轿马、运送行李，这是其重要特点之一，较著名者有胡万昌、曾森昌、麻乡约、祥合源、松柏长、三厢子6家。胡万昌、曾森昌总局设在汉口，分局设在宜昌、沙市、奉节、万县、重庆、成都等地；麻乡约、祥和源、松柏长和三厢子四家的总局设在重庆，分局设在成都、嘉定（乐山）、泸州、宜宾、顺庆（南充）、保宁（阆中）、遂宁、潼川（三台）、射洪、广元、合州（合川）等城市及云、贵等省，共22处。⑦

---

① 参见《代收转递电报告白》，《申报》1883年3月1日第7版；《新诵汀西河口信局》，《申报》1889年10月28日第5版；《江西樟树镇信局》，《申报》1890年4月4日第6版。

② 参见《声明失票》，《申报》1893年12月15日第6版；《失票》，《申报》1905年5月13日第8版。

③ 参见《失票声明》，《申报》1910年7月21日第1张第8版。

④ 参见《外埠售报处》，《申报》1887年10月26日第1版。

⑤ 参见关庚麟署《交通史·邮政编》第1册，交通、铁道部交通史编纂委员会1930年印行，第57页。

⑥ 张志和等主编：《中国邮政事务总论》（上），北京燕山出版社1995年版，第130页。

⑦ 参见张志和等主编《全国各级政协文史资料——邮电史料》（下），北京燕山出版社1995年版，第1601页。

对重庆民信局来说，总局设在汉口的专递往来重庆、汉口之信件，总局设在重庆的则专递往来四川、贵州、云南、陕西、甘肃各省信件。就数量来看，19世纪八九十年代，重庆共有16家信局，其分局设于省内48个重要城镇。1910年，重庆以送信和货运为业的民信局、信轿行共有23家，信路近2000公里，形成颇具规模的民间通信网。到民国初期，重庆以送信和货运为业的信轿行、力帮达56家。所以，西南地区的大部分民信局并不单纯经营信件业务，而是兼营货物运输业。关于重庆民信局的号名，除以上所说外，还有吉利长、义合公、荣森公、双合公、三合长、双合祥、聚昌、双发永、元兴隆、庆安、世昌、裕川、裕通、雷春林、源兴合、通川祥、全发长、永和公、喻万顺、长兴合等。[1]

西南地区除重庆外，其他城市设立的信局相对较少。如19世纪八九十年代，川西的经济中心成都除设有胡万昌、曾森昌、麻乡约的分局外，还有世昌和大帮信局，共四家。后来，成都还设立过长兴合、世昌公等信局。[2] 其他像万县、涪陵等地也都设有信局，其中涪陵在光绪初年设有曾森昌、万顺昌两家。[3] 1910年，"万县则有未挂号之民局六家，均于商务繁盛之各地间办有脚夫信路，而每日来往沿江各处之小船运寄信件亦殊不少"。[4] 在宜宾，道光年间，重庆松柏长信局在此地设立分局；咸丰末年，重庆麻乡约在此地设立轿行，兼营递信和汇兑；光绪九年，重庆祥合源也在此地设立分号。[5] 从总体看，西南地区民信局的寄递频率低、周期长。如在四川顺庆，1883年重庆三厢子民信总局开办后，在此地设立分号，每月走信仅六次。

在云贵地区，据记载，贵州民信局出现在清同治五年（1866），重庆麻乡约信局在贵阳设立分号。就数量说，贵州地区设立的信局主要有麻乡约、荣发合等两三家，寄递路线较少，周期较长。如麻乡约走贵阳到重庆和贵阳至昆明两线，荣发合走贵阳至重庆一线，每月专人来往一次。另

---

[1] 参见商务印书馆编译所编纂《中国旅行指南》，14版增订，商务印书馆1928年版，[八七]重庆。
[2] 同上书，[八六]成都。
[3] 参见涪陵地区地方志办公室《涪陵地区地方志通讯》，1989年第3—4期，第67页。
[4] 关庚麟著：《交通史·邮政编》第1册，交通、铁道部交通史编纂委员会1930年印行，第62页。
[5] 参见宜宾市地方志办公室编《宜宾市志》，新华出版社1992年版，第423页。

外，据1907年6月的记载，贵阳的老兴昌和荣发合信局的寄递区间是贵阳和镇远府之间，在经营这两地邮件业务的同时，招揽沿途的龙里县、贵定县、平越州、清平县、新黄平州和施秉县的邮件寄递业务。① 在桐梓县，光绪初年设有大帮信局。② 在毕节县，据1907年10月的记载，有麻乡约和老兴昌两家信局的分号。③ 在昆明，1910年，设有未挂号信局四家。昆明设立的信局还有麻乡约、薛荣陞、兴顺、大有、协和、张鸿发等数家。④ 另外，贵阳和昆明还设立过森昌信局，《申报》在两地即是通过它销售的。⑤ 从总体上看，云贵川地区民信局的数量和密集度无法与长江中下游地区和东部沿海地区相比拟。

重庆不但是西南地区的经济贸易中心，也是西南地区同长江中下游地区联系的纽带和桥梁，表现在民信局的作用上也是如此。"少数联络汉口者，置总局于汉口，设分局于重庆，但大多数重庆信局，以经营贵州、云南、陕西及甘肃各省往来信件为主。各家民信局以汉口至成都，成都至打箭炉，泸州至云南，泸州至广元，泸州至秦州，和州至遂宁等为主干线，大致上均属陆路，每家或数家信局担任一路，每月往来三次至九次不等，沿途重要地点，则各设分局。"⑥ 虽然西南地区民信局的寄递地点相对较少，但也覆盖了主要的商品流通枢纽和商品运输路线。

二 东部沿海地区

（一）华北地区

华北地区主要包括直隶、山东、山西等省，该地区的民信局比长江下游地区少，但也比较密集，设立地点较多，其中北京、天津是民信局的中

---

① 参见贵州省地方志编纂委员会编《贵州省志·邮电志》，贵州人民出版社1992年版，第435页。
② 参见戴鞍钢等主编《中国地方志经济资料汇编》，汉语大词典出版社1999年版，第1002页。
③ 参见贵州省地方志编纂委员会编《贵州省志·邮电志》，贵州人民出版社1992年版，第434页。
④ 参见商务印书馆编译所编纂《中国旅行指南》，商务印书馆1928年版，[一〇二]云南。
⑤ 参见《外埠售报处》，《申报》1902年1月22日第1版。
⑥ 彭瀛添：《民信局发展史——中国的民间通讯事业》，（台北）中国文化大学出版社1992年版，第86页。

心和汇集之地。由于处于清王朝的政治中心位置，与各地的政治、经济联系相对较多，该地区民信局设立的时间较早。北京的民信局最早开设于乾隆年间，分别是广泰、福兴润、协兴昌、胡万昌①，以后又增加了两家，分别是嘉庆三十二年（1827）开办的"聚兴号"和道光元年（1821）开设的"义兴号"。在鸦片战争前，北京民信局设立的分号主要限于天津和保定两处。福兴润、广泰在天津、保定各设有分号，协兴昌、胡万昌、聚兴号、义兴号各自在天津设有分号。②

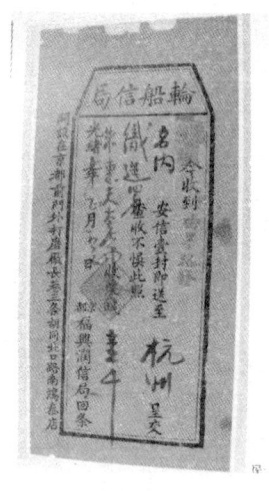

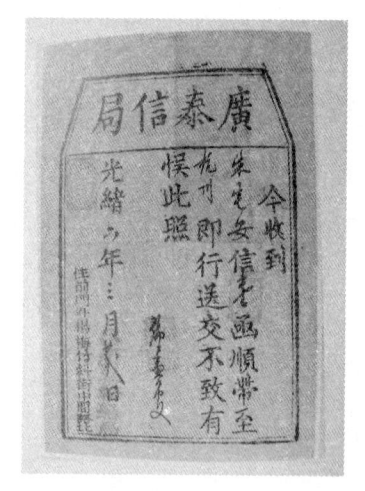

资料来源：北京市邮政管理局文史中心编：《中国清代邮政图集》，人民邮电出版社1996年版，第8页。

上图为广泰信局和福兴润信局的收条，广泰"住前门外杨梅竹斜街中间路北"，福兴润"开设在京都前门外打磨厂长巷三条胡同北口路南鸿泰

---

① 注：此处的"胡万昌"与长江地区的"胡万昌"不是同一家，其根据有二：一是据记载，1822年胡万昌信局在汉口开设，与此处所说的乾隆年间时间不符（参见陈玉、董玉梅《汉口邮政溯源》，《武汉文史资料》2003年第6期）；二是在《申报》中查到一则声明，"胡万昌信局开设各省有年，凡带书信等件毫无遗失，惟京都一处未经开设，今年六月内局东派友至京分开，仕商光顾者请认明打磨厂楚南胡万昌信局转寄，以免失事，倘交李铁拐斜街胡万昌者，如有差错，与本局无涉"（《声明》，《申报》1880年10月17日第5版）。所以，这两处"胡万昌"只是名称上相同，并非一家。

② 参见北京市邮政局史志办公室编《北京邮政史料》，北京燕山出版社1988年版，第395页。

店"。

　　随着鸦片战争后商品经济的发展，北京开设的信局数量迅速增加，有全泰盛、森昌盛、立成、三义成、正大、三盛、三顺昌、福和等十几家。并且，它们还形成了各自专门的寄递路线，其中全泰盛、森昌盛专寄三江、两湖、云贵、四川，立成、三义成专寄天津、保定，正大、三盛、三顺昌、福和等专寄奉天、吉林、黑龙江。① 1908年，"北京一界有民局十九处，用信夫八十一名，经理信路约一千一百里"。1910年，北京还有14家民信局。②

　　在天津，最早的信局是北京信局设立的分号。后来，陆续有信局在天津设立总局。近代以后，由于处于华北地区经济贸易中心的地位，天津设立了多家民信局。19世纪末20世纪初，主要有老福兴、全泰盛、协兴昌、森昌盛、福兴润、三盛、裕兴福、立成公义成、刘公义、三顺、天顺、福和、胡万昌、巨兴杜记、义兴、三义成等多家。③ 天津民信局同样把分号开办到周围地区，相当一部分地方都设有民信局。如宁河县在官邮建立前后，有本地和外地开设的信局约20家，分布在芦台、宁河、汉沽、新河、北塘、军粮城、潘家庄、赤碱滩、东丰台等地。④ 1909年，天津有挂号民信局15家。⑤

　　天津民信局的寄递地点不仅包括北京、山西、直隶和东三省，也向外延伸到沿海及长江沿线。同治年间，天津民信局发展到30多家，在京、沪、晋、冀、江、浙和东三省设有分号与联号，在直隶省内设有分号50家，在省外有100家。⑥ 这可以从福兴润信局发布的一则广告中得到较为直观的印象："福兴润天津信局历有年矣……自北道东三省以及广东、福建、苏、杭、嘉、湖、宁、绍等处，自立门面。"这说明在此之前，福兴润信局的分号或联号已经遍及沿海的闽粤及

---

　① 参见尤政《北京民信局史略》，《中国邮政》1990年第2期。
　② 参见关庚麟署《交通史·邮政编》第1册，交通、铁道部交通史编纂委员会1930年印行，第59、61页。
　③ 参见仇润喜主编《天津邮政史料》第1辑，北京航空学院出版社1988年版，第80—87页。
　④ 参见仇润喜主编《天津邮政志》，天津社会科学院出版社1998年版，第17页。
　⑤ 参见关庚麟署《交通史·邮政编》第1册，交通、铁道部交通史编纂委员会1930年印行，第60页。
　⑥ 参见来新夏主编《天津的邮驿与邮政》，天津古籍出版社2004年版，第87页。

苏、浙各地。后来，福兴润信局的寄递地点进一步增加，寄递范围进一步扩大，"在长江一路码头自立福兴润生记门面，投送各省信件……计开增设长江各埠列于后：湖北、九江、景德镇、安庆、芜湖、扬州、仙镇、汉口、江西、吴城、大通、南京、镇江、淮安"①，呈现出从沿海一线向长江沿线拓展的特点。

直隶的保定、张家口、顺德（注：今邢台）、辛集、大名府、南宫等地都设有民信局。② 如保定设有全泰盛信局。③

在山东，设立民信局的时间较晚，道光年间始在烟台设立。光绪年间，烟台共有协兴昌、全泰盛、老福兴、森昌盛、全泰洽、裕兴福和泰古盛7家信局。从信局之间的关系看，烟台民信局全都是外地主要是上海的分号或联号。山东民信局最多时有十几家。④ 除烟台外，其他地方也设立过民信局。1887年，平安信局开设的地点主要有黄县、莱州、潍县、周村、济南、威海等。⑤ 光绪末年，省内登记领照的民信局还有济南两家，东昌府（聊城）、黄县、莱州、胶州各一家。⑥ 1909年，"山东之烟台、济南、胶州，计有挂号民局六家，其总机关系在烟台。惟据报在数处有铺商几家，系充未挂号之民局"。⑦

在山西，明清时期逐渐成长起来十大商帮之一的晋商，在各地尤其是晋商集中的平遥、祁县、太谷等地都设立过民信局，但没有查到系统的资料，无法做出全面论述。但在太原，据《申报》的外埠售报处记载，在该地通过"山西省鼓楼大街老福兴信局"发售。⑧ 1909年，山西共有9家民信局，其中3家挂号，6家未挂号。⑨

---

① 《增设长江各埠信局》，《申报》1883年2月3日第7版。
② 参见仇润喜主编《天津邮政史料》第1辑，北京航空学院出版社1988年版，第80—86页。
③ 参见《外埠售报处》，《申报》1887年10月26日第1版。
④ 参见山东省地方史志编纂委员会编《山东省志·邮电志》上，山东人民出版社2000年版，第40—41页。
⑤ 参见《山东平安信局》，《申报》1887年12月12日第6版。
⑥ 参见山东省地方史志编纂委员会编《山东省志·邮电志》上，山东人民出版社2000年版，第41页。
⑦ 张志和等主编：《中国邮政事务总论》（上），北京燕山出版社1995年版，第163页。
⑧ 《外埠售报处》，《申报》1902年1月22日第1版。
⑨ 参见张志和等主编《中国邮政事务总论》（上），北京燕山出版社1995年版，第163页。

（二）东南地区

本书论述的东南地区主要指浙江[①]、福建两省，这也是民信局设立较多的地区，尤其是浙江境内的湖州、嘉兴、杭州、宁波等地，甚至向下延伸到较大的村镇。由于地缘上的关系和经济贸易联系上的紧密性，上海民信局的分号不仅遍及江苏，也扩展到浙江各地，其中一部分属于上海的分号或联号。同治年间，杭州设有7家信局，分别位于珠宝巷、鼓楼湾两处，位于珠宝巷的主要寄递杭州、嘉兴、湖州各县，位于鼓楼湾的主要寄递宁波、绍兴、金华、衢州各县。[②] 1909年，杭州仅未挂号信局就有16家。[③] 1911年，在杭州设总局的有恒利、协泰、全泰盛、马正源4家，总局在上海而在杭州设分号者有合计、福润、协兴、正和、永和、全盛等8家。[④] 杭州府内的县城及众多市镇也都设有民信局。

湖州民信局大多为上海的分局，也有属于杭州的分局。据有史可查，湖州最早的信局设立于清道光年间，1825年上海福润、永和合在南浔、湖州开设分局；1827年，上海老协兴、全盛和记又在南浔、湖州、双林分别开设分局；1828年，上海正源又在南浔、湖州二地设分局，上海林仁记、永泰丰在南浔、双林设分局。[⑤] 同时，湖州信局还到周围的长兴、安吉、泗安、梅溪、埭溪等地设立分局。如1862年，在梅溪设立信局；1872年，在安吉县城设立信局。[⑥] 其他像菱湖、善琏等地也都设有信局。关于湖州民信局鼎盛时期的数量，笔者

[①] 从地理范围上应该把浙江划入长江下游地区，但由于上文把上海、江苏、安徽划入长江下游地区来概述，这些地区都是民信局集中的地区；另外，本书研究的民信局地理范围主要到福建的福州、厦门一带，属于民信局不太发达地区，为了达到篇幅上的平衡，把浙江划入东南沿海地区来论述。

[②] 参见戴鞍钢等主编《中国地方志经济资料汇编》，汉语大词典出版社1999年版，第985页。

[③] 参见关庚麟署《交通史·邮政编》第1册，交通、铁道部交通史编纂委员会1930年印行，第60页。

[④] 参见杭州市政协文史委编《杭州文史丛编》经济卷（下），杭州出版社2002年版，第383页。

[⑤] 参见政协浙江省湖州市文史资料委员会编《湖州文史》第9辑，浙江人民出版社1991年版，第102—103页。

[⑥] 参见安吉县地方志编纂委员会编《安吉县志》，浙江人民出版社1994年版，第234页。

没有查到具体数字，但也在10家以上，因为在1927年已经严重衰落的情况下，还设有全盛、福润、协兴、正大、永泰丰、成顺、林永和、正源、永和、正和等数家。①

在嘉兴，就设立的普遍性来说，到清末，各县均设有多家信局。1825年，嘉兴设立上海福润信局的分号；到1828年，已经设立了福润、正源等11家信局。②此后，嘉兴府所属县城和较大村镇都设有民信局。1828年后，上海全盛信局在平湖县城及乍浦设立分局。咸丰年间，平湖县城增设永利、顺成、福润3家分局。后来，设在平湖县城、乍浦、新埭、新仓四地的民信局分局达到数十家之多，其中平湖县城设有正大、永利、林永和、顺成、福润、全盛、协大、永和合记、正源、汪协源、协兴等，乍浦设有全盛、林永和、顺成、汪协源等，新埭设有永和、林永和等，新仓设有全盛、协大等，这些信局到民国时期还继续存在。③从查阅到的信局名称看，19世纪八九十年代，嘉兴至少设有永泰丰、协大、顺成、正大、协兴、永和裕记等数家。④

除以上三府外，浙江其他地方也都有为数不少的民信局。在绍兴，19世纪末，设有正和、永利、协兴昌、永和裕记等信局。⑤另外，绍兴府城还设立过正大、全盛、福润等数家。⑥萧山、诸暨等地设立过协兴昌信局；余姚设有永和裕记、协兴昌、正大等信局。⑦金华各地设立的信局也较多。金华、兰溪等地设立过协兴昌信局⑧，金华还设立过老协兴公记、

---

① 参见政协湖州市委员会文史资料委员会编《湖州文史》第9辑，浙江人民出版社1991年版，第103页。
② 参见嘉兴市志编纂委员会编《嘉兴市志》（中），中国书籍出版社1997年版，第1127页。
③ 参见平湖县志编纂委员会编《平湖县志》，上海人民出版社1993年版，第356—357页。
④ 参见《吕宋票外埠代售处总登》，《申报》1880年12月7日第6版；《信船遇盗》，《申报》1886年1月27日第1版；《盗劫汇票》，《申报》1888年1月10日第5版；《盗劫信船》，《申报》1888年1月12日第5版；《新开永和裕记信局》，《申报》1892年12月21日第6版。
⑤ 参见《续登售处》，《申报》1880年10月26日第6版；《吕宋票外埠代售处总登》，《申报》1880年12月7日第6版；《代收转递电报告白》，《申报》1883年2月1日第7版；《新开永和裕记信局》，《申报》1892年12月21日第6版。
⑥ 参见商务印书馆编译所编纂《中国旅行指南》，商务印书馆1928年版，[六六]绍兴。
⑦ 参见《新开永和裕记信局》，《申报》1892年12月21日第6版；《代收转递电报告白》，《申报》1883年2月1日第7版；《盗劫信船》，《申报》1901年9月28日第2版。
⑧ 参见《代收转递电报告白》，《申报》1883年2月1日第7版。

协泰森等信局。① 另外，金华、兰溪、永康、武义还设立过恒利等信局。②在海宁，1828—1908 年，盐官城（注：海宁州驻地）设有全盛、顺成、福润、正大、正源、协兴、永利、正和、林永和、协源 10 家；硖石镇设有恒利、协和、协大、老协兴、全盛、永利、林永和、正源、正和、顺成、正大 11 家；长安镇设有老协兴等信局。③ 在衢州府的衢州府城、常山等地设立过协兴昌等信局。④

虽然关于宁波是民信局起源地以及信局主全部为宁波人的说法还缺乏有力的事实支撑⑤，但宁波各地设立的信局众多却是事实，它是浙江中南部地区民信局的中心。对于宁波民信局处鼎盛时期的状况，笔者没有查到系统的记载。但在 19 世纪八九十年代，民信局达到 125 家⑥，由此可见其设立的普遍。关于民信局号名，19 世纪末，从事沪宁间邮件寄递且有良好社会声誉的信局主要有 8 家，分别是正大、全盛、正和、

---

① 参见张翊《中华邮政史》，（台北）东大图书公司 1996 年版，第 59 页。

② 参见金华市地方志编纂委员会编《金华市志》，浙江人民出版社 1992 年版，第 624 页。

③ 参见海宁市志编纂委员会编《海宁市志》，汉语大词典出版社 1995 年版，第 436 页。

④ 参见《代收转递电报告白》，《申报》1883 年 2 月 1 日第 7 版。

⑤ 注：绝大多数资料都认为民信局开设者以宁波人为主，如"其主其伙，大都皆宁波人"。（徐珂：《清稗类钞》第 5 册，《信局》，中华书局 1984 年版，第 2290 页。）再如，"当时舆论谓汇票庄为山西人特有，信局乃宁波人独占"。（谢彬：《中国邮电航空史》，上海书店 1991 年版，第 19 页。）在华外国人的记载也是如此。如"民信局大多控制在宁波人手中，他们在各地设立信局"。（天津市档案馆等：《清末天津海关邮政档案选编》，中国集邮出版社 1988 年版，第 9 页。）虽然众口一词，但也有人提出质疑，"绍兴师爷与民信局起源的关系以及民信业以宁波地区为'中枢'的说法，都未能从文献或实物中得到证据"。（信息产业部《中国邮票史》编审委员会编，《中国邮票史》第 1 卷，商务印书馆 1999 年版，第 36 页。）在笔者看来，宁波人独占民信业的说法显然有所夸大，但就查阅到的资料看，确实有相当一部分民信局是宁波人开设的。如在上海，"据各该信局永和、全盛、宝顺、永义、通顺、协源、通裕、正源、永泰丰等呈，称均籍隶浙宁，在沪开张信局，历有年所"。（《抄录告示》，《申报》1875 年 9 月 13 日第 5 版。）在芜湖，"芜湖信局九家，皆浙江宁波人所开"。（《信局罢市》，《申报》1894 年 3 月 11 日第 2 版。）在营口，"此间轮船信局向有老福兴、全泰盛、福兴润、协兴昌、森昌盛五家，均宁绍人所开"。（《营口邮政》，《申报》1897 年 4 月 1 日第 2 版。）综合全国情况，下面这种说法比较客观："民信局依其地域、历史与经营方式，可分为三大类：东南沿江沿海部分，以上海为中心，经营者多为宁波人；西北西南内地，则以汉口、重庆为中心，经营者多为四川人；闽粤一带，以厦门、汕头为中心，经营者多为闽南及潮汕人。"（张翊：《中华邮政史》，（台北）东大图书公司 1996 年版，第 62 页。）

⑥ 参见关庚麟署《交通史·邮政编》第 1 册，交通、铁道部交通史编纂委员会 1930 年印行，第 42 页。

永和裕、协兴、福润、永利、天顺。① 在宁波其他地方，由于社会经济发展水平较高，众多市镇都设有民信局。如安泰信局原来的寄递地点包括温州、奉化、宁波、绍兴以及福建等地，后来又增加了慈溪、山南、山北、柴桥、大碶头等处。② 老福兴信局开设的分号遍及宁波、绍兴两地北部，"山北、龙头场、沈师桥、观海卫、掌起桥、鸣鹤场，又设姚北周巷、第四门、临山、湖地、浒山、白沙路、天元市、坎墩、黄家埭、小路头、小穴、五车堰、谢家塘、崧下、道墟、哨唫、孙□、马山、蛏前、吴融、孙魏等"，并且，"馀者小地名不及细载"。③ 另外，全泰盛在宁波设立的分号也到达最基层的村镇，"本局添立柴桥、穿山霞、浦涨、大碶头、备碶头、石高塘及北门湾头、青林渡等处"。④ 宁波的其他县城和许多村镇也都设有民信局。如在象山县，1884年先后在石浦设立了永义昶和圣盛两家信局。1912年6月，丹城设立史湘记信局；1917年6月，又设立永安信局。⑤

在温州，清乾隆年间，已经设立了全盛、永义昶、永利3家信局；嘉庆年间，增设协兴、福润、正大、天顺4家。⑥ 据1882—1891年的瓯海关报告记载，温州有信局9家，全部是宁波的分局，"一切往来其他贸易开放口岸地方的信函，统由宁波总局办理，宁波是本省南方的分发中心"。温州的县城和较大的村镇也都设有民信局。如1897年，平阳挂号的信局有设在县城的协兴和福润两家，未挂号的有设在古鳌头（今鳌江）的福润一家。⑦ 后来，温州设立的信局有协兴昌、全泰福、林昌盛、福兴康等十几家。1896年10月，温州邮局成立，在邮局挂号的为正大、协兴、福

---

① 参见《宁绍信局声明旧章》，《申报》1897年3月12日第4版。
② 参见《安泰信局》，《申报》1888年6月19日第7版。
③ 《分设老福润信局》，《申报》1893年1月7日第6版。
④ 《全盛分设信局》，《申报》1895年7月19日第6版。
⑤ 参见张志和等主编《全国各级政协文史资料·邮电史料》（上），北京燕山出版社1995年版，第585页。
⑥ 参见温州市邮电局编《温州市邮电志》，人民邮电出版社1996年版，第4页。
⑦ 参见徐蔚葳主编《近代浙江通商口岸经济社会概况》，浙江人民出版社2002年版，第421页。

润、全盛、永利、天顺、永义昶7家。① 1913年,"温州有挂号民局七家,营业颇盛,其未挂号之一家业已歇业"。② 直到1927年,温州的信局仍为正大、协兴、福润、全盛、永利、天顺、永义昶7家。

在福建,民信局主要集中在福州、厦门两地。福州民信局的寄递地点相对较少,这是由其地理位置和经济辐射范围决定的,寄递范围主要限于沿海一带及长江下游地区并向福建内陆作适当延伸。1877年,"福州城内城外共有信局、或专信局、或包件信局三十九处,另有所谓轮船信局八处"。八家轮船信局是福润、全泰福、正和、协兴、天顺、正大、安泰、日升昌。③ 1901年,福州登记挂号的民信局共有19家,分别是文报局、协泰昌、郑泰昌、正大、全泰福、乾昌仁、天顺、永和裕记、森昌盛、协兴昌、福兴润、正和、胡万昌、合发顺、裕兴昌、和泰、全昌仁、福昌泰等,其中只有协泰昌、郑泰昌两家主要从事往福建内地寄递的工作,其他都是轮船信局,几乎不从事内地邮件的寄递,其寄递地点包括上海、天津、宁波、北京、汉口、厦门、汕头和广东等地。④ 1908年,"福州一界有民局二十四家,用信夫七十名,经过寄路约八千里"。⑤ 其他像延平府、尤溪县、沙县、建宁府、崇安县、邵武府、光泽县、汀州府、兴化府、泉州府、漳州府、诏安县、南安县、福宁府等地都设有信局,同设在福州的信局保持比较密切的业务往来。⑥

19世纪八九十年代,"厦门有23个邮政代办处,其中约有一半是上海和其他地方的分支机构"。这23家包括侨批局在内,除去侨批局,从事国内各地之间信件寄递的民信局仅为12家,主要是依靠轮

---

① 参见温州市鹿城区政协学习文史委员会编《鹿城文史资料》第17辑,2004年印行,第137—138页。
② 关庚麟署:《交通史·邮政编》第1册,交通、铁道部交通史编纂委员会1930年印行,第64页。
③ 参见天津市档案馆等编《清末天津海关邮政档案选编》,中国集邮出版社1988年版,第4—5页。
④ 参见池贤仁主编《近代福州及闽东地区社会经济概况》,华艺出版社1992年版,第401—402页。
⑤ 关庚麟署:《交通史·邮政编》第1册,交通、铁道部交通史编纂委员会1930年印行,第60页。
⑥ 参见天津市档案馆等编《清末天津海关邮政档案选编》,中国集邮出版社1988年版,第4—5页。

船往来的通商口岸地区。① 关于民信局的具体名称，在海关十年报告中没有记载，但在《申报》中可以查到一些。19世纪末，厦门至少设有福兴康、协兴昌、全泰成、乾昌仁等信局。② 由于厦门的腹地范围狭小，没有往内地的正规邮递线路，专门从事厦门与内地之间信件寄递的信局很少。即使是在鼎盛时期，从厦门往福建内地寄递邮件的小信局也只有两家，而当时从事国内外邮件寄递的民间通信机构共有25家之多。厦门侨批局众多，1891年底，"本地有八家批郊，他们的业务是发送和接收来自海峡殖民地、泰国、西贡、马尼拉和其他外国口岸的信件"。③ 民国以后，以厦门为中心的闽南地区侨批局的数量进一步增加。1913年，"厦门挂号民局三十二家，未挂号者约有三十家。此外尚有安海、泉州、漳州、漳平等处多数之商家结合团体，自派脚夫办理邮递"。1914年，厦门有挂号民信局26家，未挂号者57家，总计83家，其中绝大多数是侨批局。④

（三）东北地区

东北地区主要指黑、吉、辽三省。明清时期东北地区才得到开垦，经济逐渐发展起来，不但其区域内部之间的经济联系密切，而且与关内之间的经贸往来也逐渐密切。但由于总体经济发展水平落后，东北地区民信局的出现较晚，设立地点比较稀疏。沈阳的民信局约出现于同治年间（1862—1874），以义合信局规模最大，分局遍设长春、铁岭、开原、吉林、阿什河（今阿城）、哈尔滨、双城堡、奉化（今梨树）、怀德（今公主岭）等地。⑤ 吉林民信局出现于咸丰初年前后，较有声誉的信局最多时达到7家。1909年，吉林还有义和、通合、合盛三家，其中以义和为大，寄递地点包括奉天、营口、铁岭、长春、阿城、绥化、辽阳、奉化、开原、双城、哈尔滨、呼兰等地。另外，奉天义和信局，北京福合信局，上

---

① 参见秦惠中主编《近代厦门社会经济概况》，鹭江出版社1990年版，第289页。
② 参见《信局声明》，《申报》1897年10月26日第6版。
③ 秦惠中主编：《近代厦门社会经济概况》，鹭江出版社1990年版，第289页。
④ 参见关庚麟署《交通史·邮政编》第1册，交通、铁道部交通史编纂委员会1930年印行，第64、65页。
⑤ 参见沈阳市人民政府地方志编纂委员会编《沈阳市志》第7卷《交通邮电卷》，沈阳出版社1989年版，第230页。

海三盛信局，长春合盛、裕兴福信局均在吉林设有分号。①

随着东北地区的进一步开发，商品经济日益活跃，设立的信局逐渐增多。东北地区的内地信局以旱道为主，以沈阳为中心，到1885年，沈阳民信局已经增加到6家。② 19世纪末20世纪初，"最近几年来，民信局的数目增添得如此之多，以致彼此间的竞争极为尖锐"。③ 仅就宾州府而言，1908年，"宾州未设邮政之先，全境民信局约有十余户，每局各有信夫六七人，并有一人专事包揽信件"。④

1901年，东北地区包括牛庄在内在邮局挂号的民信局共有15家，"六家的业务限于与各通商口岸往来，其余的则专于内地的商务中心点，都设有分号或代理店，并保持了相当固定的通信联系"。⑤ 据记载，清末民初时期，东北地区民信局依然以义合为大，总局设在奉天省城，寄递地点遍及东北主要地区。"每日由奉天寄往长春吉林之信约三百余封，由吉林寄到南方各埠之信约百余封。"此外，总局设在哈尔滨的义和信局，在齐齐哈尔、长春、北团林子三地设有分局；吉林设有总盛信局，在珲春、宁古塔、伯都讷、齐齐哈尔四地设有分局；磨盘山设有三合信局。⑥ 关于东北地区旱道信局的状况，从1910年10月合盛信局执事郭庆凌在禀呈长春府台的呈文中可窥见一斑：郭庆凌自称在吉林、长春开设信局已有60余年，寄递范围南至沈阳、营口，北至江北各地，东至吉林，通达东三省各府、州、县宪台衙门和买卖铺商。⑦

除奉天、哈尔滨、吉林、长春外，晚清时期东北地区最重要的经济贸易中心是营口，它是东北与华北、华东等地联系的枢纽，也是民信局汇集

---

① 参见吉林市地方志编纂委员会编《吉林市志·邮电志》，吉林文史出版社1992年版，第5、36页。
② 参见《辽客谈边》，《申报》1885年12月19日第2版。
③ 辽宁省地方志办公室编：《辽宁省地方志资料丛刊》第1辑，1986年印行，第66页。
④ 黑龙江省邮电管理局史志办公室编：《黑龙江地方志邮电志采辑》，1990年印行，第120页。
⑤ 辽宁省地方志办公室编：《辽宁省地方志资料丛刊》第1辑，1986年印行，第66页。
⑥ 参见沈阳市邮政局邮政志办公室编《中国邮电史料》第2辑，1986年印行，第55页。
⑦ 参见吉林省地方志编纂委员会编《吉林省志》卷27《邮电志》，吉林人民出版社1991年版，第9—10页。

之地。"东三省各信局，总局多设于营口，分局设于各埠。"① 19世纪八九十年代，营口设立的轮船信局有华洋书信馆、全泰盛、协兴昌、福兴润、森昌润5家②，这些信局从事沿海沿江一线邮件的寄递，起到东北地区与其他通商口岸地区沟通的作用。又据1905年的记载，营口共有义和、宝利合、天和、丽共、双合成、和顺、同利、北义和、北合盛9家信局。③ 从名称上看，这些信局主要从事的是营口与东北地区内地之间的寄递工作。与这些地域性信局不同，营口设立的全泰盛、协兴昌、福兴润、裕兴福等信局，则是其他区域中心城市的民信局在此地设立的分号或联号，以便于与营口之间的联系，其中，裕兴福就是上海民信局的分号或联号。如1906年12月，裕兴福寄递的一封从上海寄往宁波的装有商号汇票的信件丢失，挂失的是"宁波万丰泰"。④ 通过沿海沿江一线的轮船信局和东北内地信局的转寄，营口信局能够实现在更大范围内的沟通。据1910年的记载，从营口发出的南信到达上海、汉口一线，北信到达宽城子、北林子一线，东信到达大东沟、沙河子（注：今安东）、凤凰城一线，西信到达新民屯、法库门、通江口一线。⑤

三 其他地区

除以上所述民信局比较密集的沿海沿江地区外，内陆边远地区也有民信局的存在，但从数量上来说极少，在地点分布上非常稀疏。在经济落后地区，可以查找到的设立民信局的记载很少，并且关于其规模、寄递地点、运行空间等问题语焉不详，只能通过零星记载来阐述。如在河南，1910年，总局设在汉口的森昌信局在许州、禹州、郾城县、郑州和周家口等处设有分号。⑥

---

① 谢彬：《中国邮电航空史》，上海书店1991年版，第30页。
② 参见《信局减色》，《申报》1883年1月13日第2版。
③ 参见营口市地方志编纂委员办公室编《营口市志》第2卷，方志出版社1997年版，第409页。
④ 《遗失汇票信》，《申报》1906年12月17日第7版。
⑤ 参见营口市地方志编纂委员办公室编《营口市志》第2卷，方志出版社1997年版，第409页。
⑥ 参见张志和等主编《中国邮政事务总论》（上），北京燕山出版社1995年版，第201页。

在陕西汉中，1886年开办了一家民信局，传递往来长安等地的邮件。[①]

在新疆，据1911年的邮政事务总论记载，"其在新疆迪化府，向来只有民局三家，现在均经歇业"。[②]

在甘肃，据记载，"当甘肃省未设邮局之先，所有书信均由民局带寄，计其带寄该省与他省往来之书信，每月共有三次。而外国教会往来之书信及包裹，系由自雇之人代为传送，即在汉口与各教会分别交换"。[③] 由此可知的是信息由于距离遥远，甘肃与内地之间的信息沟通和往来很少，仅靠每月三次的民信局往来带递信函。

在广大内陆边远地区，由于经济发展水平落后，绝大多数地方根本没有相关记载，只有在商业比较繁荣的极少数城镇设立过民信局，这在西北地区更为明显。因此，从明永乐年间到清末，民信局的兴起、发展只限于在贸易繁荣、地方富庶、商贾云集的江浙、湖广一带和西南各省，对于西北边陲地区，由于地理环境贫瘠，交通不便，经济贸易跟内地相去甚远，民用通信机构发展缓慢。

上文从全国范围的角度对民信局的发展状况做了概述，主要限于各地民信局的设立状况，其原因在于信局设立存在较大的地域差异，并且其发展是一个漫长的动态过程，还有就是受资料的制约，无法从民信局整体的视角展开论述。行文到此，笔者感到有两个关于民信局发展状况的问题需要作出说明：一是民信局的数量；二是民信局的分布地点。

四 关于晚清时期民信局的数量和分布地点问题

（一）关于晚清时期民信局的数量

关于民信局达到鼎盛时期的数量，主要存在两种说法，一种是采用笼统的说法，如"全国大小信局有数千家"。其他绝大多数说法与之类似。如"信局营业极盛于清道咸同光之交，初惟沿江沿海各省有之，逐渐推展于内地，远达东三省及陕甘新疆，当其最盛之时，通国大小信局，无虑数

[①] 参见郭鹏主编《汉中地区志》第2册，三秦出版社2005年版，第760页。
[②] 张志和等主编：《中国邮政事务总论》（上），北京燕山出版社1995年版，第239页。
[③] 同上书，第708页。

千家"①。具有权威性的《中国资本主义发展史》一书也是如此,说晚清邮政1896年成立时全国有几千处民信局。只有极少数说法采用明确的数字,如说鼎盛时期全国民信局总数达3000多家。② 另外,《交通史·邮政编》中则说咸丰、同治年,全国民信局达到4000多家。③ 但据海关对通商口岸城市民信局的调查统计,1882—1891年为170家,1892—1901年为422家。④

表3—2—1　　　　　　通商口岸民信局数量统计　　　　　　单位:家

地名	1882—1891	1892—1901 挂号	1892—1901 未挂号	地名	1882—1891	1892—1901 挂号	1892—1901 未挂号
天津	—	14	—	苏州	—	30—40	—
牛庄	—	15	0	镇江	—	18	1
芝罘	5	7	0	南京	—	17	—
汉口	27	17	—	芜湖	15	17	0
九江	14	18	1	厦门	23	30	—
宜昌	3	6	0	福州	8	19	—
沙市	—	8	—	汕头	19	—	—
重庆	16	7	—	广州	—	79	—
上海	—	46	25	梧州	—	6	—
宁波	15	15	—	北海	—	2	0
温州	9	7	—	岳州	—	4	—
杭州	20	10	—	琼州	1	3	0
				总计	170	395	27

注:"0"表示"无","—"表示"不详"。

资料来源:《海关十年报告》(1882—1891)、(1892—1901)。

---

① 谢彬:《中国邮电航空史》,上海书店1991年版,第19页。
② 参见周臣孚等编《邮政法释疑》,人民邮电出版社1990年版,第156页。
③ 参见湖南省地方志编纂委员会编《湖南省志》第11卷《邮电志》,湖南出版社1995年版,第28页。
④ 参见信息产业部《中国邮票史》编审委员会编《中国邮票史》第1卷,商务印书馆1999年版,第55页。

无论是170家还是422家，应该都远远低于实际数字。一是由于民信业属于民营服务行业，不在政府统一管理范围内，缺乏准确的统计数字；二是有些地方的民信局根本没有被记载下来，如上海、天津、苏州等地民信局的数量在1882—1891年缺乏记载；三是这些统计数字仅限于24个通商口岸，其他地区的民信局不包括在内。还有需要说明的是，晚清邮政建立后，为了达到管理和排挤民信局以实现垄断之目的，要求各地民信局到邮局挂号，但也只是在通商口岸地区，这些城市的"轮船信局不感如何痛苦，一律挂号，受邮局统辖，内地信局则赴邮挂号者极少"①。如在19世纪八九十年代，宁波有125家信局，而向邮局挂号者仅有15家。② 1906年，邮政章程规定：凡未挂号各信局，不问设在通商口岸或内地，必须在三个月内一律向邮局挂号。但这项规定没有得到切实执行，广大从事于内地之间邮件寄递的信局根本没有到邮局挂号。如据1908年的邮政事务情形总论所说："观邮政一切数目，可知所有民局挂号者殆属其半。"③

即使通过其他资料也难以对当时民信局的数量做出比较准确的估计，如从民信从业者人数的角度，当时的记载存在较大差异。有的说："凡民间之开信局及为信局伙者……合二十一行省计之，此辈不下数万人至数十万人"④，这个数字的伸缩幅度较大。在20世纪初，九江民信局在上地方官府的禀帖中说：从事民信业"赖以为身家性命计者，不下四万余人"⑤。从民信局内部组织来讲，由东家及店员两部分组成，店员分为司账、管柜、收信人、送信人、挑货、杂役、厨役、脚夫八种，但能设立齐全者，只少数大局，小局多属兼职。从实际情况看，一般是二人至五人，最多七八人。如在镇江，1853年后开设裕兴康、政大源、

---

① 沈阳市邮政局邮政志办公室编：《中国邮电史料》第2辑，1986年印行，第63页。
② 参见关庚麟署《交通史·邮政编》第1册，交通、铁道部交通史编纂委员会1930年，第42页。
③ 仇润喜主编：《天津邮政史料》第2辑（下），北京航空航天大学出版社1989年版，第639页。
④ 《闻中国皇上准兴邮政谨抒末议》，《申报》1896年4月19日第1版。
⑤ 《信局禀批》，《申报》1900年4月30日第2版。

福兴润三家信局，从业人员共有 15 人[①]，平均每家为 5 人。在上海，"上海民局六十九家……据报用有人夫五百名，内有三百五十名均办收信投信之事，其余则在铺内办事"[②]，平均每家约 7 人。如果按从业者 4 万人的保守数字计算，每家人数取镇江和上海的平均值 6 人，20 世纪初全国民信局的数量约为 6500 家，这与 3000 家或 4000 家的数字差距较大。

表 3—2—2　　　　　　光绪三十四年各邮界民信局统计表[③]

邮区性质	民信局数	邮区性质	民信局数	邮区性质	民信局数	邮区性质	民信局数
北京总局	146	重庆总局	54	镇江总局	32	广州总局	289
南京总局	19	成都副总局	68	上海总局	37	琼州总局	3
太原副总局	54	宜昌总局	5	苏州总局	15	龙州总局	1
开封副总局	76	沙市总局	16	宁波总局	30	蒙自总局	20
西安副总局	65	岳州总局	21	杭州总局	37	思茅总局	5
牛庄总局	29	贵阳副总局	1	温州总局	13	腾越总局	6
天津总局	41	汉口总局	91	三都澳总局	11	长沙总局	23
烟台总局	26	九江总局	23	福州总局	43	大通总局	24
济南总局	65	芜湖总局	23	厦门总局	76		
胶州总局	27	万县副总局	12	汕头总局	48	总计	1574

通过以上论述可以看出，要想搞清楚民信局处于鼎盛时期的数量，恐

---

　　① 参见张志和等主编《全国各级政协文史资料·邮电史料》（上），北京燕山出版社 1995 年版，第 473 页。
　　② 张志和等主编：《中国邮政事务总论》（上），北京燕山出版社 1995 年版，第 130—131 页。
　　③ 彭瀛添：《民信局发展史——中国的民间通讯事业》，（台北）中国文化大学出版社 1992 年版，第 94—95 页。

怕是不可能的，所以，在没有有力的数据支撑情况下，还是采用几千家、数千家的笼统数字来表达鼎盛时期民信局的数量，当更客观。

（二）关于晚清时期民信局的分布地点

作为一种民间服务行业，追求利润是其天性，"寄递线路的选择性"和"寄递地点的有限性"是民信局的基本特点。但按《清稗类钞》的记载，从同治初年开始，整个中国已达到"大而都会，小而镇市""东西南北，无不设立"民信局的地步。[①] 再如民信局"先开设于沿江沿海各省，渐次推广，及于内地。就国内言，虽远至边陲如辽东、陕、甘、新疆各省，亦无不有民信局之设立"[②]。以上说法都是为了说明民信局的寄递地点之多和寄递范围之广而采用的富有文学色彩的描述。

作为具有文学色彩的语言描述，以上说法都比较含糊，容易使人产生误解，即在当时的中国，民信局的设立已经达到非常普遍的程度。从地域上讲，即使在西北、西南等广大的经济落后地区，从层次上讲，即使是基层的村镇，也都普遍设有民信局。这些说法给后人造成深远影响，陈陈相因流传下来，在论及民信局的分布时也采用这种说法。比如就经济发展水平相对落后的西南地区而言，据说立足于本地的麻乡约民信局，"其营运范围远及京、津、沪、汉，近至西南各地的大小城镇以至穷乡僻壤，无远弗届，无地不至"。[③] 彭瀛添也说："随着各地陆续开埠通商，于是民信局亦因商业的扩张，如雨后春笋，先则争设于沿江、沿海及重要城镇，继之逐渐推广至内地及边疆"，"星罗棋布，无城不有，甚至远全陕甘新疆，亦有民信局之设立，竟使民信业成为中国通信及商业之一大特色"。[④] 还有民信局先是开设于长江南北城镇间，继则沿长江由东向西发展，19世纪二三十年代基本遍布全国主要工商城镇。虽然具有如此广泛的分布，但相关资料又都指出，"从整个国家的观点来看，它却有一个严重的缺点，那就是它只发展了利益优厚的路线，而忽视了那些不敷开支的路线"。[⑤] 这

[①] 徐珂编撰：《清稗类钞》第5册，《信局》，中华书局1984年版，第2290页。
[②] 王桎：《邮政》，商务印书馆1935年版，第124页。
[③] 朱萍：《贵州民信局的兴废》，《贵州文史丛刊》1989年第3期。
[④] 彭瀛添：《民信局发展史——中国的民间通讯事业》，（台北）"中国文化大学出版社"1992年版，第77、250页。
[⑤] ［美］马士：《中华帝国对外关系史》第3卷，张汇文等译，上海书店2000年版，第64页。

个缺陷与上面的说法形成强烈反差。从实际情况讲，即使是处于鼎盛时期的民信局的分布地点也非常有限，主要在经济发达的沿江和沿海地区，广大内陆边远地区很少或根本没有民信局设立。这一点可以从上面所述全国范围内民信局的设立情况得到证实。

第三节　晚清时期民信局的寄递网络研究

民信局的寄递网络是建立在民信局寄递路线相互交织的基础上的。近代以后，民信局随着国内商品经济的发展而获得发展的良机，在道咸同光时期形成遍及全国经济发达和较发达地区的通信网络。"其寄信之路，逐渐分布遍于中国各境，直如网罟之缠连。"[①] 这个网络的形成并不是统一规划的结果，而是民信局在长期发展的过程中，不断地发展、扩充、自发地连接而形成的。它主要以沿海沿江的口岸城市和商业城镇为中心，一方面向外辐射，在各地区之间拓展联络点；另一方面向内地渗透，形成本地区的层级网络。一个信局总局及其设立在各地的分号和联号构成一个小的网络，由这一个个小网络相互交织形成遍及全国经济发达和较发达地区的通信寄递网络。各区域中心城市是民信局寄递网络展开的中心，主要包括长江下游的上海、长江中游的汉口、长江上游的重庆、华北地区的天津、东南地区的福州等城市。在这些城市之中，形成覆盖中等城市和较大商业市镇的民信局层级寄递网络。

一　民信局的空间网络分析

根据施坚雅的区域体系理论，中国在明清时期已经形成几个大的经济区域，每一区域都有中心城市，民信局的设立地点和寄递路线呈现出以区域内的中心城市为中心向外扩散和延伸的特点。根据收集到的资料，把各区域围绕中心城市展开的民信局的具体寄递地点和大致范围列表如下：

[①] 张志和等主编：《中国邮政事务总论》（上），北京燕山出版社1995年版，第3页。

表 3—3—1 各区域中心城市民信局的寄递地点和大致范围

上海[①]	江苏	南汇、大团、川沙、金山、青浦、角里、宝山、奉贤、周浦、南翔、吴淞、嘉定、罗店、新场、吴淞、崇明、同里、双凤、通州（今南通）、海门、吕四汇、汇龙镇、四甲霸、中央镇、二甲霸、灵甸镇、圩西镇、北新镇、金沙镇、崇海镇、茅家镇、麒麟镇、长兴镇、聚星镇、长乐镇、三阳镇、九龙镇、沙上、金沙、白蒲、如皋、江阴、靖江、镇江、溧阳、丹阳、泰兴、南京、苏州、盛泽、震泽、平望、黎里、梅里、支塘、直塘、常熟、太仓州、沙头、浏河、浮桥、沙溪、璜泾、崇明、常州、无锡、孟河、奔牛、松江、孟河、常熟、洙泾、六合、湖熟、扬州、泰州、邵伯、高邮、兴化、仙女庙、淮安、清江浦、桃源、盐城、宿迁、徐州
	浙江	温州、宁波、慈溪、镇海、山北、掌起桥、鸣鹤场、慈谿、奉化、定海、绍兴、萧山、余姚、诸暨、杭州、海宁、硖石、塘栖、临平、长安、嘉善、嘉兴、王店、濮院、沈荡、石门湾、西塘、平湖、乍浦、枫泾、湖州、南浔、双林、菱湖、乌镇、新市、长兴、安吉、泗安、梅溪、埭溪、余姚、上虞、新仓、嵊县、富阳、余杭、台州、山南、海门、石浦、桐乡、柴桥、枫泾、严州、衢州、常山、龙游、金华、兰谿

---

① 徐雪筠等译编：《上海近代社会经济发展概况》，上海社会科学院出版社 1985 年版，第 122—137 页；吉林省地方志编纂委员会编：《吉林省志》卷 27《邮电志》，吉林人民出版社 1991 年版，第 9 页；上海通志编纂委员会编：《上海通志》第 6 册，上海人民出版社 2005 年版，第 4261 页；政协浙江省湖州市委员会文史资料委员会编：《湖州文史》第 9 辑，浙江人民出版社 1991 年版，第 102—104 页；政协江苏省太仓县委员会编：《太仓文史资料辑存》第 1 辑，1983 年印行，第 81—82 页；郑挥：《牛角集——郑挥集邮研究论文集》（民信局篇），未刊稿，2002 年，第 11、17、18 页；谢彬：《中国邮电航空史》，上海书店 1991 年版，第 35 页；嘉兴市志编纂委员会编：《嘉兴市志》（中），中国书籍出版社 1997 年版，第 1127—1128 页；《新开大有信局》，《申报》1876 年 4 月 24 日第 6 版；《福润新通嘉湖信局》，《申报》1879 年 6 月 17 日第 7 版；《新设旱道信局》，《申报》1880 年 2 月 29 日第 5 版；《续登售处》，《申报》1880 年 10 月 26 日第 6 版；《代收转递电报告白》，《申报》1883 年 2 月 1 日第 7 版；《局船被劫》，《申报》1883 年 9 月 24 日第 4 版；《局船被劫》，《申报》1883 年 9 月 25 日第 3、4 版；《皖省添设旱道信局》，《申报》1885 年 4 月 3 日第 6 版；《新开信局》，《申报》1885 年 5 月 2 日第 4 版；《遇盗声明》，《申报》1885 年 5 月 26 日第 4 版；《添设徽州信局》，《申报》1885 年 12 月 20 日第 5 版；《新设孟河奔牛信局》，《申报》1886 年 8 月 13 日第 4 版；《添设旱道信局告白》，《申报》1887 年 7 月 1 日第 5 版；《新开森泰信船局》，《申报》1887 年 11 月 7 日第 7 版；《新开永和裕记信局》，《申报》1892 年 12 月 21 日第 6 版；《信局告白》，《申报》1897 年 9 月 30 日第 6 版；《信局被劫》，《申报》1900 年 11 月 6 日第 6 版。

续表

	安徽	徽州、歙县、祁门、屯溪、黟县、休宁、渔亭、芜湖、湾沚、大通、安庆、潜山、太湖、石牌、华阳、亳州、巢县、滁州、太平府、宁国府、旌德、泾县、南陵、椰桥河、和州、运漕、庐州府、无为州、巢县、三河、庐江、柘皋、六安州、凤阳府、寿州、颍州府、正阳
	江西	九江、南昌、吴城、广信府、弋阳、贵溪、玉山、河口、樟树、饶州、乐平、石镇、景德镇、吉安、赣州
	两湖	武穴、汉口、武昌、沙市、宜昌、岳州、益阳、长沙、醴陵、湘潭
	四川	夔关、万县、重庆、成都
	山东	台儿庄、济宁州
	河南	开封
	直隶	天津、北京、保定
	沿海	（向南）福州、泉州、厦门、漳州、潮阳、潮州、汕头、广州、梧州、桂林、台北、台南、香港，（向北）烟台、营口、牛庄、吉林
	东北、直隶、山东、江苏、浙江、安徽、江西、湖南、湖北、四川、福建、广东、广西	
天津①	直隶	小站、芦台、丰台、塘沽、北塘、通州、北京、保定、祈州（今安国）、获鹿、辛集、安平、顺德府（注：今邢台）、沧州、泊头、桑园、宣化、蔚州、张家口、多伦厅、山海关、南宫、大营、大名府、龙王庙、郑家口、滦州
	山西	太原府、榆次、大同、丰镇、太谷、西包头、归化城（今呼和浩特）
	河南	道口、周家口、卫辉府、开封、怀庆府、新乡县
	山东	德州、临清、济南、烟台、周村、潍县、黄县、莱州、威海
	东北	营口、旅顺口、锦州、盛京、吉林、辽阳、新民屯、宽城子、铁岭、海龙城
	华中	长沙、汉口、南昌、九江、景德镇、吴城、安庆、芜湖、大通
	陕西	西安

① 仇润喜主编：《天津邮政史料》第1辑，北京航空学院出版社1988年版，第80—86页；天津市档案馆等编：《清末天津海关邮政档案选编》，中国集邮出版社1988年版，第5—6、51页；仇润喜主编：《天津邮政史料》第2辑（上），北京航空航天大学出版社1989年版，第55页；仇润喜主编：《天津邮政志》，天津社会科学院出版社1998年版，第17页；《增设长江各埠信局》，《申报》1883年2月3日第7版；《山东平安信局》，《申报》1887年12月12日第6版。

续表

	江浙	上海、苏州、南京、吴淞、镇江浦、清江、扬州、常州、仙女庙、淮安、嘉兴、湖州、杭州、宁波、绍兴
	沿海	福州、汕头、广州
	东北、直隶、蒙古、山西、山东、河南、江苏、浙江、福建、广东	
福州①	福建	延平府、尤溪县、沙县、建宁府、崇安县、邵武府、光泽县、汀州府、兴化府、泉州府、厦门、漳州府、诏安县、南安、福宁府、台湾
	广东	潮州、广州
	江浙	宁波、杭州、泰兴府、苏州、扬州、上海
	直隶	北京、天津
	华中	武昌、汉口
汉口②	福建、广东、江苏、浙江、直隶、湖北	
	两湖	常德、澧州（今澧县）、大庸（注：今张家界）、津市、武穴、黄石、沙市、宜昌、樊城（注：今襄樊）、老河口、大冶、蕲州、兴国、蔓口、长沙、浏阳、湘潭、湘乡、娄底、益阳、宝庆（今邵阳）、新化、武冈、郴州、耒阳、平江、永州、衡阳
	江西	南昌、九江、旌德、广昌、奉新、吴城、景德镇、弋阳、乐平、贵溪、鄱阳、吉安、赣州、饶州、石镇、河口、樟树

---

① 天津市档案馆等编：《清末天津海关邮政档案选编》，中国集邮出版社1988年版，第4—5页。

② 茅家琦等主编：《中国旧海关史料》第152册，京华出版社2001年版，第186页；茅家琦等主编：《中国旧海关史料》第153册，京华出版社2001年版，第317页；林学明等主编：《湖北省志·交通邮电》，湖北人民出版社1995年版，第720—721页；天津市档案馆等编：《清末天津海关邮政档案选编》，中国集邮出版社1988年版，第5—6页；张志和等主编：《中国邮政事务总论》（上），北京燕山出版社1995年版，第201页；武汉邮政志编纂办公室编：《武汉邮政史料》第1辑，1983年印行，第64—65页；张志和等主编：《全国各级政协文史资料·邮电史料》（中），燕山出版社1995年版，第1027页；谢彬：《中国邮电航空史》，上海书店1991年版，第35页；郑挥：《牛角集——郑挥集邮研究论文集》（民信局篇），未刊稿，2002年，第145页；[英]穆和德等：《近代武汉经济与社会》，李策译，（香港）天马图书公司1993年版，第24、64页；《新设旱道信局》，《申报》1880年2月29日第5版；《皖省添设旱道信局》，《申报》1885年4月2日第6版；《盗劫信银》，《申报》1886年12月13日第2版；《添设旱道信局告白》，《申报》1887年7月1日第5版；《信局被劫》，《申报》1900年11月6日第6版。

续表

	安徽	芜湖、湾沚、运漕、和州、大通、安庆、潜山、石牌、太湖、华阳、旌德、桐城、无为、庐州府、无为州、巢县、柘皋、三河、庐江、六安、寿州、正阳、太平府、宁国府、南陵、泾县、椰河桥、徽州、歙县、祁门、黟县、屯溪、休宁
	河南	许州、禹州、郾城县、郑州、周家口
	江苏	上海、苏州、南京、泰州、镇江、无锡、常州、扬州、淮安、宝应、浦口、东台
	浙江	杭州、宁波、温州、嘉兴
	四川	万县、重庆、涪陵、成都、丰都
	贵州	贵阳府
	沿海	厦门、汕头、广州、香港、天津、北京
	山东、湖南、湖北、安徽、江西、陕西、四川、云南、河南、直隶、福建、广东	
重庆①	四川	成都、双流、汉州、新津、新都、郫县、彭县、崇庆州、什邡、灌县、简州、内江、金堂、邛州、眉州、青神、资州、资阳、彭山、温江、泸州、永川、荣昌、江北、叙州（今宜宾）、富顺、自流井、隆昌、广元、嘉定（注：今乐山）、雅州、合川、顺庆（今南充）、保宁、打箭炉（今康定）、潼川、射洪、绵州、孝泉、罗江、德阳、遂宁、万县、涪陵、夔州、绥定、渠县、云阳、巫山、西昌、会理、彰明
	贵州	贵阳、遵义
	云南	昆明、昭通、老鸦滩、东川
	甘肃	秦州（今天水）、兰州
	陕西	洋县、江口镇、略阳、西安、三原
	湖北	汉口、沙市、宜昌
	四川、云南、贵州、甘肃、陕西、湖北	

① 周勇等译编：《近代重庆经济与社会发展（1876—1949）》，四川大学出版社 1987 年版，第 69、146—147 页；成都市地方志编纂委员会编：《成都市志·邮政志》，成都出版社 1993 年版，第 14—15 页；贵州省地方志编纂委员会编：《贵州省志·邮电志》，贵州人民出版社 1992 年版，第 433 页；张志和等主编：《全国各级政协文史资料·邮电史料》（中），北京燕山出版社 1995 年版，第 1640 页。

以上是晚清时期民信局的具体寄递地点和大致范围的概况，从全国范围内民信局的空间寄递网络展开的特点看，民信局的通信网络呈"丁"字形展开，其中的"一"指的是东部沿海地区，北到东北三省，南到闽粤；"|"指的是长江沿线，下游到上海，上游到重庆，上海正位于这个"丁"字形的中心，成为民信局的汇集之地和寄递网络展开的枢纽。

近代以后，上海由于其所具有的得天独厚的区位优势而逐渐发展起来，"第论上海一处，实为中国南北之要冲，华洋贸易之中点"①，成为全国的经济中心。民信局随着上海贸易中心地位的凸显而向上海转移，寻求更大的发展空间，上海逐渐成为民信局的汇集之地。这是由两方面原因造成的。一是"自五口通商以后，商货即争贩于此。不旋踵，跃登各口岸之首，成为中国第一大商埠，商业鼎盛，而原执中国商业牛耳的宁波商帮，本其敏锐眼光，应商业繁盛之需，扩大原有民信局组织，设总局于上海"②，上海对民信局来说有巨大的业务需求。二是上海的地理位置和比较发达的交通，能够满足民信局业务迅速递转的需要。

上海作为民信局的中心和寄递网络展开的枢纽，它的辐射范围不仅包括周围的苏、浙、皖、赣地区，而且沿江向长江中上游以及沿海岸线向沿海南北地区扩展，并且在一定程度上还向内陆地区延伸，上海民信局的寄递地点和方向清楚地表明了这一点。如福兴润信局的设立地点是"上至天津燕台，下至苏杭宁绍"③。20世纪初，新开的裕兴福信局的营运路线是沿长江一线展开，"本局遵奉邮政官局挂号领照，遵规入行设立长江各埠，承寄银洋汇票提单书信等件，按口开班，到即分送"。④ "按口开班"一词说明该信局在长江沿线各地设立。其他随着业务的扩展而延伸寄递范围的民信局的发展方向更为清晰地表现出这个特点。如福兴信局原来只限于长江一线，1883年春把开设地点扩展到北京、牛庄、天津、烟台四地，进

---

① 张志和等主编：《中国邮政事务总论》（上），北京燕山出版社1995年版，第56页。
② 彭瀛添：《民信局发展史——中国的民间通讯事业》，（台北）"中国文化大学出版社"1992年版，第82页。
③ 《记信局招牌字异音同》，《申报》1873年8月15日第1版。
④ 《新开裕兴福长江信局》，《申报》1900年11月4日第6版。

一步扩大了寄递范围。① 上海协兴昌记信局在乾隆年间开设于江浙地区，近代以后适应商品经济发展的需要，寄递范围不断扩大，由江浙两省沿海岸线向南北发展，"因近缘轮船通商之便，为此增设京都、天津、烟台、牛庄、福建各口等处信局"②。到19世纪80年代，协兴昌记信局分号的设立地点在苏浙地区进一步增加的基础上，不但继续沿海岸线发展，而且向长江沿线以及部分内陆地区扩展，寄递地点和范围进一步扩大。"本局在无锡、常州、嘉兴、湖州、石门、杭州、兰溪、金华、衢州、常玉山、屯溪、萧山、绍兴、诸暨、余姚、宁波、丹阳、溧阳、芜湖、大通、安庆、徽州、九江、河口、江西、吴城、汉口、福州、汕头、潮州等处各分局，自正月起代收转递津沪电局上海至苏州、镇江、扬州、南京、清江、济宁、天津、保定、紫竹林、大沽电报信。"③ 可以看出，到这一时期，上海协兴昌信局分号的设立地点遍及苏、浙、皖、赣的主要地区，并且沿江可上达汉口、沿海北至天津南至潮汕地区。

总局设在上海的森昌信局也是如此。森昌信局最初主要开设在长江沿线地区以及上海以南的闽粤地区，"广东福建长江一带直至四川云贵各处码头，均系森昌信局"。随着商品经济的发展，森昌信局的业务量不断上升，与以天津为中心的华北地区之间的业务往来增加，于是到华北各口开设了分局，"因本局各处码头分局林立，缘长江各路汇寄天津各口信件众多，故本局于千年自到天津各口设立森昌润记分局，以便代客投送"。④ 裕兴康信局同样表现出以上海为中心向长江沿线和沿海一线拓展的特点。该信局原来从事上海与宁波之间的信件传递，后来先是把寄递地点向长江一线拓展，"承仕商赐顾，生意颇旺，今因遵行入规，新通长江一带"。⑤ 经过几年的发展，裕兴康信局又把寄递范围向东南沿海拓展，"本局专走长江一带，业经有年，现今新通汕头、厦门、广东、香港等处"。⑥ 福兴康信局则是主要寄递上海以南的沿海各地，"专寄香港、广东、汕头、潮

---

① 参见《添设京津轮船信局》，《申报》1883年12月19日第4版。
② 《协兴昌记轮船信局》，《申报》1875年2月26日第6版。
③ 《代收转递电报告白》，《申报》1883年2月1日第7版。
④ 《旱班减价》，《申报》1880年12月30日第6版。
⑤ 《新设裕兴康长江信局》，《申报》1891年11月5日第5版。
⑥ 《上海裕兴康长江信局》，《申报》1895年12月18日第8版。

阳、潮州、厦门、泉州、漳州等处银洋"。① 其他有些信局主要是从沿海一线向长江一线展开。如上海正和协记信局，"从前只通宁绍苏杭嘉湖闽广等处，寄带往来书信并无错误，惟长江一带各处来往信件甚繁，殊费转折"②，于是开设了长江沿线各处的轮船信局。天成信局也是从沿海一线向长江沿线拓展，"向在京都、天津、燕台、上海等处开设信栈，牌名天成，旋于光绪二年添设治属汉镇及长江各埠"。③

有一些信局在开通苏、浙及福建等地线路的基础上，在上海周围建立了更多分号，福润恒记信局就是如此。"本局开通宁绍苏杭嘉湖瓯闽各口等历有久年，诚实无误，今蒙仕商委寄，添设南翔、嘉定、浏河、罗店、江湾、吴淞等分局。"④ 有些信局则主要以上海为中心沿海岸线一线展开。如乾昌信局，"本局分设福建、厦门、汕头、香港、广东、台湾、淡水、泉州、漳州、基隆等处"。⑤ 沿海沿江一线是晚清时期商品经济较为发达的地区，是民信局寄递网络展开的主要方向，但随着部分内陆地区商品经济的发展，信局的寄递范围也在向内陆地区延伸，把一部分内陆地区纳入民信局的寄递网络中。如上海悦昌生信局在原来寄递地点的基础上，向安徽、江西两省延伸，增加了屯溪、休宁、徽州、景德镇等地。⑥

不但上海民信局的寄递地点和范围呈现出以沿海沿江一线为主干展开的显著特点，以汉口为中心的长江中游地区、以重庆为中心的长江上游地区、以天津为中心的华北地区、以福州为中心的东南地区，民信局寄递网络的展开也都在一定程度上具有这个特点。如1822年，总局设于汉口的胡万昌信局，在沙市、宜昌设立分号的基础上，沿长江向上游延伸至四川的夔州（今奉节）、万县、重庆、成都等地，在这些城市设立分号，呈现出沿长江一线展开的特点。曾森昌信局也是如此，光绪初年（1875），该信局在湖北沙市设立总局，并沿湘江、资江、沅江、澧水四水遍设分局。光绪二年（1876）正月，曾森昌派人在津市开办了曾森昌分局，承办运达

---

① 《信局告白》，《申报》1897年9月30日第6版。
② 《声明》，《申报》1881年12月1日第5版。
③ 《天成局启》，《申报》1894年10月28日第4版。
④ 《添设分局》，《申报》1882年4月3日第7版。
⑤ 《乾昌长江信局》，《申报》1888年10月16日第6版。
⑥ 参见《新开徽州信局》，《申报》1891年10月16日第6版。

沙市、宜昌、万县、涪陵、重庆、汉口、芜湖、九江、上海、常德、益阳、长沙、湘潭、湘乡、新化、宝庆（今邵阳）、衡州（今衡阳）、澧州（今澧县）、大庸（今张家界）等地的业务。天津民信局的寄递地点和范围的延伸方向主要是沿沿海一线展开。同治年间，天津设立的30多家民信局，其分号和联号的设立地点除了分布于北京、山西、直隶和东三省外，还沿海岸线到达以上海为中心的江浙地区，共有150家之多。沿海沿江地区处于第二、第三层级城市的民信局的寄递地点和路线也呈现出沿沿海及沿江一线展开的特点。如在汕头，1877年设在汕头的三家民信局的寄递地点包括天津、牛庄、汉口、九江、镇江、芝罘、上海、香港八地。[①] 在镇江，清代末叶，民信局的寄递区域沿长江东下可达江阴、南通、上海等地；沿江西上可达南京、芜湖、大通、怀宁（今安庆）、武穴、汉口、沙市、宜昌、万县、巴县等地；沿海一线则可通达宁波、汕头、烟台、天津、福州及内地城市太原、开封和北京等地。[②]

民信局通过沿江或沿海设立分号或联号的形式向外扩展业务，从而把业务在更大的范围内展开。从查找到的相关资料上可以看到，设在两地或两地以上的民信局名号存在太多相同的现象，这是分号或联号的表现。[③] 关于上海设立的民信局号名与其他地方设立的民信局号名重合的现象，兹不赘述，因为各地民信局的号名有相当一部分都包含在上海民信局的号名内。关于其他地方设立的民信局号名重合的现象，仅举几例予以说明。如在汉口和镇江，设在这两地的民信局名称相同的有全泰盛、松兴公、政大源、裕兴康、乾昌、协兴昌、太古晋、福兴润、全昌仁、老福兴、胡万昌、铨昌祥12个。在芜湖民信局中也有全泰盛、松兴公、政大源、裕兴康、乾昌、协兴昌、福兴润、全昌仁、老福兴、胡万昌、铨昌祥11个号名，与以上两地民信局的号名完全相同。

---

① 参见天津市档案馆等编《清末天津海关邮政档案选编》，中国集邮出版社1988年版，第51页。
② 参见季心田主编《镇江邮电志》，上海社会科学院出版社1997年版，第53页。
③ 注：关于民信局之间的总分号、联号或租局牌等多种关系，在《民信局的组织和经营》一章有详细论述。

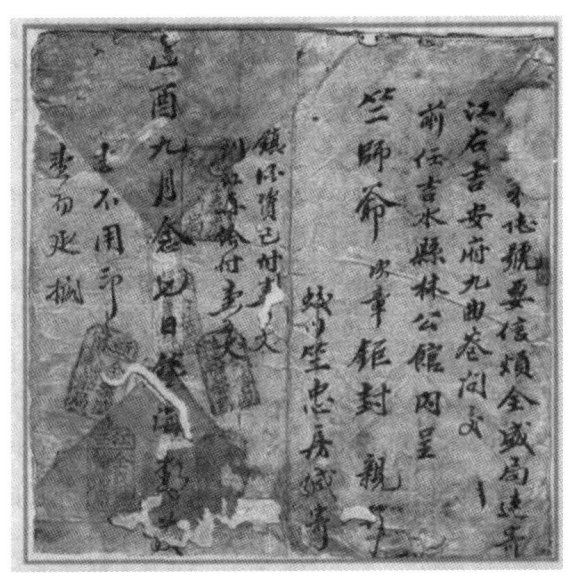

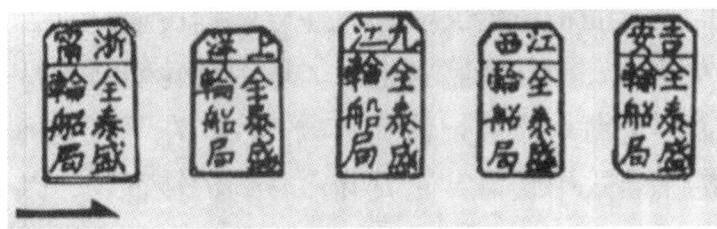

资料来源：郑挥：《竺师爷的故事》（一），《上海集邮》2008年第6期。

上海不但是民信局的汇集之地，同时也是各地民信局邮件转递的枢纽，对于各地民信局无法直接送达的邮件，通过上海民信局的进一步递转而完成寄递。如在汕头，本地设立的民信局是上海民信局的分号，寄往国内任何地区的信件都可承收，寄往沿海各口岸城市如牛庄、北平、天津、山东、上海、福州、厦门、香港等地的邮件可以直接寄递，而发往内陆城镇的邮件，需要先送至上海，在那里安排进一步传递。[1] 1891年，从上海寄往镇江的信袋中包括宁波—仙女庙、天津—镇江、宁波—清江浦、杭州—宿迁、上海—扬州、上海—仙女庙、上海—泰州等信件[2]，由此足以看出上海的中转作用。除了在上海设有总号能够实现转递的信局外，有些信

---

[1] 参见中国海关学会汕头海关小组等编《潮海关史料汇编》，1988年印行，第19—20页。
[2] 参见《遗失信袋》，《申报》1891年3月9日第6版。

局为了达到邮件迅速递转的目的，抑或是为了扩大寄递范围的需要，专门在上海设立了分号，松兴公信局就是如此。原来松兴公信局"只走厦门汕头，近因推广生意，在英租界二马路添设松兴公分局，专收长江一带各镇信件"①。这种转递在留存下来的民信局实寄封上，可以让人有更为直观的印象。如光绪乙酉年（1885）的一枚实寄封，是从宁波镇海寄往江西吉安的，封背上盖有"浙宁全泰盛轮船局""上洋全泰盛轮船局""九江全泰盛轮船局""江西全泰盛轮船局"（南昌）"吉安全泰盛轮船局"的戳记。

从实寄封上的地点看，经过镇海、上海、九江、南昌，一直到达目的地——吉安，经过海路到长江航线，再到内河航线，路途遥远，系由全泰盛信局经过多次中转独立完成，表明该信局在这些地方都设有分号或联号。

除了上面提到的全泰盛信局名称外，实寄封上留存下来的其他地方的全泰盛信局名称还有许多，共有上百处，如"仙镇全泰盛轮船局""姚江全盛泰记信局""岳州全泰盛信局""汉口袜子街横巷全泰盛旱信局""镇江西坞街全泰盛轮船局"等。拥有众多分号和联号的全泰盛信局，"与天津及长江以上全泰盛广东全泰成同是一家，各内河码头有数百家"②。就其寄递方向来说，同样呈现出以上海为中心向沿海和沿江一线拓展的特点。"其总局初设宁波，后在上海，分支南有温州、厦门、台湾一线，北洋至天津、营口东三省。沿长江进入江苏镇江、仙女庙运河直达北京。上溯经安徽、江西、湖南、湖北各省沿江及支流诸城镇都有它的分支和代理。"③ 这从1901年由屯溪全泰盛公记徽州信局寄上海的收据存根上所印明的寄递地点可以得到证明，"由芜湖专走轮船各省、长江一带，上海、京都、天津、山东、烟台、福建、四川、湖南、湖北、汉口、九江、安庆、江西、金陵、镇江、扬州、通州、淮安、广东"。④ 由此可见，全泰盛信局的寄递地点之多和寄递范围之广，这是就一家民信局的总分支机构之间的寄递地点和范围而言，其他像"铨昌祥信局码头亦多"⑤。再如福润信局的寄递地点不但遍及浙北

---

① 《专收长江各港信件》，《申报》1899年8月4日第7版。
② 《信局稳妥》，《申报》1893年8月7日第5版。
③ 郑挥：《牛角集——郑挥集邮研究论文集》（民信局篇），未刊稿，2002年，第80页。
④ 信息产业部《中国邮票史》编审委员会编：《中国邮票史》第1卷，商务印书馆1999年版，第50页。
⑤ 《信局稳妥》，《申报》1893年8月7日第5版。

的杭州府、湖州府、嘉兴府和江苏苏州府的众多地方,而且还沿海到达宁波、绍兴、温州、厦门、汕头、广州、香港等地,沿长江到达镇江、扬州、南京、芜湖、大通、安庆、九江以及两湖地区。① 如果把这一家家民信局的寄递地点和范围连接起来,自然会组成一个庞大的寄递网络。

在民信局的空间寄递网络中,汉口也是一个重要节点。汉口位于长江中游地区,在包括湖北、湖南两省和江西、河南、陕西各省的一部分地区中居于统治地位。汉口是长江中游民信局的中心,两湖及周围地区的邮件主要通过它转递,如"长沙六月十三寄森昌局带汉转申六月底汇票,在途被盗抢劫"②。在老河口,1902年设有汪洪兴、曾森昌两家信局,其中汪洪兴收寄往来汉口及省内各地的邮件,曾森昌"除经营本省及长江各埠业务外,并由老河口直通豫、陕两省,至其他省业务则由汉口主局转寄"。③ 作为长江中游民信局的汇集和中转中心,汉口民信局向内陆地区的湖南、河南、陕西等地延伸,把更多的地点和更大的区域纳入自己的寄递范围。就长沙来说,长沙民信局都是总号设在汉口的民信局的分号。在1899年以前,长沙民信局与来往信件包裹较多的汉口、浏阳、湘潭、耒阳等地,每天都有信差来往递送邮件,与省内的娄底、新化、武岗等地也有比较密切的业务往来,每三四天一班。另外,河南南部也在汉口民信局的寄递网络覆盖范围内。据记载,汉口森昌信局曾经在河南境内的许州、禹州、郾城、郑州和周家口等处设立过分号或联号。汉口作为民信局寄递网络重要节点的另一个重要表现是,它还是以重庆为中心的长江上游地区和以上海为中心的长江下游地区联系的枢纽,汉口是东、西两种民信局的分界线,当地民信局分上河及下河信局。上河信局拥有西部各省市,往来汉口以西者,其运递方法以脚夫及民船为主;下河信局专营长江下游各省信业,以轮船为主要交通工具。宜昌在地理位置上是出川的门户,是重庆与长江中下游地区商品流通的另一个重要节点,处于汉口民信局寄递网络的第二层级,该地民信局的寄递路线是沿长江一线展开,辟有上至重庆、下至汉口两条线;在寄递方式上,分陆运和水运两种,宜昌到重庆是陆运,重庆到宜昌是

---

① 参见《福润新通嘉湖信局》,《申报》1879年6月17日第7版。
② 《汇票作废》,《申报》1897年7月28日第6版。
③ 湖北省老河口市地方志编纂委员会编:《老河口市志》,新华出版社1992年版,第192页。

水运。

重庆作为民信局空间寄递网络展开的另一个重要节点,通过汉口民信局的转递,与全国范围内的民信局发生业务上的联系,使民信局的空间寄递网络进一步扩大。据1892年的记载,重庆共有16家民信局从事邮件寄递工作,它们组成一个递信公行,"因为递费有定,他们可以互相交换传送信件",这使它们的寄递范围进一步扩大。在更大的范围内,这16家民信局中有3家是总局设在汉口的民信局的分号,通过这3家信局能够把信件、包裹和贵重物品由重庆转寄到沿海各地,其余设在重庆各局的总局则担任寄往四川省内,以及贵州、云南、陕西、甘肃等省各处。通过这3家民信局的转递,以重庆为中心的西南地区与长江中下游及沿海地区联系的地点增加了很多,可以到达的具体地点和大致范围如下表[①]:

表3—3—2　　　　　　重庆民信局转寄的范围和地点

湖南	武穴、津市、岳州、常德、湘潭
江苏	南京、扬州、仪征、镇江、苏州、上海
湖北	武昌、宜昌、沙市、汉口、樊城、老河口、襄阳
江西	南昌、九江、湖口、景德镇
直隶	北京、天津
安徽	安庆、芜湖

通过以上论述可以看出,由于受时间和空间以及交通方式等方面的制约,各信局都有一定的寄递地点和范围。对于超出其寄递地点和范围的业务,则采用转递的方式来完成。信局之间并不是只有总分号或联号才具有业务上的转递关系,不同的信局之间同样具有业务上的转递关系。"信件可以很安全地通过任何一个邮政机构寄往全国各地。……每一邮政机构都有与其他机构相联系的分支机构或代理处。直到它们的分布遍及全国,从而形成一个紧密联系的系统和相互理解的整体,为公众提供最满意的服务"[②],

---

[①] 周勇等译编:《近代重庆经济与社会发展(1876—1949)》,四川大学出版社1987年版,第67—69页。

[②] 秦惠中主编:《近代厦门社会经济概况》,鹭江出版社1990年版,第331页。

"一个小邮政代办所,即便信差超出自己邮路或不属于他们自己的邮路时,也从不拒绝为顾客寄信,而是将信件委托较大的邮商代为投寄"①,从而使民信局的空间寄递网络在更大的范围内展开,也更为密集。时人有关于信局之间互相转递的记载。如郭嵩焘日记中记载,1876年4月21日,他在北京向湖南"由正大信局寄丙子四号家信"一封,但6月7日他收到家里发来的信时,发现其家人并未收到他寄出的家信,故遣佣人"询之正大信局,始知(正大在)湖南并未设局,家信由协兴昌(信局)递到"。②关于不同信局之间互相转递的情况,可以从实寄封上得到证实。有一枚信函系从天津寄往江西崇义县的,封上书"要紧言敬烦全泰盛速寄江西南安府崇义县",封背盖天津全泰盛轮船局、上海全泰盛长江轮船局、九江全泰盛旱道局、江西全泰盛轮船局、江西广隆轮船信局的戳记,表明该信函从天津一直到南昌,都是由全泰盛寄递;到南昌后,全泰盛转交给广隆寄达目的地。③

综上所述,晚清时期民信局的寄递网络呈现出以"丁"字形展开的特点,上海是民信局寄递网络展开的中心。随着商品经济的发展,民信局也随之扩展,其寄递路线不断从沿海一线向沿江一线抑或从沿江一线向沿海一线拓展,并且在一定范围内向内陆地区延伸。这些路线相互交织,使民信局的寄递网络进一步密集。通过民信局的直接寄递,民信局的空间寄递网络在小范围内展开;通过同一民信局内部之间的寄递,可以实现民信局的空间寄递网络在较大范围内的展开;而通过不同民信局之间的转递,可以实现民信局的空间寄递网络在全国范围内的展开。但从总体上看,民信局的网络结构呈现出以沿海沿江 线为主干展开的特点,诵讨沿海沿江一线第一层级和第二层级城市的民信局向内陆地区做适当延伸。

二 民信局的寄递网络分析

近代以后,我国形成几个大的经济区域中心城市,分别是上海、汉口、重庆、天津、营口、福州等地,在中心城市之下有不同层次的城镇,由此

---

① 天津市档案馆等编:《清末天津海关邮政档案选编》,中国集邮出版社1988年版,第9页。
② 湖南人民出版社校点:《郭嵩焘日记》第3卷,湖南人民出版社1982年版,第34页。
③ 参见郑挥《牛角集——郑挥集邮研究论文集》(民信局篇),未刊稿,2002年,第149页。

构成级别比较明显的城镇体系。民信局寄递网络与城镇体系相联系，主要呈三个层级展开。上海、汉口、重庆、天津、营口等城市处于第一层级，信局总号一般都设在这里。如上海和镇江的亿大信局属于同一家，镇江亿大是上海亿大的分号。1904年7月，镇江海关致函上海海关，镇江亿大信局在私运邮件被处罚后，"准许该局再次经营邮递业务。愿你转告你局人员，允许转发给镇江亿大的邮件"。① 在镇江，1935年民信局被取缔时，剩余的十多家对交回执照一事，"均诿称已寄存上海及宁波两处"②，由此推知它们都是上海和宁波的分号。1911年，总局在上海而在杭州设分局者有合计、福润、协兴、正和、永和、全盛等8家。又据记载，在民信局被彻底取缔前，嘉兴境内残存的福润、正大、永利、全盛和记、老协兴、林仁记、汪协源、永泰丰、顺成、永和合、正源等信局全部是上海的分号。③ 在汕头，据记载，本地民信局是总局设在上海的民信局的分号。④ 在宜宾，道光、咸丰、光绪年间先后开设的松柏长、麻乡约、祥合源都是重庆信局的分号。⑤

随着商品经济的繁荣，民信局也得到发展，中心城市的民信局不断在本区域内第二、三层级的城镇设立分号，同时也在向区域外拓展，以扩大寄递范围。"民局的营业方法，或只限于一省之内，或者绵亘数省。它们在全国到处互相联系，扩展为顺次递送的线路。"⑥ 如上海福润信局，"通设宁、绍、苏、杭、温州、福建、天津、京都、燕台、牛庄、广东、香港、汕头、厦门、湖南、湖北、汉口、九江、江西、安庆、芜湖、大通、南京、镇江、扬州、清江、淮安、通州、如皋各镇等处，今因添通湖州、南浔、双林、菱湖、盛泽、嘉兴、海宁、硖石、震泽、黎里、平湖、乍浦、乌镇、

---

① 张铸泉主编：《清末镇江邮界总局档案摘译汇编》，1997年印行，第44页。
② 张志和等主编：《全国各级政协文史资料·邮电史料》（上），北京燕山出版社1995年版，第475—476页。
③ 参见嘉兴市志编纂委员会编《嘉兴市志》（中），中国书籍出版社1997年版，第1127—1128页。
④ 参见中国海关学会汕头海关小组等编《潮海关史料汇编》，1988年印行，第19—20页。
⑤ 参见宜宾市地方志办公室编《宜宾市志》，新华出版社1992年版，第423页。
⑥ ［日］中国驻屯军司令部编：《二十世纪初的天津概况》，侯振彤译，1986年印行，第35页。

新市、塘棲等各城镇"。① 可以看出，上海福润信局在设立于沿海沿江一线区域内外重要的第二层级城市的基础上，向浙北、苏南的重要城镇延伸，在众多城镇设立了分号。19世纪70年代开设的大有信局则是以上海为中心，不但覆盖周围的太仓州、海门厅、通州等地的主要城镇，包括海门、吕四汇、汇龙镇、四甲霸、中央镇、二甲霸、灵甸镇、圩西镇、北新镇、金沙镇、崇海镇、茅家镇、麒麟镇、长兴镇、聚星镇、长乐镇、三阳镇、通州城、九龙镇、沙上等处，而且还沿沿江沿海一线到达"刘河、天津、京都、营口、烟台、汉口、扬州、南京、广东、香港、汕头、宁绍、温州、福建、苏杭"等众多地方。② 和泰信局则在"向设上海、宁波、温州多年"后，进一步沿海向南发展，"今奉宪给执照分立闽省"。③ 永和裕记信局的寄递地点及新增地点则主要围绕以上海为中心的长江下游地区展开，第一、二、三、四层级城市兼而有之，"本局向开苏州、无锡、常州、杭州、嘉兴、湖州、南浔各镇，兼带长江等处"，"今新立上海、宁波、绍兴、余姚、慈溪、镇海、山北各镇"。④

除了上海民信局不断到周围第二、三层级甚至于第四层级城镇开办分号外，处于第二、三层级城市的民信局也在不断向下一层级延伸，在那里设立分号或代理店。如苏州民信局不断到周围更多的城镇设立分号，到清末，已在吴江县内各大集镇相继设立分号。19世纪90年代，盛泽镇至少设有全泰盛、林仁记、福润、永利、永泰丰、正源、协兴等数家⑤；震泽也设有全盛、永和、永泰丰、正源等多家。⑥ 在湖州府城设立的信局都是上海信局的分号，这些分号又分别在长兴（县城）、安吉（县城）、泗安（镇）、梅溪（镇）、埭溪（市）等地开设分局。由此表现出在商品经济发达的江南地区，民信局设立的普遍性。可以看出，在长江中下游地区，除上海外，其他如镇江、苏州、南京、通州、芜湖、嘉兴、杭州、湖州、宁波等，基本

---

① 《福润新通嘉湖信局》，《申报》1879年6月17日第7版。
② 《新开大有信局》，《申报》1876年4月24日第6版。
③ 《和泰信局分设福建》，《申报》1897年11月14日第6版。
④ 《新开永和裕记信局》，《申报》1892年12月21日第6版。
⑤ 参见《信船被盗》，《申报》1894年6月5日第3版；《信船被盗》，《申报》1894年11月28日第3版；《支票作废》，《申报》1911年1月5日第1张第8版。
⑥ 参见《信船被劫》，《申报》1887年1月6日第2版。

上都处于民信局寄递网络的第二层级，民信局的分号一般都设在这些城市。广大县城及比较发达的集镇则处于第三、四层级，主要设有第二层级城市民信局的分号或代理店，以覆盖周围的农村。

除了以长江下游地区为寄递网络展开的中心而向沿海和沿江一线拓展外，上海民信局分号的设立地点也在向周围省份的内陆地区延伸，这在皖赣两省表现得最为明显，这是与它们之间密切的经贸往来联系在一起的。如悦昌生信局向两省内陆地区延伸，通过陆路开通与皖南、赣北一带的邮件寄递，1891年10月，"本局开投屯溪、休宁、徽州、景德镇等"地。① 景德镇乾昌、九江乾昌都是上海乾昌信局的分号。② 江西的信局皆以九江为总汇，九江起到的是江西境内民信局的中转站作用。如"景镇福兴乾昌信局包封于三月十四日发九江，二十日，由元和轮船带申"。③ 另外，有一则信局广告体现出南昌经九江中转的邮件寄达地点，包括常德、上海、汉口、安庆、苏州、扬州、镇江、清江浦、如皋、京都等地。④ 由此表现出的是处于民信局寄递网络第二、三层级城市的汇集和中转作用。

不仅上海民信局呈现出向内外围空间拓展的特点，汉口、天津、重庆等区域中心城市也是如此。汉口民信局也在向区域内的第二、三层级城市拓展，如武穴的全太洽、政大源，沙市的全太盛、森昌、李永隆，老河口的汪洪兴、森昌，黄石港的太古晋、全昌仁，樊城的汪洪兴、森昌，等等，基本上都是汉口民信局的分号。1891年，宜昌的三家民信局也都是汉口民信局的分号。长沙也是如此，长沙民信局全都是总号设在汉口的民信局的分号，这可以从汉口老福兴信局发布的广告中得到证实。"本局开设以来，专寄苏杭闽广上海京都天津长江各口等处……今分设湖南全省各镇信局。"⑤ 虽然没有标明具体地点，但从"分设湖南全省各镇信局"可知，设立地点为数众多。总局设在汉口的民信局也在向其他区域的第二层级城市拓展，

---

① 《新开徽州信局》，《申报》1891年10月16日第6版。

② 参见《信足遇凶》，《申报》1886年10月11日第4版；《信足滚逃》，《申报》1886年10月17日第5版。

③ 《失票》，《申报》1905年5月13日第8版。

④ 参见《信包被劫》，《申报》1886年10月17日第5版；《信包被劫》，《申报》1886年11月6日第5版。

⑤ 《汉口老福兴分设湖南全省信局》，《申报》1894年11月27日第6版。

在有些城市设立了分号。1822年，总号设于汉口的胡万昌信局，除在沙市、宜昌设立分号外，还向外延伸至四川的夔州、万县、重庆、成都等地，在这些城市设立了分号，呈现出沿长江一线展开的态势。随着商品经济的发展，业务往来的扩大，汉口民信局也在向沿海沿江一线拓展。如上文所说的汉口老福兴，"本局开设以来，专寄苏杭闽广上海京都天津长江各口等处，已历数十余年"。19世纪八九十年代，宁波设立的胡万昌信局就是汉口胡万昌总局的分号。① 另外，汉口、天津等城市民信局的寄递网络也在一定程度上呈现出三个或四个层级展开的特点。如长沙民信局主要是汉口的分号，岳州民信局又主要是长沙的分号就表明了这一点。据1910年8月美国人编辑出版的《中国经济全书》记载：岳州民信局多为长沙之分局，岳州民信局与汉口、九江等地民信局有比较密切的业务联系。② 在江西，九江民信局是上海或汉口信局的重要分局。同时，九江又是江西民信局的总汇之地，在省内重要之地开设分局。如1872年，九江永成和信局在南昌开设分局，该信局在高安、上高、万载、宜春四地又设有分局；1888年，九江开设森昌信局后，它又在抚州、南城、黎川、浒湾、贵溪、弋阳、河口七地设有分局。③

在西南地区，形成以重庆为中心的民信局寄递网络，这个寄递网络以重庆为展开的枢纽，不仅表现在总号设在重庆的民信局到西南地区重要城镇设立分号，而且通过重庆与其他区域联系。在西南地区内部，形成以成都、贵阳、昆明为中心的三个次级网络中心。如道光年间，重庆开始设立民信局，成都多为其分号。19世纪80年代，成都主要有世昌和、麻乡约、胡万昌、曾繁昌四家信局。其中，除了世昌和是总局外，其余均是分局。贵州在四川民信局、湖南民信局的影响下，也逐渐发展了以贵阳为中心的民间邮运。清末时，贵阳荣发合民信局专走贵阳到重庆一线，每月专人来往一次。

近代以后，处于区域经济中心地位的上海、汉口、天津、重庆等地的民信局，不断在区域内部及区域外的城市设立分号或联号，以扩展寄递范

---

① 参见《楚南胡万昌老信局》，《申报》1882年9月11日第5版。
② 参见岳阳市邮电局编《岳阳市邮电志》，黄山书社1996年版，第64页。
③ 参见南昌市地方志编纂委员会编《南昌市志》（三），方志出版社1997年版，第452页。

围，处于第二层级城市的民信局也在不断向外扩展，到各地设立分号或联号，形成民信局的寄递网络无论在寄递地点还是寄递密集度上都有很大提高。仅以安徽为例，说明安徽境内的民信局以芜湖为中心所形成的寄递网络的密集度。安徽境内的民信局以芜湖为寄递网络展开的中心，随着商品经济的发展，芜湖的民信局不断在省内扩展寄递地点。19世纪80年代初，太古晋记轮船信局在已经开设于长江各埠的基础上，又在省内开设了以芜湖为中心的旱道网。"本信栈设立长江各埠……惟太平、宁国等府各镇向无信局，今拟分设旱道……今将由芜湖起程各镇旱道开列于后：庐州府东门内东岳庙上首，柘皋镇仁寿坊，运漕镇大码头西首，以上单日开班；太平府南寺桥下，宁国府西门内，湾沚镇大码头，以上每日开班。"① 太古晋记旱道信局向长江以北的庐州府城、柘皋镇、运漕镇拓展，向长江以南的太平府城、湾沚镇、宁国府城拓展，形成以芜湖为中心的寄递网。后来，该信局改名太古澍记信局，又在江北一带拓展寄递空间，到达六安州、正阳县等地，"本局芜湖开设江南北太平宁国庐州府正阳六安，各府州县自立门面旱道信栈"。② 经过几年的发展，太古澍记信局的寄递地点又有扩大，"今将各程添设旱局列后：江南的太平府、宁国府、湾沚、南陵、泾县、榔桥河、旌德、徽州、歙县、祁门、黟县、屯溪、休宁，江北运漕、和州、无为州、巢县、柘皋、庐州府、三河、庐江、六安、寿州、正阳等处"。③ 到这一时期，太古澍记信局的寄递范围包括长江南北重要的府州县城，形成以芜湖为中心的遍及安徽各地的寄递网。

除太古澍记信局的寄递网络在省内不断扩大外，其他以芜湖为中心的信局也在不断增加寄递地点，扩大寄递范围，它们的寄递网络与太古澍记信局的寄递网络交织在一起。如协大昌信局的寄递范围扩展至江北一带，"今由芜湖添设庐州、颍州、六安、正阳、寿州、三河、庐江等处"。④ 全昌仁信局的拓展则是在长江以南的宁国府、徽州府一线，"芜湖起程肩脚走南陵、泾县、榔桥河、旌德县、徽州、屯溪等处"。⑤ 协兴昌信局的拓展范围

---

① 《新设旱道信栈》，《申报》1880年2月29日第5版。
② 《芜湖太古澍记老信局》，《申报》1883年6月19日第4版。
③ 《添设旱道信局告白》，《申报》1887年7月1日第5版。
④ 《分设信局》，《申报》1886年8月31日第4版。
⑤ 《添设徽州屯溪》，《申报》1887年5月4日第6版。

在长江南北，"六安、正阳、寿州、三河、庐江、庐州、柘皋、巢县、运漕、和州、徽州、屯溪、休宁、旌德、泾县、南陵、宁国、湾沚、太平府等处"。[1] 随着越来越多的寄递路线在省内开通，这些路线相互交织，形成比较密集的寄递网络。

芜湖是安徽省内长江沿线的重要商品流通枢纽，起到安徽与外界沟通桥梁的作用，但它对皖南徽州地区的辐射作用较小，徽州当时也属于商品经济比较发达的地区之一，它与苏、浙之间的经济联系更加密切，表现在民信局寄递网络中也是如此，徽州—杭州—上海一线形成民信局重要的寄递路线之一。如1885年12月，《申报》登载杭州全泰盛慎记总局的广告，"今添设徽州屯溪、黟邑、休宁、渔亭、饶州各镇等处，苏申宁绍每逢二五八日起程"[2]，该信局把寄递路线从上海、苏州、宁波、绍兴延伸到徽州府以及江西饶州府一带。

以上所论述的民信局的寄递网络呈三个甚至于四个层级展开，主要表现在经济区域内部。各区域中心城市的民信局与区域外的联系，一般只在区域外第一层级或第二层级城市设立分号或代理店，以完成自总局寄来的邮件收发以及与本地民信局的邮件转递工作。其原因在于民信局都有一定的寄递范围，本地民信局在开展业务方面具有人缘和地缘等方面的优势，这在一定程度上限制了外地民信局业务的开展。如上海和广州、汉口三地民信局之间的关系就是如此，"在最南端，广州几家大行的经营范围同上海那些民信局的经营范围相重叠，在这项业务中占了最大的份额。在西部地区也是如此，大部分发送业务仍由几家不受上海支配的汉口民信局承办。上海的一些民信局虽在汉口、广州设有分支机构，也控制了那些地点附近的发送业务，但大多数是依靠那里的代理行来扩大发送网的"。[3] 具体到处于第二层级的城市来说，也是如此。如东北吉林除了本地设有的天兴、总盛信局外，奉天义和、北京福合、上海三盛、长春合盛和裕兴福等信局都在此地设有分号。

---

[1] 《芜湖分设南北旱道信栈》，《申报》1888年6月19日第6版。
[2] 《添设徽州信局》，《申报》1885年12月20日第5版。
[3] 徐雪筠等译编：《上海近代社会经济发展概况》，上海社会科学院出版社1985年版，第99页。

上文已经论及，东、中、西部地区之间民信局的寄递地点所处的层次高低不同，寄递地点数量差异较大，寄递路线数量差异也较大，体现出寄递网络的疏密程度存在差异，东、中、西部地区之间民信局寄递网络疏密程度差异的另一个重要表现是寄递频率不同。从寄递频率上比较，东部民信局的寄递频率高，绝大多数是以每天作为寄递周期。如上海专走南翔、嘉定、太仓、常熟、梅里、支塘、直塘、双凤一线各镇的森泰信船局是"每日起程"。① 其他像上海与江、浙、皖、赣四省各地的频率基本上是每天。如江苏的通州、江阴、镇江、泰兴、南京、苏州、扬州、松江、海门、常熟、梅里、太仓、嘉定、浏河、罗店、南翔、丹阳、孟河、同蠡、湖熟、六合、宿迁、桃源、徐州、清江浦、高邮、邵伯、盐城、兴化、泰州、仙女庙、靖江、白蒲、金沙、如皋等地，浙江的宁波、绍兴、杭州、嘉兴、湖州、乍浦、镇海、慈溪、奉化、定海、余姚、上虞、新仓、嵊县、硖石、南浔、台州、石浦、柴桥、山南、双林、乌镇、桐乡、富阳、余杭、严州、常山、金华、衢州、龙游、兰溪等地，安徽的芜湖、大通、安庆、徽州、颍州府、凤阳府、亳州、六安州、庐州府、运漕、巢县、和州、宁国府、太平府、滁州等地，江西的九江、南昌、樟树、河口、广信府、玉山等地。上海与长江中游两湖地区的武穴、汉口、沙市、宜昌、岳州、长沙、湘潭、醴陵、益阳等地的寄递频率也是每天。上海与沿海一线的北京、天津、烟台、牛庄、广州、汕头、厦门、福州、福宁、泉州、漳州、台北、台南、潮州、香港、梧州等地的寄递频率则是"根据轮船班次"。② 天津与华北、东北各地之间以及与沿海一线各地之间的寄递也比较频繁。天津与北京、保定、营口、通州、塘沽、北塘、滦州、山海关、辛集、沧州、泊头、桑园、德州、郑家口、南宫、大营、临清、龙王庙、大名府、道口、新乡县、怀庆府、张家口、锦州、新民屯等地的频率为"每天"；天津与烟台、上海、吴淞、广东等地的频率是"每一机会"；天津与归化城、西包头、获鹿、太谷、太原、榆次等地的频率是"每7或8天"。③ 19世纪80年代初，

---

① 《新开森泰信船局》，《申报》1887年11月7日第7版。
② 徐雪筠等译编：《上海近代社会经济发展概况》，上海社会科学院出版社1985年版，第122—137页。
③ 仇润喜主编：《天津邮政史料》第1辑，北京航空学院出版社1988年版，第80—86页。

芜湖太古晋记轮船信局在已经开设于长江各埠的基础上，在安徽省内开设了以芜湖为中心的旱道信局网，通邮地点中一部分的寄递频率是"单日开班"，另一部分是"每日开班"。①

相比较来讲，中西部地区民信局的寄递频率为每天的地点很少，绝大多数寄递周期较长。如在湖南，长沙至汉口、湘潭、浏阳、耒阳等地的频率为每天，而到省内的湘乡、娄底、新化、津市等地的频率为3—4天。宝庆府新化县在官邮设立前，县城有两家信局，每6天往返宝庆一次。设在汉口的民信局与上下河之间则以每月6次的寄递频率为主，多则每月有十几次，但以每日作为寄递周期的地点很少。如专行"湖北省、老河口、襄阳、樊城地方"的汪洪兴信局的寄递频率为"三、八之日"，每月为6次；专行"江西省"的吴永裕、专行"湖北、湖南、陕西"的陈永昌信局的寄递频率也是"三、八之日"；有的每月寄递9次，如专行"四川、湖南"的胡万昌信局的寄递日期分别为"二、七、三之日"和"八、五、十之日"；最多的为每月12次，如专行"湖北省及江岸地方"的森昌信局为"三、八、五、十之日"。② 在南昌，永成和信局在省内的高安、上高、万载、宜春四地设有分局，寄递频率是每月6次；森昌信局在省内的抚州、南城、黎川、浒湾、贵溪、弋阳、河口七地设有分局，它与抚州、南城、黎川、浒湾四地之间的频率是每月9次，与贵溪、弋阳、河口三地之间的频率是每月6次。③

在西南地区，重庆民信局与川、滇、黔等省各地之间的寄递频率则更加稀疏，最多为每月9次。如麻乡约与成都、嘉定、泸州、贵州、打箭炉等地的寄递频率，祥合源与泸州、叙州府、昭通、云南之间的寄递频率，都是每月9次。④ 其他绝大多数在3次至6次。如19世纪末20世纪初，总局设于重庆的松柏长与泸州、叙州府、昭通、云南、秦州等地的寄递频次是每月6次，与广元之间是每月3次；总局设于重庆的三厢子与合州、顺庆、保宁、潼川、射洪、绵州、遂宁等地的寄递频次也

---

① 《新设旱道信栈》，《申报》1880年2月29日第5版。
② 武汉邮政志编纂办公室编：《武汉邮政史料》第1辑，1983年印行，第59页。
③ 参见南昌市地方志编纂委员会编《南昌市志》（三），方志出版社1997年版，第452页。
④ 参见周勇等译编《近代重庆经济与社会发展（1876—1949）》，四川大学出版社1987年版，第146—147页。

是每月6次；总局设于重庆的雷春林与遂定、渠县等地的寄递频次同样是每月6次。设在涪陵的汉口曾森昌信局分局按规定每月向重庆、汉口各发5班。① 除了每月9次、6次甚至于3次的寄递频率外，西南地区还有间隔更长的寄递频率。如清末时，贵阳"荣发合"信局专走贵阳到重庆一线，每月一次。从总体来看，西南地区民信局的寄递频率要远远低于中东部地区，"重庆传递上行信件的有13个信局，每月收发信件少的为2帮，多的为9帮"。② 由此反映出的是西南地区内部各地之间总体经济联系的薄弱。

第四节　晚清时期民信局寄递网络和商品流通网络之间的关系

在现代社会中，能够尽快了解和掌握信息是商界成功的基本条件之一。在近代中国社会发展的过程中，各行业尤其是商业部门越来越认识到快速的信息传递和沟通对于了解市场行情的重要性。民信局对于商业信息沟通、钱庄票号票据传递甚至于货物流转，都起到很大的促进作用。上文对晚清时期民信局的寄递网络进行了详细分析，民信局寄递网络是围绕着商品流通网络展开的。从双方关系上看，民信局寄递网络表现出与商品流通网络之间的一致性。

一　信息沟通对商品流通的促进作用

随着明清时期商品经济的发展，从事于商业活动的人日益增多，商人之间的竞争日益凸显，商人们对于了解市场行情和相互沟通信息的重要性的认识逐渐加深。如吴中孚编写的《商贾便览》一书刊行于乾隆后期，是作者根据自己的从商体会并在总结前人经验的基础上撰写而成的，他在书中表达了解信息对商人的重要性，"必须信息彼此频通，不但各处货物行情时知裁辨，即两地兴居可亦藉以慰怀，故勤谋生理者不惜笔墨，各省小

---

① 参见涪陵地区地方志办公室编《涪陵地区地方志通讯》1989年第3—4期，第67页。
② 周勇等译编：《近代重庆经济与社会发展（1876—1949）》，四川大学出版社1987年版，第68页。

费，每逢紧要即专雇飞报或给酒钱附便快交，则知机风早晚可得趋避而有益矣"。① 这说明商人们已经充分认识到信息沟通和顺畅对于商业运作的重要意义，能否及时、快速、准确地得到相关信息，是决定商人盈亏的重要因素之一，"在治为商为贾，每逢运货到上（海），价值参差不一，以致各业难以获利"。② 日本汉学家臼井佐知子在论及徽商时说：明清两代商品经济的竞争日益剧烈，商人资本的大小、信息的灵通与否、雇佣的商业伙计是否可靠，直接关系到竞争的成败。③ 晋商也是如此，对商业信息十分重视，经常通过各种渠道了解市场行情，掌握各地物资余缺及影响商业经营的情报。在总号和分号之间，一般是五天一信，三日一函，互通情报，这种经济信函的内容很广泛。他们有商谚称："买卖赔与赚，行情占一半。"

关于商号、票号等以书信方式进行的信息沟通，仅举几例予以说明。如咸丰年间，山西襄汾县丁村丁氏商人从陕西泾阳商号寄给总号的信中说："泾地于初一日午后，凡下面之信俱报。前月初十日打了一仗，杀土匪二千来人。……信到囤户风息，这几天冬大布再无行情，各干布街上无货，零星之价照前。自初一日至此，泾兰帮就有人往东大路下去，俱带银不多，赶办贱货。"从丁村发去的回信中说："又办菜油二百篓，价八百三十八，俱发下水。……耳闻曲沃一盘卖永顺止号，菜油三百篓，价五百五十，腊月交银。杜镇到油不多，零卖出价五百五十，就是绛州行情未打听着实。"④ 再如1899年，祁县大德通票号收到其分号的信函如下："再晋北及归化、包头粮米价平，但麦每斤合三十余文，而口内大秋收至七八分。闰八月十四日夜，雨有四寸余。此处冬麦亦下种，繁峙粟牛双粒，宁武谷秀三岐，真系丰收。"⑤ 还有，"刻下苏地月息五厘迟，皆因后八月间雨水连绵十数余天，棉花减收，价值高昂，以致办花者俱在观望；更各处

---

① 陈学文：《明清时期太湖流域的商品经济与市场网络》，浙江人民出版社2000年版，第367—368页。
② 彭泽益选编：《清代工商行业碑文集粹》，中州古籍出版社1997年版，第92页。
③ 参见［日］臼井佐知子《徽商及其网络》，《安徽史学》1991年第4期。
④ 张正明等主编：《明清晋商资料选编》，山西人民出版社1989年版，第148页。
⑤ 张海鹏等主编：《中国十大商帮》，黄山书社1993年版，第31页。

来标约在七八十万，是以行市迟滞，用主稀少，一并呈上"。① 关于票号所进行的信息沟通，在《山西票号史料》中总分号之间进行的书信往来中比比皆是。

通过以上例子可以看出信息沟通顺畅对于商家的重要性，同时也表明它对商品经济发展的极大促进作用。"就经济方面言，讯息交通最能使经济主体间关系之扩大，及影响价格之形成。因信息之传达，于是生产者消费者及媒介于二者间之商人，知各地生产与消费之状况而促成交换之可能，其能影响于商品价格及劳力价格之形成，毫无疑义，而为购买价廉物美产品之前提。各地对供求状况形成之消息愈多，则亦最能购买价廉之物，此有利于消费者也。至生产者及商人，亦因讯息交通之完美，得售其商品于最有利之地。讯息交通愈完备，则价格愈能调剂，价格调剂非仅限于空间，亦且扩张至时间也。"② 商品交流、物资采购、票据往来、银钱结算等促进商业发展的联系，则依赖信息之沟通，除了有形的物品、信件和报纸由信局收发外，那些无形的重要商业信息如金融汇率和市场行情等，也是通过信局传播到各地的。

商品经济愈益发达，信息沟通在商品流通中的作用愈益明显。上海最早的一家中文报纸是1861年11月创办的《上海新报》，该报发刊词篇首便是"大凡商贾贸易，贵乎信息流通"。在上海创办的近代中国最有影响力的《申报》中也说："寰宇消息，赖以畅通，亦商务之不可须臾离者。"③ 民信局作为一种民间通信组织，传递商业信息是其重要功能之一。如河口镇位于江西东北的铅山县北部，处于闽、浙、赣、皖四省接合点上，不仅是商品集散地，而且造纸业发达。晚清时期在河口镇经营纸张的商人，都十分重视了解市场信息。许多商号与上海、杭州、汉口等商埠的纸商联系紧密，双方几乎每天以书信或简报的形式通报行情。有的大商号如"祝荣记""吴志记""源兴"等还派专人长驻外埠收集市场信息，中小商号也是如此。如"傅源丰"就曾派人长驻乐平，联系波阳、景德镇、万年等地的业务。有一个名叫陈吉璋的上海商人，长年在

---

① 黄鉴晖编：《山西票号史料》，山西经济出版社2002年版，第1162页。
② 张樑任：《中国邮政》（上），上海书店1990年版，第4页。
③ 《信局罢市》，《申报》1894年3月11日第2版。

河口轮流坐庄收购纸张，无论上海方面需要任何品种、数量的纸品包括紧俏纸品，他们都能设法及时得手，且按时发运，被河口纸业同人称为"通天水客"。① 再如，姜堰的粮食市场兴旺，是苏北重要的粮食集散地，同时商业活跃，市场行情对客商来说是必须掌握的重要信息，粮食经纪人需要每天向粮商汇报市场情况，各家钱庄也要通过民信局每天向泰州同行寄送汇票。② 又据《南汇县续志》记载，南汇县各镇在"同治年间已通信局，局多有船，为各镇报物价、送银钱、递书函，皆信实可恃，故营业至今不衰"③。

还有许多民信局为信息沟通服务的更直接的例子。据记载，在江西九江，每年到了采茶期，张瑞丰信局专门为茶商递送九江往来义宁州的信函。"当茶市最忙之时，更订定日程，以备茶商采用，信资多寡，按日计算。每信一封，有三千文至六千文。日数愈快，信资愈多"，而平常的资费仅需几十文而已。④ 1912年后，江西民信局的势力已经严重衰落，只剩下几家残存的信局，它们"所能维持者，全赖景德镇、饶州、鄱阳等地钱庄繁日报告行市之信。因交易往来，每月必有例信数十封或数百封，若交邮局，所费不赀，遂交信局，不论信之多寡，只出月费若干"⑤。在汕头，据1877年5月的记载，三家民信局寄递的"本地全部信函是二百多家大大小小店铺的'作品'"⑥。所以，从促进商品经济发展的角度讲，"凡汇兑行市、百货行情各表均由信局寄递，故业务发达"。⑦ 商人们越来越重视了解和掌握信息，对方便快捷地进行信息传递和沟通的要求就更加迫切。"商家生财之道，惟凭居积贸迁，而为迁为积又视在远市价之高低为

---

① 《河口镇志·纸张》，转引自叶琦《近代河口镇经济与社会变迁》，硕士学位论文，苏州大学，2005年，第15—16页。
② 参见政协泰县文史委等编《姜堰古镇风情录》，1990年印行，第278页。
③ 黄苇等编：《近代上海地区方志经济史料选辑》，上海人民出版社1984年版，第220页。
④ 谢彬：《中国邮电航空史》，上海书店1991年版，第35页。
⑤ 王孝槐主编：《江西邮政通信简史》，江西人民出版社1997年版，第107页。
⑥ 天津市档案馆等编：《清末天津海关邮政档案选编》，中国集邮出版社1988年版，第52页。
⑦ 关庚麟署：《交通史·邮政编》第1册，交通、铁道部交通史编纂委员会1930年印行，第38页。

断,苟能得声气之先,有利可图,不难一网打尽。"[1] 民信局适应商业需求,收信时间延至深夜,发信时间必在是日市面行情公表之后,信息沟通顺畅成为商业运作重要的组成部分。所以,在上海出现信局罢市的情况下,"片纸只字不准收寄,于是各商家平时往还书札如密雪之纷飞,至是皆大受其窘"。[2] 扬州也是如此,在民信局暂时停班的情况下,"顾本郡虽居内地,实为商贾辐辏之区,市廛百货均听长江各埠行情,遽时消息不通,新闻报纸不到,铺户居家无不焦急"。[3] 对于自身的重要性,信局也有深刻的认识,"维吾信局一业自创始以来,久已通行各省,无处不称便捷,公件书函不绝于道,银封禀牍络绎于途,通万家之信息,运百物之往来,水陆兼程,风雨无阻,送往迎来,朝发暮至,有利于经营,无误于时刻,所以四方乐从,得蒙大商云集,此吾业之信义有加,故能蒸蒸日上也"。[4]

二 商品流通网络是民信局寄递网络展开的基础

鸦片战争后,中国被强行纳入资本主义殖民体系,商品经济由沿海沿江向内陆地区扩展,形成了以农村镇市为基础、新兴大小商业城镇为节点的商品流通网。这个流通网包括三部分:一是洋货运销网;二是土货向国外出口的收购网;三是各地之间的货物流通网。在全国范围内的商品流通网中,上海处于南北要冲、华洋贸易中点的枢纽地位:"中国之市面莫大于上海,诚以上海为通商码头之冠,凡货物之往来,客旅之居止,船行之出入,无不以此为总汇,中西咸集,人民之众,生意之盛,无过于此!"[5] 美国学者罗兹·墨菲这样描述上海优越的地理位置:上海城市从地形学上讲,位于从西面和北面向它汇合的华东低地和整个长江流域的焦点。长江及其支流把中国物产丰饶的核心地带百川注入的水源收容下来,最后都倾

---

[1] 《津沪电线告成有益无损说》,《申报》1882年11月25日第1版。
[2] 《信局罢市》,《申报》1894年3月11日第2版。
[3] 《信局述闻》,《申报》1897年2月20日第1版。
[4] 《声明信业公所议定新章》,《申报》1901年12月29日第4版。
[5] 《上海整顿市面扼要说》,《申报》1888年2月18日第1版。

泻到黄浦江口。①从辐射范围看，上海的经济腹地分为四个层次：一是长江三角洲，二是长江下游的苏、浙、皖三省，三是整个长江流域，四是整个中国。上海的沿海沿江一线货物运输的枢纽地位，从日益增长的进出港船舶吨位上可以体现出来：1844年进出港的船舶总吨位是8584吨，1849年为96600吨，1859年为58万吨，1869年为184万吨，1879年为306万吨，1889年为528万吨，1899年为894万吨。②上海进出口贸易总值（净值）占全国的百分比统计为：1867年，57.61％；1877年，55.26％；1887年，50.04％；1897年，56.10％；1907年，46.15％。③

由于上海所具有的独一无二的区位优势，以其为中心形成覆盖全国的商品流通网。就从国外输入的洋货而言，1864—1895年，上海转运内地的洋货占全国进口比重平均高达46.5％，意味着每年进口洋货的一半左右是由上海港进口后转运至各通商口岸，然后再销售到全国各地的。上海成为各地商人采购货物的中心，19世纪60年代后，除长江流域外，远及东北、华北乃至华南、西南和西北内陆省份都有商人来沪设立"申庄"采购货物。以棉布业为例，约在1850年，上海出现第一家洋布店，到1858年达到十五六家。19世纪60年代后，随着开放的通商口岸越来越多，洋布的销售市场也越来越大，内地商人纷纷到上海采购洋布，于是上海的洋布店便转向批发，一开始有十五六家，1884年已经达到62家，1900年达到一百三四十家，1913年更是达到二三百家。④再如五金业，1860—1866年年均进口12993吨，此后连年攀升，1890 1894年年均进口74485吨，较19世纪60年代初净增近5倍之多。从19世纪60年代末到90年代初，上海进口五金经常约占全国进口总量的70％，其中绝大部分由上海销往其他口岸，其比重在19世纪90年代超过75％，其中还不包括未经报关

---

① 参见［美］罗兹·墨菲《上海——现代中国的钥匙》，上海社会科学院历史研究所编译，上海人民出版社1986年版，第56页。
② 参见尚刚《上海引水史料》，《学术月刊》1979年第8期。
③ 参见樊卫国《近代上海进出口贸易在全国中的比重》（统计表），《上海经济》1992年第3期。
④ 参见中国社会科学院经济研究所主编《上海市棉布商业》，中华书局1979年版，第9—15、23—26页。

转运内地的数字。①

表3—4—1　　各区域主要口岸占上海洋货转运国内值比重②　　单位：%

年份	长江沿江口岸	华东沿海口岸	华北沿海口岸	华南沿海口岸
1864	54	14	28	0.9
1875	56	12	30	1.6
1885	49	13	35	3
1895	55	12	30	2.7
1904	52	6	28	2

注：长江沿江口岸包括汉口、九江、芜湖、镇江等地；华东沿海口岸包括宁波、温州；华北沿海口岸包括天津、烟台、牛庄；华南沿海口岸包括福州、厦门、汕头、广州等地。

从上表可以看出，沿江一线的通商口岸从上海输入的洋货数量最多，占到一半以上。上海港的经济腹地涵盖江、浙、皖、赣、鄂、湘、川诸省，包括秦岭和黄河以南的陕西汉中、河南大部及鲁西南地区。在众多的沿江口岸中，汉口成为上海的商品集散网络向内地各省拓展的最重要的中介港。由于处于"九省通衢"的位置，汉口拥有广阔的腹地，将上海转运来的洋货再销往华中乃至西南各省。据1887年的统计，是年经汉口转运各地的进口货值，销往湖北本省的是85万两，其余为湖南160万两，河南40万两，贵州15.3万两，陕西26.5万两，广西2.8万两。③ 1894年，汉口进口洋货净值为1624万海关两，其中直接从国外进口净值仅1.4万海关两，而由上海转口输入则达1558万海关两，占96%。④ 上海洋货转口至汉口总额，1875年、1880年、1886年、1890

---

① 参见上海社会科学院经济研究所等编《上海近代五金商业史》，上海社会科学院出版社1990年版，据第6—10页诸统计表计算。
② 吴松弟主编：《中国百年经济拼图：港口城市及其腹地与中国现代化》，山东画报出版社2006年版，第323页。
③ 参见戴鞍钢《近代上海与长江流域市场网络的架构》，《复旦学报》（社会科学版）1996年第5期。
④ 参见上海社会科学院经济研究所等编《上海对外贸易（1840—1949）》（上），上海社会科学院出版社1989年版，第30页。

年、1895年、1899年分别为819.5万海关两、991.8万海关两、960.8万海关两、1178万海关两、1842.4万海关两、2596.1万海关两。① 除以汉口为中心的长江中游地区外，以重庆为中心的长江上游地区也是上海进口洋货的重要输入地。1881年，上海输往重庆的洋货约占当年上海港进口总值的1/9。②

华北沿海口岸占上海洋货转运国内的比重也比较高，约占30%，天津是上海在华北地区货物转输的重要枢纽。关于两地间密切的经贸关系，从《申报》的报道中可以窥见一斑，"试就近日天津与沪上市面言之，向来南北往来，南货本多于北货，而自通商以后，上海一埠各国商人云集，运来洋货皆以上海为囤积之区，然后分运各口。津口之货故无不由申运往，且较别口为多，大抵津口为北省众汇之地，凡自申运北之货皆须由津分运也，是以南北两洋商务津沪并峙，两处连络通气，则商务各得其利"。③ 就棉纺织品而言，1866年，上海进口的棉制品一半是运到天津和烟台的，为了省钱，北方许多商人派人来上海采购。④ 上海洋货转口至天津的总额，1875年、1880年、1886年、1890年、1895年、1899年分别为657.1万海关两、779.3万海关两、1011.6万海关两、1171.7万海关两、1615.2万海关两、2072.8万海关两。⑤ 在土货转运方面，1871—1904年运往上海的土货，占天津土货出口总值的比重平均为75.8%。⑥

在北部地区，上海转口洋货的另一个重要城市是营口。营口在19世纪下半叶至20世纪初，始终是东北唯一并且是最大的对外贸易中心。开埠初期虽然贸易货值不大，但增长速度很快，与上海间的外贸转运往来频

---

① 参见樊卫国《激活与生长——上海现代经济兴起之若干分析（1870—1941）》，上海人民出版社2002年版，第75页。

② 参见吴景平等主编《上海金融的现代化与国际化》，上海古籍出版社2003年版，第56页。

③ 《论津沪市面之关系》，《申报》1902年11月22日第1版。

④ 参见郝延平《十九世纪的中国买办：东西间的桥梁》，李荣昌等译，上海人民出版社1991年版，第136页。

⑤ 参见樊卫国《激活与生长——上海现代经济兴起之若干分析（1870—1941）》，上海人民出版社2002年版，第33页。

⑥ 参见唐巧天《近代北方口岸与上海间外贸埠际转运变迁》，《史学月刊》2008年第10期。

繁，进口洋货"率多由上海转运而来"。比如洋布一项，"洋布之输入满洲也，皆经营口，其中一大部分必经奉天，而后销售于满洲一带地方。然经营口销满洲之洋布非由外国商人直接输入，亦非由营口商人自行输入，乃必经过上海，再由上海商人运往营口。故直谓之销于满洲之洋布必经上海商人之手始得输入也"。1871—1904年，经上海转运的洋货占营口进口总值的年平均值为79.7%，其中1885年经上海转运的洋货占营口进口总值高达93.3%。①

相对而言，华东沿海口岸占上海洋货转运国内的比重较大，但华南沿海口岸所占比重较小，这是因为华南沿海口岸与香港经贸联系的密切程度要高过上海。如1882年，上海外国商品的进口值为54993774海关两，主要转运到长江和华北沿海各口岸，转运到华南沿海口岸（福州、淡水、打狗、厦门、汕头、广州）的货值仅为614461海关两。其中转销到华南沿海各口的货值也有很大差别，福州543365海关两、厦门57672海关两、淡水5844海关两、打狗851海关两、汕头4318海关两、广州2411海关两②，呈现出越向南去货值越小的特点，其他年份的情况与本年相类似。可以看出，上海与沿海地区的经济联系主要限于厦门以北地区，以南地区则属于广州的腹地。

上海不但是洋货转运的中心，也是土货出口的中心。1843—1894年，上海一直是中国最大的贸易口岸，对外贸易占全国进出口总值的一半以上，丝、茶是这一时期对外出口的主要商品。1896—1915年，上海的土货转口贸易比重也在逐步上升，从20%左右上升到37%。这一时期的出口商品中茶、丝比重有所下降，其他出口商品的种类大大增加，豆及豆饼、皮毛及皮制品、桐油、毛类、猪鬃、羽毛等成为重要的出口商品。③

---

① 参见唐巧天《近代北方口岸与上海间外贸埠际转运变迁》，《史学月刊》2008年第10期。
② 参见李必樟译编《上海近代贸易经济发展概况》，上海社会科学院出版社1993年版，第632—633页，据文中数字计算得出。
③ 参见吴松第主编《中国百年经济拼图——港口城市及其腹地与中国现代化》，山东画报出版社2006年版，第316页。

表 3—4—2　　　　各区域主要口岸占上海土货出口值比重①　　　单位:%

年份	长江沿江口岸	华东沿海口岸	华北沿海口岸	华南沿海口岸
1864	61	12	6	15
1875	53	14	10	21.9
1885	57	10	17	14.7
1895	60	10	20	9.4
1904	55	7	19	7.4

从上表可知，沿江地区也是上海土货出口的最主要来源区，占到上海土货出口额的一半以上，而华东、华北和华南沿海口岸所占比重差别不大。汉口依然是长江中游的土货集中中心，"汉口是长江通商口岸中仅次于上海的最大贸易中心，尽管它拥有为远洋轮船通海的航道，它总是跟上海，而不是跟伦敦进行交易，而且所有汉口的外国洋行和大多数的华商行号都是上海总行的分行"。② 因此，汉口作为上海最大的土货输出地，集聚了各地的土货，如茶叶、牛皮、芝麻等大宗土货皆集中于汉口转运到上海出口。在江西，九江的进出口商品几乎全部由上海转运，其出口商品中的大宗——茶叶即由上海转运出口，每年红茶、绿茶由产茶区集中到九江运往上海，在上海加工包装后再运销欧美。长江上游地区也是上海土货出口的重要来源地。以生丝为例，1871年开始，四川有6000包生丝经上海输往国外。③ 1886年，仅绵州一地经重庆输往上海的生丝出口值就有100万海关两。④ 长江流域与上海之间的经济联系，主要表现为受上海港内外贸易引力的吸纳，以芜湖、九江、汉口、重庆等口岸为中介，组成以上海为中心的商品集散体系。

在华北沿海口岸中，上海占烟台土货出口的比重一直很高，1876年

---

① 参见吴松第主编《中国百年经济拼图——港口城市及其腹地与中国现代化》，山东画报出版社2006年版，第323页。

② [美]罗兹·墨菲:《上海——现代中国的钥匙》，上海社会科学院历史研究所编译，上海人民出版社1986年版，第117—118页。

③ 参见彭泽益编《中国近代手工业史资料》第2卷，生活·读书·新知三联书店1957年版，第90页。

④ 参见姚贤镐编《中国近代对外贸易史资料》第3册，中华书局1962年版，第1495页。

前约为37％，1876年后一跃为60％—70％，1871—1904年年平均比重为58.9％。① 对天津来说，土货出口同样需运至上海中转国外。天津开埠初期，由于腹地的商品经济还不够发达，土货出口值一直很小。19世纪70年代后期，出口贸易逐步发展，草帽辫、骆驼毛、绵羊毛、山羊绒、绵羊绒、山羊皮褥、生皮及猪鬃等出口逐渐增多，80年代已形成出口大宗。由于直接出口能力有限，天津这些新增长的大宗土货便源源不断地运往上海出口。直到19世纪末，天津直接出口仍然几乎未得到任何发展，全靠上海转运出口。"事实上，尽管天津（大沽）充当了华北大部分地区的港口，贸易的相当大的部分，特别是西北地区（甘肃和陕西）和黄河以南的华北平原的贸易，都是经由上海推行的。"② 就全国范围来讲，上海作为全国贸易中心的地位一直到19世纪末都没有什么变化。"到十九世纪末，尽管有的远洋航线也直达某些北方口岸，但是由于大多数远洋轮船都集中于上海，而沿海沿江各埠与上海的水陆交通又很方便，上海仍不失为中国对外贸易的转运中心。"③

上海除作为洋货进口和土货出口的集散地与转运地之外，还是国内各地之间商品流通的中转地。上海开埠后，转口贸易便迅速发展起来。19世纪60年代后，长江和沿海地区进一步开放，上海的转口贸易得到进一步发展。据1868年的上海港贸易报告记载："除了对外国的进出口贸易之外，上海本身同沿海和其它口岸之间还拥有数量很大的中国商品的贸易。"④ 单就粮食中转来说，长江流域余粮省份外运的粮食大多顺江东下抵沪集散，1869年为37327担，到1890年猛增至4770226担，增长幅度达百余倍。⑤ 在开展转口贸易的过程中，上海与沿海沿江各大通商口岸间建立了埠际贸易转运网络。19世纪末20世纪初，北方的烟台、天津、青

---

① 参见刘素芬《烟台贸易研究（1867—1919）》，（台北）商务印书馆1990年版，第14页。
② [美] 罗兹·墨菲：《上海——现代中国的钥匙》，上海社会科学院历史研究所编译，上海人民出版社1986年版，第65页。
③ 上海社会科学院经济研究所等编著：《上海对外贸易（1840—1949）》（上），上海社会科学院出版社1989年版，第30页。
④ 李必樟译编：《上海近代贸易经济发展概况》，上海社会科学院出版社1993年版，第177页。
⑤ 参见李文治主编《中国近代农业史资料》第1辑，生活·读书·新知三联书店1957年版，第473页。

岛，东南沿海的福州、厦门、宁波，长江中上游的汉口、重庆等港口城市之间，存在着大量的直接或间接贸易，而以上海为中心的埠际转口贸易在各港口贸易中占据很大比重。约有40个港口与上海有着密切的物资交往，它们成为上海内外贸易的重要纽带，通过这些口岸和其腹地的各级市场，构成一张以上海为中心的庞大的贸易网络。通过埠际转运，实现了货物在全国范围内的流通。仅就天津而言，从1860年开埠到20世纪初，天津口岸贸易基本以沿海转口贸易为主，上海是与之贸易最繁盛的口岸，贸易额一直在天津沿海贸易中占据首位。19世纪90年代，"查与天津来往土货之口，计上海、汉口、福州、香港及广东等口为首，但几乎全数经由上海转运"。[①]

通过以上论述可以看出，近代中国的商业贸易已经形成以沿海沿江一线为主的商品流通干线格局，以上海为中心形成辐射全国的洋货运销、土货出口和国内埠际商品流通网络，这些网络的运输路线相互交织，形成深入到不同层级城镇的购销网，在这些不同层级的运销网络之间起到信息沟通和汇票、现银、票据等传递作用的是各层级的民信局。上文论及，上海民信局的寄递地点最多，覆盖范围最广，主要呈沿海和沿江两个方向展开。在长江沿线，上海民信局的寄递地点向上游直到重庆；在沿海一线，上海民信局与沿海城市都有信息沟通，这与上海在全国商品流通中的地位联系在一起，民信局的寄递网络呈现出建立在以上海为中心的不同层级城市的寄递路线相互交织的特点。所以，近代上海港的崛起，促进了兴旺的商贸交易和活跃的资金融通，它们又都是和便捷的信息传输联系在一起的。在商品经济的运行中，信息沟通的重要性显而易见。

就全国范围内的商品流通网络看，近代以后出现的"这些数以千计的基层集市又与两种较高级的市场——中间市场和中心市场——发生关系，最后则与像天津、上海和广州这样的沿海大贸易城市连接起来"[②]，

[①] 吴弘明编译：《津海关贸易年报（1865—1946）》，天津社会科学院出版社2006年版，第160页。

[②] ［美］费正清等编：《剑桥中国晚清史》（下），中国社会科学院历史研究所编译室译，中国社会科学出版社1985年版，第53页。

呈现出的也是以重庆、天津、汉口等城市为中心的区域商品流通网络，以及建立在此基础上的以上海为中心的全国范围内商品流通网络相互交织的特点。这主要表现为重庆与川、云、贵、陕等地之间的经济贸易联系，天津与晋、冀、蒙、东三省及鲁、豫部分地区之间的经济贸易联系，汉口与两湖及赣、豫、甘部分地区之间的经济贸易联系，福州、厦门与福建内地之间的经济贸易联系，上海与苏、浙、皖之间的经济贸易联系，上海与全国各地之间的经济贸易联系，以上海为中心在沿海、沿江、内河一线及部分内陆地区形成了一个密集的商品流通网络。体现在民信局的地位上，"上海各民信局的显著特点是，这些机构几乎全是在厦门和汕头以北的沿海口岸以及在整个长江流域经营业务的那些大型机构的总局或办事处，这就体现了它们的重要性"。[1] 具体而言，从19世纪八九十年代上海昌盛隆商号所做的销售吕宋票的广告中，可以体现出以上海为中心的商品流通网络的层次性，以及上海民信局寄递网络沿沿海、沿江、内河及内陆一线展开的特点。"天津福建汉口九江江西安庆芜湖南京镇江扬州仙女庙邵伯如皋常州均在森昌信局，松江枫泾洙泾均协源局，杭州盛泽西塘王店硖石均永和局，溧阳丹阳均亿大局，绍兴在正和局，崇明在永其昌局，梅里黎里嘉定均永义昶局，南翔周浦南汇大团浏河罗店新场均宝顺局，吴淞在德和局，嘉兴湖州均永泰丰局，宁波在协和源局。以上各处皆信局代售，他埠亦然。"[2] 上海作为全国的商业贸易中心，不但形成以其为中心的商品流通网络，而且由于其有利的地理位置，上海还是沿海沿江一线信息沟通的桥梁和中转站，各民信局的寄递地点是有限的，而通过信局之间的互相转递，则使寄递地点扩展到更大的范围，形成以上海为中心的商品流通网络和民信局寄递网络的空间一致性格局。

---

[1] 徐雪筠等译编：《上海近代社会经济发展概况》，上海社会科学院出版社1985年版，第99页。

[2] 《续登售处》，《申报》1880年10月26日第6版。

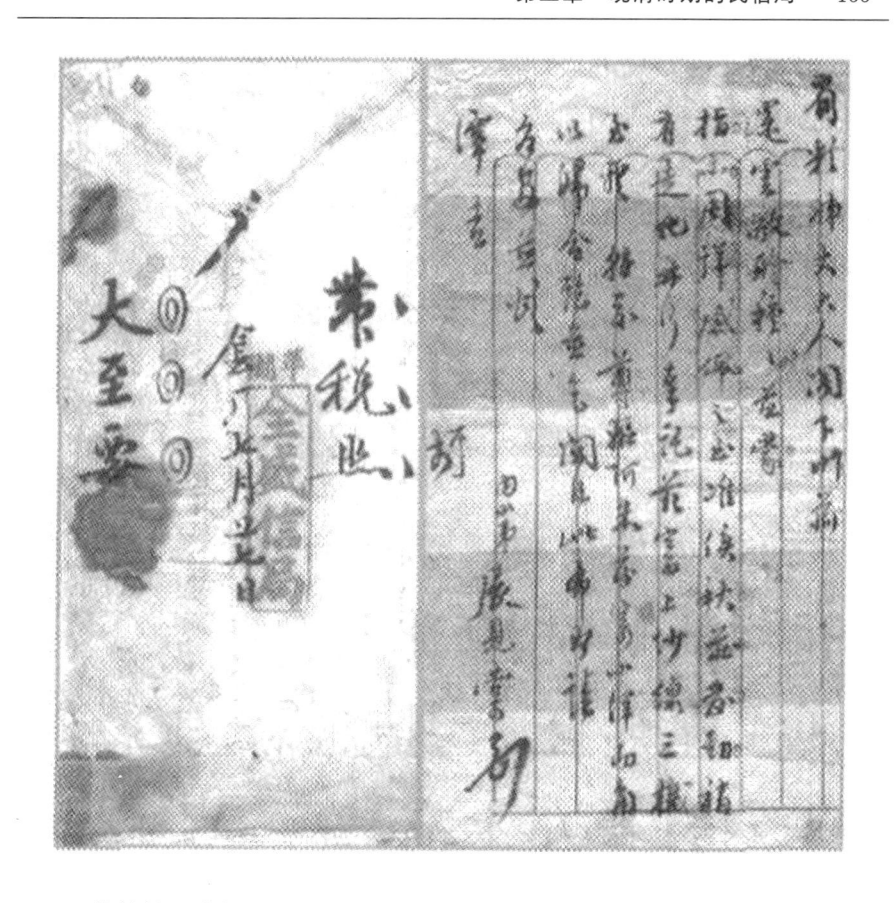

资料来源：郑挥：《竺师爷的故事》（四），《上海集邮》2008年第9期。

在以上海为中心的商品流通网络形成过程中，民信局的寄递路线顺应商品流通路线的变化而做出调整，仅以嘉兴府平湖县与宁波之间寄递路线的变化加以说明。上面的这枚实寄封系从平湖寄往宁波的，封背盖有"平湖全盛信局"的戳记，走的是经过乍浦过钱塘江至宁波的路线，没有经过中转，从空间上讲，这条路线比较近。上海开埠后，以其为中心组成长江三角洲民信局的寄递网络，以区域内众多大、中、小城镇为节点，互相衔接，覆盖面很广。宁波成为上海经济腹地中的一个中级市场，两地之间的经贸往来日益频繁，在这条路线上往返的轮船越来越多，从平湖转上海再到宁波仅需三天，而经过乍浦到宁波没有固定航班，往往费时较长，于是平湖民信局选择转上海到宁波的路线。有一枚实寄封上盖有"平湖全盛信局"和"上洋全盛泰记信局"两枚戳记，清楚地表明民信局寄递路线随商品流通路线而发生的变化。①

为了更为微观地论述民信局寄递网络和商品流通网络之间的关系，下面主要从以九江为中心的江西、以芜湖为中心的安徽、以镇江为中心的苏北、鲁南、豫南经济区以及汉口在全国范围内民信局寄递网络和商品流通网络中的作用展开论述。之所以选择这几个区域，是由于以下原因：从总体上讲，以九江为中心的江西经济区属于以上海为中心的长江下游和以汉口为中心的长江中游经济区的交汇地带，无论是民信局寄递网络还是商品流通网络都呈现出这个特点；以芜湖为中心的安徽经济区和以镇江为中心的苏北鲁南豫南经济区都属于以上海为中心的长江下游经济区的组成部分，它们更为明显地呈现出以上海为中心的民信局寄递网络围绕商品流通网络展开的特点；就汉口的地理位置和经济地位讲，它不但是长江中游地区民信局寄递网络展开的中心，也是该地区商品流通网络展开的中心；从全国范围看，无论是从民信局寄递网络还是商品流通网络角度，汉口都在一定程度上呈现出从属于以上海为中心的民信局寄递网络和商品流通网络的特点。

从全国范围内商品流通的角度抑或从小区域商品流通的角度，民信局寄递网络都是围绕着商品流通网络展开的。在江西，九江是省内民信局寄递网络展开的中心，各重要城市的信局均以九江为总汇，"江西省内各埠与九江信件往来最多者，为南昌、弋阳、乐平、贵溪、鄱阳、吉安、赣州、饶州八府县，景德镇、河口镇、吴城镇、樟树镇四口岸。寄送以上各地之信，各局组织一种联合机关，轮班担任"。② 通过众多民信局不同方向寄递路线的相互交织，形成比较密集的寄递网络，"此项信局，具有网布之路线，将本省最重要各地方包括无遗"③。九江民信局除在省内寄递网络的展开外，各家信局的总局都在上海或汉口。通过九江民信局的转递，上海或汉口的民信局把寄递范围扩展到江西境内的主要地区。如上海、汉口太古晋信局为便利信件寄递，在广信府河口镇开设了丰泰利信

---

① 参见郑挥《牛角集——郑挥集邮研究论文集》（民信局篇），未刊稿，2002年，第122页。
② 谢彬：《中国邮电航空史》，上海书店1991年版，第35页。
③ 沈阳市邮政局邮政志办公室编：《中国邮电史料》第2辑，1986年印行，第115页。

局，专走吴城、樟树等处。① 同样，通过九江信局的转寄，江西各地与省外许多地方联系在一起。如1886年，南昌民信局的邮件经九江中转到达的地方包括常德、上海、汉口、安庆、苏州、扬州、镇江、清江浦、如皋、京都等地。② 在更高的层次上，通过上海或汉口民信局的转递，可以实现江西在更大范围内的信息沟通。

从经济地位角度看，九江于1858年开辟为通商口岸后，由于其"扼沪汉交通之咽喉，轮船接迹，铁轨交驰，赣省商业集中于此。森林矿产，靡不以此埠为转运荟积制造之所"，成为江西对接长江横向贸易路线的中介口岸，一跃成为江西近代贸易的中心。③ 此后，九江进出口贸易有大幅度增长，成为茶叶等土特产品输往上海和上海进口商品转运江西的要口。在进口方面，如"织布用的棉纱进口的增加，特别值得注意。1879年棉纱进口在2000担以下，两年之后，增加到3245担，而在过去12个月中（注：1883年），达到5708担，其中有5000担以上用子口税单运往本省内地"④。上海洋货转口至九江的总额，1875年、1880年、1886年、1890年、1895年、1899年分别为258.4万海关两、245.2万海关两、257.6万海关两、324.7万海关两、642.6万海关两、680万海关两。⑤ 在出口方面，单茶叶一项1863年就为19万担，1886年增加到30万担，九江从而成为与汉口、福州齐名的全国三大茶市之一；瓷器在民国初年的出口在4万—7万担，平均占全国出口额的三分之一；粮食方面，稻米、大豆是九江出口商品的大宗，是与芜湖、镇江、无锡齐名的长江四大米市之一。从九江的总贸易额上讲，1907年为3000万海关两，1916年增长到4300万海关两。⑥ 就运输路线讲，江西境内主要的进出货物运输路线，形成以九江为中枢的赣州—吉安—樟树—南昌—吴城—湖口—九江的基本框架，这与上面所述民信局的寄递路线相一致。

---

① 参见《新通江西河口信局》，《申报》1889年10月28日第5版。
② 参见《信包被劫》，《申报》1886年10月17日第5版；《信包被劫》，《申报》1886年11月6日第5版。
③ 陈晓鸣：《九江开埠与近代江西社会经济的变迁》，《史林》2004年第4期。
④ 参见姚贤镐编《中国近代对外贸易史资料》第3册，中华书局1962年版，第1424页。
⑤ 参见徐占春《近代上海转口贸易研究（1843—1941年）》，硕士学位论文，西北大学，2006年，第31页。
⑥ 参见张洪祥《近代中国通商口岸与租界》，天津人民出版社1993年版，第91页。

从芜湖和上海两地民信局之间的关系看，据1882—1891年的芜湖海关报告记载，芜湖的15家信局全是总局在上海的信局的分号。[①]前文已经论及，安徽境内形成的民信局寄递网络，以芜湖为网络展开的中心和枢纽，把安徽境内的主要地点和区域都包括在内。芜湖民信局利用便利的水路，形成密集的寄递网络。主要有：（1）长江水路：芜湖上至大通、安庆、九江、武穴、汉口，还经鄱阳湖和其水系各城镇连成网络，下至南京、上海，又经海路或运河与江、浙、闽、粤及北方沿海沿运河诸城镇连成网络；（2）清弋江水路：芜湖—宣城湾沚镇—南陵弋江镇—泾县—太平；（3）水阳江水路：芜湖—宣城水阳镇—宣城—宁国，芜湖—黄池—乌溪—高淳（或由黄池—当涂）；（4）漳河水路：芜湖—鲁港—石硊—南陵。除以上利用木船运送的内河航线外，还有两家轮船信局，即太古晋记和协兴昌记。[②]充分利用水路只是其中的一个方面，芜湖民信局还开通了遍及全省的陆路寄递路线。原来的旱路信路以从安庆至渔亭、大通至渔亭为主，并通过屯溪与杭州及江西乐平等地相连接。19世纪七八十年代，太古晋记、协兴昌、政大源、胡万昌、全昌仁、太古澍等信局不断拓展皖境内的旱路信路，以芜湖为中心向南北方向延伸，南路有芜湖—太平府—宁国府—徽州府一线，北路有芜湖—和州—庐州府—安庆府—六安州—凤阳府一线。[③]由此可见芜湖民信局在区域范围内的中心作用，以及所起到的与区域外联系的中介和枢纽作用。

从商品流通角度讲，芜湖是安徽境内商品流通网络展开的中心，其在交通上的优越位置是重要因素之一。芜湖以其"襟江带河，处长江与青弋江交叉处，南经青弋江、鲁港河直通南陵、宁国、太平，西北经裕溪口可达巢湖、庐州，沿江东下可至南京、镇江、上海，溯江

[①] 参见茅家琦等主编《中国旧海关史料》第152册，京华出版社2001年版，第268页。

[②] 参见政协安徽省芜湖市委员会文史委编《芜湖文史资料》第4辑，1991年印行，第111—112页。

[③] 参见《新设旱道信栈》，《申报》1880年2月29日第5版；《皖省添设旱道信局》，《申报》1885年4月3日第6版；《新设屯溪徽州等镇信局》，《申报》1886年9月4日第4版；《芜湖分设南北旱道信栈》，《申报》1888年6月19日第6版；《添设旱道信局告白》，《申报》1887年7月1日第5版。

西上直达九江、汉口"的地理位置[①]，成为沟通上海与皖江南北货物交流的主要中介港，作为安徽唯一的通商口岸，进入安徽的洋土货都必须经芜湖分运至全省各地。如在当涂县，20世纪初，"洋呢、洋缎、洋绸、洋布、洋纸、洋油、洋火、洋皂并零星洋货，以及外省糖、盐、布匹、纸张、油、酒、药材并各项杂货，均由芜湖运入本境各镇市销行，每年约值银二十万两"。其他地方如"外江庐州、巢县、三河，内河宁国、徽州各处，均来本埠贩运"各种货物，"光绪二十年后，营业每年约五六百万元"。土货出口亦然，19世纪末20世纪初，安徽各地以稻米为大宗的农产品源源不断地运往芜湖，然后输往国内外，芜湖的对外贸易仍是带动整个安徽地区经济变迁的主要基础。这个以芜湖为中心的商品流通网，从芜湖对安徽各地的辐射能力看，处于不断增强的状态。1882—1891年，芜湖与安徽内地的贸易往来，"从贸易方向上看，大多数贸易是面向安徽的太平、庐州、六安、安庆、池州、宁国等行政大区"；另外，芜湖对内地的凤阳府和徽州府的辐射能力也在增强，"芜湖与（处于本省南端的）徽州府和（处于北端的）凤阳县之间的南北贸易，近来也大量增加"。[②]

从商品流通网络高级市场和中级市场的关系讲，芜湖是上海对安徽实现辐射作用的中介。就进口商品而言，芜湖从其他港口的进货微乎其微，几乎所有的国外进口商品都是通过上海运进的；从土货出口角度说，当时安徽的土货出口只有一小部分由芜湖海关直接输往国外，大部分由芜湖先运至上海等口岸，或不经芜湖直接由产地运至上海等口岸，再输往国外。就国内贸易而言，芜湖与国内各商埠之间的贸易构成了芜湖开埠后对外贸易的重要组成部分，随着对外贸易的不断发展，芜湖与国内各商埠之间的贸易关系也日益密切，与之发生转口贸易的主要是上海、汉口、镇江、九江、杭州等口岸，以上海所占比重最大。

[①] 王鹤鸣：《芜湖开埠与安徽近代经济的发展》，《安徽史学》1995年第3期。
[②] 王鹤鸣：《芜湖海关》，黄山书社1994年版，第63—64、127页。

表 3—4—3　　1877—1907年芜湖海关历年贸易额统计[①]　　单位：海关两

年份	输入额	输出额	总额	指数
1877	1221013	365669	1586682	100
1878	2624531	594945	3219476	203
1882	2394364	1313150	3707514	240
1887	3831213	2000027	5831240	369
1891	4985648	5267405	10253053	646
1894	5068450	5156030	10224480	644
1899	9710544	10608352	20318896	1279
1900	8417445	9714541	18131986	1143
1903	11448469	13189382	24637851	1552
1905	9470385	21169808	30640193	1931
1907	12257238	9173633	21430871	1350

注：据《芜湖海关》一书中第15、18—19页的相关数字计算得出。

从上表可以看出芜湖快速发展的进出口贸易，其中仅就棉织品而言，呈成倍增长势头。1877年进口5200匹，1878年7000匹。以后逐年上升，1889年增至233794匹，1890年，棉织品净进口增至351597匹。13年中，棉织品进口增加70倍！另据1899年的统计，该年输入安徽的洋布达51万匹，平均每个安徽人消费洋布在二尺以上。[②]

就镇江而言，属于以上海为中心的长江下游经济区的第二层级城市，是商品流通的中心和枢纽之一。镇江地处长江和运河汇合的中心，因此成为苏北及鲁、豫等地进出口货物转运的中枢，从直接辐射的经济区域来讲，是上海联系苏北扬州、淮安、徐州、海州以及河南开封、山东济宁等地的中介。从民信局寄递网络的角度讲，由于镇江与苏北、鲁南、豫南等地区有频繁的经贸往来，镇江与它们之间有民信局固定的寄递路线相连

---

① 参见王鹤鸣《芜湖海关》，黄山书社1994年版，第15、18—19页。
② 参见程必定主编《安徽近代经济史》，黄山书社1989年版，第115页。

接,如镇江—清江浦①、丰县—萧县—镇江②、兴化—镇江、宿迁—镇江③、扬州—镇江④、周口—镇江⑤、镇江—海安⑥、镇江—如皋⑦、徐州—镇江⑧、镇江—泰州⑨等。清江浦、兴化、宿迁、周口、济宁等地在民信局寄递网络中属于第三或第四层级,是小区域范围内的商品集散中心。就清江浦而言,"清江浦地属清河县,在淮水之北,距淮安府城三十里,为南北水陆要冲","为内地商业总汇之区,道南北水陆商货、商业不减镇江"。⑩ 这些城镇不但是民信局寄递和中转的中心,也是货物运转的中心,就是通过这众多的小区域商品集散中心,镇江的辐射范围向苏北、鲁南、豫南的内陆地区延伸。"该地的繁荣主要依赖于它处在通向内地的广大水陆交通网的中心,这使它能够向一片约与整个法国一样大的农村供应商品","大量的布匹、糖和金属系由轮船运往镇江,在那里进行分运,因为镇江具有通往南北水路以及长江河流的有利条件"。⑪ 镇江海关统计资料也显示,"鲁南,起码黄河北道(1855年后)和运河相交接的地方,处于镇江集货区之内",即黄河南岸属上海港经镇江中介的贸易集散圈,以北的货流则归向天津港。⑫ 通过镇江的中介作用,经上海港输入的"布匹被运往最遥远的地方,而且数量很大,尤其是运往河南各大城市和商业中心,距离此地(镇江)约有400或500英里。这些城市的洋货几乎完全由此地发出,上海毋宁说只供应江苏南部各城镇"。1887年,销往开封的洋

---

① 参见《遗失会信》,《申报》1909年2月16日第1张第8版。
② 参见《遗失汇票》,《申报》1902年8月19日第7版。
③ 参见《汇票被劫》,《申报》1907年12月1日第1张第7版。
④ 参见《信船遇骗》,《申报》1896年5月25日第2版。
⑤ 参见《遗失汇票存案批示》,《申报》1907年2月6日第10版。
⑥ 参见《遗失钩票》,《申报》1904年7月7日第7版。
⑦ 参见《遗失信包》,《申报》1893年4月1日第6版。
⑧ 参见《失票声明》,《申报》1904年8月31日第7版。
⑨ 参见《遗失汇票》,《申报》1905年12月23日第7版。
⑩ 《清江浦商董请设立商务公所举绅董禀》,转引自戴鞍钢《发展与落差——近代中国东西部经济发展进程比较研究(1840—1949)》,复旦大学出版社2006年版,第383页。
⑪ 李必樟译编:《上海近代贸易经济发展概况1854—1898年》,上海社会科学院出版社1993年版,第244、352页。
⑫ 参见[美]周锡瑞《义和团运动的起源》,张俊义等译,江苏人民出版社1995年版,第5页。

布达13万余匹，济宁、徐州、海州也各进口10万匹。①另据镇江海关资料统计，从1861年至1894年，镇江进出口贸易总值共37485万海关两；1895年至1911年为镇江对外贸易的鼎盛时期，进出口贸易总值共49573万海关两；最高年份为1906年，进出口贸易总值达3594.8万海关两。②除了通过镇江对苏北、鲁南、豫南地区所形成的洋货销售外，这些地区的土货出口也主要通过镇江来实现。如就鲁南地区的商品集散中心济宁而言，由济宁转销鲁南各地的货物大部分经镇江转口，1911年，自镇江输入山东的货值总计704935两，输往上海的商品也是如此，由山东发往镇江的货值共计672805两。③

前文已经论及，汉口民信局在长江上中下游地区之间的交流中所起到的中介作用以及向内陆地区的延伸。在全国范围内的商品流通网中，汉口是重要节点之一。从区域经济中心角度讲，汉口在"长江中游大区——它基本上包括湖北、湖南两省和江西、河南、陕西的一部分——中居于统治地位"；从全国商品流通角度讲，"汉口的中心位置使它成为中华帝国晚期许多最繁忙的贸易路线的交汇点"，尤其充当了以重庆为中心的西南地区和以上海为中心的东部地区之间经济联系的纽带和桥梁。④由于受地理及交通等方面的限制，长江上下游之间的商品流通主要通过汉口、宜昌等地中转，"从上海启航的江轮驶至汉口，然后由浅水轮驶至宜昌，在那里把货物重新打包并装到帆船上，再由纤夫溯急流直达重庆；从重庆经长江上游及其支流到四川北部和贵州的帆船越来越小，最后这些平底小帆船通过小河和由脚夫扛运进入云南"。⑤汉口在近代以后最重要的贸易路线有四条：（1）沿长江上行路线。四川船只运来大米、糖及中药材等农副产品，然后从汉口购买他们需要的商品运回

---

① 参见姚贤镐编《中国近代对外贸易史资料》第2册，中华书局1962年版，第824页。
② 参见《清末民初镇江海关华洋贸易情形》，中国社会科学院近代史资料编辑部编《近代史资料》总103号，中国社会科学出版社2002年版，第11页。
③ 参见复旦大学历史地理研究中心主编《港口—腹地和中国现代化进程》，齐鲁书社2005年版，第139—140页。
④ [美]罗威廉：《汉口：一个中国城市的商业和社会（1796—1889）》，江溶等译，中国人民大学出版社2005年版，第69、75页。
⑤ [美]费正清等编：《剑桥中国晚清史》（下），中国社会科学院历史研究所编译室译，中国社会科学出版社1985年版，第56页。

四川；汉口—重庆一线的重要港口有宜昌、万县和沙市。(2) 沿汉水上行转陆路往北，到陕西、山西、蒙古及西伯利亚。"水陆路相结合的道路网，将富饶的汉水流域的产品，以及中国西北地区的皮毛、皮革和畜产品带进了汉口市场。"(3) 经陆路至河南和河北。这是经陆路进入汉口的最重要贸易路线。通过这条路线，汉口与华北地区进行贸易往来。(4) 沿长江而下到江南和上海。这是所有商路中最繁忙的一条，由于频繁的贸易往来，"加强了汉口与九江、芜湖、扬州、南京等沿江下游城市乃至宁波和其他三角洲海港城市之间的贸易往来。上海崛起之后，它就成为汉口惟一最大的贸易伙伴，无论是在国内贸易还是在对外贸易方面"。[1] 这些商品运输路线与民信局寄递路线相一致。仅就第一条路线而言，1875年，四川进口的洋货值为15.6万两，几乎全是从汉口持子口单运到重庆的。重庆洋货进口额增长很快，1879年从汉口和宜昌进口到重庆的洋货值分别为246.5万两和19.4万两，1881年增长到322.75万两和83.15万两。从那时起到1890年，四川从两地进口的洋货总值在250万两到400万两之间。1890年，从汉口和宜昌的进口货值为1617878两和3198064两。[2]

综上所述，晚清时期商品经济的发展对信息沟通提出了更高更快的要求，这是民信局寄递网络形成的基本条件；同时，民信局寄递网络的形成又是全国范围内统一市场形成的具体表征。民信局寄递网络是建立在以通商口岸为起点，以内地商埠为中介，向全国辐射的商品流通网基础上的。民信局寄递网络不仅起到信息沟通的作用，在一定程度上还起到货物流通、资金流转的作用，所以，民信局寄递网络和商品流通网络在一定程度上互相重合，起到相互促进作用。民信局寄递网络随着商品流通范围的扩大而扩大，随着商品流通网络的交织，民信局的寄递路线在不断开辟和延伸，民信局的寄递网络也在日益密集。正如斯波义信指出的：在19世纪70年代，私人邮政代办所的分布网沟通了各地区城市

---

[1] 参见 [美] 罗威廉《汉口：一个中国城市的商业和社会（1796—1889）》，江溶等译，中国人民大学出版社2005年版，第76—77页。

[2] 周勇等译编：《近代重庆经济与社会发展（1876—1949）》，四川大学出版社1987年版，第81—82页。

系统内的所有城市，邮政的长途服务路线与区域间的主要商业路线平行地发展。① 这段话无疑说明了民信局寄递网络和商品流通网络之间的一致性关系。

---

① 参见［美］施坚雅主编《中华帝国晚期的城市》，叶光庭等译，中华书局2000年版，第519—520页。

第 四 章

民信局的组织和经营

民信局的产生，适应了社会发展的需要。民信局作为一种民营经济组织，在官邮建立后，"何以在组织严密、范围广大邮局之下，而能苟延残喘，尚得一部分公众之信用，而乐与交往也？"[1] 在受到排挤和打击的情况下尚能存在相当长的时期，形成官邮对其屡禁不止的局面。其原因在于民信局扎根于社会现实，适应社会发展需要，形成了富有特色的经营理念和经营模式。"民信局固然只限于区域性，且同业竞争，趋之以利，此与国家邮政，首重全盘规划，整齐划一，统筹运用者不同。然民信局之所以能绵延相承，历数百甚至千年之久，设若无妥善组织，及有效之运作方法，实不易致此，论其原因无他，适合人民需要而已"[2]，可谓一语道破了民信局能够长期存在的原因。那么，民信局的组织和经营状况究竟如何？这是过去关于民信局研究中一直无人专门涉及或语焉不详的问题，本章力求在所掌握资料的基础上，对这一问题做出阐述。

第一节 民信局的组织和运营概况

关于民信局的组织和运营状况，缺乏微观层面的研究。本节主要从民信局内部及相互之间的关系、民信局的邮递方式、民信局的专兼营、民信局的资本额、民信局的经营方式以及民信业的自我管理组织——信业公所

---

[1] 静观：《取缔民信局以后》，《中华邮工月刊》，1935年，第1卷第2、3期，第12页。
[2] 彭瀛添：《民信局发展史——中国的民间通讯事业》，（台北）"中国文化大学出版社" 1992年版，第103页。

等几个方面,对其组织和运营状况进行比较详细的论述,这些或者是论述不够深入的问题,或者是陈陈相因需要澄清的问题,或者是过去根本没有涉及的问题。笔者根据所挖掘的资料,以求能够加深对民信局组织和经营状况的认识。

一 民信局内部及相互之间的关系

关于民信局之间的关系,从查找到的资料看,一直语焉不详,从而造成在关于邮政史研究的专著中也对此发出疑问:"有趣的是各地有同名而分别登记领照的,不知是否实为一家,或仅同名而已",然而接着又说:"各地信局,除总号与分号外,各家之间,彼此没有隶属关系,只有业务上的协调与彼此的支援互补。"① 没有搞清楚各地相同名称的信局之间是何种关系,作者就简单地将其归纳为总分局关系。其他绝大多数说法与之相类似,只不过有的说民信局之间除总分号关系外,还有联号关系。"各处民信局,或互为联号,或另设分号,对于收寄递送事务互相协助。"②另外,有的说法稍微详细一些,"信局相互关系大别为左之二种:(一)总局与分局之关系。总局与分局之关系,各地信局不同,有每年每季由分局缴款若干于总局者,有到年终总局分局相互结账,各按应得红利而分取者,有分局无利可获而向总局具领全年开销者,有分局所有收入,扫数解缴于总局者;又分局有设代理店之权利,代理店与分局之关系同于分局与总局,代理店不直接与总局发生关系,只受分局管辖。(二)信局与信局相互之关系。信局营业各有专行区域,投送专行区域以外之信件,类与友局协定交换互寄方法,至年终节比,各自结明账目,互报存欠款项,如数找解。交换办法或由甲总局迳寄收信人所在地之乙友局,或由甲总局递送甲分局,再由甲分局转寄乙总局或乙分局,乙局收到信件之后,随即妥送当地受信之人。如在同一地方而有同一专行区域之数局,则组联合机关,轮流担负投递信件之责。如第一班期甲局担任,第二班期乙局担任是也。

---

① 张翊:《中华邮政史》,(台北)东大图书公司1996年版,第55、66页。
② 实业部中国经济年鉴编纂委员会编:《中国经济年鉴 1934年》第十二章交通,商务印书馆1934年版,第709页。

此项情形，内地专行信局所恒有"。① 以上说法虽然比较详细，但其基本意思还是总分局关系或互相寄递关系两种。其实不然，民信局之间的关系非常复杂，其中最复杂、最容易迷惑人的是相同名称信局之间的关系。

（一）总分局之间的关系

《申报》上登载有许多信局的广告，其中有一句话必不可少。如太古晋记，"崇送汉口、九江、芜湖、南京、镇江、仙扬等处书信……本局在各码头均已设立妥当"②；全泰盛，"专寄天津烟台湖南湖北镇江九江扬州南京等处信件，均各处设有信局"③；全盛，"专寄杭嘉湖苏松太各处信件，均设局各处"④；全昌顺，"专寄镇江扬州南京九江汉口等处信件，均各处设有信局"。⑤ 通过以上广告可以看出，这些信局无不强调能够寄达的地方都设有分局。不只是上海，其他地区亦然。如在西南地区，重庆作为该地区民信局的中心，大部分信局总局都设在这里，经营范围以贵州、云南、陕西及甘肃各省为主，大致上均属陆路，沿途重要地点则各设分局。由此可以看出，民信局开展业务是以到各地设立分局为基础的。所以，总分局关系是民信局关系的主体，它是一处总局与数处分局之间的关系。如天成信局内部就是总分局关系，"向在京都、天津、燕台、上海等处开设信栈，牌名天成，旋于光绪二年添设治属汉镇及长江各埠，专送信札银两等件，十余年毫无失误。民因各路散漫，一人不能兼顾，于十五年已将汉镇及长江各埠收歇"。⑥

随着商品经济的发展及业务的扩展，民信局不断到各地开设分号。相对来讲，顾客更愿意把邮件交给在寄达地设有分局、能够直接寄达的信局，因为不需转递的信局安全性高而且可以快速寄达，并且还节省寄费。如有顾客在谈到福建是否设有森昌信局时说："闽省未见森昌招牌，难免有错送遗误等情。"⑦ 由此看出，把邮件交给在寄达地设立了分号的信局，

---

① 谢彬：《中国邮电航空史》，上海书店1991年版，第27—28页。
② 《新设太古晋记长江轮船信局》，《申报》1874年3月26日第4版。
③ 《全泰盛信局启》，《申报》1872年4月30日第6版。
④ 《全泰盛信局启》，《申报》1872年4月30日第6版；《全盛信局启》，《申报》1872年4月30日第7版。
⑤ 《全昌顺信局启》，《申报》1872年5月2日第6版。
⑥ 《天成局启》，《申报》1894年10月28日第4版。
⑦ 《添设福建分局声明》，《申报》1896年1月9日第4版。

才不容易出现遗失、错送等现象。再如，全泰盛增设南通州分局的原因是："南通州一处地属要道，向因乏妥经理未曾设立，以故各埠宦商寄通公文府报，皆由内河转托他局分投，不免耽误迟延，责由攸归，为此今派妥友在该处添设分局，以重宪辕宦府商家邮寄之近便迅速。"① 由此可知，通过总分局之间的寄递可以大大缩短邮件在途时间。天津福兴润信局在增设长江沿线各埠信局时也说："惟长江各埠往来信件向与福兴局代接代送，诚恐转手事繁，诸多不便，为此再添资本，在长江一路码头自立福兴润生记门面，投送各省信件，各归各路，以分混淆。"② 另外，上海信业公所在抨击新开设的裕兴福信局时说："查其局基并未妥实，烟台天津等处更无踪迹。"③ 其中之意非常明显，号称带寄北方各口信函，而在北方重要口岸尚没有设立分局。所以，民信局分号开设到哪里，其业务范围就扩展到哪里，以至于民信局争相到各地开设更多分局。如协兴昌原来主要开设于江浙两省，"因近缘轮船通商之便，为此增设京都、天津、烟台、牛庄、福建各口等处信局"。④ 永和裕记则在设立于苏州、无锡、常州、杭州、嘉兴、湖州、南浔等地的基础上，"今新立上海、宁波、绍兴、余姚、慈溪、镇海、山北各镇"。⑤ 信局分号的设立主要呈现出向低于总局所在城市的城镇拓展的特点，并且，分局在业务开展需要的情况下，也可以再开设分号，在隶属关系上只受开办局管辖，它们之间同样为总分局关系。如清末时，苏州民信局在吴江县内各大集镇相继设立分号。如"苏省鸿源、全盛、永和三信局分设和桥、宜兴、溧阳、金坛各埠，开设源盛和牌号信局并宝顺信局"⑥。以上所述是一家总局与数家分局或者是分局与其设立的分号之间的关系。

（二）租局牌的关系

信局之间除了总分号关系外，还有建立在出租局牌关系上的"联号"关系，这是其关系复杂性的重要表现之一。作为一种民营服务行业，信局

---

① 《声明》，《申报》1891年1月9日第6版。
② 《增设长江各埠信局》，《申报》1883年2月3日第7版。
③ 《信局声明》，《申报》1899年3月30日第4版。
④ 《协兴昌记轮船信局》，《申报》1875年2月26日第6版。
⑤ 《新开永和裕记信局》，《申报》1892年12月21日第6版。
⑥ 《信船被劫》，《申报》1901年8月25日第4版。

业务具有自身的特殊性，"信局与别业不同，全靠招牌做出，各处客寄信件每分局用袋一只汇寄来鸿，收送信力，即是生意"。① 也就是说，信局生意与其声誉及社会知名度紧密相关。信局要在民众中具有一定的知名度，不仅要有一定数量的寄递地点作基础，还要与其他信局之间建立互相寄递关系，这都需要一个漫长的过程。如森昌信局："初设之间，招牌未响，难免亏本，甚至典屋卖产，苦守不易，而有今日。"② 如果利用具有一定发展历史和较好社会声誉，具有一定寄递地点作基础的老牌信局的号名，则会大大有利于业务的开展。还以森昌为例，"森昌长江信局自同治年间经曾黄钱三姓合设各处水陆码头……创始至今，均皆守规，历久相安，并无贻误，荷蒙仕商信托，毫无错事，是以森昌牌号遐迩，皆知诚信可靠"。③ 由此可见老牌信局的信誉作用，"全靠招牌取信于人"。适应人们对老牌信局的信任，民信局之间还有租局牌的关系。租局牌在长江中下游地区比较普遍，信局在因故无法继续经营的情况下，可以把局牌出租出去。如"汉口亿大申记信局主杨光辉不幸今春物故，辉妻周氏因经理乏人，商诸辉之胞弟良燧，邀请同行公议出租于史致炳、冯东林为业"。④ 镇江老福兴也是在成年男性死亡、无人继续经营的情况下，把局牌出租于别人。⑤ 宁波裕兴昌也是如此，"兹因裕兴昌宁波班信局系殷永康设立，永康故后，女流乏人经理局务，刻将设局照牌生财招租于华载□生意，所有廿八年以前一切客家交涉事宜，及各项银钱往来无论同行上落等情，均向旧主理值，与华载□无涉"。⑥

信局除了出租单个局牌外，也有出租多个局牌的情况存在。如森昌信局，"森昌长江信局在同治十二年间是钱礼泰独开，由申总局起至安庆止七处森昌，均系钱礼泰一人出资设立，因各处分局需人管理，故镇江局租于陈开阳、南京租于张桂馨、扬州租于蔡远奇、芜湖托族侄钱启福、大迪租于高筱城、安庆租于曹孔卓，各人愿挽中保向申总局主钱礼泰处立明租

---

① 《横谋森昌长江信局》，《申报》1890年1月11日第4版。
② 《讯明欺寡鸠占森昌长江信局案由》，《申报》1890年1月6日第4版。
③ 《声明冒名捏登谎报》，《申报》1890年4月7日第4版。
④ 《声明租局》，《申报》1891年11月2日第6版。
⑤ 参见《镇江老福兴信局重加整顿》，《申报》1899年1月19日第7版。
⑥ 《声明租局》，《申报》1902年2月12日第7版。

契领牌据可凭，缘江西、九江、汉口三处分局乃属黄桂煊设立，故钱姓与黄另立合同总议据一纸，亦经载明九江以上归于黄姓之业，安庆以下至申江归于钱姓之业"。① 可以看出，上海森昌总局与镇江、南京、扬州、芜湖、大通、安庆六地的森昌信局之间是出租局牌的关系，它们在业务上相互联络，而在财务上各自独立。其他信局出租局牌的情况也说明了这个问题。汉口亿大信局在租局牌的声明中强调"业无重叠，价非利债，第恐长江一带凡我同牌本局未及周知，用登申汉报章以联气谊"②，这清楚地表明它们之间只存在业务关系。胡万昌信局主在转行时，"将该局牌号出顶于张林资，所设所有各埠联局银洋货物纠葛等情，以及伙友银洋上落各户蒂欠会项书据，虽有本局戳记，系四月底为止，均归林君自理，与张林资无涉"③，也表明它们之间只存在业务关系。上面的例子也说明，不仅租局牌的信局之间只存在业务关系而不存在隶属关系，就是出租局牌的信局与租到局牌的信局之间也不存在隶属关系。

　　信局出租局牌，并不表明它不再开设分号。有一则材料表明上海森昌与福州森昌盛之间是总分局关系，"特派妥人亲往福建省城内外添设森昌信局门面……务请认明自立门面，上海分此森昌盛信局"。④ 另外，还有一则由湖南、汉口、上海三地的森昌局主共同声明的材料，"我森昌长江信局自同治年间经曾黄钱三姓合设各处水陆码头，议明曾姓为湖南总局主，黄姓为汉口总局主，钱姓为上海总局主，各有分管支局，均照各执支局领牌租据为凭"。这表明森昌有三家总局，并且每家总局都有各自所设的分局，这与一家总局与数家分局之关系明显不同。在信局内部矛盾解决后，三地信局主在声明中说："议明曾黄钱三姓仍为森昌一局，各处分局伙亦归原人管理，业安如前，和好似初。"⑤ 这说明三家信局虽然名称相同，但三家森昌总局之间并非隶属关系，而是各自独立的平行关系，它们之间只是业务上的联系。全泰盛信局的情况与之类似，这可以从该信局在《申报》上登载的广告得到证实。1882年8月28日，《申报》刊登全盛全

---

① 《横谋森昌长江信局》，《申报》1890年1月11日第4版。
② 《声明租局》，《申报》1891年11月2日第6版。
③ 《胡万昌声明》，《申报》1908年7月20日第1张第8版。
④ 《添设福建分局声明》，《申报》1896年1月9日第4版。
⑤ 《声明冒名捏登谎报》，《申报》1890年4月7日第4版。

泰盛信局的《告白》，落款是"上海全盛全泰盛信总局启"。1885年12月20日，《申报》刊登杭州全泰盛慎记总局"添设徽州信局"的广告，"本局始创全盛，继增全泰盛，业今添设徽州屯溪、黟邑、休宁、渔亭、饶州各镇等处"。① 19世纪90年代，苏州具有良好社会声誉的10家老信局中就有全泰盛、全盛两家。② 还有全泰盛"与天津及长江以上全泰盛广东全泰成同是一家，各内河码头有数百家"。③ 这四则广告表明，全盛、全泰盛、全泰成信局总局之间属于平行的联号关系，杭州全泰盛慎记与上海全泰盛之间或属于租局牌关系或属于总分局关系，杭州全泰盛慎记信局设立在屯溪、黟县、休宁等处的信局与之又形成总分局关系。以上所述的信局名称虽然相同，但它们之间只存在业务关系而不存在隶属关系，统称为"联局"关系。所以，同一名称的信局之间可能是总分局关系，也可能是出租局牌的"联局"关系。联局关系也是同名称的信局之间的一种重要关系，如19世纪80年代，宁波共有15家信局，其中8家在上海有联号。④

关于出租局牌者与租得局牌者之间签订的租契内容，由于没有查到完整系统的记载，无法做出明确阐述，但含有明确双方权利的内容，这可以从双方所拥有的主动权方面得到体现。从查找到的资料看，双方都拥有主动权，即前者认为有必要，可以自行收回局牌，后者因各种原因也可以退回局牌。如角里汪协源信局，"兹为角里汪协源信局以上出租于郭云生经理，近因意气不合，今年为始已立据租于柴启周接做"⑤；杭州汪协源信局，"本局向在杭城下珠宝巷开设有年，前出租于邬茂记经手，至壬辰六月初一日起，因茂记退租于汪姓收回外，有茂记一切来往欠项等款，仍向茂记理楚，与汪姓无涉"。⑥ 以上是两地的汪协源信局一个收回出租的局牌、一个退回局牌的例子，收回局牌还是退回局牌的原因多种多样。如收回汕头老福兴局牌的原因系租局牌者行为不端，"本局创设汕头潮府等处

---

① 《添设徽州信局》，《申报》1885年12月20日第5版。
② 参见《信局声明》，《申报》1894年8月31日第8版。
③ 《信局稳妥》，《申报》1893年8月7日第5版。
④ 参见中国近代经济史资料丛刊编辑委员会主编《中国海关与邮政》，中华书局1983年版，第24页。
⑤ 《局事声明》，《申报》1910年3月4日第1张第7版。
⑥ 《浙省汪协源老信局》，《申报》1892年6月30日第7版。

以来，历有年久，向来汕局系吴子林经理，近因办理不善，行为不端，屡误事机，因此今将本局招牌收回，另着妥友蔡芝亭接办局事"。① 汉口亿大因无力经营，不但将局牌退还原主，还把局中物品折价卖给局牌主，"汉口亿大信局前系吕姓向申江总局租领牌号营生，近因吕姓逐年亏欠，申局轮船费洋四百多元无力可偿。今吕姓挽中愿将汉局退还申局管业，局中生财作推价二百元，其洋当日交清，以上如有收付各款及银洋收条未到客货缺乏等情，俱归吕姓自行理楚，不涉得业之事，本年十二月朔日起经申局主收归自开"。② 九江全昌仁退回局牌则是乏人经营，"全昌仁长江信局开设多年，九江码头向与汪三有所开老恒源旱道信栈对调往来，所有九江一切局务盈亏向系汪姓经理，刻因汪三有去世，乏人理料，汪鲁氏情愿将九江码头全昌仁、老恒源二牌推出于全昌仁局主收回，另行择人理料"。③

另有事实表明，在因租得局牌者逃跑或无力赔偿的情况下，则要由出租局牌者负责偿还或赔偿给顾客造成的损失。如汉口裕兴康信局，"吾汉局始归陈姓经理，后因乏人诓另租于杨玉书接手。不料庚子年夏季顿起不良，吞折客款潜逃无踪。童系上海总局随即来汉，并赴夏口厅控告在案，向中保理处，已将各客号银货两款均经了结"。④ 关于出租局牌的价格，存在地域、信局知名度等因素影响下的差异，但没有查到更多资料，仅举一例，如19世纪90年代初，汉口亿大申记信局在出租局牌时，经过邀集同业公议后的押租金是洋570元。⑤

需要指出的是，信局在因故无法继续经营的情况下，还可以采用"盘局"的形式出让。"盘局"从形式上说与出租局牌相似，但性质发生了变化。按实际操作来看，出租局牌者还拥有局牌的所有权，租得局牌者只拥有使用权；"盘局"则是局牌的完全出让，是局牌所有权的转移，即局牌所有人的改变。如1895年初，设于上海、宁波的永义泰信局，"永义泰申甬信局于本年正月十七日止，盘于胡兰亭、钟周怀为业，所有正月十七以

---

① 《汕头信局换人声明》，《申报》1891年3月6日第5版。
② 《声明》，《申报》1887年1月14日第4版。
③ 《全昌仁局主告白》，《申报》1893年12月20日第8版。
④ 《声明》，《申报》1901年4月11日第7版。
⑤ 参见《声明租局》，《申报》1891年11月2日第6版。

前一切往来及各项欠款各友押柜等洋，均向前东陈敬品、徐家榯二人理楚，与胡兰亭、钟周怀无涉"。[1] 到 20 世纪初，该信局再一次"盘局"，"兹有上洋二马路永义泰申甬信局，各股东不欲开张，央中申局盘于颜钦棠，甬局盘于柴子杨，申甬两局并归永义泰顺记一家经理"。[2] 由于"盘局"是所有权的改变，新的信局所有人往往采用在原名称前后加字的办法，以示区别。如上面提到的永义泰信局变成了"永义泰顺记"信局。再如上海南奉各镇开设的日生长春同春信局也是如此，"兹有日生长春同春信局向来林虞邵三人集股开设，因频年以来叠遭奇祸，受害异常，业奉宪批召变，已承黄迪甫兄纠股盘去"。[3] 黄迪甫在"盘局"后，把信局名称改为"日生盛""同春盛"。[4]

（三）关于信局的名称

信局之间的关系在名称上也有体现，设立的信局分号为了与老局区分开，往往采用加上"某记"的形式。如天津森昌信局，"本信局在上洋开设……因本局各处码头分局林立，缘长江各路汇寄天津各口信件众多，故本局于千年自到天津各口设立森昌润记分局"，并且强调"本局因系长江等处老局为主，津局故可不望余利惟只敷开缴以招广徕"。上海森昌则自称为"森昌老信局"。[5] 经过转手后的信局，包括租得局牌后设立的信局、经过"盘局"的信局，还有收回或退回局牌后的信局以及经理人变化的信局，也往往采用在原名称上加字、减字或改字的方式，达到以示区分之目的。如苏州协大信局，"于光绪十年间租出于鲍姓经理，添增洽记。今岁八月廿二起，缘鲍姓乏力，将原局退于汪姓收回，当除洽记添加汪字，倘有一切洽记二字票条来往各款，仍向原经手鲍姓理楚，与汪姓无涉"。[6] 即鲍姓经营时为"协大洽记"信局，汪姓收回后则改成"汪协大"信局。再如上海福昌泰信局，"今因乏力，情愿挽中盘于殷姓办理，自九月廿四

---

[1] 《承盘信局声明》，《申报》1895 年 2 月 12 日第 6 版。
[2] 《盘局声明》，《申报》1903 年 2 月 10 日第 7 版。
[3] 《声明交接清楚》，《申报》1889 年 9 月 12 日第 5 版。
[4] 《信局受业声明》，《申报》1889 年 9 月 13 日第 6 版。
[5] 《早班减价》，《申报》1880 年 12 月 30 日第 6 版。
[6] 《苏省汪协大信局声明》，《申报》1892 年 10 月 22 日第 6 版。

日始，另加盛记为凭"，即为"福昌泰盛记"信局。① 上海、宁波两地的协泰信局也是如此，"今盘得上海协泰信局并租到宁波招牌，今庚均增兴记为凭，诚恐诸贵客未及周知，今特登报声明。倘有前项寄带银洋物及来往本局友押身洋交涉等情，均速向前东追理，倘君自误，均不涉兴记之事"。② 那么，就变成了上海"协泰兴记"和宁波"协泰兴记"信局。日升昌泰记信局则在经理人变化后，又改回了日升昌，"余所开日升昌信局向系严宝森经理，嗣于今年五月间辞歇，转荐章承培经理，于牌上改加泰记。今章承培复以事故自行辞歇，于十月十一日为始，余另托陈泉耀为经事人，惟以前一切局事及仕商所寄等项，概由余向章承培追理，不涉陈泉耀之事，至其牌号仍以日升昌，并不另加记号"。③

通过以上论述可以看出，单纯从名称上来推断信局之间的关系，难免有施之简单之嫌，同样会发出"各地有同名而分别登记领照的，不知是否实为一家"的疑问，这可以从1934年对宁波民信局所作调查中的号名得到体现。

表4—1—1 宁波民信局（民国二十三年3月1日向邮局登记领有执照）④

编号	名称	开设年月	总局地点	设有分局	分局地点
31	协兴	咸丰四年	鄞县	1	永嘉
82	协兴	咸丰年间	上海	2	鄞县、永嘉
383	协兴昌	咸丰年间	闽侯	24	鄞县、上海、江都、镇江、南通、芜湖、怀远、南京、九江、汉口、永嘉、思明、汕头、香港、番禺、天津、烟台（注：原件只列17处）
32	福润	咸丰八年	鄞县	1	慈溪
88	老福润	咸丰年间	上海	2	鄞县、永嘉

---

① 《声明召局》，《申报》1895年11月11日第6版。
② 《盘租两局声明》，《申报》1909年1月25日第1张第8版。
③ 《告白》，《申报》1891年11月12日第5版。
④ 宁波市邮电局编：《宁波市邮电志》，上海社会科学院出版社1999年版，第411页。

续表

编号	名称	开设年月	总局地点	设有分局	分局地点
375	老福润	未详	闽侯	2	鄞县、永嘉
33	永和	光绪八年	鄞县	2	定海、慈溪
98	永和	未详	上海	1	鄞县
374	永和裕	未详	闽侯	3	鄞县、上海、汉口
34	正大	咸丰五年	鄞县	2	定海、永嘉
89	正大	未详	上海	3	鄞县、永嘉、闽侯
382	正大	咸丰元年	福州	10	鄞县、上海、永嘉、天津、烟台、汉口、番禺、香港、汕头、思明
35	和泰	同治四年	鄞县	1	慈溪
60	和泰	未详	定海	1	宁波
84	和泰	未详	上海	1	宁波
36	仁昌正	光绪五年	鄞县		
85	仁昌正	未详	上海	1	鄞县
37	裕兴昌	光绪六年	鄞县	5	石浦、定海、岱山、慈溪、沈家门
87	裕兴昌	咸丰年间	上海	2	宁波、闽侯
376	裕兴昌	未详	闽侯	5	鄞县、上海、香港、汕头、思明
38	气顺	咸丰元年	鄞县	2	慈溪、永嘉
97	老气顺	未详	上海	3	鄞县、永嘉、闽侯
373	气顺	咸丰年间	闽侯	3	宁波、上海、温州
39	正和	咸丰三年	鄞县	3	沈家门、石浦、定海
381	正和	光绪二十七年	福州	7	鄞县、上海、永嘉、香港、番禺、汕头、思明
67	永利	光绪三年	鄞县	4	定海、沈家门、岱山、永嘉
83	永利	未详	上海	2	鄞县、永嘉
61	永利生	光绪二十四年	定海	1	沈家门
68	永义昶	同治七年	鄞县	7	定海、沈家门、岱山、石浦、柴桥、大契头、慈溪

续表

编号	名称	开设年月	总局地点	设有分局	分局地点
69	永义昶忠记	约五十年之前	柴桥		
59	永义昶	约五十年之前	定海	1	宁波
65	定沈永义昶瑞记	民国元年	沈家门		
58	永义昶	光绪十年	石浦		
105	永义昶	未详	上海	1	鄞县

可以看出，即使是信局号名完全相同，但其总号的设立地点却可能完全不同，各处总局的开办时间也存在较大差异。如正大信局总号的设立地点有鄞县、上海、福州三处，鄞县正大信局的分号设有定海、永嘉两处，上海正大信局的分号设有鄞县、永嘉、闽侯三处，福州正大信局的分号设有鄞县、上海、永嘉、天津、烟台、汉口、番禺、香港、汕头、思明10处。

关于信局名称，从实寄封上查到的以全盛、全泰盛为比较齐全。上文已经论及，全盛和全泰盛属于联局关系，各自具有独立的体系，它们之间只存在业务关系而不存在隶属关系，同名称的信局或为总分局关系，或为租局牌关系，租得局牌者之间则属于存在业务联系的平行关系。为了区分，它们采用不同形式来表达。采用"全盛信局"作为招牌的有浙宁全盛（注：全称为"浙宁全盛信局"，以下相同）、柴桥全盛、慈城全盛、奉化大桥全盛、南浔全盛、黟邑全盛、义桥全盛、松江全盛、上洋全盛、姚江全盛、甬江全盛、定海甬门外全盛、嵊邑全盛、震泽全盛、上海全盛、南翔全盛、休宁全盛、饶州全盛、浙杭全盛、平湖全盛、绍兴大江桥全盛等；采用"全泰盛信局"为局名的有天津全泰盛、河口全泰盛、龙游全泰盛、徽州全泰盛、骆驼桥全泰盛、柴桥全泰盛、岳州全泰盛、江山全泰盛、常山全泰盛、处州全泰盛等。还有的采取在局名后加"老"字的方式，如浙绍全盛老信局、盛泽全盛老信局、乌镇全盛老信局等。对于更多信局来说，主要采用在局名后加上"某记"的形式，全盛"源记"有浙宁全盛源记、杭省全盛源记、姚江全盛源记等,"和记"有上海二马路全盛和记、上洋全盛和记、湖州全盛和记、浙杭全盛和记,"泰记"有姚江全盛泰记、镇邑全盛泰记、掌起桥全盛泰记、上海全盛泰记、上洋全盛泰记、上海全盛泰记北局、慈城全盛泰记、沈家门全盛泰记等,其他还有浙宁全盛德记、上海全盛顺记、浙杭全盛义记等。全泰盛"慎记"有徽州全泰盛慎记局、屯溪全泰盛慎记局,"顺记"有屯溪全泰盛顺记轮船局、杭州全泰盛顺记徽州局、屯溪全泰盛顺记徽州局,"恒记"有衢都全泰盛恒记长江轮船信局、龙邑全泰盛恒记长江轮船信局、兰邑全泰盛恒记长江轮船信局、常山全泰盛恒记长江轮船信局、芜湖全泰盛恒记长江轮船信局等,其他还有屯溪全泰盛公记徽州信局、上海全泰盛徽州北局、上海全泰盛徽州信局等。[①]

(四)信局之间的互相寄递关系

信局之间的总分局关系使寄递范围扩大,联局关系则进一步扩大了寄递范围。但与沿海沿江乃至全国范围比较起来,还是非常有限的,对于收到的不在该信局寄递范围内的邮件,则需要委托别的信局转递,所以,不同名称的信局之间还存在转递关系。如设于上海、汉口的太古晋信局与江西丰泰利信局就是如此,"本局开设长江已有二十余年,荷蒙商客赐顾委寄银洋票件,向无贻误,今新通河口丰泰利信局,每逢二五八按期开班,风雨不更,但丰泰利专走江西吴城樟树等处,设立已有三十余年"。[②] 如果上述广告还有点模糊的话,那么,丰泰利信局刊登的广告则清楚地表明了双方之间的转递关系,"本局在江西省城并樟树各镇地方,开设有三十余年,所有樟树一帮各客号寄往上海、汉口各埠之信件向诵森昌信局往来兑换,今因该局去年至今在上海总局有涉讼等事早已刊登报章,然各帮客号阅报之下,恐有不妥,嘱小局另通妥局往来,今小局择妥太古晋轮船信局通往,以图永远,诚恐上海、汉口各樟树帮客号未及周知,为此刊登申报,如有汇票银洋信件均交太古晋局寄樟"。[③] 这表明太古晋通过与丰泰

---

① 参见郑挥《牛角集——郑挥集邮研究论文集》(民信局篇),未刊稿,2002年,第157—158页。
② 《新通江西河口信局》,《申报》1889年10月28日第5版。
③ 《江西樟树镇信局》,《申报》1890年4月4日第6版。

利形成业务上的联系，达到在江西境内扩展业务的目的，而丰泰利通过太古晋把邮件转寄到上海、汉口等更多地区。其他像天津福兴润信局与上海福兴信局之间的关系，也是如此。天津福兴润信局的寄递范围主要限于"自北道东三省以及广东福建苏杭嘉湖宁绍等处"，对于收到的寄往长江沿线各埠的邮件则需要转寄，"惟长江各埠往来信件向与福兴局代接代送"。[①] 对于信局之间的互相寄递关系所涉及的费用，则由双方约定，"苟信件须投送于专行区域以外者，则各局与友局协定，交换互寄，至年终节比，各自结账，互报存欠款额，如数找解"。[②] 这说明不同名称信局之间的业务合作关系比较固定，它们依靠所签订的协约互相约束。信局之间的互递，进一步扩大了寄递区域，形成了密集的通信网。

二 民信局的邮递方式

根据寄递方式的不同，可以简略地把民信局分为两类：一是内地专行信局，营业区域只限于一两个省或一个地方，用脚夫或民船运送书信物品，分投内地各商埠；二是轮船信局，所收寄的信件等由轮船运带，往来沿江沿海各商埠之间，分为北洋、南洋、长江三路，各有专行区域。但这种划分把民信局丰富多样的邮递形式进行了过于简单化的描述。作为民营邮递服务行业，民信局的运输方式具有因地制宜、充分利用现有的运输方式和运输工具的特点。综合起来看，民信局的邮递方式主要有信船、走足以及委托轮船账房捎带等。

我国地域辽阔，各地自然条件差异较大，民信局的运输方式也具有比较明显的地域性特点。在长江流域江河湖泊众多之地，民信局主要采用信船运输，其特点是速度较快，且运输量较大，但主要是短距离运输，比较广泛地采用信船运输的是以上海为中心的江浙地区。上海与江浙两省众多的府州县城甚至于集镇都有固定的信局信船往来其间，从事信件、票据及货物的寄递工作，有的还附带运送旅客，这说明信局经营所具有的灵活性特点。如上海永和、全盛信局开有上海与常州府孟河镇、奔牛镇之间的固

---

① 《增设长江各埠信局》，《申报》1883年2月3日第7版。
② 张樑任：《中国邮政》（上），上海书店1990年版，第12页。

定信船。① 久大信局"专走周浦、新场、大团、南汇、奉贤、青村港各镇市，送递信洋物件兼放局船，以便搭客"②。上海永兴和信船局也是"逐日有船开往，专走杭嘉湖苏松太等埠"③。森泰信船局"专走南翔、嘉定、太仓、常熟、梅里、支塘、直塘、双凤各镇"④。

除了上海与江浙之间采用信船外，两省内各地之间以及两省之间的信局也主要采用信船的形式。如江苏吴江县盛泽镇与浙江嘉兴府秀水县新塍镇之间有固定的信局信船每日往返，"盛泽镇永和全盛两信局开赴新塍镇之划船每日往回"⑤。在苏北宿迁县城宿城镇，信局信船分为南北两班：北班自中渡口沿水路驶往窑湾镇，先有四只船，后又增加了三只，每天一班轮流往返；南班自宿城镇东关口驶往淮阴杨庄镇，先是有四艘船只，后有一人退出，但又增加三只，每天一班，每日上午8时两地对开，昼夜行驶。这些船只除运送信件外，还顺带旅客和货物。⑥ 其他商品经济发达或处于商品集散中心地位的两地之间，都有固定的信船往来。扬州、镇江两地之间有固定的信船往来，"邗上向有甲乙信船两艘专往来于扬州镇江，每日此往彼来，舱下寄载各店号银洋信物"⑦。信局根据信函的寄递时限以及货物的轻重缓急不同，把信船分为包封船和后班船两类，"查我信局雇船本有包封、后班两帮，以别先后缓急，后班船系汇寄银洋重物……惟包封船原为专赶要札文件，既无银洋货物之重，而又尅期限时之责"⑧。采用信船运输存在了相当长的时期，即使到民国时期，在官邮已经大大扩展、信局已经衰落的情况下，信船运输在许多地方还继续存在，依然起着重要作用。如在苏州，1913年信局的"大多数之寄件，或用自有之脚划船，或用民船输送。其最要之路线二股，即系苏州至上海、苏州至杭州、

---

① 参见《新设孟河奔牛信局》，《申报》1886年8月13日第4版。
② 《新开久大信局》，《申报》1889年12月7日第7版。
③ 《永兴和信船局告白》，《申报》1872年5月20日第7版。
④ 《新开森泰信船局》，《申报》1887年11月7日第7版。
⑤ 《信船遇盗》，《申报》1887年7月11日第2版。
⑥ 参见张志和等主编《全国各级政协文史资料·邮电史料》（上），北京燕山出版社1995年版，第447—448页。
⑦ 《信船遇骗》，《申报》1896年5月25日第2版。
⑧ 《窃我信业自禀奉》，《申报》1878年2月18日第5版。

苏州至常熟"①。

  关于信船与信局之间的关系，分为信局自备和信局雇佣两类。在查阅到的资料中，可以看到有一部分信局拥有自己专门用于信件、货物运输的信船。如太仓州永义昶和致大信局就各自备有信船。光绪末年，常熟城厢有永义昶等十多家信局，有专用信船通向嘉定、太仓、上海等地。随着业务扩展，上海永义昶信局还增添了大船，"本局是年八月间起新增江北海门各镇，信局始由浒浦港往返，因延迟日子，刻下更添大船三号，定本月十七日起由吴淞驶行往来，使信札物等甚速，如搭客者亦甚便转"。② 需要指出的是，从以上资料可以看出，信局自备信船在运送信件和货物时，在它们所运行的区间还顺带搭客及捎带货物，表现的是信局经营的多样性和灵活性特点。如某信局信船"于本月十六日由硖石收寄本镇及杭州、海宁附来各号金银信物赴申，并由沿途王店、沈荡、嘉兴、石门湾、嘉善、西塘等处装载客寄金银信物"③。

  除了一部分拥有自备信船外，大多数信局主要采用雇佣方式，形成信局和船家之间固定的运输关系。如上文提及的宿迁县宿城镇，在光绪年间开办的民信局分为南北两班，雇用专人和私人船只收寄信件及包裹。在长江下游地区，民信局主要采用雇用船只的方式运输邮件。如"杭州（全盛信局）正月廿八接下客寄银洋物件雇赵阿孟船，廿九日黎明在海宁州管辖许村地方被盗抢劫"④，这说明杭州全盛信局采用雇用船只的形式运输。适应信局需要，有些船只专门从事这项工作，上海、苏州、杭州等地开设有很多这类信船局。如鸿顺信船局，"小局设在上海十六铺桥行仁外码头丁大兴局内，浏河在河北万珍银楼内，专走上海南翔嘉定浏河等处。如贵客宝号欲趁船装货带信，其价格外公道，再兼代购货物"⑤。再如公正信船局，"本局开设上洋小东门外祥记码头南首，专送苏杭嘉湖各镇，代装

---

  ① 张志和等主编：《中国邮政事务总论》（上），北京燕山出版社1995年版，第311页。
  ② 《添设信船》，《申报》1876年12月2日第6版。
  ③ 《局船被劫》，《申报》1883年9月24日第4版；《局船被劫》，《申报》1883年9月25日第3、4版。
  ④ 《全盛信船被盗》，《申报》1888年3月20日第5版。
  ⑤ 《新开船局》，《申报》1886年8月11日第8版。

客货及一切代办等件"。① 这说明信船局在为信局运送邮件的同时，还附带开办运送货物及搭载乘客的业务，这是信船局开办多种经营的表现。

虽然信船是长江下游地区主要的运输方式，但在信船无法到达的地区或者是需要专足快速送达的邮件，还需要从陆路以旱班方式作补充，即由人以步行采用肩挑或肩背的方式运送邮件。如扬州与镇江之间不但有信船往来，而且还开办有固定的信局旱班。② 扬州至仙女庙也有信局开设的旱班，从事两地之间的邮件寄递。③ 陆路旱班可以走比较近便的路线，特别适用于专递信函，《申报》曾报道过上海寄杭州的限时信函采用走足形式而被劫的例子。"本月初二日晚，申全盛和记发大有豫赶杭豫通钱庄限信一封，着走足赶递，路过徐家汇，相离三里之遥，约九点钟时候，突来盗匪四五人，劫去信件并盘川洋三元半。"④ 上海至苏州、常州之间也常采用走足形式，如"本埠致大等信局九家于本月二十四日饬脚夫三名挑信物至苏常，行至江桥镇附近白坑港地方突遇盗匪持刀而至，所有信物被劫一空"⑤。苏、浙、皖之间的一条重要信局邮路是上海—杭州—徽州一线，这是一条陆路邮路，在这条路线上，曾经多次发生走足或信担被劫事件。如杭州公润徽州信局"于本月十二日本局信担由杭起程，十三日下午行临安井头村地方被盗劫去客寄小土五十四包，又瑞云翔丰两号绸包三个信等"⑥。在长江下游地区，信船是信局短距离运送邮件的主要方式，走足则是信船运输的重要补充形式。

在水运不便之地的邮件运输，也采用陆路走足方式。如在安徽，协兴昌信局在原来长江一线轮船寄递的基础上，为了进一步向内陆地区延伸，又开通旱班邮路，"专走潜山石牌太湖华阳等处。窃谓长江水道藉轮船迅速，今本局添设旱路，逐日开班"。⑦ 太古晋记轮船信局也是如此，19世纪80年代初，芜湖太古晋记轮船信局在已经开设于长江各埠的基础上，

---

① 《新开公正信船局》，《申报》1878年12月13日第7版。
② 参见《示禁夹私》，《申报》1895年12月2日第3版。
③ 《详述信局肇事缘由》，《申报》1897年3月2日第2版。
④ 《布告》，《申报》1876年8月23日第7版。
⑤ 《信班被盗》，《申报》1890年7月15日第2版。
⑥ 《信担遇盗》，《申报》1881年8月18日第6版。
⑦ 《皖省添设旱道信局》，《申报》1885年4月3日第6版。

又在安徽境内开设了以芜湖为中心的旱道运递路线，主要设在太平府、宁国府等内陆地区，包括庐州府城、柘皋镇、运漕镇、太平府城、宁国府城、湾沚镇等地。① 19世纪80年代末，芜湖政大源、胡万昌、全昌仁、太古澍信局则在安徽境内更大的范围开设旱班邮路，通达的地点包括江南的太平府、宁国府、湾沚、南陵、泾县、椰桥河、旌德、徽州、歙县、祁门、黟县、屯溪、休宁，江北的运漕、和州、无为州、巢县、柘皋、庐州府、三河、庐江、六安、寿州、正阳等处。② 旱班邮路的开通和延伸，摆脱了对水路寄递的依赖，使信局寄递在更大的范围内展开。

其他像汉口与长江上下游之间，主要采用水路运输方式，分为上水与下水两个方向。其中汉口与上海之间由于有轮船航班频繁往来，主要采用委托轮船账房邮递的形式。而汉口与重庆之间上下水的邮递方式则存在较大差异，汉口至重庆间主要采用走足形式，速度较慢，时间较长；重庆至汉口间则采用信局自备小舟顺流而下，速度较快，时间较短。在长江中游地区，有些地区可以采用水路联运的形式，在无法采用水路的地方，则采用陆路形式。如在湖北，主要依靠走足形式的信局邮路有多条，"湖北省境内最著名的脚夫信路，即自汉口经樊城以达老河口，又由汉口至羊楼洞及由汉口至沙市三路"。③ 汉口与南昌之间也主要采用陆路形式，如据报道，"汉口王仁永信局将信银等件汇齐，专足送往江西省垣，行至德安县某地方，有群盗啸聚拦住要隘，喝阻信足抢劫一空"。④

与长江中下游地区的水网地带不同，由于地理形势上的差异，在东北、华北以及西南地区，民信局的主要运输方式是走足。这种方式的特点是速度较慢，而且运载量不大。这些地区的区域中心城市如天津、营口、重庆的民信局，与其区域内部各地之间以及各区域之间以走足形式为主。如营口与东北地区内部各地之间的信件运递主要是走足，"且营沈往来不过三百六十里，悉是走足"。⑤ 即使是沿海地区利用轮船与长

---

① 参见《新设旱道信局》，《申报》1880年2月29日第5版。
② 参见《添设旱道信局告白》，《申报》1887年7月1日第5版。
③ 彭瀛添：《民信局发展史——中国的民间通讯事业》，（台北）"中国文化大学出版社" 1992年版，第85页。
④ 《盗劫信银》，《申报》1886年12月13日第2版。
⑤ 《辽阳纪事》，《申报》1890年5月13日第2版。

江下游地区之间的联系,到了冬季因为封冻轮船无法运行,这些地区的轮船信局只能采用走足形式。"封河以后,南北往来信件概系遵陆而行。"①如福兴润信局,"兹因营口冻河轮船停止,小局议定章程准于是月廿九日起程,由烟台专雇妥足至营口,常往常来,倘蒙各宝号有要紧书信等限期可到,如有奉天沈阳等处,亦可便带"。②除了因季节变化而造成邮递方式的改变外,沿海一线信局的邮递方式主要是海路。为了达到迅速递转的目的,信局不断采用最便捷方式、最简短路径以缩短邮件在途时间。如19世纪末,营口各信局从业人员为了与新设立的官邮相抗衡,合伙设立同昌盛牌号。"各处收信专走旅顺,渡过烟台,较邮政局由旱路进关,至天津山东清河到镇江转上海者,尤为捷速,商家便之。"③该信局从旅顺走海路到达烟台,然后再循海路或陆路到达上海,大大缩短了邮件在途时间。

在冬季,从东北、华北地区向南运递的邮件主要通过陆路完成,从长江下游向北走的邮件也是如此,上海至天津就有固定的信局信差往来穿梭。《申报》曾经报道过往来津沪间的信差被劫事件,"由沪来津信差吴四于十七日晚行至沧州地面,被贼十数人劫去包封三件,刃伤吴四,并抢去盘费,剥其皮衣,余下包封三件亦被割破不完"。但走足信差被抢劫事件相比较水网地带信船被抢劫事件要少得多,其原因在于旱班信差长期以来形成了一个规则,即一般不寄带银两,"一畏其累重,一怕遭不虞也"④。其他相关资料也证明了这个规则的存在。如九江与河口镇、石镇街等地之间开辟有森昌信局的陆路旱班,"于前月初九日开往河口、石镇街等处,所挑九江宝成寄施仁昌洋药八大包、足布二包,潘公馆物一包,全泰盛寄吉大隆洋药一大包……洋药足布信货概行劫去"。⑤其中主要是货物,而没有提到有现银。江西广信府玉山至宁波之间的信局邮路也是陆路,"本庄十月初六玉山交协泰信局随带宁波汇票一纸,该走足初十日在诸暨地方

---

① 《贼劫信客》,《申报》1896年2月23日第3版。
② 《营口旱班稍带书信》,《申报》1877年1月13日第5版。
③ 《营口邮政》,《申报》1897年4月1日第2版。
④ 《贼劫信客》,《申报》1896年2月23日第3版。
⑤ 《信局被劫》,《申报》1900年11月6日第6版。

抢失"。①

在西南地区，由于地理条件的原因，民信局的寄递更是以陆路为主。西南地区的民信局以重庆为中心，信局邮路展开也以之为中心，"四川省民信局以重庆为中心。少数联络汉口者，置总局于汉口，设分局于重庆，但大多数重庆信局以经营贵州、云南、陕西及甘肃各省往来信件为主。各家民信局以汉口至成都、成都至打箭炉、泸州至云南、泸州至广元、泸州至秦州、和州至遂宁等为主干线，大致上均属陆路，每家或数家信局担任一路，每月往来三次至九次不等，沿途重要地点则各设分局"。② 如清末时，贵阳"荣发合"信局经陆路专走贵阳到重庆一线，都是采用陆路寄递形式。

对于大多数信局来说，由于寄递范围广大，地理形势的差异，再加上季节的变化，并非单一的运输方式所能完成，需要根据不同情况采用不同的方式。如1883年，原来只限于寄递长江一线的福兴信局于同年春天把开设地点扩展到北京、牛庄、天津、烟台四地，进一步扩大了寄递范围，并且，除了委托轮船寄递外，还在冬季北方河流封冻时，派信差通过陆路运送邮件。③ 其他采用不同方式寄递邮件的信局为数众多。如天津福兴润信局，"海道由轮舟，内河用划船，无不妥速，即北道冻河亦由旱道按期投送，所以昭慎重而便商贾"。④

随着沿海沿江一线航运业的发展，轮船所具有的安全、方便、快捷的特点逐渐为国人所认识，信局加以充分利用，组成了与传统的信船、走足等运输方式不同的轮船信局。而且，随着航运业的发达，沿海沿江一线通达轮船的地点日益增多，开设的轮船信局数量不断增加。如福兴康信局"专寄香港、广东、汕头、潮阳、潮州、厦门、泉州、漳州等处"⑤。协兴昌记轮船信局在原来开设于江浙一带的基础上，"因近缘轮船通商之便，

---

① 《失票登报》，《申报》1891年1月30日第6版。
② 彭瀛添：《民信局发展史——中国的民间通讯事业》，（台北）"中国文化大学出版社"1992年版，第86页。
③ 参见《添设京津轮船信局》，《申报》1883年12月19日第4版。
④ 《增设长江各埠信局》，《申报》1883年2月3日第7版。
⑤ 《信局告白》，《申报》1897年9月30日第6版。

为此增设京都、天津、烟台、牛庄、福建各口等处信局"[1]，从经济发达的江浙一带扩展到沿海一线的重要城市。从相关资料可以看出，沿海沿江一线民信局的邮件运输在近代以后转向主要采用委托轮船运输的方式。

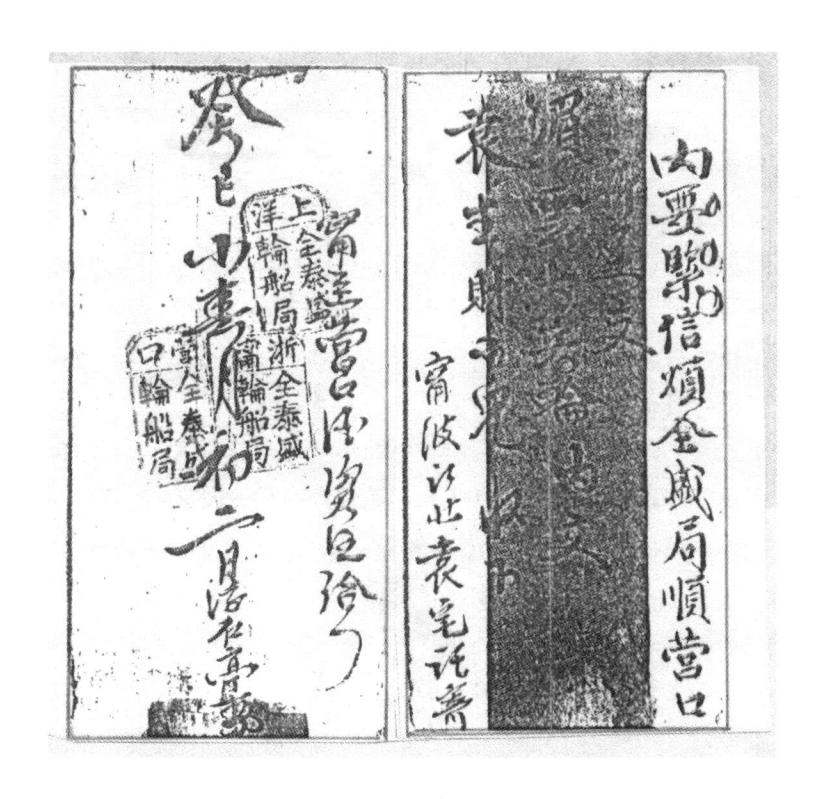

资料来源：郑挥：《民信局肇始的历史背景和条件》，《中国邮史研究》2002年第5期。

此枚实寄封系从宁波寄往营口的，正面书"内要紧信烦全盛局顺营口祈交湄云号大兵轮内交袁生财小儿收下宁波江北袁宅托寄"，背面书"癸巳小春月初二日浮石亭书""宁至营口酒资照给"。封背盖有三枚戳记，宁波首发盖"浙宁全泰盛轮船局"，到上海中转盖"上洋全泰盛轮船局"，到终点盖"营口全泰盛轮船局"，记录了东南沿海和东北地区之间通过民信局进行的联系。全泰盛信局设立了很多分号和联号，寄递地点遍及沿海沿江的重要地区，这可以从《申报》的广告中得到证实。如19世纪70年

---

[1] 《协兴昌记轮船信局》，《申报》1875年2月26日第6版。

代，全泰盛信局登载一则广告，"专寄天津、烟台、湖南、湖北、镇江、九江、扬州、南京等处信件"。①

各地轮船信局主要采用委托轮船账房寄递的形式。由于沿海沿江一线行驶的轮船以外轮为主，有些洋行利用这种便利条件自己开设轮船信局。如太古晋记长江轮船信局，"本局凡逢太古轮船开往长江，崙送汉口九江芜湖南京镇江仙扬等处书信，极为妥便，倘太古旗昌轮船同日并开，其书信任从尊客之便，本局皆可寄带"。②另外，有些洋行还与某些信局之间形成固定的业务合作关系。如太古洋行与森昌等信局，"本行所有长江轮船以前无期，今已定实周年一式，每逢礼拜一礼拜三礼拜五即礼拜二早礼拜四早礼拜六早开往长江，汉口返申日期皆同一式，风雨不改，所有中国客商书信往来甚为便当，经已定归，森昌、森记信局随带不误，如有别信局私带书信，将信扣留"。③

上面论述了信船、走足、轮船等不同形式的信局邮递方式大致的地区范围，但由于中国地域广大，自然地理条件存在较大差异，信局在同一地区、同一段区域内可能也存在不同的运输方式。长江上下行线就是如此，民信局在重庆至汉口间的邮包运递，以宜昌为分界点开辟有上至重庆、下至汉口两条路线，方式上有陆运和水运两种。由宜昌至重庆，因为长江三峡滩多水急，上行困难，采用陆运方式，全程1800里，由脚夫肩负邮件沿长江北岸西行，每天140里，约13天到达重庆；由重庆至宜昌改为水运方式，脚夫随身携带返程邮件，乘坐小舟顺江而下，四五天到达宜昌。由宜昌至汉口采用水陆联运，宜昌至沙市为陆运，计240里，以人驰走，由沙市至汉口为水运，计580里，通过内湖和襄河的木船运递。脚夫运送邮件，宜昌按期发班，脚夫按时与沿线各局交换邮件，各局随收随发，保持邮班正常运行。沿海沿江一线与内陆地区之间的邮件传递采用水陆联运形式，从而使寄递在更大的范围内展开。

---

① 《全泰盛信局启》，《申报》1872年4月30日第6版。
② 《新设太古晋记长江轮船信局》，《申报》1874年3月26日第4版。
③ 《太古长江轮船开行日期》，《申报》1874年4月30日第4版。

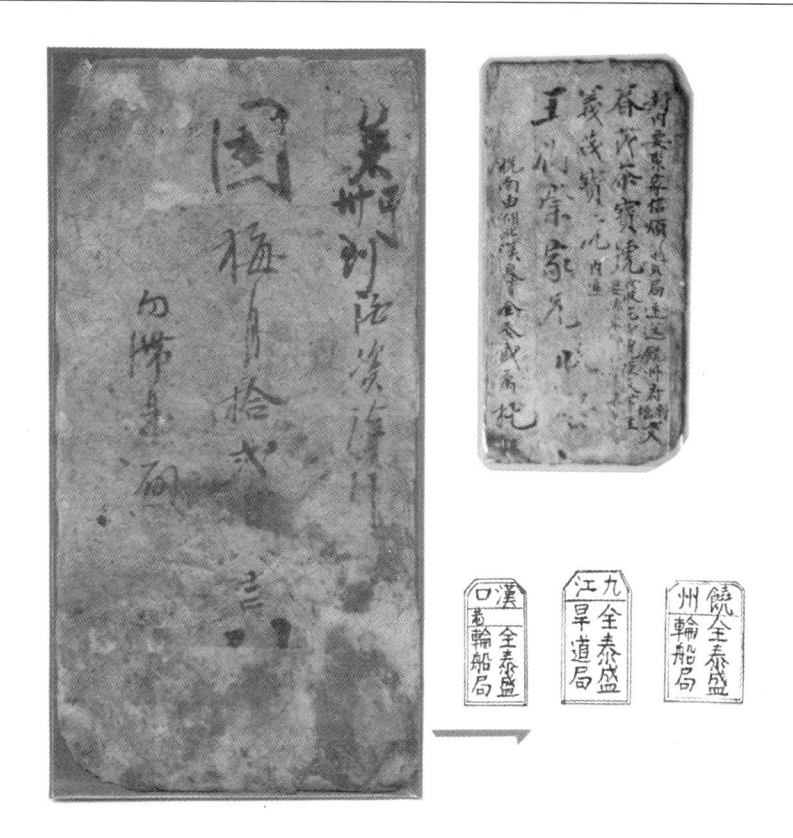

资料来源：郑挥：《汉口全泰盛信局邮饶州水陆路实寄封》，《中国邮史研究》2004年第3期。

上面的实寄封是民信局水陆联运的例证，并且，它还表明民信局之间互相转寄的情况。此信函由"汉口全泰盛轮船局"经长江寄到九江，在九江转旱路由"九江全泰盛旱道局"寄递饶州，由"饶州全泰盛轮船局"接收，在封背盖有三家信局的戳记。正面书"封内要紧家信烦贵局速送饶州府新桥交春茂茶宝号代收乞即觅便友带至婺源东乡义茂宝号内递王树棠家兄收启 祝南由湖北汉皋全泰盛寓托"，封背中缝书"固梅月拾贰日吉"，两侧书"酒资洽给 勿滞是荷"。

通过以上论述可以看出，民信局在江南水网地区的近距离寄递主要采用信船方式，在其他地区也有部分区间利用船只，无法利用船只的地区则采用走足形式，沿海沿江一线通轮船的地区之间，中、长距离则采用委托轮船寄递的形式。而且，在不同地区之间还采用陆路联运、水路联运或水陆联运的形式，采用何种方式与行经地区的自然地理条件紧密联系在一起。

三 民信局的资本额

关于民信局的资本额问题，绝大多数资料都认为民信局拥有雄厚资本。如"民局为宁波人之专营，其资本亦甚大"，这是一种含混的说法；有的说法则伸缩性较大，如"其资本自数千以至二三十万不等"。还有，"一般言之，信局资本多则二三十万两，小则四五千金，始能扩充营业立于不败之地位"。这种说法不仅肯定，并且附以看似充分的理由，"信局营业，全恃信用，贵重物品紧要书信，皆由信局寄递，使无殷实资本，则寄交之人，必多怀疑，加以信局营业，皆属主顾生意，非到三节四季，不能收入账款，而平日支出，皆赖自筹，是非拥有巨资，莫能供给周转，且信局大者，各埠皆设支局或代理店，决非小资本所能维持"。①从以上说法可以看出，之所以认为民信局拥有雄厚资本，是由于以下原因：一是拥有雄厚资本才能得到顾客信任，二是民信局的收款方式是三节四季，三是民信局设有众多分号或代理店。这可能来自民信业最初是由钱庄或票号兼营而推测得出的结论。就查到的资料看，虽然各种说法大致相同，但没有一份资料举出具体例证来加以说明，从而造成笔者对这种说法的怀疑。下面从正面或反面各种角度反驳这种互相因袭的说法，并提出笔者的观点。

作为一种民营服务行业，民信局的准入门槛非常低，只要向官府报明就可以开办。除了新开信局时需要得到地方官府许可外，信局基本上不受官方的控制，只是形式上需要得到官方许可，只要有能维持基本运转的资金就可以开办，信局主要支出项目是脚费和办事员及其他雇用人员的费用。从相关资料可知，拥有较多资金和良好信誉的民信局，其业务较多，小民信局的业务量就要少得多。如19世纪80年代，宁波共有15家民信局，其中8家在上海有联号，属于资本较多的，业务量就大；7家小些的属于资本少的，它们没有8家大信局那样可靠，公众照顾的少些，但它们

---

① 张樑任：《中国邮政》（上），上海书店1990年版，第13页。

也有自己的经营策略，收的信资较低。可以看到，当时宁波资本较大和较小的信局各占约一半，这说明并不是所有信局都拥有较大资本，相反，从查阅到的资料看，绝大多数信局资本额较多。如近代以后兴起的轮船信局专走国内通商各埠，资本较少。"信客"的存在也可以证明这个结论的正确性。在晚清时期，沿海地区除了专业信局外，还有分散的信客在从事邮递工作，他们没有固定的营业场所，主要依靠为人带运邮件以维持生活。如上海就有为数不少的信客在从事沪浙间的书信和钱钞货物的寄递工作，他们采取按月、按季或按年收费方式运营，形式以单干为主，也有二三人合伙的，主要是到信局顾及不到的荒僻村落承接业务。一直到1908年，上海"除民局外，更有信客三百五十名，由上海至尚无民局地方往来带寄书信"。[①] 长江中游地区也有类似职业，称为"信脚"。如据1922年7月湖南邮务管理局巡员报告云："浏阳东门市信脚廖才忠等五名，每三日一班，由白沙途经东门市、达浒、官渡、永和、古港、浏阳等处直奔长沙，揽收沿途各埠商民信件，全月约三千余件，收费低廉，商民相习已久。"[②] 可以肯定地说，这些"信客"或"信脚"没有多少资本。

另外，还有民信局的收款方式。民信局为了吸引顾客，对经常性的主顾采取按三节或四季的收款方式，但这仅是针对一部分重要顾客而已，"如非信局向来主顾，必须发信之时，先付全部"[③]。就信局的日常开销而言，从运营角度讲，雇用员工的工资是其中的较大部分。但民信局雇用人员少则二三人多亦不过七八人，从员工待遇上看，由于有大量剩余劳动力，信局员工工资很低。如19世纪80年代对宁波民信局的调查，信局员工除了管饭外，每年的工资分为80吊、60吊、40吊、30吊四个等级，雇用的夫役为24吊。[④] 如果这个记载还有点模糊的话，汉口协兴昌信局员工的工资开销记载则比较详细，账房一人，一个月5串；杂役一人，一个月2串；上街的四人，一个月5串；厨子一人，一个月2串；下河的一

---

① 张志和等主编：《中国邮政事务总论》（上），北京燕山出版社1995年版，第131页。
② 湖南省地方志编纂委员会编：《湖南省志》第11卷《邮电志》，湖南出版社1995年版，第29页。
③ 张樑任：《中国邮政》（上），上海书店1990年版，第15页。
④ 参见中国近代经济史资料丛刊编辑委员会主编《中国海关与邮政》，中华书局1983年版，第24页。

人，一个月2串，并且从文中"下河的运搬应发送之邮件于邮政局"一句可知①，此记载在官邮正式建立后。通过计算，该信局员工月工资共为31串，全年工资总计仅为372串。由此可以看出，信局的日常开销并不需要较大的资本。还有一点已经论及，就是同一个名称的信局之间的关系，相当一部分信局的寄递网络是以出租局牌的形式组成联号而形成的，并非相同名称的信局内部都是总分局关系。租出局牌，相关开办费用由租得局牌者自己负责，所以才会出现汉口亿大信局在无力继续经营的情况下，不但将局牌退还原主，而且还把局中物品折价卖给局牌主。以上对认为民信局有雄厚资本的理由逐一做了反驳。

此外，还有一个理由可以作为大多数民信局没有雄厚资本的佐证。在民信局是否拥有雄厚资本的问题上，有些资料的论述前后矛盾。如《中国邮政》一书中一面说"信局组织，多不甚讲求规模之宏伟，每就隘巷小街，就屋一廛设之"，另一面又说"一般言之，信局资本多则二三十万两，小则四五千金，始能扩充营业立于不败之地位"。② 就当时信局的实际情况而言，"每局不过赁屋一间半间，并有两三家合租一椽者，住局者不过一人"③，可以看出门面之简陋。针对中国人的传统心理，门面豪华是财富的象征，无论是住宅还是营业场所都是如此，选择在人群拥挤热闹的地方营业是盈利的基本条件之一，后来官邮在与民信局的竞争中，在经济条件允许的情况下，还要依靠豪华门面作为竞争筹码之一，民信局经营者不可能不懂得这一点。相反，倒是有个别民信局的店面豪华，如"全昌仁系北方最大之民局，光绪二十七年，有极壮观之铺店"④。但能够查到的这种例子极少，所以，并不是所有民信局都是"每就隘巷小街，就屋一廛设之"，如果大多数都是如此，就只能用资本微薄来解释了。

另外一点可以说明大多数民信局没有雄厚资本的理由，就是从利润上来推断。按道理来讲，拥有雄厚资本，在经营中自然会有丰厚的利润回报，这才符合经济规律。如果投入大量资本而得到的利润回报却极低，那

---

① 参见武汉邮政志编纂办公室编《武汉邮政史料》第1辑，1983年印行，第61页。
② 张梁任：《中国邮政》（上），上海书店1990年版，第12—13页。
③ 《书芜湖关道宪成观察示谕信局后》，《申报》1891年8月26日第1版。
④ 张志和等主编：《中国邮政事务总论》（上），北京燕山出版社1995年版，第131、406页。

就只能用非正常现象或没有大量资本投入来解释了。但在相关文章或专著中都采用含混不清的说法,这或许是已经有了民信局拥有雄厚资本的认识,于是极力寻找来说明这个结论的相关证据而造成的,以致本来应该比较明晰的问题变得模糊起来。《中国邮票史》无论从编纂单位还是出版社来说,都属于高规格专著,书中说:各民信局的利润相差不少,根据海关报告的数据描述,19世纪80年代汉口的大型信局每年获纯利约2000两,而同一时期宁波信局在汕头的分号则把100元银洋视为每年合理的利润。① 可以看出,无论是汉口大型信局每年的纯收入约2000两,还是汕头信局每年100元银洋的收入,都是真实存在的。但笔者查阅到的资料,与以上说法有出入。前者记载在《宜昌海关十年报告(1882—1891)》中,"至于这些邮局的总部(注:宜昌信局皆为汉口信局分号),据说一个普通的邮局在有利条件下,年利润在2000海关两左右"。② 后者记载在《潮海关十年报告(1882—1891)》中,"据说一个代办机构,工作一年能获利100元就算不错了"③。海关报告中的说法比较谨慎,特别强调"据说",而在《中国邮票史》中则成为事实,两种说法存在较大差异。关于人们对民信局的认识,海关报告中还记载:对局外人来说,这永远是一个谜,这些机构是如何做账和检查它们下属机构的业务活动的。那就更不要说局外人能够清楚地了解他们的收入多少了。另外,还可以通过相关材料推断当时民信局的收入,中等城市如汕头、烟台等地民信局的收益足以说明这个问题。据1877年的记载,汕头的三家民信局每年共接收信件7200封,平均每封按时价80文计算,可得收入500元,加上包裹和汇款收入,总收入为1500元。除去工资等各项开支后,三家信局的净收入为924元,每家月收入约为25元。④ 烟台民信局的收入更低,据1882—1891年的海关报告记载,烟台最大的一家民信局所收信资月均在85元左右,工资及房

---

① 参见信息产业部《中国邮票史》编审委员会编《中国邮票史》第1卷,商务印书馆1999年版,第49页。

② 政协湖北省委员会文史委编:《湖北文史资料·工商经济专辑》1987年第3辑,1987年印行,第218页。

③ 中国海关学会汕头海关小组等编:《潮海关史料汇编》,1988年印行,第20页。

④ 参见天津市档案馆等编《清末天津海关邮政档案选编》,中国集邮出版社1988年版,第52页。

租等开销为70元，另加给去牛庄轮船买办的小费6元，总支出为76元，该信局月收入只有9元。① 从这些民信局的收入看，可以从反面证明绝大多数民信局的资本不会很大。

从民信业与金融业中的钱庄、票号等组织的比较中，也可以推测出民信业没有雄厚资本。如1867年，天津约有100家钱庄，全部资本60万两，其中资本在1万两以上者约40家。在镇江，1868年有钱庄27家，资本各在5000两至2万两之间。19世纪晚期，上海汇划钱庄的资本多不过5万两，少则2万余两；1912年，平均为3.8万两。又据1907年的调查，当时汉口有钱庄111家，其中以江西帮资本势力较大，每家有四五万两，其余的多数只有数千两。② 在山东，1912年有钱庄977家，资本总额为430多万元；1913年有944家，资本总额390多万元。③ 上面所举例子的分布地点为沿海沿江一线，当时都属于经济发达地区第一、第二层级的城市，这些城市的钱庄和票号等金融组织的资本额尚没有一家能达到二三十万两的标准。与有雄厚资本的金融业比较，民信业不可能有远远高出金融业的资本额。

再则就民信局的组织方式来说，"账房店员人数视信局之大小、营业区域之广狭以为等差，多者至数十人，少或仅二三人。东家多称老板，有独资者，有二三人合股者，谓之银东"。④ 笔者没有查到关于独资者资本多少的资料，关于合股则有记载。南方民信局的主要组织形式是合股，即众人集股开办，有一则集股开办信局的例子，每股出洋为25元。⑤ 这则例子虽然没有说有多少人、有多少股，但从集股数额来说，不可能达到二三十万两的资本。

关于民信局资本是否雄厚的问题，有几个方面可能会对人们产生误

---

① 参见山东省地方史志编纂委员会编《山东省志·邮电志》（上），山东人民出版社2000年版，第42页。

② 参见许涤新等主编《中国资本主义发展史》第2卷，人民出版社2003年版，第711—714页。

③ 参见张玉法《中国现代化的区域研究·山东省（1860—1916）》，（台北）"中央研究院"近代史研究所1982年版，第583页。

④ 关庚麟署：《交通史·邮政编》第1册，交通、铁道部交通史编纂委员会1930年印行，第34页。

⑤ 参见《协吊账簿》，《申报》1885年12月16日第3版。

导，一是行规中有"吾业往来银洋货物，最为重大，必须殷实之家方可开立"的规定，误导人们推断民信局资金雄厚；二是由于侨批局的特殊性，它需要雄厚资本作支撑，过去往往把两者当作一个行业看待，既然侨批局资本雄厚，民信局资本也应该雄厚。侨批局的实例也说明了这一点。如在厦门，侨批局除了发送和接收来自海峡殖民地、泰国、西贡、马尼拉和其他外国口岸的信件外，"他们还拥有相当数量的资本，从事厦门与上述地区的贸易和银行业务"。而从事国内各地之间邮件寄递的民信局，"他们规模小，没有或几乎没有资本。除非他们能逃避海关人员的检查，以代人携带小件的应税或违禁物品，获得额外报酬，否则就只能赚点劳务费"。[①] 还有资料说："其实批局收到汇款，每不即代汇寄，常俟汇成大宗总数，始交由银行寄汇，或购买商品运回销售，再以售得之款分别送交收款人，故批局获利颇厚。"[②] 这说明两者在资本方面存在较大差异，不能由侨批局而推及民信局。

关于具体某一家信局资本多少的记载极少，笔者查到的一条是1943—1949年纂修的《重修浙江通志稿》中关于杭州民信局的记载："杭州市有民信局七家，创设于前清同治年间，七家各有总局、分局之设立，局所集中于珠宝巷、鼓楼湾二处，资本总数计二千五百九十元。"[③] 按7家信局2590元的资本计算，平均每家仅为370元。由于所掌握的具体数据有限，笔者不敢妄下结论，但这则资料至少可以起到为笔者的推论提供佐证的作用。行文到此，可以肯定地说，民信局的资本微薄，而不是拥有较大资本。

四 民信局的经营方式

要论述民信局的经营方式，有一个问题需要澄清，那就是民信局是专营还是兼营。前文已经论及，比较一致的看法是民信业最初是由别的行业兼营，一是钱庄或票号，二是旅馆业，这两种说法都有其可能性。到晚清

---

① 秦惠中主编：《近代厦门社会经济概况》，鹭江出版社1990年版，第289页。
② 实业部中国经济年鉴编纂委员会：《中国经济年鉴 1934》第十二章"交通"，商务印书馆1934年版，第713页。
③ 戴鞍钢等主编：《中国地方志经济资料汇编》，汉语大词典出版社1999年版，第985页。

时期，民信局已经发展成为专门的邮递服务行业，以专营作为主要存在形式。但在有些地方，也存在兼营的情况。当然，民信局的专营不能同现代邮政相提并论，它仅仅表明民信局有自己的经营组织、经营制度、营业场所、服务对象、服务内容等基本要素。有材料在讲到轮船信局时说："这些信局是正规邮局，是专为办理邮政业务而设立的。它们在所有条约口岸都设有代理人或代办处，并且通过直达轮船定期收寄邮件"①，说明信局的专营性。另有资料记载，1909年，南京有16家挂号民信局，"其在六合、浦口、滁州、五河、上新河等处之民局全未挂号，其所办之事仅按合同供钱店之用"。② 这则材料说明这些信局与当地的钱庄、票号之间形成合同雇佣关系，专门为之服务，同样表明信局的专营性。

关于民信局专营更为有力的证据是，上海、南京等地曾经设立信局从业者的组织——信业公所，行业公所会馆的出现是以本行业的专业化为基础的。在上海，信局从业者为设立公所事专门上书县衙请示，官府为此出告示以示明确："查身等前设长生善会，原为业中或有贫病流难及死亡暴露等事，济急起见，早经禀奉道宪及前宪并水利厅齐批准立案出示晓谕各在案，兹复议于长生会中，略加推广，每信资百文内提钱一文，按月结收，并存会中，以作设立信局公所经费，遇有事端，即齐集公所，按照条约妥议办理，方为详慎，此系众情。"③ 信业公所以信局同业的名义多次发表声明、启示、布告等④，对于制定本行业行规、协调同业之间的关系等都起到了一定作用，这也说明民信业以专营为主要形式。

专营信局的产生是以一定的业务量为前提的，晚清时期商品经济的发展对于信业的巨大需求能够满足这个条件。如1897年12月，天津各信局在致津海关的公禀中说："自今年官局开办以来，民局信件日形减少，商等平时已属万分为难，因别无恒业可守，不得不勉强支持，冀获蝇头微

---

① 广州市地方志编纂委员会办公室等编译：《近代广州口岸经济社会概况》，暨南大学出版社1995年版，第891页。

② 关庚麟署：《交通史·邮政编》第1册，交通、铁道部交通史编纂委员会1930年印行，第60页。

③ 《抄录告示》，《申报》1875年9月13日第5版。

④ 参见1885年1月11日《申报》第5版之《信业公启》、1893年5月11日《申报》第4版之《信业公启》、1893年8月16日《申报》第6版之《信业公所启》等内容。

利。"在困难的情况下还在苦苦支撑,"因别无恒业可守",说明民信业是专营而非兼营。1900年3月,宁波民信业在致宁绍道台的信函中也说:"泣声局等信业……自祖父辈传下,幼习此者居多,走从小船,不辞辛苦,栉沐而为,业此者有四五万人,万难改图别为",说民信业是世传祖业,也说明他们是专门从事民信业的。① 另在1915年天津邮政巡员对民信局的调查中,没有提到由别的行业兼营,这些信局都有自己的经理人、办公地点、服务对象和服务内容,具备作为专营行业的基本条件。② 在北京,据1934年对当时残存的几家民信局所做的调查:义兴信局位于一处大杂院内,有房一间,经营人痛感"缺乏资金,力不从心";福和信局亦处于一大杂院内,仅有铺面房一间,只有一人经营,据邮局巡员向其邻居探寻,其"生活情形较诸乞丐仅胜一筹";胡万昌信局的经营者共有三人,"全部房产器具价值不过千余元";只有一个例外,那就是广泰信局兼开一家小杂货铺,"有3人司揽投递事务,但每日收发邮件不过30余件,而所兼营的杂货铺,生意亦极萧条"。③ 从这几个实例足以看出,这些信局都不是由商号、钱庄或客栈兼营的。广泰信局虽然是个例外,但也是由信局兼营杂货铺,而非杂货铺兼营信局。

除了专营信局外,也有兼营信局的存在。这里的兼营指的是信局兼营别的行业或别的行业兼营信业两种,两者很难绝对区分开。"民信局之经营,原由他业兼理,其后专营,或仍为他业之副业,往往依情势而定。"④ 在经济落后地区,由于没有一定的业务量作基础,需要兼营别的行业或由别的行业兼营。如西南地区最大的麻乡约信轿行,它的主要业务是客运、货运、送信三种,分别叫"麻乡约轿行""麻乡约货运行"和"麻乡约民信局",合称"麻乡约大帮信轿行"。昆明也是如此,1910年,昆明还有四家没有挂号的民信局,"此项民局称为转运局,较称信局为切当。因其

---

① 参见中国近代经济史资料丛刊编辑委员会主编《中国海关与邮政》,中华书局1983年版,第137、138页。
② 参见仇润喜主编《天津邮政史料》第1辑,北京航空学院出版社1988年版,第103—104页。
③ 尤政:《北京民信局史略》,《中国邮政》1990年第2期。
④ 彭瀛添:《民信局发展史——中国的民间通讯事业》,(台北)"中国文化大学出版社"1992年版,第101页。

于邮寄事务几不承办,而所用马夫、挑夫,则于途间各自收受邮件而已"。[1]另外,有资料也可以起到佐证。如在直隶辛集,据记载,明嘉靖二年(1523),作为当时皮毛贸易和加工制作中心的辛集为沟通信息,建立了民信局。并且,信局与镖局合在一起,集运送和保护功能于一身,信局通过自己的马车队可与北京、天津、上海、济南、南京、沈阳、哈尔滨、武汉、长沙、南昌等城市直接通信和运送货物。在晚清辛集皮毛贸易和加工的兴盛时期,运输队不但把新疆、宁夏、青海、内蒙古、甘肃等地的皮毛运来,也源源不断地将信件、包裹、货物等运到西北各地。[2]这说明,辛集的民信业附属于运输业,是作为运输业的副业而存在的。所以,民信业的经营存在从兼营到专营的转变过程,那种认为晚清时期的民信局主要还是兼营的看法是不符合历史事实的。不过民信局的专营或兼营也存在地区差异,沿海沿江一带商品经济发达,业务量大,这些地区的民信局基本上都是专营,而在经济落后地区则以兼营为主。如在东北地区,信局还兼营镖局业务,"东省有营保险运送业者,名为镖局,信局多兼营之"[3],这是由于社会动荡原因造成的。

需要说明的是,在官邮出现以后,政府采取各种措施压制和打击民信局,导致其业务量不断减少。"清光绪以后,邮政兴起,民信业被夺;银行业发达后,汇业亦渐感无利可图,于是民信局日渐衰歇。由于仅恃信业,无法支持门面,故复多兼营商业或其他业务。"[4]如北方各省至1907年,民信局的业务已经走下坡路,"多数信局已不能专恃寄信为生,故每于行内兼办彩票,以作弥补"。具体来说,据1908年的记载,"全昌仁系北方最大之民局,光绪二十七年,有极壮观之铺店,现在改为客栈。又有五家,系极有势力极其兴旺之大民局,今则并为一小家,已停收发信件之事。南方之民局,光绪二十七年,尚有四十七家,现只存有二十四家,因

---

[1] 仇润喜主编:《天津邮政史料》第1辑,北京航空学院出版社1988年版,第102页。

[2] 参见辛集市邮电志编纂委员会编《辛集市邮电志》,中国对外翻译出版公司1998年版,第8、14—15页。

[3] 关庚麟署:《交通史·邮政编》第1册,交通、铁道部交通史编纂委员会1930年印行,第38页。

[4] 彭瀛添:《民信局发展史——中国的民间通讯事业》,(台北)"中国文化大学出版社"1992年版,第101页。

仅恃寄信生理不敷日用,是以兼营彩票、烟草以补其亏"。① 可以看出,有些民信局兼营别的行业是因为业务量减少,为了维持生存而采取的措施,并不说明民信业一直是由别的行业兼营或者是兼营别的行业。官邮所做调查亦显示:"近年信局渐就衰歇,仅持信业莫能支持,故多有兼营商业及他种业务者。"②

关于民信局的经营运作,在长期的发展过程中,已经形成一套比较规范的收寄制度,表现了民信业作为专门服务行业的一面。"所有信件都会在收件处登记挂号,注明邮品内容,并被保险至它们的全部价值。"③ 具体操作过程是:"发往外埠的邮件,由邮差去商行从委托人处收集回来,交给办事员,由办事员进行登记,在上面盖上邮戳,然后分拣信件,根据目的地的不同,装入小包,每一小包挂上一个标签或者备忘录,写上邮件的数量和其他的说明,再装入邮袋。在邮袋的外面写上发往的地点,最后送上轮船,交给船上买办,或指定的收件人";"外埠发给本埠的邮件的领发过程是:当轮船到达时,由邮差上船领取邮袋,运回邮局交给办事员拆封,按照备忘录检查与核对内容无误后,在每一邮件上盖上邮戳,然后交给邮差按址投送"。④ 以上所述是通商口岸地区轮船信局的操作流程,从事内陆地区邮件寄递的信局操作模式与之差别不大。"收信,则由上街者每日往各商号住户收集,由管信人拣取,分交脚夫肩挑背负,或用车马装载,送往各地分局"⑤,最后由各地分局送信人把信件送到收信人手中。

以上是对民信局"寄信人→收→寄→递→收信人"的操作流程的概述,邮件从寄信人到收信人的"收、寄、递"工作由信局来完成。民信局在长期的经营过程中形成一套比较规范的运作模式:首先表现在对于顾客交寄的信函、物品、货物等都要给予"局条"。据官邮对江浙各地的调查,民信局得到民众信任的原因之一是"收寄及投递各件,均登记入簿,即普

---

① 张志和等主编:《中国邮政事务总论》(上),北京燕山出版社1995年版,第99、131页。
② 关庚麟署:《交通史·邮政编》第1册,交通、铁道部交通史编纂委员会1930年印行,第35页。
③ 郑曦原编:《帝国的回忆:〈纽约时报〉晚清观察记》,李方惠等译,生活·读书·新知三联书店2001年版,第65页。
④ 池贤仁主编:《近代福州及闽东地区社会经济概况》,华艺出版社1992年版,第377页。
⑤ 辽宁省地方志办公室编:《辽宁省地方志资料丛刊》第1辑,1986年印行,第69页。

通信件亦可追查"①，这表明把收到的邮件登记入册是其基本工作之一。同时还要给顾客开具收据，一般自称为"局票""局条"或"联票"等。信局伙计上街收信时随身都带有这种"局条"，收到信件时能够立即开出，"本局街友随身备有盖印空白印板收票数十张，以遇托寄洋信等件，当即填付收票所用"②，各信局都是如此。无论对信局还是对顾客，"局条"既是双方存在业务关系的证明，也是发生意外情况赔偿的依据。"信局代寄银洋物件，分别多寡，酌取酒资，至寄付汇票，必须书明数目交局，取回收条，倘有疏虞，可以执凭追索。"③ 利用作废的局票诈取现洋事件并不罕见，以致信局不得不为此专门发出声明，如"前鲍姓租协大洽记局票存在张初宝身边，七月停手，不料至戴同盛冒收洋五十元寄盛川，当写局票，其洋拿逃，四向寻人无踪，仍向原根鲍姓理楚，如后有洽记局票取洋，切不可付，事关重大，倘有局票在外，作为废纸，不涉局中之事"。④ 所以，信局无一不强调"局条"的重要性，即信局要给予"局条"，顾客要索取"局条"。如永义昶信局在广告中说"银洋货物均给联票为凭，以免两误"⑤；大有信局强调"如蒙各客商有银洋汇票货物等必须交局，当出盖印以联票为凭"⑥，福兴康信局也强调"凡士商赐顾者，请送至小局，须取局条为凭"。⑦ 如果信局遗失了局条，则要登报声明，以免因丢失而造成麻烦和损失。如有信局声明："本局于光绪丙午年八月初九日遗失益字第五百六十八号空白局条一纸，此而登报此条作废"⑧；再如上海通顺惠通信局，"本局今遗失盖印收条拾数支，恐有不法之徒冒充银洋货物等情，特此声明，作为废纸使用"。⑨ 有的信局在"局条"丢失的情况下，则声明作废，只以信局图章作为凭证。如老福兴信局伙计在上街收信时，

---

① 实业部中国经济年鉴编纂委员会编：《中国经济年鉴 1934 年》第十二章"交通"，商务印书馆1934年版，第712页。
② 《失票申明》，《申报》1901年4月29日第7版。
③ 《为小失大》，《申报》1898年1月10日第2版。
④ 《苏城冒收洋信》，《申报》1892年11月1日第5版。
⑤ 《永义昶信局新增码头》，《申报》1876年10月2日第6版。
⑥ 《新开大有信局》，《申报》1876年4月24日第6版。
⑦ 《信局告白》，《申报》1897年9月30日第6版。
⑧ 《遗失局条》，《申报》1906年10月2日第8版。
⑨ 《遗失收条》，《申报》1885年5月21日第4版。

"随带空白收条十数张，途中遗失，有人拾得作为废纸，敝局承寄银洋物件，另有图章为凭"。① 有的信局为了保险起见，因"局条"丢失而更改信局图记，以与丢失的"局条"上的图记相区分。如某信局伙计随身携带的"局条"，"不料于初六日途中遗失，遂即投禀秀水县存案，并请登报更换图记，以辨所失"。②

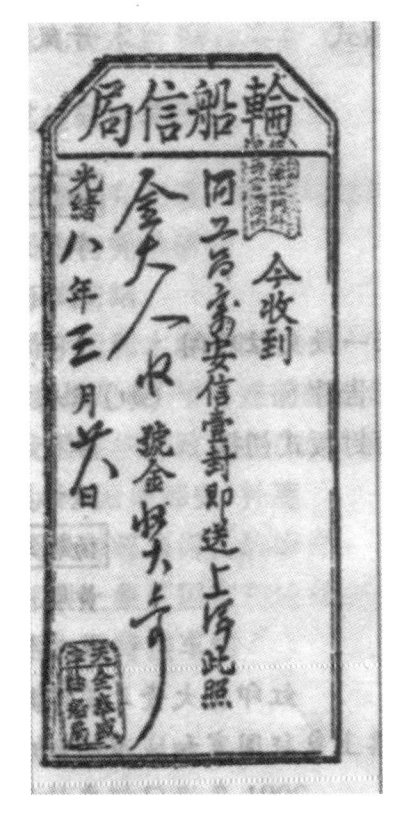

资料来源：郑挥：《民信局的挂号回执》，《上海集邮》2008年第11期。

上图右边为光绪卅一年（1905）汉口新安信局为顾客汇银开具的收条。左边为光绪八年（1882）"天津全泰盛轮船局"为寄往上海的挂号信开具的挂号（号金）收据。

---

① 《遗失空票》，《申报》1899年4月8日第7版。
② 《失票申明》，《申报》1901年4月29日第7版。

在信局的经营中，遭遇盗抢等意外情况在所难免。对于因被盗抢而造成的损失，信局要做的第一件事便是开列丢失物件的名称、种类、数量，向发生盗抢地的官府报案，由官府派人勘察现场，对相关情况进行记录，既为以后的破案打下基础，同时也向顾客表明确系被盗抢，免生事端。《申报》上登载的此类广告众多。如"兹有九月三十日杭嘉湖及各镇等接下客寄空信汇票等来沪，于十月初二夜在青邑界被失，当即诣县备案"[①]；徽申公润信局"于六月十四日在屯溪发申包封于十八日行抵浙杭杨梅湾地方，不料突遇盗匪，手持凶械，当将走友打倒，所有各商号承寄银洋汇票货物信件抢劫一空，查得号簿共计被抢现洋三百余元、汇票九纸及货物等，均已开呈失单，当赴余杭县禀报在案"。由于汇票的特殊性，各信局对被盗抢的汇票都特别重视，需要尽快列出寄收双方的号名、汇票号码和金额以及汇兑期限等广而告之，其目的是防备汇票被冒领。如上面所说的徽申公润信局在《被劫声明》中说"所劫汇票特再声明"，详细开列了9张汇票的寄收号名、汇票号及金额等。[②]《申报》上刊载的信局被盗抢的新闻及信局因被盗抢挂失的广告非常多，从该报创刊到1911年前后，几乎每期都有，有时一期会登载数个甚至于数十个。

对于因不同原因而给顾客造成损失的赔偿问题，民信局按照惯例对不同情况分别对待。如果是非人力所能抵抗的灾祸而造成的损失，信局不负赔偿责任，基本原则是听天由命，各地都是如此。如从上海开往北方的保大轮船因失事造成各信局托寄的信袋丢失，信局声明："我等信袋洋银连船俱沉入海，无可捞取，所各客银洋等项均照业等向章，如遇轮船不测，各按天命，缘此乃天道，非人事小心而可挽回，故历来逢有轮船失事不测，诸客均皆见谅。"[③] 还有从厦门开往福州的一艘轮船上带有信局托寄的商户银洋1200余元，该轮因触礁沉没，信局在声明中也说："轮船不测，各听天命，收条早经注明，各埠皆然，诚恐寄主饶舌，特登报声明。"[④] 对于信局因遭遇盗抢，报明官府而暂时不能破案的情况，一般的

[①] 《声明信包被失》，《申报》1888年11月14日第5版。
[②] 《被劫声明》，《申报》1880年9月7日第6版。
[③] 《各信局信袋落海启》，《申报》1887年8月7日第5版。
[④] 《信局声明》，《申报》1897年10月26日第6版。

规则是信局先行垫付顾客所受损失的三成，在案件破获追回损失后，信局收回原来垫付的赔偿。如1880年冬，上海全泰盛、永和、永泰、丰正源等信局被盗所劫，"向章由局先行措垫三成，余款俟追起原赃送还各客，局垫之款仍旧收回，抄粘成案示谕同规条等件，求请给示等情，并准娄县开送各局被失清单，移请核给示谕等因，各到县合行出示晓谕，为此示仰寄交银洋货物各客人等知悉，尔等所寄洋银货物实在娄境龙嘴庵地方被劫，现据各局情愿照章措垫三成，宜各到局向取，仍旧照常交易，勿得争闹滋事，一俟娄邑起到原赃再行扣垫给领，其各凛遵毋违"。① 对于被盗抢的普通信件，则不需赔偿，但一般要告知寄信人，以便补寄。

五　信业公所与民信局

关于信业公所问题，无论是在关于民信局研究为数不多的论文中，还是在唯一一本专著中，都没有提。笔者可以肯定地说，在有些地方设立过信业公所。从搜集到的资料看，设立过信业公所并起到很大作用的城市是上海；此外，南京设立过信业公所，汉口也设立过类似组织。在南京，《申报》报道云："金陵采访友人云……期于某日齐集伏魔庵信局公所会议"②，说明南京设立过信业公所。在汉口，"长江信业公举帮首，通帮互保，以防倒骗揽赔，尚属妥协"。③ 这表明汉口民信局设立过本行业的管理组织，通过互保以起到相互监督作用，防止欺骗行为的发生，并可相互协助以尽赔偿之责，起到的是信业公所的作用，但没有使用"信业公所"的名称。另外，芜湖可能也设立过信业公所。1894年3月，"芜湖各信局于二月朔日相约，停市三日整顿行规"。在所制定的行规中规定："信价统照向口虚码改为实足制钱，并设立公所，雇用司事二名，凡本街店铺逐日来信统令登账，此后均归司事经手，按月分执各局账簿前来收取一次。盖恐各局自行收取易滋减价招徕之弊，并议定所收信资除每封捐钱二文津贴浙江会馆外，又抽十成之二为公所开销并作存款，以待不时之需，揆其意盖欲联为一气，畛域不分，出入划一，同业者不致自相贬价，自可免畸轻

---

① 《告示》，《申报》1880年12月4日第5版。
② 《钟阜晴云》，《申报》1898年4月14日第2版。
③ 《众商要览》，《申报》1891年7月16日第4版。

畸重之嫌。"① 可以看出，芜湖信局无论是停市整顿行规，还是要设立信业公所，其目的都是约束私自降低资费行为，维护本行业利益。但芜湖信业公所最终是否建立起来，由于没有查到后续记载，只能说可能建立。以上这几个地方都是民信局集中之地，数量众多，在信局数量较少的地方，没有查到设立信业公所的记载。如"浦东信业向只两家，并无公所"。② 关于信业公所与民信局之间的关系，由于所查到的资料以上海为主，本节内容主要以之为中心展开。

行业组织设立的目的都是行业公益事业、保护行业利益、促进行业发展等方面，信业公所的设立也是如此。最早设立信业公所的是上海，其早在19世纪70年代已经设立。关于设立原因，在其声明中说："惟我信局一项，执业虽轻，干系实重，况上海总汇码头，中外云集其间，交通尤较他处倍烦，若非拟定章程，士商何能取信，是以邀集全业于同治十年间筹建公所，呈请邑尊叶宪立案出示，并将议定条约详晰在案。"③ 信业公所的设立报经当地官府正式批准备案，官府为此专门发布告示曰："在任候选道补用知府调补江苏松江府上海县正堂叶，为出示晓谕示，据各该信局永和、全盛、宝顺、永义、通顺、协源、通裕、正源、永泰丰等呈，称均籍隶浙宁，在沪开张信局，历有年所，凡行庄号栈交寄银洋货物音信等项，向用桨船往还驶送，事出便商，任乃綦重，而沪地为中外冲衢，实苏省总汇码头，商贾辐辏，迩来交寄日益增繁，刻刻加慎，尚未免意外之虞，各局之受累层见叠出，其故由于商局交接两无一定规约，一遇事故，每至缪辖不清，不得已爰集同业再四筹商，详拟条约，务期商与局两有所接，则事得持久，业可两安，查身等前设长生善会，原为业中或有贫病流难及死亡暴露等事，济急起见，早经禀奉道宪及前宪并水利厅齐批准立案出示晓谕各在案，兹复议于长生会中，略加推广，每信资百文内提钱一文，按月结收，并存会中，以作设立信局公所经费，遇有事端，即齐集公所，按照条约妥议办理，方为详慎，此系众情，允洽并无抑勒提捐情事，除在大东门外二十五保八图咸瓜街地方置地，恐有不肖之徒煽言阻挠，为

---

① 《信局新章》，《申报》1894年4月4日第2版。
② 《告白》，《申报》1889年12月21日第4版。
③ 《信业公所致远堂声明》，《申报》1897年11月16日第4版。

呈条约环求立案等情到县，据此查提钱存储，据称实系众情，允洽并无抑勒情事，除批示立案外，合行出示晓谕，为此示仰各该信局以及地甲人等知悉，现既设立公所，遇有事端，务宜按照条约秉公办理，该信局等仍不得藉端苛派，如有不法棍徒阻挠滋挠，许即指名禀县以凭提究，其各凛遵无违，特示。"① 从上文可知，在上海信业公所正式成立前，民信业已经成立了本行业的互助组织——长生善会。上海信业公所成立时，加入公所的信局共24家，"所行杭嘉湖苏松太等处，各归分帮界限，会经造册送县"。②

上海信业公所设立的目的之一是规范本行业的经营行为，制定本行业共同遵守的一些规则。"信局行中执业虽微，干系甚重，从无半面之相知遽受千金之重托，老成人心之忧矣，故于同治十年，董事林崇志等捐资建造公所，延请司事议定章程。"③ 关于信局互保，要求新开信局要有五家殷实铺户作保才能开张，还要入行归帮，并且要报经信业公所。"嗣后凡有新开信局，准由该局取具殷实铺户五家互保归帮领入公所，所由公所加保呈县备案给示，方准开张，庶免卷逃各弊，如无互保，即行押闭。"④ 由此可知，殷实铺户五家互保、入行归帮、到公所报知等属于信业公所制定的基本规则，这些规则经由官府批准备案，"观其公所中所议条约皆禀明上宪立案"⑤，由此表现出信业公所规范行业行为所具有的权威性。新开信局要遵守以上规则，老局在开设分局时也是如此。"如老局有新通码头，亦照新开一式。"⑥ 从相关资料可知，相当一部分老信局在开设分号以及新信局设立时，都遵守了以上规定，这对信局起到了一定的制约作用。如裕兴康信局，"小局向寄宁申两处，按期无误，承仕商赐顾，生意颇旺，今因遵行入规，新通长江一带，专带银信物件"。⑦ 安泰信局，"本局向设宁波，有六十余年，通往福建台温，今新通申宁各口等处，统入同

---

① 《在任候选道补用知府调补江苏松江府上海县正堂叶》，《申报》1875年9月13日第5版。
② 《信业公所致远堂声明》，《申报》1897年11月16日第4版。
③ 《声明信局以免贻害》，《申报》1889年12月5日第5版。
④ 《声明》，《申报》1883年5月12日第5版。
⑤ 《告白》，《申报》1876年8月24日第6版。
⑥ 《窃我信业自禀奉》，《申报》1878年2月18日第5版。
⑦ 《新设裕兴康长江信局》，《申报》1891年11月5日第5版。

行之规老局五保，向宪结示通商开张"。① 和泰信局，"向设上海宁波温州多年，今奉宪给执照分立闽省"。② 裕兴福信局，"本局遵奉邮政官局挂号领照，遵规入行设立长江各埠"。③ 信业公所虽然规定必须有五家殷实铺户具保才准开业，但并没有规定这五家铺户的行业性质，所以出现了信局之间互相具保的情况。如专行苏州—上海一线的协源、通顺、宝顺、全盛、鸿源、通裕、老正大七家信局，"七局连环互保，历来多载，诚实无讹"。④

大部分信局都遵守了铺户具保、入行归帮、报明公所等基本规定，但也有部分信局没有遵守。信业公所为此发表声明，予以惩治，不但树立了信业公所的权威，更重要的是维护了信局和公众利益。如对新开的全昌顺信局，"兹有新开全昌顺常熟信局并未具保公所，本早禀请饬遵旧章，无如屡向该帮老局往催，该新局诱约支吾"，在信业公所的敦促下，"半月以来自行停歇"，信业公所的监督对于该信局的关闭起到了积极作用。可能为了表明自己的权威性，或许也是为了起到警示作用，在该信局关闭后，信业公所再次发表布告，特别申明："姑不深究，诚恐各处士商未及周知，为再布告奉闻。"⑤ 促使新开的天成信局关闭也是如此，"日前信业公所董事金璠具词英公廨，称有李恺生者在治下私开天成长江信局，并未赴公所挂号，请即讯惩未通刺，饬将李提押翼房，既而金又递词催讯通刺，乃将李提出，谕以从速闭歇，不得玩延"。⑥ 汉口类似信业公所的组织也起到了这样的作用。如它控告日升昌信局不遵守信业规则，"今新开日升昌信局并无入帮、殷实保户，悬挂英商牌名，又无真正殷实洋东"，长江信业帮首要求官府惩办之，"以致该信业首人迭以假冒属实，请详封办等情前来"。当地官府作出限期关闭的决定，"为此示仰仕商人等知悉，如有银洋信件交于日升昌揽寄者，限一月内务各催收清款，自示之后慎勿再交银洋

---

① 《安泰信局》，《申报》1887年10月15日第6版。
② 《和泰信局分设福建》，《申报》1897年11月14日第6版。
③ 《新开裕兴福长江信局》，《申报》1900年11月4日第6版。
④ 《苏申信局声明》，《申报》1892年5月1日第6版。
⑤ 《声明》，《申报》1883年5月12日第5版。
⑥ 《押闭信局》，《申报》1895年1月14日第4版。

信件，免致封闭贻有后累"。①

信业公所多次就信局不遵守信业规则问题发表声明，表明自己的立场，以起到监督作用和尽到管理职责，这在它所发布的声明中可以体现出来。如"兹我信局一业，向奉府县宪定章，无论内河外江开设信局一律归帮入行，出具同业保结，到县请示方准开张，以免贻害商贾，历来办理久矣。今查广东潮汕等局有十五家之多，皆无互保、请示、立案。近闻有私刻同行知单至各商号招贴，伪称九局有互保之说，实属荒谬，董等查其各局并未有一请示立案，从中而由老局分设者，尚有原根可靠，惟其既未结保请示，何分彼此，而蒙混商号者无非利己抑人，希图壅局欺商而已。兹董等向奉宪谕而有随时稽查之责，今当彻底根查，如有愿有互保者，禀请给示，若无互保之局，遵照宪示，立即禀请押闭，诚恐各商号声听招贴知单，未免抑此利彼，故此先登报章以昭公平，俟禀办后，实有同业互保给示者，将示再行声明，登报更正知单，以布周知而昭郑重"。② 再如，"今咸瓜街新开久大南奉局一家并无五家互保，又不入行归帮，则情形叵测，非人所能逆料，为此登告仕商贵客，凡有胜任寄托，一概与本公所不涉，一面俟照章声明陈请查禁外，特此预告"。③ 其采取的措施有：一是报告官府予以查禁；二是利用信业公所的权威性告知商民此等信局不可靠。

信业公所一直坚持不懈地起到监督作用和行使管理职责，"邮政开创，仝业生意难上加难矣，近有失业无耻之徒，不知其中艰难，群借信局为托足之地，于是七拼八搭开设会总信局，顿伙各埠满街兜收，只求到手是钱，人色不齐，良莠莫辨，遂有就中混骗，倘有贵重物件，每每贻害士商，败名仝业，若非严饬防范，以定条规，整顿仝业，匪唯不足昭人信重，抑且将来贻害非（匪）浅，为此特具报端，俾众周知"。④ 还有，"窃惟吾信局一业，全凭信实为主，承寄各口往来信件，惟北口最为郑重，所以屡集整顿以清局规，今有曾犯局规歇伙数名在外声称合股新开裕兴福信局，独带北口往来信件。然而北口信件内有汇票提单实收执照以及公文要

---

① 《众商要览》，《申报》1891年7月16日第4版。
② 《声明汕厦信局私刻行单》，《申报》1886年9月25日第4版。
③ 《声明信局以免贻害》，《申报》1889年12月5日第5版。
④ 《信业公所致远堂声明》，《申报》1897年11月16日第4版。

件者为多，如此郑重，谅各仕绅商号未必轻易给带，且若辈虽号称合股设局承寄信件，查其局基并未妥实，烟台天津等处更无踪迹，照此影射托名，诚恐交接难清，且与敝公所声名攸关，故特登报五天以告众闻。此外如有众意不一，或为误信，或因情准并图减资一切招揽等事，若于寄带仍从各便，遇有讹误以及不测等情，概与敝公所无涉"。①

信业公所在制止资费混乱方面也起到了一定作用。在设立过多的情况下，信局之间在相互竞争中往往采用压低资费的办法，扰乱了正常的经营秩序。信业公所采取的措施，在一定程度上遏制了资费混乱现象的继续和蔓延。如为此发布重整条规的声明，"我苏沪信局向例信资每封五十文，自因前年新开正大公记不遵行规，紊乱减价，以致各局亏耗非鲜，兹奉正大公记奉宪谕着保列入信业公所，愿遵旧章规条，今于二月初一日起停班七日，重整行规，自初八日开班起一应信资仍复收取五十文，如有私自紊规，查出定由公所从重议罚，务祈各宜恪遵毋违"。② 为了整顿信资混乱现象，信业公所不惜采用停业方式召集各信局重申规则，并议定惩罚措施，无疑对信资混乱现象具有遏制作用。

信业公所还站在信局角度，起到了维护信局利益的作用。作为一个民营服务行业，民信业面对的是众多商家和顾客，双方之间的矛盾不可避免。对于信局与其他行业之间的业务纠纷，信业公所从维护行业利益的角度据理力争，表明自己的态度。如对一家商号与信局之间出现的纠纷，信业公所旗帜鲜明地表明自己的态度，"连日观诚德堂毁骂信局一节，窃叹人心之险，世道之薄，出乎情理之外者也。然吾信局一业，遵奉宪谕，设立互保，素无一面之交，凭寄千金之托，干系不可为不重，规则不可为不严，若非信实可靠，安能四达流通，无如迩来人心不古，奸伪叠出，每有替工歇伙蒙混隐戏，防不胜防，即据该堂一事，局伙所取信力无几，岂能伪冒仿帖，况不识其中药味，愚意必因该堂亲近之人勾串图利。如果局伙真有其事，尽可将其送局理论，亦可禀官究办，方为正理，何必一味谩骂，大失忠厚之道，务祈各客分别泾渭明察真情，切勿肥己损人太伤和

---

① 《信局声明》，《申报》1899年3月30日第4版。
② 《信局重整条规》，《申报》1876年3月2日第6版。

气"。①信业公所从调解双方关系的角度，对出现的纠纷表明了自己的态度，并提出了解决办法，这无疑有利于化解双方冲突，维护民信业的整体利益。

信业公所的另一个重要作用是协调信局之间的关系，消弭信局之间的矛盾和冲突。如在森昌信局内部出现矛盾的情况下，信业公所出面澄清，维护了正义的一方。《申报》上发表的《横谋森昌长江信局》的署名是"长江信业公所柱首朱少梅、杨光辉、陈雨崇、李维栋公启"。②信业公所对各方之间矛盾的调解起到一定的积极作用，在官府裁决和信业公所的调解下，"断令两造皆不许背议新开，即将另立之老森昌信局发封收闭，并承湖南局主曾翼卿赶申会同信业董事徐国侯及各柱首等秉公劝和息讼，议明曾黄钱三姓仍为森昌一局，各处分局伙亦归原人管理，业安如前，和好似初"。③再如19世纪80年代，民信局之间因为收寄钱庄、票号的汇票信件而出现无序竞争的现象，"申地庄铺众多，若不按局公派轮带，倘获一旦误此巨款，使同业何力摊赔"。为此，信业公所出面协调，规定各家信局轮流收寄。"今议各庄每日按局挨次轮收，抑或一局有失，不至十二局均误者乎，但按局轮收之规，即有疏虞，其数亦轻，易于摊赔之款，且各庄按局轮收，以便庄号稽查，何庄何日轮归何局投递，免致久候贻误而生尔推我脱之弊，况害既归公摊，其利岂可垄断独登，须照平允之法而服众局公偿之心，各业若不循规蹈矩，岂我生理之道。"④

在以后的发展中，在信业公所的协调下，民信业又陆续制定了一些行业规则。比如关于丢失包札物件的赔偿问题，在运递过程中物品的丢失在所难免，信局和顾客之间常常因此而发生冲突，为此信业公所召集各信局集体公议，做出统一规定，标明所寄物品的价格，以备意外情况下的赔偿。"找信局一业代人寄带物件，遇有包札，未便当场拆阅向询何物，往往不值钱或因转手未知物价，一经水陆趋程辗转投递，不无疏忽之处，及至遗失索赔，称系重价，有口难分。兹经同行集议，明定章程，于今春元

---

① 《信业公启》，《申报》1885年1月11日第5版。
② 《横谋森昌长江信局》，《申报》1890年1月11日第4版。
③ 《声明冒名捏登谎报》，《申报》1890年4月7日第4版。
④ 《长江信业公议行规》，《申报》1882年4月12日第4版。

宵为始，无论大包小札，必须标明价值，掣给收条，可以照赔，否则惟有照带力，得过百文者如遇遗失，酌赔洋三元，余仿此类推可也，以免后论而照公允，庶几两有裨益。"① 后来，针对因被盗抢而屡屡出现信局和顾客之间因赔偿问题而发生纠纷的实际，信业公所专门召集各信局公议此事，"为此邀集同业议定新章，刊发各埠各局，并特声明各报，以后凡蒙各处绅商投寄各处信函，如内有贵重票券等件者，必须开明多少，以便妥走日班，衣包货物估价若干，务期载明数目，由接寄各局出给收条为凭，万一遗失有数，不致造是论非"。② 姑且不论针对这些问题所制定的规则起到的作用如何，它至少表明信业公所为解决民信业在发展中遇到的问题所做出的积极行动。

信业公所对于制定本行业规则、规范信局行为、维护行业利益起到了积极作用，在信局中的影响力比较大，这从上海永和合记信局和林仁记信局之间出现纠纷，林仁记假借信业公所名义就此事发表声明一事可以体现出来。③ 针对林仁记假借信业公所名义所发表的声明，信业公所利用它的影响力，就此事发表声明，澄清事实真相，表明自己的态度，支持了正义的一方，维护了正常的信业秩序。④ 另外一个可以说明信业公所影响力的例子是，信业公所董事利用其身份在外招摇撞骗，以至于信业公所为此专门发表声明，"惟我信局一业设立公所，邀请林君董事陈涛童君小桥何君子芬为司事，均由治宪立案，历来向无把持等情，后被同行播弄，以致何君起意在外招摇，每多饶舌，邀请董事会议，早将何君覆绝，现无另请，乃人心不古，恐有无耻之徒自称董事挺身唆使作讼，事关公所，为此声明，免受愚骗"。⑤

有必要指出的是，在上海，加入信业公所的只是采用信船或走足等寄递形式的内地信局，轮船信局则不在此列，以致出现此类信局即使有不轨行为，而顾客申诉无门的情况。如大有轮船信局，"春源寄恒泰洋十元，宝兴寄德隆洋十五元，永兴寄永和洋四十元，曾托大有信局带来，不料该

---

① 《声明新章》，《申报》1896年3月1日第10版。
② 《声明信业公所议定新章》，《申报》1901年12月29日第4版。
③ 参见《信业公所启》，《申报》1893年8月16日第6版。
④ 参见《信局同业谨白》，《申报》1893年8月30日第6版。
⑤ 《内河信业公启》，《申报》1891年1月21日第5版。

信局受寄不到，骤然闭歇，细询该局经手局主避匿不见，无从根查，素悉信业中在咸瓜街立有公所，当将寄洋情由诉明，承公所董事代为追理，始能照数归给，观其公所中所议条约皆禀明上宪立案，其中防微顾商规□最良刊诸碑上，独轮船信局不在议内"。① 信业公所不接纳轮船信局加入，对其也就起不到监督和管理作用。还有一点需要说明的是，从上海、汉口、南京、芜湖等地的情况推测，天津、重庆、苏州、宁波等信局众多之地，很可能也设立过信业公所，但由于没有查到相关资料，笔者不敢妄下结论。另外，上海作为当时全国的经济中心，也是民信局汇集之地，许多信局或者在上海设立总局，或者设有分号或联号，上海信业公所在一定意义上起到了全国性信业公所的作用。如针对信局和顾客之间出现的赔偿纠纷，"为此邀集同业议定新章，刊发各埠各局"②，这足以看出上海信业公所的地位及作用。

不可否认，信业公所起到的并不仅仅是正面作用，也有负面作用。为了维护本行业的垄断性，信业公所对新开设的信局往往采取压制的办法，这从崇明恒丰顺信局的设立可以体现出来。"信业公所司事陈涛司年全盛局等具呈投上海县署，控有邱绍瑞擅开恒丰顺崇明信局，并不遵照行规，又无妥保，叩请提讯。莫邑尊饬差传邱到案，由帮审委员李司马庭训，陈涛等到案申诉，又有王正发等投案声称恒丰顺信局系我等股开，曾央人到公所具保，不依，并非违章等语。邱绍瑞供与略同，司马判曰：查信局本有受寄客商洋银货物之责，干系甚重，该业曾奉定章，如有新开信局，必须同行五家互保切结，以昭慎重而杜侵逃。今邱绍瑞之恒丰顺信局既系新开，自应查照旧章办理，不得推诿独异于众，着将邱绍瑞交保，限令十日内赶紧觅就地殷实铺户五家互保切结，交出公所归帮，再出公所连环具保，禀请给示开张，如敢抗不遵小延不觅保归保，定行押比，以杜侵冒，王正发等开释。"③

以上对民信局的组织和经营做了概述，涉及的是民信局的微观状况，包括民信局之间的关系、民信局的邮递方式、民信局的资本、民信局的经

---

① 《告白》，《申报》1876年8月24日第6版。
② 《声明信业公所议定新章》，《申报》1901年12月29日第4版。
③ 《信局违章》，《申报》1886年6月25日第3版。

营方式、信业公所等方面，这对于认识和了解民信局作为商品经济发展背景下出现的一种服务组织具有重要作用。

第二节 民信局的经营理念和经营特色

从起源来看，民信局是适应商品经济发展需要而产生的一种服务组织，具有经营上的灵活性和机动性特点。民信局植根于当地社区，以尽量适应本地环境的方针开展经营，业务范围广泛，经营方式灵活，服务周到。在与民信局的竞争中，官邮也不得不承认："查民局、信客确有令人注意之处，其一切组织及收信办法，均适主顾之意。"[①] 纵观民信局的经营理念和经营特色，主要表现在以下几个方面。

一 民信局的业务范围广

民信局开展业务的原则是适应社会需要，信函收寄是其基本业务之一，其他如金银、汇票或其他贵重文件也可以交给它们寄递。但其业务范围不限于这些方面，只要是社会需要的寄递和运送业务，民信局都可以承办。在当时，包裹寄递是一个大项目，许多货物是以包裹形式委托民信局递送的。如苏杭地区的丝绸、重庆地区的药材等，这些都是当地民信局的主要经营业务。有一枚实寄封表明潮州府一商人委托民信局寄送陕西的货物，有银子百余两、丝绸8匹、箱头4只。民信局的主要业务因地区不同而存在较大差异。如在重庆，它们递送汇票和现银的业务很大。此外，有些地方的民信局对于短途的筐篮、行李、食品等都可带送。在当时的信函中，能够见到许多利用信局寄递各种物品的记载。如一封信中这样记述，"今寄上洋捌元是送礼之款，又寄上柳条杜布叁疋，外国手巾两条，鞋两双"，"府上递来年糕如数收到，包皮布明春寄还，今寄上洋拾贰元，前嘱买鱼胶、黑洋酥至今未见寄"，还有"今寄上小木箱乙只，内装女鞋子陆双，铁箱乙只，内装绸料均登花账，又奉上英洋拾肆元"等。[②] 由此足见民信局业务范围之广。在汉口，据1910年的记载，湖北境内以汉口为中

[①] 张志和等主编：《中国邮政事务总论》（上），北京燕山出版社1995年版，第131页。
[②] 郑挥：《牛角集——郑挥集邮研究论文集》（民信局篇），未刊稿，2002年，第110页。

心的民信局脚夫信路具有自己的特色,"其紧要之营业,平常信件尤在其次。其重要之财源,乃系由带寄货物、现银、钞票及信件内装有价值之物类所得"。① 这与重庆相类似。这说明民信局不仅起到信息沟通的作用,也起着货物流通及资金流转的作用。

民信局在发展的过程中逐渐拓展业务范围,增加适应社会需要的服务项目。近代以来,随着通商口岸城市如上海、天津、汉口等地报馆的设立,寄递报纸成为信局的重要业务之一。民信局与各地报馆联络,双方签订合约,就运送时间、地点、数量、收费等方面做出具体规定,批发大宗日报杂志带往各埠,由送信人随时发卖,以获得报馆的折扣利益。在上海,寄递报刊更是民信局的重要业务之一。"上海印刷业最盛,报馆极多,外埠信局以代派报章杂志为兼业者,胥赖上海信局为之批发寄递。派报社及订阅者,亦无不托报馆交由信局转寄。因之报纸寄递一项,几由附庸变为大国。信局寄递报纸,对于主顾,或论重量,或打折扣,收费极廉。"② 如全盛信局在《申报》上刊登广告云:"上海全盛信局账房启,代购申报为交好起见,然申报馆订报者必须先付钱而后取报,敝局各处分局甚多,而阅报者诸君以为区区之数逐月归取而觉见烦,而敝局总垫以成钜款,况申报进出局主概不预垫,应在于司账,虽则稍沾报馆之微利,并不过费于诸君。嗣后委购务望按月归清,莫怪终止,实因垫应不起,故特登报预告。"③ 这说明全盛信局寄递《申报》数量之多。寄递《申报》的信局众多,在全国许多地方均设立销售点。如1902年1月,《申报》刊登的《外埠售报处》中,有九江全泰盛、庐州府全泰盛、芜湖全泰盛、江西乾昌全泰盛裕兴康、厦门协兴昌、济南老裕兴、广西湖南云贵森昌、山西老福兴等,并且注明"其余外埠信局及京报馆代售"。④

在有些地方,民信局还承担起运输货物或兼办保镖等业务,以方便客商,这在西南和东北地区表现得比较明显。如贵州民信局除递送银信和包裹外,还运送货物和供给行旅需要的劳动力,其中"麻乡约"就是民信传

---

① 张志和主编:《中国邮政事务总论》(上),北京燕山出版社1995年版,第202页。
② 沈阳市邮政局邮政志办公室编:《中国邮电史料》第2辑,1986年印行,第53页。
③ 《上海全盛信局账房启》,《申报》1885年2月20日第5版。
④ 《外埠售报处》,《申报》1902年1月22日第1版。

递和轿行合一，承担客运、货运和送信三项业务。在西南地区，信件传递和客货运输合一的信轿行比较普遍。如1892年，总号设在重庆的13家民信局中有9家除了递送信件外，还与挑夫行联系，经营运送货物、行李和为旅客提供轿子等方面的服务。① 在东北，由于社会动荡，地方不靖，时常出现杀人越货事件，于是当地民信局开办保镖业务，实现信局和镖局合一。东三省有种保险运送业，名为镖局，信局多兼营之。

民信局的主要服务对象是商业店铺、票号、钱庄等，体现的是为商业和金融业服务的一面。但随着社会的发展，普通民众的业务也在增加，民信业逐渐增加他们需要的服务种类，其中具有时代特色的项目是代购各种商品，这在上海表现得最为明显，几乎所有信局都从事代购业务。如上海京都同德堂药局在布告中说："连日送接长江、天津、广东、宁波、南京、宜昌、重庆、扬州、江西及已设邮政局等埠及乾昌、正和协、全泰盛、老福兴、福兴润、协兴昌、福润兴、裕兴康、太古晋、政大源、森昌盛、森昌、铨昌祥、亿丰、永和、张瑞丰、永利、沈天和、林仁记、胡万昌、全泰洽、全昌仁、亿大、松兴公、全泰成、全泰福、福兴康、精顺、恒利、全盛、永义昶等卅余家民局，均有洋银信寄至本堂购药。"②

在《申报》中，信局代购商品的广告比比皆是。如"凡各省赐顾者，由信局寄买，认本局仿单图记不误"③；还有，"倘蒙仕商赐者须认明本园招牌，外埠或由信局寄购，决不有误"。④ 另外，这一时期代购彩票也是信局的业务之一。如"自西国吕宋票盛行后，各乡城镇莫不争先购买，皆由信局转递"。⑤ 其他代购商品的种类繁多，如"节届年终酬神应用，粤客办来顶高檀香价目克已，上上供香每勷三百廿，上贡香二百八十，贡香二百四十，疋批另议，货价不恰当，可退还仕商，赐顾外埠局寄不误，上海南市施相公街全盛信局便是"⑥。

---

① 参见周勇等译编《近代重庆经济与社会发展（1876—1949）》，四川大学出版社1987年版，第68页。
② 《信局安妥银货流通》，《申报》1897年4月1日第4版。
③ 《乾坤戒烟接嗣单》，《申报》1877年8月1日第6版。
④ 《清陈公膏发兑》，《申报》1881年8月16日第6版。
⑤ 《声明》，《申报》1883年8月16日第5版。
⑥ 《上海全盛老局老山檀香寄售》，《申报》1886年1月9日第4版。

总起来说，民信局的业务范围主要包括以下几个方面：

1. 普通信业：凡邮局业务，民信局悉予办理。要之有四大类。(1) 各类信业：凡一切书信、新闻纸类、商业契约、有价证券、各类票据，皆可承寄投送各埠。(2) 代寄包裹：包括违禁物、漏税品及现金，均可代寄。至于违禁物和漏税品，虽屡被查出，没收罚办，亦拒停止。(3) 挂号信物：对此类信件，各地信局对所负责任，立场并不一致。(4) 汇兑款项：汇款方式，或与邮局交换汇票，或由收信人所在当地民信局，直接交付现款。

2. 代派报纸：民信局多与各地报馆联络，批发大宗日报杂志，带往各埠，由送信人随时发卖，借得报馆折扣之利益。

3. 运送业：不通轮船火车之地，交通极为艰难，旅客往来、货物搬运均需人照料，民信局兼营运送，或与专营运送业者结托，供给旅客及商家所需轿夫、挑夫、骡车、驴马，收取相当费用，甚至专差护送，另收保险费。

4. 商业及其他杂业：民信局之经营，原由他业兼理，其后专营，或仍为他业之副业，往往依情势而定。清光绪以后，邮政兴起，民信业被夺；银行业发达后，汇业亦渐感无利可图，于是民信局日渐衰歇。由于仅恃信业，无法支撑门面，故复多兼营商业或其他业务。[①]

除了以上所述为商民服务的项目外，各级官府也经常利用民信局寄递公文。这主要有两个原因：一是信局的方便快捷；二是信局的资费低廉。《申报》刊登的一则公文丢失的新闻就说明了这个问题，"栉风沐雨、戴月披星，投递急要公文，每限时刻，此邮役之苦衷也。自兵燹以来，每多马递公文，乃马快之专责，上海递往嘉定驿者为首站，向有专足奔跑，而自前途来者，如转递浦东、南汇、川沙等处，迩来皆托信局代寄，以省费也。前日有上站马递公文九角，该马快包封由信局寄往南汇，局伙携至东门外，途次遗失。盖扒窃者流误认包封为绣缎等件，因而窃去，或局伙怠而遗落亦未可知"。[②]

二 民信局注重服务中的细节

民信局非常注重服务中的细节，每家信局欲求得竞争胜利，扩大业务

[①] 参见彭瀛添《民信局发展史——中国的民间通讯事业》，(台北)"中国文化大学出版社" 1992年版，第100—101页。

[②] 《遗失公文》，《申报》1874年5月15日第1版。

和提高利润，就必须使自己的经营尽量迎合商民心理，取得商民满意。民信局的服务对象主要有两类：一是商业店铺、钱庄、票号；二是普通民众。针对商家和私人两类服务对象的特点，民信局采取不同的经营策略。对普通顾客，信局极力为主顾提供便利，每于适当时候，派人临门收信；对商业店铺，信局迎合他们办理一切。如当时商民都在当天生意买卖完毕，到了夜间才办理信件业务，信局也就在各大市镇到了深夜，派人往各大商店登门收信。信件发寄的班期，也常常依了主顾的便利，往往延长时间，因此，商民都很满意。

在资费收取方面非常灵活，邮费可以由发信人支付，也可以部分由发信人、部分由收信人支付，或者全部由收信人支付，由谁支付都在信封上面注明。如1885年，由宁波镇海寄往江西吉安的实寄封上写有"镇酒资已付壹百文，到江再给付壹百文"的字样①，这种做法让寄信人和收信人对资费支付情况一目了然。"吾国习俗，最足动人注意者，即在使收信人付给一部分之信资，大都系令收件人付给信资之一半。"② 在多数情况下，信局收费采用的是寄信人、收信人各付一半的方式。另外，信局对老主顾、大主顾，极力给予优惠，这可以分为三种：(1) 按照年终之节或分四季或于每月底结算付款，离定折扣；(2) 不按件计值，于每年每月或每节付资若干，不得折扣；(3) 议定折扣，随时随付，不需记账是也。有的地方对有大量信函的客户，还采用固定资费的形式。如在宁波，"有大量信函的官商机构与邮传行签约，按每月规定钱数或按降低的费率传送邮件"。③ 由于票号、钱庄、商铺或某些个人有较多的业务，信局与之形成固定的业务关系，如"振茂之信向来顺成信局送惯"就是一例。④ 为便于费用结算，信局为这些票号、钱庄、商铺或个人开办有专门账户，把每一笔经办业务清楚、明白地记录下来，表现了民信局周到、细心的服务，这可以从存世的实物上得到证实。

---

① 郑挥：《牛角集——郑挥集邮研究论文集》(民信局篇)，未刊稿，2002年，第19页。
② 沈阳市邮政局邮政志办公室编：《中国邮电史料》第2辑，1986年印行，第44页。
③ 徐蔚葳主编：《近代浙江通商口岸经济社会概况》，浙江人民出版社2002年版，第32页。
④ 《假票换金》，《申报》1874年12月15日第2版。

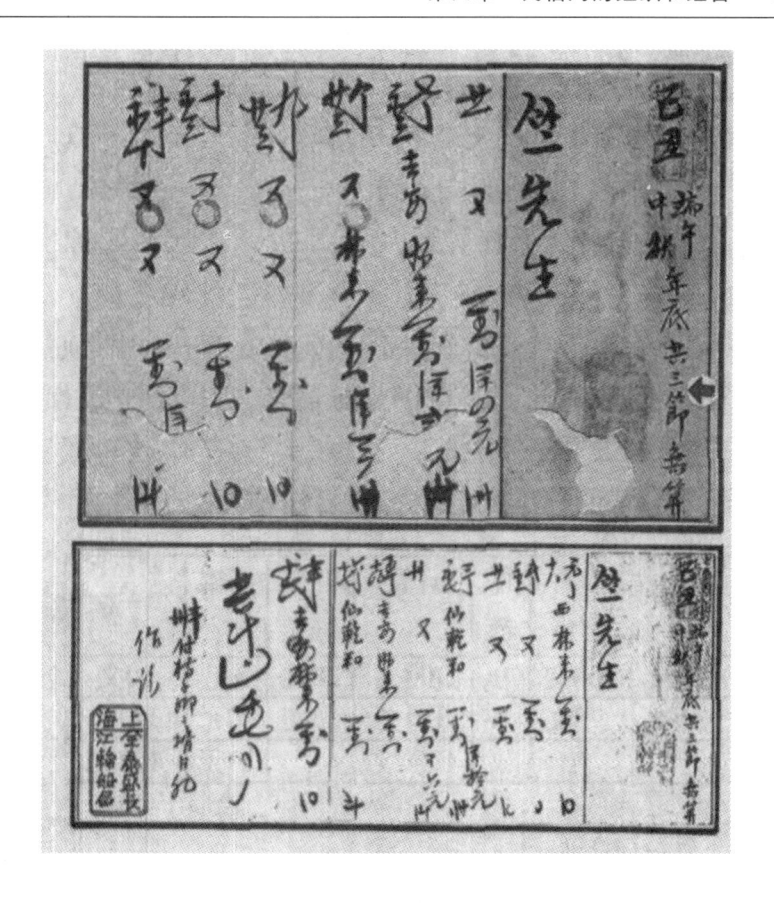

资料来源：郑挥：《竺师爷的故事》（一），《上海集邮》2008年第6期。

上图为一件民信局账折，时称经折，记录的是顾客来往信件、汇银、包裹的数量以及交寄时间、地点和应付资费等内容，上面盖有"上海全泰盛长江轮船局"的戳记，写有"己丑端午中秋年底共三节无算"，开户人为"竺先生"，信函和汇银分别来自吉安府、西林来和仙乾和。

在其他服务细节方面，民信局也极力迎合商民的习惯和心理。如在封面上写明内装物品名称，一般寄信人也都以为这样便利。如一枚实寄封上写有"内覆安信外寄英洋拾圆"的字样。有的则在信封上采用文字说明的方式，如有的写有"紧要信随到随送""要函速投酒资贰吊"等字样。[1]

---

[1] 信息产业部《中国邮票史》编审委员会编：《中国邮票史》第1卷，商务印书馆1999年版，第44、46、47页。

对于商民交寄的信函，信局根据不同的时限要求分为不同种类，除普通信件外，还有"火烧信""羽毛信""么帮信"及"挂号信"四种，并且做出不同的记号。"火烧信"乃在信封一角以火烧之，表示火速送到之意；"羽毛信"是以鸡毛插在信封上或其四角，表示羽檄传书，加急快递之意。以上两种，民信局均特别注意，通常向发信人加倍索取信资。"挂号信"是由发信人另付"号金"，向信局索取收条，信件遗失得要求赔偿；"么帮信"须派脚夫郑重专送，而不与普通信同时投送，且每回不得多带信件。这也就是通常所说的"专足"寄递，其价格根据路程、期限等议定，"倘各路专差限时信札到局面议"①。由于是为寄递一封信函而派出的专差，收费较高。"如果发信者需要一封信件特别迅速、安全地付邮，他就会在信封上写下一个承诺，保证对这封信件的发送再慷慨支付一笔额外的费用。"② 如郭嵩焘与友人的通信就采用过这种形式，同治十一年（1872）十二月三十日，"接金眉生、石似梅两信，由汉口专足至者"。③ 专足费用可以在实寄封上查到，如一枚实寄封上写有"正资二百文，快跑赏五两银子"的字样。从"正资"和"快跑费"之间的悬殊，可以看到专足寄费昂贵。如果信局没有按照约定时限送到，则不仅顾客不需要支付双方约定的费用，信局还要支付罚银。如林则徐于1840年1月在广州寄第十九号家书，"交郭恩信局付捷带闽，限本月二十三日送到"，"在广先付脚资两元，如期到闽，再付两元，早一日加一元，迟一日扣半元"。④ 关于信局没有在规定时限内送达要受罚的约定大致相同，如"今觅天成局送去此信，限定九月十六日到京，早到不加，迟到一天罚银二两"；再如某票号"于前月二十六日卯时专天成局送去二十二次之信，限定六月初十日午时一准到苏，可付伊脚力纹银十三两，早到一天加银二两，如过午时罚银二两；如十一日到罚银四两"。⑤ 由此可知，专足费用与送达时间紧密联系在一起，远远高于普通信资数倍甚至于几十倍。

---

① 《新开大有信局》，《申报》1876年4月24日第6版。
② 郑曦原编：《帝国的回忆：〈纽约时报〉晚清观察记》，李方慧等译，生活·读书·新知三联书店2001年版，第65页。
③ 湖南人民出版社校点：《郭嵩焘日记》第2卷（同治时期），湖南人民出版社1981年版，第748页。
④ 中山大学历史系中国近代史教研组研究室编：《林则徐集 日记》，中华书局1962年版，第365页。
⑤ 黄鉴晖编：《山西票号史料》，山西经济出版社2002年版，第1122、1138页。

第四章　民信局的组织和经营　195

资料来源：信息产业部《中国邮票史》编审委员会编：《中国邮票史》第 1 卷，商务印书馆 1999 年版，第 47 页。

上面的实寄封正面书"安要家信速寄衡州城酃县考棚内　确投朱公馆呈朱六老爷安启"，左上角书"限陆日到　酒力倍给"，左下角书"长沙小东街迪缄"及"辛丑正月廿八日"；封背盖"长沙全泰盛信局寓中坡子街"的戳记，书"紧要信随到随送"及"二月初五日到"。"二月初五"就是"酒力倍给"的期限。

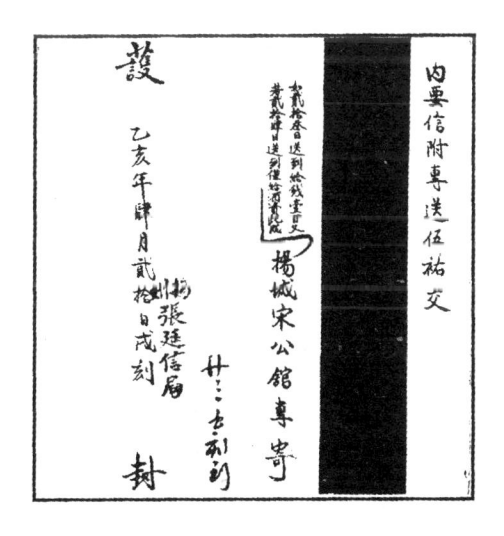

资料来源：信息产业部《中国邮票史》编审委员会编：《中国邮票史》第 1 卷，商务印书馆 1999 年版，第 43 页。

上图为民信局专函专递实寄封,书"内要信附专送伍祐交扬城宋公馆专寄""乙亥年肆月贰拾日戌刻封""如贰拾叁日送到给钱壹百文若贰拾肆日送到仅给酒资此照"字样,承寄局为"扬州张廷信局"。从封上所书"廿三壬刻到"来看,该信在规定时间内送到。

由于收费多少与送达时间紧密联系在一起,为了达到顾客所要求的时限,民信局采用各种方法以达到快速送达之目的。如从汉口到重庆,路途遥远,自汉口往重庆走陆路,一日夜行两站,约200里。各站均备有脚夫,仿驿站之制,逐站抵达重庆,快则九日,迟则十五日。这在当时的条件下,是民信局所能达到的时间极限。在东北地区,则采用数家联合分段寄递的方式,以达到快速递转的目的。1905年,沈阳民信局在投递路线上有了大体分工,义和、天合信局寄递南至牛庄(营口)、北至铁岭的信件,称南帮;其余的信局专门寄递铁岭以北的信件,称北帮。再如东北地区与其他地区之间,进入冬季以后,北方进入封河期,营口"各号信札例由小平岛走送至烟台转寄上海,极速亦须一月,稍有滞迟,则须二三月之久"。为改变这种状况,"前年信局别筹新法,从旅顺口托兵轮递到烟台,计转递至申仅八九天,较海关尤为迅速,各号无不欣然以喜云"。①

在第一时间内把收到的邮件寄出和把接收到的邮件送到收信人手中,是民信局致力追求的目标。如天津民信局在发班之前,派脚夫向各商店、居民挨户问询收信,至于送信方法,更为简捷,由邮局、轮船、火车领取信件后,无须带回信局,当时就由脚夫沿途分送。在送信时,寄信人还可把信交脚夫带到局里发出。其他地方也是如此。如在镇江,接运之轮船尚未靠岸抛锚,信局店伙即先乘小驳船将轮船带运的信件接运下来,在驳船上即进行分拣,驳船一抵岸边,就立即投送。并采取先重点、后零星客户投送的原则,大宗的、大商号的均优先递送,以争取迅速之信誉。各信局对此都很重视。如上海大有信局在广告中说:"吾业设立为有便益于商贾,而书信札函随到随递关系紧要,应时指日而至,以免两地相悬之念。"②在长沙,信局与来往信件包裹较多的地方如汉口、浏阳、湘潭、耒阳等地,每天都有脚夫来往。对省内娄底、新化、武岗等地,也能保持三四天

---

① 《辽阳雁字》,《申报》1887年11月29日第2版。
② 《新开大有信局》,《申报》1876年4月24日第6版。

一班。去长沙、湘潭等地的信件，当日收到，当日一定投出。

在把信件送达收信人时，同时带回收信人的回信，自然会受到顾客欢迎。"为了营利的目的，任何一家地方信局不但将信送到目的地，而且还将带回回信。或者没有回信时托信差捎回一个口信，说明为什么没有回信。"①

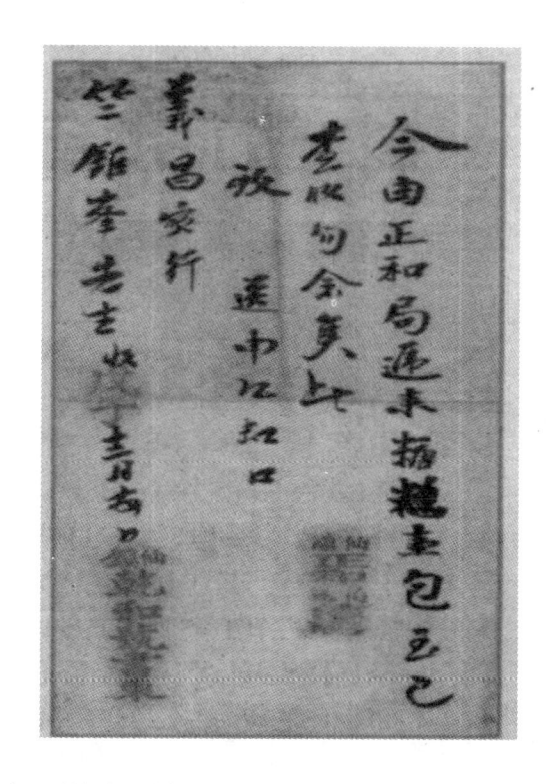

资料来源：郑挥：《竺师爷的故事》（一），《上海集邮》2008年第6期。

上图为民信局寄递包裹的回单，相当于今天的"回执"，表明物品已经收到，然后再由信局把此单带回交给寄件人。上书"今由正和局递来糖糕壹包至 已查收勿念 为此 致 送申江虹口 义昌宝行 竺钜峯先生收"，"戊子十二月六日"，盖有"仙镇正和伯记信局"和"仙镇乾和号书束"的戳记。

---

① 秦惠中主编：《近代厦门社会经济概况》，鹭江出版社1990年版，第332页。

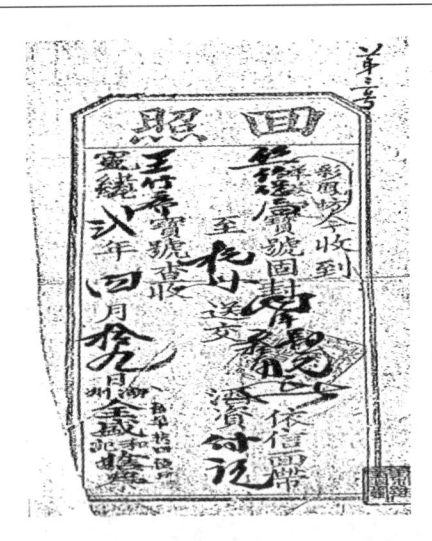

资料来源：郑挥：《民信局的挂号回执》，《上海集邮》2008年第11期。

上面的"回照"书"彩凤坊今收到××宝号固封内洋肆元叁角正 依信面带至杭州送交 王竹斋宝号查收酒资付讫""光绪贰年四月拾九日"，盖有"湖州全盛和记信局"戳记。有的地方称为"收照"，其意义和作用与"回照"相同。

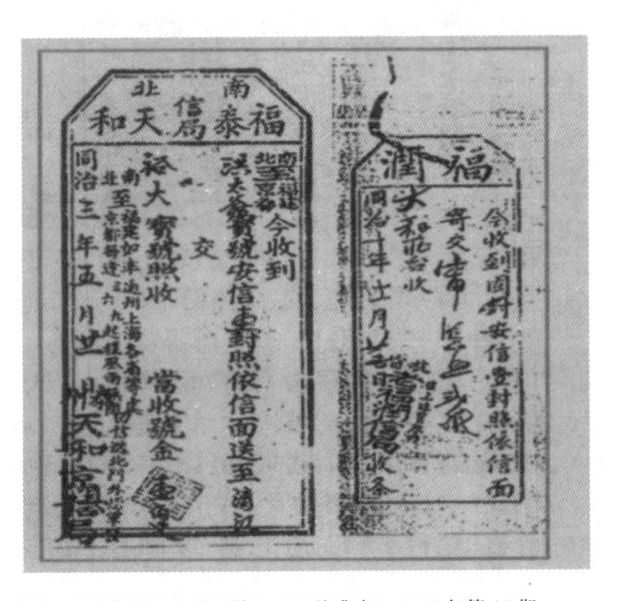

资料来源：郑挥：《民信局的挂号回执》，《上海集邮》2008年第11期。

上图也是民信局的回执，左面的书"今收到洪太爷宝号安信壹封照依信面送至清江交裕大宝号照收 当收号金壹佰文 同治三年五月廿一日"，左下角盖"泰州天和京信局"的戳记。右边的"老福润信局"的回执则直接称为"收条"。

关于民信局注重服务细节，也可以从邮局的调查中得到证实。1932年六七月间，邮政总局曾经专门派人到江浙地区调查，对民信局受到民众欢迎的原因得出十点结论，其中有"内地居民不识字者多，民局能代带口信或代写书信"和"民局所雇专差，人地熟悉，信件封面上所书收件人姓名不全，或住址不清，亦能妥为投递"两点。[①] 这些都是当时的官邮无法做到的。如清末民初，贵州虽已设立邮局，但由于麻乡约在川滇黔三省享有良好信誉，商号和民间的信件仍多交麻乡约信轿行寄递。

三 民信局的资费低廉

民信局是随着商品经济的发展而产生的服务组织，进入这个行业的门槛极低，得到当地官府许可只是一种手续，它并不在国家统一管理范围内，处于自由发展状态，缺乏统一的规章制度来约束和规范民信局的行为，其中当然也包括收费标准。在马士看来，"邮费非常低廉，按路程远近收费二十文到二百文（二分到二角）不等，但是民信局对于重量并不斤斤计较"。[②] 一般民信局收费均甚低廉，且对信函规格及重量并不严格限制。民信局的收费并不是固定的，而是受多方面因素的影响。按《清稗类钞》中的说法："至于资费，则每一函少则钱十文，多则钱五六百文，盖视途之远近通塞以定其多寡也。"[③]

有资料记载了晚清时期民信局的收费标准。如设在成都的麻乡约信局，在28处寄递地点中，收费最高60文，最低20文[④]；设在重庆的麻乡约信局从重庆到成都的信资是32文，嘉定40文，泸州24文，贵阳72

---

① 实业部中国经济年鉴编纂委员会编：《中国经济年鉴 1934年》第十二章"交通"，商务印书馆1934年版，第712页。

② ［美］马士：《中华帝国对外关系史》第3卷，张汇文等译，上海书店2000年版，第64页。

③ 徐珂：《清稗类钞》第5册《信局》，中华书局1984年版，第2290—2291页。

④ 参见傅崇矩编《成都通览》（上），巴蜀书社1987年版，第97—98页。

文，昆明150文，打箭炉100文。① 另有资料记载了民信局在更大范围内的资费情况。在长江中游地区，据江汉关1882—1891年的报告记载，信局的陆路资费每封为：江西省100文，河南省100文，陕西省100文，安徽省50文，云南省200文，长沙24文，郴州50文，益阳40文，耒阳60文，沙市24文，重庆100文，丰都200文，宜昌24文，成都200文。由轮船寄递的信资：武穴30文，九江30文，安庆50文，大通及芜湖50文，南京及镇江70文，上海及宁波80文，香港及广州100文，天津及北京200文。② 还有资料记载，宜昌至重庆48文，重庆至宜昌24文，宜昌至沙市16文，沙市至宜昌20文，宜昌至汉口24文，汉口至宜昌24文。③ 可以看出，路程远近、道路难易以及寄递方式等是民信局资费收取的主要标准。

民信局的资费低廉也与信局设立过多有关。由于低廉的运营成本和较高收益，人们纷纷开办信局，导致有些地方信局设立过多。如1900年，湖州府南浔镇就有6家信局，1901年设在湖州府城的信局有11家。"在大城市里，通常有几家这样的私人商号，导致了激烈的竞争。其结果是出现了世界上其他地方看不到的情况，即'邮差们'到顾客的住宅门口去收集邮品，而不是顾客把信件或邮包送到邮局。"④ 正是由于信局设立过多，导致信局之间竞争更加激烈，以致邮资大跌。除同业之间的竞争外，在官邮正式建立后，民信局又处在官邮的排挤和竞争下。为了在激烈的竞争中生存下来，民信局以降低资费来吸引顾客，即使在设立了官邮的地方，商民往往还是选择民信局。如从四川万县到湖北郧阳之间，官邮每封信的资费是36文，而民邮只需12文，两者相差3倍。再如1915年，温州、瑞安、平阳等地早已设立了官办邮局，但不仅商民还在普遍利用民信局，甚至官署也还在利用民信局寄递公文。四川更是如此。宣统年间，"当时四

---

① 参见贵州省地方志编纂委员会编《贵州省志·邮电志》，贵州人民出版社1992年版，第433页。
② 参见林学明等主编《湖北省志·交通邮电》，湖北人民出版社1995年版，第721页。
③ 参见政协宜昌市委员会文史委编《宜昌市文史资料》第13辑，1992年印行，第238—239页。
④ 郑曦原编：《帝国的回忆：〈纽约时报〉晚清观察记》，李方慧等译，生活·读书·新知三联书店2001年版，第65页。

川之民信局，几无城不有，把持一切邮政要务。其中原因，就在信资远比邮局为廉。以寄包裹为例，自重庆寄成都，邮局资费每磅一角五分，民信局则收四分"。[①] 资费低廉是民信局能够在官邮建立后还能受到民众欢迎的主要原因之一。

民众虽然把资费高低作为选择标准，但这并不是唯一标准，信局的可靠程度也是商民考虑的重要方面，即使是在资费稍高的情况下，商民往往还是选择信誉高的信局，这也是后来具有完善管理制度和服务措施的更为可靠的官邮能够取代民信局的重要原因。如1882年，宁波有8家较大的信局，它们被认为是可靠的，对于托寄的钱和信件一律出收据，并负责送到。除了这8家外，另外有7家小些的，收的信资较低。它们没有8家大信局那样可靠，公众照顾的少些。规模大、信誉度高的信局自然受到更多顾客的青睐。上海的京都同德堂对全盛、铨昌祥两家信局的评价具有一定的代表性，"本埠全盛信局殷实可靠……每日送小号之信洋有百余元，均皆不索酒资，随到随送，铨昌祥信局码头亦多，送信甚快，无怪二信局之生意踊跃，应接不暇云"。[②] 由此可知，除了信资外，没有索取酒资等陋习以及送信速度快，也是决定信局是否受到顾客欢迎的重要因素。

四 民信局的低成本运营模式

资费低廉是民信局的经营特色之一，而其能够以低廉的收费标准维持运营，主要得益于低成本的运营模式。民信局不追求店面华丽，"多不甚讲求规模的宏伟"，"每就隘巷小街，就屋一廛设之"，"并有两三家合租一椽者"。关于民信局合寓经营的情况，可以从留存的实寄封上得到证明。有 封从上海寄往淮安的信函实寄封，封背上盖有的三枚戳记中有两枚表明是合寓办公，一枚是"上洋全泰洽记信局／南在陆家浜头／寓在通裕局内"，说明全泰洽记和通裕属合寓关系；另一枚是"扬州天顺信局／住左卫街／寓全泰洽局内"，这是信函到扬州转寄时所盖，说明天顺和全泰洽

[①] 彭瀛添：《民信局发展史——中国的民间通讯事业》，（台北）"中国文化大学出版社"1992年版，第86页。

[②] 《信局稳妥》，《申报》1893年8月7日第5版。

属合寓关系。其他例子还有很多，如"上海通和源记信局寓二马路协兴局内""杭省全泰沿轮船局住珠宝巷马正源内""姑苏福泰润徽州信局 X 吊桥塽福润局内"等。①

民信局的组织甚为简单，主要包括东家及店员两部分，店员共分约八种：(1) 司账一人；(2) 管柜一人；(3) 收信物一人到五人；(4) 送信一人到五人；(5) 挑货一人（小局多不设立）；(6) 杂役一人（小局多不设立）；(7) 厨役一人；(8) 脚夫二人到十余人（轮船信局多不设立）。按以上人员统计，一家信局大约需要 20 人，但能设立齐全者只少数大局，小局多属兼职。② 从实际情况看，一般是两人至五人，最多八人。每家信局雇用人员的多少，是受信局规模和资本大小限制的。如据 1908 年的记载，上海在邮局挂号的 52 家信局，"据报用有人夫五百名，内有三百五十名均办收信投信之事，其余则在铺内办事"，平均每家为 7 人。又据 1910 年的记载，是年常德有 3 家信局，有敛信者 9 人。③ 从整体上看，各信局人数很少，雇员工资亦较为微薄。如在宁波，19 世纪八九十年代，"这些邮传行的经营都很经济，经理在大的机构每天得制钱 600 文，会计 300 文，小雇员所得还要少"。④

除了店面简陋以及组织简约外，信局还充分利用各种交通运输形式，如商船、河舶、脚夫等，咸予利用，举凡足以便利公众者，固已无不为之，以取得效益最大化。随着晚清时期运输方式的改变，民信局除继续利用传统工具外，还充分利用各种现代化的交通工具，"民信局在投递路线建立后，即通过各种运输方法，如商船、河舶、铁公路车、脚夫、马驴等，全予利用。甚至专设特别快班，或日夜快班，藉谋营利"。⑤ 在利用轮船运输方面，如据宁波海关 1882—1891 年的报告记

---

① 郑挥：《牛角集——郑挥集邮研究论文集》（民信局篇），未刊稿，2002 年，第 45—46 页。

② 参见张樑任《中国邮政》，上海书店 1990 年版，第 12—13 页。

③ 参见张志和等主编《中国邮政事务总论》（上），北京燕山出版社 1995 年版，第 130—131、202 页。

④ 徐蔚崴主编：《近代浙江通商口岸经济社会概况》，浙江人民出版社 2002 年版，第 32—33 页。

⑤ 彭瀛添：《民信局发展史——中国的民间通讯事业》，（台北）"中国文化大学出版社" 1992 年版，第 99 页。

载，往上海或其他地方的邮件或从上海寄来的邮件，都由每天一班的轮船运送，支付邮递员的费用都算入信局的费用中，信局与船东公司签订合同，确定每天的运费。① 就铁路运输而言，"当有可能利用铁路运邮时，民信局立刻认识到这一便利。早在铁路向公众开放营业之前，民信局就先加以利用。他们不惜用贿赂或提供优厚提成报酬等办法，来引诱铁路华籍人员秘密地代他们带信"。② 仅举一例以兹说明，在未通轮船、铁路以前，汉口寄往北京的信件，一向是从襄樊大道经过河南、山东两省到达北京。轮船通航以后，每家信局每月出银洋 10 元包给轮船买办，由汉口经上海，转海道寄到天津再转北京。后来京汉铁路通车，在邮局挂号的民信局就将信件交由邮局，由铁路运往北京。一份民信局收据上就盖有"京都广泰轮船火车信局"的戳记。③

对于内陆信局来说，雇用信船或走足的费用是其主要开支之一。民信局为了减少开支，普遍采用多家联合雇用信船或走足的方式。从相关资料可知，绝大多数民信局都有固定的联合雇用走足或信船的信局伙伴，只不过联合雇用的信局数量不同。如 1888 年 11 月 3 日，从杭州启程经过嘉兴、湖州等沿途城镇的信局信船装载的邮件，属于全盛、福润、正大、正源、正和、协兴 6 家。④ 在苏州，"本月二十六日，苏州信船行至崑山离城一里之遥，二更时分，突遇强人抢劫，将苏六局通顺、宝顺、协源、通裕、全盛、鸿源一应信包，内有汇票信件及零星英洋零物等件，尽行劫去一空"，这也是 6 家信局联合雇用的信船。⑤ 在杭州，"本月初三日，有自杭州至苏之信局船一支，系福润、正和、正源三信局所合开者，乃行至新市镇地方，猝为盗所劫掠"，这是 3 家信局联合雇用的信船。⑥ 除联合雇用信船外，信局也联合雇用走足。如在上海，"木埠九家信局派得走友二人，齐有由申寄苏及常熟之信件包封，行近南翔镇约六里光景之地，名曰

---

① 参见陈梅龙等译编《近代浙江对外贸易及社会变迁》，宁波出版社 2003 年版，第 43 页。
② 辽宁省地方志办公室编：《辽宁省地方志资料丛刊》第 1 辑，1986 年印行，第 67 页。
③ 信息产业部《中国邮票史》编审委员会编：《中国邮票史》第 1 卷，商务印书馆 1999 年版，第 49 页。
④ 参见《声明信包被失》，《申报》1888 年 11 月 14 日第 5 版。
⑤ 《信班船遇盗》，《申报》1873 年 12 月 19 日第 6 版。
⑥ 《新市信局被劫》，《申报》1874 年 12 月 15 日第 2 版。

白坑港，猝遇盗劫"，这是9家信局联合雇用走足。① 还是在上海，"本埠致大等信局九家，于本月二十四日饬脚夫三名挑信物至苏常"，还是9家信局联合雇用走足。② 其他地方也是如此。如1886年10月，江西建昌县三十里驿南旅店发生入室抢劫脚夫事件，被抢劫的信局包括南昌森昌、胡万昌、全昌仁、铨昌祥、乾昌等数家③，这几家信局也是联合雇用走足。信局之间除了有比较固定的联合雇用信船或走足的关系外，有些时候也有随机的情况存在。如上面所说运送杭嘉湖及其沿线城镇的全盛信局还与运行同一路线的永和、永泰丰、正源等合雇过信船。④

信局互相联合开展业务，也是信局降低运营成本的重要形式之一。如在温州，据1882—1891年的海关报告记载，城内共有9家民信局，总局设在宁波。集体运作，收费相同，年终按成分配利润。最有特色的是九江，信局联合起来轮流运送发往省内各地的信件，"江西省内各埠与九江信件往来最多者，为南昌、弋阳、乐平、贵溪、鄱阳、吉安、赣州、饶州八府县，景德镇、河口镇、吴城镇、樟树镇四口岸，寄送以上各地之信，各局组织一种联合机关，轮班担任。例如每月逢一四七日，由全泰盛、福兴两家寄送南昌、樟树镇、吉安、赣州；三六九日，由乾昌、森昌、亿大、全太洽、协兴昌、正大源、胡万昌七家寄送八府县、四口岸全部；二五八日，由全泰盛、森昌二家寄送河口、贵溪、弋阳；二四六八日，由乾昌、全泰盛、福兴、铨昌祥四家寄送景德镇、饶州、乐平、鄱阳；一三六八日，由太古晋、张瑞丰、福兴、全泰盛、正大源五家寄送吴城镇是也"。⑤ 这种合作无论对信局还是对民众，都有积极意义。"这十四家民局排定了固定的日期，轮流派出邮差，代十四家民局送递邮件。这种方式对民局来说是经济的，对公众来说则有了为之服务的固定邮差班期。"⑥ 在营口，官邮正式开办后，尚有老福兴、全泰盛、福兴润、协兴昌、森昌盛5家轮船信局，为减少相互间的竞争，降

---

① 参见《包封被劫》，《申报》1878年9月24日第2版。
② 参见《信班被盗》，《申报》1890年7月15日第2版。
③ 《包封被盗》，《申报》1886年10月17日第5版。
④ 《信船被劫》，《申报》1891年1月3日第4版。
⑤ 谢彬：《中国邮电航空史》，上海书店1991年版，第35页。
⑥ 茅家琦等主编：《中国旧海关史料》第152册，京华出版社2001年版，第225页。

低运转费用，5家信局集会议定合作，作为营口轮船信业公局，制定了基本的收费规则。①

作为一种适应社会经济发展需要而产生的民营服务组织，民信局具有立足于中国社会的经营理念，通过开办书信、汇兑、银钱以及各种货物的寄递，民信局为商民提供了极大的便利。通过注重服务中的细节以及廉价的资费收取，民信局获得商民的信赖，即使是在官邮的排挤和打击下，民信局依然具有官邮所不具有的优势，能够长时间地存在，这也得益于它低成本的运营模式。虽然如此，这种分散的个体经营与社会化需求之间仍具有其自身无法克服的缺陷。

第三节 民信局存在的弊端

民信局作为一种服务组织，以个体分散经营为存在形式，作为一种缺乏社会整体协调性的民营经济组织，它不可避免地存在与社会整体发展要求相违背的一面。而且，随着社会的发展，这种不协调性越来越突出，民信局本身所具有的弊端以及它不能与社会整体发展相协调的一面逐渐凸显出来。

一 民信局经营线路的选择性

前文已经论及，晚清时期民信局已形成寄递网络，但从全国范围来看，即使是在东部地区，民信局的寄递地点也是稀疏的，寄递范围很小，更不要说广大的西部边远地区了。时人编写的《成都通览》中说："然信局能通之处，只本省数十州县，又不若邮局之界之广也。"② 所以，从民信局的寄递路线看，其集中于经济发达或较发达地区，具有比较稀疏的特点。另外，前文对民信局的寄递网络以上海为中心沿海及沿江一线展开的"丁"字形结构做了详细论述，沿海沿江一线是具有优越地理位置、商品经济发展水平较高的地区，从而体现出民信局具有一个不可克服的缺陷，即其设立目的"专在牟利。局所既不普遍，设备自不

---

① 参见《营口邮政》，《申报》1897年4月1日第2版。
② 傅崇矩编：《成都通览》（上），巴蜀书社1987年版，第96页。

能周详。遇有重要口岸，故不惜重资，增加快班，以求运输之迅速，其有偏僻地方，因撙节经费，设备简陋，以致传递迟延，在所难免"①。这一方面造成商品经济发达、经济往来密切的地区，多家信局奔波在同一条线路上；另一方面又存在经济发展落后地区根本没有开辟民信局寄递路线的现象。几乎所有涉及民信局的材料都要论及这个缺陷，并且把它归结为民信局衰落的根本原因。"信局寄信方法历时久而成绩亦佳，惟其所展拓者，仅在获利之路班，而于入不敷出之路，即不稍加留意。此就国家眼光观之，洵属重要缺点。故自轮轨交通、邮政发达而后，此项营业逐日趋于衰落矣。"②

民信局寄递路线的选择性主要表现为两点。

一是从地域上讲，寄递路线主要沿沿海沿江一线展开。如19世纪90年代，上海从事于长江沿线邮件寄递的信局至少达到14家。③ 同一时期，汉口有27家信局，其中专行汉口以上者11家，专行汉口以下者16家④，主要也是沿长江一线展开。1909年，民信局在初步萎缩的情况下，"芜湖有十八家挂号民局，依旧经理脚夫信路六条"⑤，平均每条线路上有3家。1922年，苏州信局数量削减为35家，其中从事长江一线寄递的有铨昌祥、老福兴、福兴润、全昌仁、协兴昌、政大源、森昌、全泰盛、裕兴康、乾昌、正和协记11家。⑥ 北方信局也是如此，寄递路线主要集中于经济较发达地区。如在1865年的一枚京都大顺信局信票上，可以看到其分支铺号栏内印有京都、保定、济南、清江、扬州、常州、嘉兴、杭州、绍兴、广州、太原、西安、长沙、汉口、南昌等多处。⑦

---

① 王桎：《邮政》，商务印书馆1935年版，第126页。
② 谢彬：《中国邮电航空史》，上海书店1991年版，第18页。
③ 参见《寄物遭毁》，《申报》1890年12月28日第5版。
④ 武汉邮政志编纂办公室编：《武汉邮政史料》第1辑，1983年印行，第57页。
⑤ 关庚麟署：《交通史·邮政编》第1册，交通、铁道部交通史编纂委员会1930年印行，第60页。
⑥ 参见苏州市地方志编纂委员会编《苏州市志》第1册，江苏人民出版社1995年版，第584—585页。
⑦ 参见李毅民等编著《常增书的集邮道路》，人民邮电出版社2002年版，第177—178页。

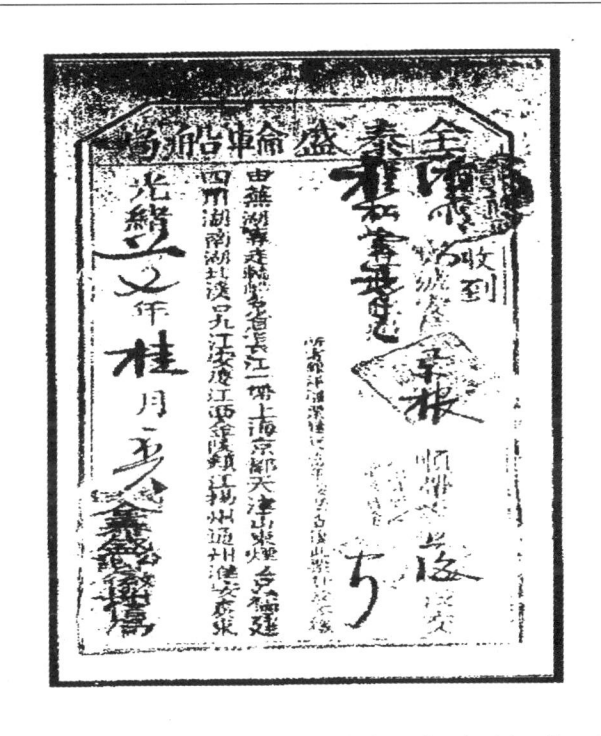

资料来源：信息产业部《中国邮票史》编审委员会编：《中国邮票史》第1卷，商务印书馆1999年版，第50页。

上图是一张1901年由屯溪全泰盛公记徽州信局寄上海的收据，印有"由芜湖专走轮船各省、长江一带，上海、京都、天津、山东、烟台、福建、四川、湖南、湖北、汉口、九江、安庆、江西、金陵、镇江、扬州、通州、淮安、广东"的字样。这是民信局寄递路线沿经济发达地区展开的例证。

二是从民信局寄递路线的起讫地点来讲，从事于商品经济发达的两地之间寄递的信局众多，有的路线达到数家甚至于数十家，这在以上海为中心的长江下游地区表现最为明显。如19世纪七八十年代，从事上海—杭嘉湖一线寄递的信局，至少有永和、永泰丰、全盛和、正源、正大、协兴、福润、正和、协源、悦来、永利、顺成、全盛13家[①]；从事苏州—上海间寄递的信局主要有鸿源、福润、福兴、宝顺、协源、正大、通

---

① 参见《信包遇劫》，《申报》1876年8月21日第6版。

顺、胡万昌等数家，此外还有全盛、永义昶、致大等多家。① 从信船及水手数量等方面可以得到更明显的体现。如1908年，"由上海与往来苏州、杭州计有船六十艘，水手一百二十名"。② 从事上海—宁波间寄递且有良好社会声誉的信局主要有8家，分别是正大、全盛、正和、永和裕、协兴、福润、永利、天顺。③ 从事上海—镇江间寄递的信局，有协兴昌、全泰洽、太古晋、森昌、全昌仁、政大源、福兴润、老福兴、乾昌、全泰盛、裕兴福、正和协记、亿大、胡万昌、铨昌祥、松兴公福记、兴裕康17家；从寄递频率上说，其中14家信局的发信班期是每天。④ 在温州，据记载，在挂号的7家信局中，经营于上海一线寄递的有永义昶、永利、全盛、正大、天顺5家。这既说明两地之间紧密的经济联系，同时也体现出信局寄递路线的较强选择性。不仅从事与上海之间寄递的信局众多，其他路线上也是如此。如从事杭州—嘉兴一线寄递的信局，有协兴、福润、正大、全盛、协源、顺成等数家⑤；从事湖州—杭州一线寄递的信局，有协兴、正大、福润、全盛、永和等多家⑥；从事苏州—常州一线寄递的信局，有致大、宝顺、永利、协兴、全盛等数家。⑦ 即使就最基层的城镇而言，从事商品经济发达的城镇之间寄递的信局也为数不少。如从事盛泽镇—震泽镇之间寄递的信局，至少有全盛、永泰丰、林仁记、正源等数家⑧；从事盛泽镇—新塍镇之间寄递的信局，有全盛、林仁记、福润、永利四家。⑨

不仅在长江下游地区，在以天津为中心的华北、以汉口为中心的长江

---

① 参见《信船遇盗》，《申报》1883年9月30日第4版；《信包被劫》，《申报》1898年5月14日第3版。
② 关庚麟署：《交通史·邮政编》第1册，交通、铁道部交通史编纂委员会1930年印行，第59页。
③ 参见《宁绍信局声明旧章》，《申报》1897年3月12日第4版。
④ 参见徐雪筠等译编《上海近代社会经济发展概况》，上海社会科学院出版社1985年版，第122—137页。
⑤ 参见《信船被劫》，《申报》1893年12月13日第2版；《信船遇盗》，《申报》1901年12月13日第2版。
⑥ 参见《信船被劫》，《申报》1903年11月6日第2、3版。
⑦ 参见《被盗声明》，《申报》1908年7月11日第1张第8版。
⑧ 参见《信船被劫》，《申报》1894年11月28日第3版。
⑨ 参见《信船被盗》，《申报》1894年6月5日第3版。

中游、以重庆为中心的长江上游地区,信局的寄递路线也呈现出选择性特点。如在天津,老福兴、全泰盛、协兴昌、森昌盛、福兴润、三盛六家信局的寄递地点中都包括北京、保定、营口、上海四地;其他从事天津—北京间寄递的信局还有裕兴福、立成公义成、三顺、福和等多家。在该地区,寄递线路的选择性除了表现在多家信局从事于同一线路的寄递外,还存在一家信局采用不同方式从事于同一线路寄递的现象,有"普通"和"快递"两种,如立成公义成信局从事天津与沧州、德州、郑家口、南宫、大营、临清、龙王庙、大名府、道口、新乡县、怀庆府等地之间;三顺信局从事天津与张家口、归化城、西包头、获鹿、太谷、太原、榆次等地之间。[①]

二 民信局从业者的不轨行为

作为一种民营服务组织,追求利润是信局从业者的天性。只要能够把自己的行为控制在合理、合法的范围内,民信局追求利润的行为本无可厚非,但在实际经营过程中,有些从业者的行为远远超出了合理、合法的范围。1877年,九江关税务司葛显礼说:"这些民信局任意收费,办的并不能令人满意。"[②] 当时的报纸也说:"惟为费似乎少重,且有更改酒资以少换多之弊,间有刁难寄主,些许微许讹索重资,如路少遥诈钱几倍之人。"[③] 从业者的不端行为并不限于任意收费和索取酒资,"中国信局民自为之,近日弊窦丛生,牢不可破。恒见附信之寄,每有延搁而不递至者,甚有浮沉而湮灭者,更有附寄珍贵之物、银两之件,被其干没者,种种弊端不一而足"。[④] 可以说,信局从业者的不轨行为与其逐利性紧密相关。这种不轨行为有多种表现,下面先举一个具体事例,可以给人较为直观的印象,也更有说服力。据《申报》报道[⑤]:

---

① 参见仇润喜主编《天津邮政史料》第1辑,北京航空学院出版社1988年版,第80—86页。
② 中国近代经济史资料丛刊编辑委员会主编:《中国海关与邮政》,中华书局1983年版,第3页。
③ 《信局论》,《申报》1872年6月7日第1、2版。
④ 仇润喜、刘广生主编:《中国邮驿史料》,北京航空航天大学出版社1999年版,第319页。
⑤ 《钟阜晴云》,《申报》1898年4月14日第2版。

金陵采访友人云，安徽屯溪镇人某甲曾为某宦幕中客，客近年失就，无以为生，于去冬来省谋事。今正初七日，其妻由屯溪全泰盛信局寄书于申，信资付讫，同乡人向在省垣南门外福源为伙之某乙代收转交，此信于正月十四日寄到金陵全泰盛局，局主某内照号码簿饬伙友某丁分送，订丁将付讫改成酒资二百文字样送交某乙，向索青铜二百，乙奈封面有涂改痕迹，不肯给赀，丁即将此信带回，及二月初旬，又将此信送往乙，仍不肯给钱，继细阅封面，有紧要急速等字样，允为折半付钱，丁仍不允，将此信带回。直至本月中浣某日，有与丁同业之某戊瞥见此信，知关紧要，以正言相责，自知不合，又将此信送交某乙，不再索钱。乙当将此信转交于甲，时甲已于前数日由他局寄来家信，惊悉其妻于二月某日在家服毒而亡，正深惊讶，及接此信拆阅之下，则见白纸红字，沾染模糊，细视之，乃其妻沥指血之手书也。书中略谓自申来信之后，饥寒交迫，日食维艰，债户又每日到门万般逼索，接后务仅二月十五日以前速即筹款寄归，或亲自回里布置，如越期无钱寄家，人又不返，定即悬梁仰药，以图自尽云云。甲阅，竟即怀书见乙，问何时送到，乙历告前事。甲乃至城内全泰盛局晤其局主，询以屯溪信局几日可到，答以七日，又问信到后几日始送，答曰速则当日，迟则诘期。甲谓正月初旬有屯溪寄宁一封，烦代查号簿何日寄到，内检视良久，答曰正月十四日寄到省垣，甲乃取簿阅看不误，观其下注明带力付讫四字，即将此簿卷而怀之，内讶而问，故甲出信两封令阅，一封则前数日他局寄到之书，一封则正月初七日所发十四日到省三月中浣始送交福源典之书也。中指血书谓内曰此书既于正月十四日寄到，即当随送，我若见信，赶紧设法，万不至酿成人命，今汝伙欲赚钱二百文之故，以致我家破人亡，此恨此仇安能不报，今惟有控之公庭恳求官断耳，内犹强辩，甲当至该局附近各家历诉前情，有鲁仲连其人出为排解，劝甲暂缓兴讼。甲谓搁捺信函误人性命，良心何在，天理难容，今诸君既力劝罢讼，岂以我不应兴讼乎，则俟我遍请省垣各信局东伙公评此事再行办理。

民信局不轨行为的主体分为两个部分：一是信局主；二是相关从业

者，这既包括信局员工，也包括临时雇用的走足等。由于信局主是信局的所有者和管理者，相关从业者的不轨行为也与信局主有直接或间接的关系。从上文中的"将付讫改成酒资二百文"，如此大胆地更改信资，而不担心信封上遗留的痕迹，这说明更改信资以便向顾客索取更多酒资是一种普遍现象。"信局之收费，号金或无弊窦，酒资则脚夫每以少报多，盖托信局寄递信物之人如非向来主顾，不能不多纳酒资于脚夫也。"① 另外，信差送信时经历三次反复，最后才在同业的催促下交给收信人，在将近两个半月的时间里，信差三次送信，两次带回，信局主不可能不知，却没有做出任何举动，而是默许这种行为的发生，以致出现家破人亡的惨剧。索取酒资是信局陋习，是从业者不轨行为的主要表现形式之一，地方官府甚至专门发文禁止。如上海某药店在告白中说："本堂蒙前县主出示谕，禁信局需索。"②

信局从业者的不轨行为还表现在收费方面。从业者各自为政，缺乏统一的办法与组织，信资收取根本没有标准可言，可谓因时、因地、因人而异，甚至可以当场讨价还价，以致引起种种争执。信局对于主顾固极招徕之能事，而对向非主顾之人则多不甚周到，他们往往成为被索取高额资费的对象，信资取之主顾，每件仅数十文，其他人则百文或数百文也。对于弱势群体来说，"因信力无一定章程，对于妇孺，任意苛索"。③ 此外，每家信局都有一定的寄递路线和范围，但信件超出自己的寄递路线和范围时也从不拒绝，而是委托给别的信局代为投寄。按照一般规则来讲，信件发往较远的地方时，一半邮资由寄信人付，另一半由收信人付。但由于没有固定的收费标准，这给信局留下了随意索取的空间。"它们对邮费没有一定的收费表，它们的规则是尽可能多地收费"，"同样的情况也发生于信送到目的地后，结果是经常引起激烈争执"。④ 对于各种出于逐利性而发生的不轨收费行为，《申报》发表的《信局论》一文发出慨叹："竟有托寄一信，计程不过数十里，先索挂号一百文，到日又索酒资一百文；稍远者挂

---

① 关庚麟署：《交通史·邮政编》第1册，交通、铁道部交通史编纂委员会1930年印行，第35页。
② 《远埠由信购药写明酒资回给方免误事》，《申报》1895年8月29日第4版。
③ 静观：《取缔民信局以后》，《中华邮工月刊》1935年第1卷第2、3期，第14页。
④ 秦惠中主编：《近代厦门社会经济概况》，鹭江出版社1990年版，第332页。

号不能多索，而酒资书明一百文，竟可改为二百文；再远者则更累百盈千而需索。此种行为，随时皆然，可胜浩叹！"①

晚清时期，外国产品大量进入中国市场；同时，国内各地之间商品流通的种类和范围进一步扩大，人们对各种商品的需求不断增加，信局成为商品流通的重要载体，代购也成为其重要业务之一。在此过程中，信局从业者的不轨行为也表现出来，《申报》上多次发布信局舞弊、造假的布告。如天成票行发表声明："本行开张多年，久蒙远客信顾，近有信局舞弊，私造本行图章外埠售票，弊窦百出。上月有乌镇某客向本行购去六月大票，号单到后查经得彩，得翁当将红票托某信局寄至本行收兑现洋，不意该信局胆敢伪造图章，冒书九二折扣，是以得主见信疑惑，函致本行访问，冒信尚有局印，始知某信局之弊。"② 天成票行发布的类似布告很多，直指信局的不轨行为："乃于前日接得南浔李仁贤嘉兴朱大丰两宝号来函，彼于上月托嘉湖班全盛信局向小号购取英六月分票二条，兹因得彩收银，小号查对账簿无此二户，细视信面以天成号上加新记二字，显系全盛信局私刻隐戏，实为无耻之极，除禀官究办外，嗣后各贵商切勿再托全盛代购。"③

关于信局私刻图章以图利之事，并非全盛一家。从《申报》上刊登的相关内容看，几乎每家信局都有类似行为。如森昌信局私刻图章被查出后，承认自己的行为并登报声明："广丰控本局私刻图戳一事，已于七月二十七日经会审公堂审实，断罚本局洋二十元，将私刻假戳销毁，另觅妥协两位保人，嗣后如有私刻广丰图戳印用，悉由保人理赔。"④ 再如协兴信局，"将信与银私行收下，兼冒刻小号图章假作回信"，被假冒的中建祯吕宋票行告官，协兴受到罚款英洋100元的处分。⑤ 除彩票外，在代购其他商品时，信局同样存在舞弊、造假行为。如上海括打药房针对老福兴信局的声明："来函云日前寄呈一洋，托申本局至贵药房买戒烟溥济水一瓶，昨日寄到，封口之腊有一小洞，药水由此流出，内盛不及一半，是否贵药

---

① 《信局论》，《申报》1872年6月7日第1版。
② 《详述信局伪造图章》，《申报》1886年7月5日第6版。
③ 《声明隐戏信局不信》，《申报》1891年7月10日第8版。
④ 《森昌信局告白》，《申报》1882年9月11日第8版。
⑤ 《信局舞弊》，《申报》1887年6月7日第8版。

房之货统祈示知，附呈来函祈验阅，以上乃仙镇老福兴信局六月廿四来信并附假发票联单一纸。本药房乃据实覆之，曰寄来之发票明系假冒，则药水之假不问可知。且本药房之小瓶药水向不用蜡封，尤假冒之明证，但此事乃贵局自家人作弊，因区区一洋，而上海老福兴遂不惜以假药欺仙镇老福兴，则局外人尚谁敢托以寄银购物哉！或者上海老福兴局主一无见闻，故贵伙敢放心作弊耶！"①

无论是森昌、老福兴，还是全盛，都有众多的分号或联号，属于社会声誉较好的信局，尚且频繁出现这类舞弊、造假行为，更不要说其他中小信局了。如亿大信局，"今接芜湖邮政局寄来玉林堂笔庄函云，上月廿八由亿大局寄一洋二角，指明购宝堂疝气膏，未悉买否，请示知，今阅簿并无此信，倘接冒牌伪药，切勿收用，向局理论害人假药可也，嗣后诸君洋信妥寄邮政局民局查明，逢十《申报》清单，方可试服"。② 为了获得更多利益，有的信局从业者甚至还向代购的商号索取酒资。如上海京都同德堂药局告白说："本堂蒙前县主出示谕，禁信局需索，迄今五年，诚信无欺，故函购如云，信局伙遂故智复萌。前月二十日，福兴润送信者执缘簿至本堂写捐，未允而去，廿八日又邀同政大源协兴昌等长江班送信者二十余人，至本堂需索回货酒力每元五十文，否则故为留难。"③

信局为顾客提供周到的服务，是其能够受到欢迎的主要原因之一。但在有些情况下，信局走向了反面。"在这些机构中，还存在另一个大的毛病，即它们还从事积习已深的小规模走私。"④ 出于逐利的目的，民信局不惜走私而从事违禁物品和偷漏税商品的寄递，自然不利于社会发展，同时也是对法律法规权威性的践踏。关于信局走私的例子为数不少。如"日前洋药局巡丁头目访悉，杨家渡浦中所泊划船藏有漏捐私土，因即偕同巡丁李观星等前往，在该船搜出漏捐大土四只、小土八只，并粘贴假印花之大土二十余只、小土四十余件，当即根问船户，据称该船系全盛、协源等三信局所雇，土由沪北和泰行托寄崑山协源土店，巡丁头目遂将私土送洋

---

① 《仙镇老福兴信局鉴》，《申报》1901年8月13日第7版。
② 《亿大信局舞弊》，《申报》1901年6月24日第7版。
③ 《远埠由信购药写明酒资回给，方免误事》，《申报》1895年8月29日第4版。
④ 秦惠中主编：《近代厦门社会经济概况》，鹭江出版社1990年版，第332页。

药局并查和泰土行"。① 这是私运鸦片的偷漏税行为。为了防止信局寄递违禁和漏税物品行为的发生，各地海关在加强查缉的同时，颁布告示加以禁止。如在扬州，"邗上各信局各有脚夫往来京口，名曰旱班，其由南北渡者往往夹带私货，初不过零星小件，近闻竟有携带漏税等物，诚可谓胆大无知矣。兹镇江关道吕镜宇观察发来告示多张，高悬通衢，略云：照得本关征收厘税国课攸关，不容丝毫偷漏，前闻各信局脚夫夹带应税等货，私卸店铺，当经前关道示禁在案。兹本道访闻，近日各信局故智复萌，又复私带应税各物，多方盘绕，希图偷漏，随经遴派员弁严密巡查，昨于九月初二日在九龙桥一带巡获公润信局脚夫私带应税各货，除从重罚办外，合亟出示晓谕，为此示仰信局脚夫人等知悉，嗣后送信来物，如有托带应税货物，即赴本关投报，本关立即查验，收税放行，如再敢多方绕越，希图偷漏，一经查获，立提严办，并将所带货物全数充公，仍究出货主从严重办"。②

对信局来说，寄递现银是其主要业务之一，从业者见财起意而侵吞银洋的事件更是屡见不鲜。如在上海，"其专递浙宁等处信件各局，侵吞银洋家信之案层见叠出"。③ 由此造成民众对信局的不信任，损害了民信业的整体声誉和利益。《申报》刊载的"信局难信"一文中说："本年正月初六中，八仙桥徐公馆属寄袁花家信内有捐票两张并洋五元，交咸瓜街永和局盖有永和回戳，嗣接来信并未收到，知被该局吃没，即向往追，曾经认赔，无如千订万约，仍未赔偿，现虽送官追究，恐不知仍受其骗，用特登报以告，切不可寄信永和。"④ 侵吞顾客银洋的不仅有信局伙计，也有信局主。如在台湾，"淡水老协兴生记信局史兰谷折取客洋，已经淡水县宪提案责办，驱逐在案，所有被折银项已蒙劝谕厦门局主赔拆半归，由厦门协兴昌记在淡开局，承接寄带各省信札无误"。⑤ 1910年12月，轮值的精顺信局把7家信局包封送到温州至上海的普济船上，"不料该局主李庆生贼智忽生，将本局明封私拆为三，窃去阜丰支协源庄六十九号十一月初四

---

① 《信局运私》，《申报》1886年4月12日第3版。
② 《示禁夹私》，《申报》1895年12月2日第3版。
③ 《信局新章告示》，《申报》1879年11月14日第3版。
④ 《信局难信》，《申报》1894年6月10日第6版。
⑤ 《声明》，《申报》1889年1月10日第5版。

期票银二百六十两，幸申号见信封复粘可疑，立即电查，向协源止根，未曾受贼之愚"。① 其他因信局原因而造成顾客银洋丢失的案件众多。如"嘉兴宝裕庄有洋六百五十元，封固交全盛信局带至盛泽镇某号，及拆封则银饼尽化为铅条。又福润禾局携绍局信洋五十元转寄松江交某捕厅，开缄视之，皆铅饼也。此二事现经该信局查究，尚未水落石出。又嘉善顺成信局当划船抵岸时，信洋货物交代匆忙，失去洋一封，计六十元"。② 除了直接侵吞顾客钱财外，还有挪用现象。"民信局之不良职员，常有将寄银人之银洋拆封化用，待第二寄银人之银洋垫付第一人，轮流掉用，此种情形，不一而足。"③

以上所述系民信局的直接从业者，其他像信局雇用的信船、走足等间接从业者见财起意的例子，也为数众多。如1886年10月，乾昌信局发布布告称："乾昌信局八月廿六日由景德镇至九江信袋至今未曾抵埠，定是途中遇凶，至今连走足友均无着落，各处查究，杳无踪迹，连人吉凶未晓，今将袋封失去银洋汇票物件底码登报。"④ 最终结果并非信足遇凶，而是走足见财起意，"小局前报景镇至九江足友遇凶一案，今据景本局来信事已分明，并非遇凶，实系足友殷明桐私自滚逃，将各号银洋汇票信物一应藏匿无踪"。⑤

在无法继续经营的情况下，信局倒闭本是正常现象，但因此而把顾客的货物、票件等一并卷逃，则是违背行业道德的行为。如有商号发表声明："春源寄恒泰洋十元，宝兴寄德隆洋十五元，永兴寄永和洋四十元，曾托大有信局带来，不料该信局受寄不到，骤然闭歇，细询该局经手局主避匿不见，无从根查。"⑥ 在官邮正式建立后，随着对信局非法运营的查缉力度不断加强，顾客票件、货物等被卷逃事件也在增加。新泰厚票号的遭遇就是如此，"小号本年正月十二、十七两次由山东省城福兴润信局寄京信包迄今未到，查有天庆恒二月十二日期平足银一千零四十八两四，永

---

① 《庄票被窃》，《申报》1910年12月23日第1张第8版。
② 《银饼羽化》，《申报》1886年1月29日第2版。
③ 静观：《取缔民信局以后》，《中华邮工月刊》1935年第1卷第2、3期，第14页。
④ 《信足遇凶》，《申报》1886年10月11日第4版。
⑤ 《信足滚逃》，《申报》1886年10月17日第5版。
⑥ 《告白》，《申报》1876年8月24日第6版。

顺隆三月底期市平足银一千零四十八两四,又一宗四月半期一千零四十八两四,会票总三张,均在其内。该信局京号并不知情,而其山东人位全行逃走,以致无从根究"。① 再如,"徽州府同茂庄支申升大庄兑一千四百九十四号八月初一日期元二百两,其票交全泰盛寄上海,不料该局倒闭,票被卷逃"。② 更为恶劣的是,信局经营者中还有见财起意、恶意卷逃事件。如汉口裕兴康信局,"吾汉局始归陈姓经理,后因乏人诓另租于杨玉书接手。不料庚子年夏季顿起不良,吞折客款潜逃无踪"。③

近代以后,随着出外谋生群体的扩大,他们与家乡进行的银信寄递也越来越多,从而成为信局不法行为的受害者。下面这则以"寄信被侵吞客"自称的人发布的启事中说:"某等初来沪上经纪谋生,以辛劳之工银收奸徒之局骗。近有协盛信局者,开在英租界二马路地方,交其寄归银信物件,尽被吞没,迨向追查,诓知该局东伙潜逃无踪,其门面由高姓房主封闭而遍贴字条,或五元十元廿元,皆被侵吞银洋之怨言也。可知桑梓同人受其欺者固亦不少……想上海北市信局众多,招牌林立,某等初到,岂识其中良莠,日前联名具禀公堂,荷蒙会审,宪台矜怜下情,将协盛曹姓局伙押追在案,想某等已受协盛侵吞,咎由不辨奸伪所致,前车之鉴,嗣后寄信者须宜仔细,诚恐不能周知,合亟登报以供众闻。"④

对于邮件寄递,信局也是区别对待,把信件发往不重要的地点要等待机会,或者要等到信件收多时才发出。"倘若信函经陆路运输,运费不是依据距离的远近来确定的,起作用的是到某一地区邮政业务的数量。信件越多,邮资越低。"⑤ 信局没有及时把收到的邮件寄出或把接收到的邮件及时送到收信人手中的例子为数不少,以至于时人发出感叹:"乃中国自有信局以来,延缓迟误不一而足……然其平日贻误事机,民间之受其害而忍气吞声者,盖已不知凡几矣。"⑥ 如1891年1月,上海日升昌信局没有

---

① 黄鉴晖编:《山西票号史料》,山西经济出版社2002年版,第349页。
② 《失票声明》,《申报》1911年10月9日第1张第8版。
③ 《声明》,《申报》1901年4月11日第7版。
④ 《防后受害》,《申报》1879年10月11日第6版。
⑤ [英]穆和德等:《近代武汉经济与社会》,李策译,(香港)天马图书公司1993年版,第24页。
⑥ 《推广邮政刍议》,《申报》1897年9月12日第1版。

及时把收到的包括物品、现洋和衣料等的8个邮件寄出，而造成这些邮件全部遗失，该信局不得不承认，"以上各户因不及寄出，耽误两天，乃本局之责"。①

信局的不轨行为还包括私拆信函以图偷窃的行为。如"八月初六日，由福兴润信局寄交杭州瑞云公绸庄一信，内附第九十一号解条一纸，计订本月底期英洋二千元正，向上海宁松泉先生照兑，至十二日接到瑞云公快班邮信，言我号信所附解条失去，而封口处拆撕，内有补□纸角将原封附回，细审形迹，显然是上海中途偷盗无疑，兹接该申信局来函，言是遗失，得于路上拾回，语涉含糊"。②其他类似例子还有很多，"苏州天成栈内兴隆宝号于前月底有票信一封交永义昶信局寄来小号者，查此信为该局私留擅拆，后接兴隆号来函，确知永义昶之弊，以后各路往来信件须交妥局寄带，更防拆换伪票也"。③浙江宁波有个名为袁继烈的人在《申报》上发表声明："余于三月初交申大马路中市又新街正和信局寄甬信一封，内附洋十五元，又内附二封洋六元，共信一封，酒费上洋付讫。不想将此信拆做三封，将好洋换出，铜洋换进。此事后至甬家中，问及铜洋，不信，想上洋带宁并无铜洋，当将带归信札查明，不想正和局将信壳统已改换，信面注字再取信赀。后至上洋与正和局追究原兑铜洋，该局发友至镇海对明，系镇海局认拆，为局友贪取信资之故，余惟受亏，此数洋亦不与深究矣，若有顾彼者，各宜慎之。"④顾客只能是自认倒霉而已。

三 民信局之间的无序竞争性

近代以后，由于进出口贸易以及商品经济的发展，民信业进入了快速发展时期，各经济发达和较发达地区新设立了许多信局，但其设立并非根据实际需要统一规划的结果，这些信局之间没有协调合作，往往是竞争对手，从而导致无序竞争状态。信局之间处于无序竞争状态的主要原因在于各地信局设立过多。如在东北地区，19世纪末20世纪初，"东三省的民

---

① 《上海日升昌信局启》，《申报》1891年1月14日第4版。
② 《失票作废》，《申报》1909年10月2日第1张第2版。
③ 《私拆信函》，《申报》1881年9月3日第5版。
④ 《拆信》，《申报》1878年7月24日第7版。

信局已经存在好几十年了。最近几年来，民信局的数目增添得如此之多，以致彼此间的竞争极为尖锐"。① 这还是在只有十几家信局的情况下，在上海、汉口、镇江、芜湖等有几十家甚至于上百家信局的地方更是如此。1872年6月，《申报》发表《信局论》一文，对信局过多的危害性做了详细论述②：

> 夫信局之设也，不徒能代寄音信而已，又可附寄货物满筐盈箱，兑汇银钱积千累万，虽千里亦若面谈，虽万件均同手授，且为时亦不至十分延迟。是信局之设，于事甚为稳妥，计时甚为捷速，岂有更便于此者乎！惟为费似乎少重，且有更改酒资以少换多之弊，间有刁难寄主，些许微许讹索重资，如路少遥诈钱几倍之人。种种弊端，实难枚举。其故何哉？缘设局太多故也。盖开设一局，汇票筹银必须先有厚本，送出收入必须先集多人，每日伙食、房租、工资、零用总须千余钱。设局既多，生意随分，每日费用无着，不得不取足于寄信之人；兼之伙计太多，良莠不齐，百弊丛生，势所必至。竟有托寄一信，计程不过数十里，先索挂号一百文，到日又索酒资一百文；稍远者挂号不能多索，而酒资书明一百文，竟可改为二百文；再远者则更累百盈千而需索。此种行为，随时皆然，可胜浩叹！假令一处只设一局，由各处信件皆归一局，而且往来信件均令寄者自送，收者自取，又可少用数人，出少入多，由获利自厚，而杜弊亦易；即令寄资稍轻，而多中取利，犹可数倍。盖局多则信分，局少则信合；分之则利自少，合之则利自多也。……无如中国之人，利之所在，人竟趋之，见人获利，众皆效之，亦不计其少则利聚而自厚，多则利散而自薄，惟日求可饱其欲，遂至于无事可为……

由于设立过多，信局之间竞争激烈，以致出现各种纠纷，甚至酿成命案。如在沈阳，"各内地旱道信局以沈阳为生意大宗，始惟三家，近则添至六家，时因争揽信件酿成命案，厅宪奎司马严令只准三家轮班收信，其

---

① 辽宁省地方志办公室编：《辽宁省地方志资料丛刊》第1辑，1986年印行，第66页。
② 《信局论》，《申报》1872年6月7日第1、2版。

余不准增添，两三年中相安无事。今夏有辽阳武生周鸿飞新设天顺旱信局，专送省城、辽东、铁岭等处，公义宝、利合两局以其梦乱定章控诸厅署，周知理屈，央人出面求和，然自始迄今终不免时生枝节"。① 到 19 世纪 90 年代，沈阳各信局之间的竞争更趋激烈，冲突不断。"从前关东走足信局每年进钱动辄数万贯，本属好生意，电报局未设之前，沈阳信局每年竟有数十万吊生意，通商大埠如上海等处信局林立，竟无如此厚利，且营沈往来不过三百六十里，悉是走足，并无靡费，所难者此辈不安本分，动辄打架结讼，连年累月，常出命案，讼费亦复不少。前日新民厅信局因头目邓福林中饱太甚，众伙不服，另立新局，邓孤立无依，另行招雇新脚重新设立，一家而骤分两家，未免有所争夺，两家各雇打手十余名，时刻寻衅，数日之间，已闻三次，两边各有所伤，信局仍归邓福林独走。"②

信局之间无序竞争的另一个重要表现是同业之间互相诋毁、攻击。如天成信局在声明中说："兹同行嫉妒古今皆有，惟信局硬欲霸阻各埠谎控，幸宪台明镜高悬，概不准词，该棍徒别生枝节，布造谣言，报馆听信妄言，误登私设，本局奉汉阳给示开张，暂移打狗桥下开设，恐无耻之徒再妄言，至仕商处煽惑，今将宪示刊登……"③ 再如上海全盛、全泰盛总局也曾针对同业之间的诋毁发表声明："近有无耻歇伙串通同业，在绍郡城中谣言惑众，乃云绍局招牌是伪，并有同业者心怀妒嫉，将此作引，实堪痛恨，诚恐士商庄号听信谗言以生疑虑，承委小局寄带银洋重件，无不慎之加慎，随到随送，并无延误，既有歇伙造言于前，不得不细陈于后，以免疑虑。"④ 有些老信局为了保持对本行业的垄断，对于准备设立的信局先是采用压制的策略以阻止其建立，对已经设立的信局则采用攻击、诋毁的策略以阻止其发展。如怡和昌信局的遭遇就是如此："本行自设轮船，所有货样提单信件上落不齐，必须信班按期分递，自遭各老信局霸图垄断之后，不愿寄带，情有不甘，自以另请公正熟悉之人在英租界设立怡和昌信局，尅期分送，以免延误，所有便商贾以通消息者也。不意各局同行嫉

---

① 《辽客谈边》，《申报》1885 年 12 月 19 日第 2 版。
② 《辽阳纪事》，《申报》1890 年 5 月 13 日第 2 版。
③ 《天成局启》，《申报》1894 年 10 月 28 日第 4 版。
④ 《告白》，《申报》1882 年 8 月 28 日第 5 版。

妒，谗口中伤，妄登申报阻止生理，诚为可恶。然各局首称互保者，原属预防流氓旋开旋闭之弊，今本行自设分局，早登申报四远驰名，何容互保，况若辈悬指局歇顽伙隐戏等谎，究竟所指何人，予所不解，除确切查明奸恶外，即当禀请提究，恐号商贵客被其煽惑，特此辨正！"① 另外，从化名"苕溪不忍子"者所发布告中，可以看到怡和昌受到同业排挤和陷害的大致情况，"余与水百川兄萍水相逢，旧秋为长江信局事务始识其人也，悉伊吃信局饭出身。自开怡和昌信局后，同业忌妒，各分界域，即收信人等不能越鸿沟半步，每事掣肘，毋待表白"，详细叙述了精顺昌信局勾结怡和昌信局伙计合伙陷害怡和昌的过程。② 由于信局之间的恶性竞争，怡和昌不断受到同业的排挤和陷害，局主水百川在重重压力下甚至于做出自杀举动。1883年9月，水百川"因同行嫉妒，与精顺昌信局讼累未了而赀本已尽，日前向怡和洋行伙借银三百两开销各账，当承应允，兹往取银，忽置之不理，故情急自尽"。③ 由此亦可知信局之间互相诋毁和排挤的普遍性。

除了直接互相诋毁、攻击外，由于信局之间有租局牌的关系，信局之间的无序竞争还表现在以某一家局牌来压制另一家局牌。上海森昌信局发表声明称："福建省城森昌信局前由乾昌局邹姓租牌兼做，向未另设，本局可恨邹姓十余年来未将森昌招牌悬挂，更且将本局各省客寄来闽之信盖有森昌局印者，该邹姓胆敢将森昌图印涂改乾昌字样，意存埋没森昌牌号……故特派妥人亲往福建省城内外，添设森昌信局门面。是冬月朔起，概归本局自派人分送信件，并揽收寄各省银洋汇票信物，倘蒙仕商赐顾，务请认明自立门面，上海分此森昌盛信局，庶不致误。"森昌不但在福州设立了分局，而且特别强调："本申局业已与闽乾昌割绝永断，再不与他通来往矣"，由此造成两家信局间的仇恨。④

信局之间无序竞争的另一个重要表现是资费收取方面的混乱。由于设立过多，信局之间各自为政，缺乏协调。"为得到信函等已有增长的部分，

---

① 《谗口中伤》，《申报》1882年10月18日第5版。
② 《公道直言》，《申报》1883年5月25日第5版。
③ 《局主吞烟》，《申报》1883年9月16日第3版。
④ 《添设福建分局声明》，《申报》1896年1月9日第4版。

第四章　民信局的组织和经营　221

竞争更加激烈，以致近几年邮资大跌。"① 各钱庄票号的汇票信件是民信局的重要业务之一。如在19世纪80年代，上海因无序竞争导致各信局争相压价而出现倒闭现象。为此，福兴、胡万昌、全昌仁、全泰盛、铨昌祥等12家信局在信业公所的协调下，制定了各家轮流收寄庄号汇票信件的规定，并且强调："惟我同仁如敢阳奉阴违，紊规而取别局轮信者，察出即将此信扣留为凭，议罚遵规酒十二席，各局切宜恪守。"② 这是信局为减少无序恶性竞争而采取的措施。后来，上海民信局为了遏制信资紊乱问题，多次进行协商以求问题的解决。如"兹因杭嘉湖松江乍浦平湖各镇等处信价向有定章，近来渐有忝差，而局中归账倒不减扣，以致收信友受亏非浅，为此邀集同业在公所妥议，于十六日停班，廿二日开行，信资载明行单，以复旧规，嗣后不准紊乱，倘有违章察出重罚"。③ 虽然为此进行过多次协商，也制定过多项措施，但实际作用和效果不得而知。首先是在查阅到的资料中没有再次提及，其次是以后上海民信局的数量上升到几十家直至上百家，造成的只能是更加无序的竞争。

　　信资紊乱在各地的表现大致相同。如在芜湖，原来已经形成的信资标准被私自更改，因此造成价格紊乱。为改变这种局面，信局经过多次盟誓后共同制定的标准，依然是屡次被暗中更改。"芜湖信局九家……其信力早年诚有定章，不得私自增减，乃同业意见参商，往往盟辞甫投，暗中已减价招徕，以致行规屡立屡败。"④ 为了彻底改变这种局面，"芜湖各信局于二月朔日相约停市三日，整顿行规"，商讨结果是希图通过设立信业公所以达到改变现状的目的。"兹闻所定行规业已通行，信价统照向日虚码改为实足制钱，并设立公所，雇用司事二名，凡木街店铺逐日来信统令登账，此后均归司事经手，按月分执各局账簿前来收取一次。盖恐各局自行收取，易滋减价招徕之弊，并议定所收信资除每封捐钱二文津贴浙江会馆外，又抽十成之二为公所开销并作存款，以待不时之需，揆其意盖欲联为

---

① 天津市档案馆等编：《清末天津海关邮政档案选编》，中国集邮出版社1988年版，第52页。
② 《长江信业公议行规》，《申报》1882年4月12日第4版。
③ 《重整旧规》，《申报》1887年2月7日第5版。
④ 《信局罢市》，《申报》1894年3月11日第2版。

一气，畛域不分，出入划一，同业者不致自相贬价，自可免畸轻畸重之嫌。"① 从实际操作层面看，信业公所起到的规范和制约作用是有限的，信业公所的设立也改变不了这种无序竞争状态，以后再没有发现关于芜湖信局统一信资和设立信业公所的内容。到 20 世纪初，芜湖信局数量已经达到 17 家，这只会使原来的无序竞争状态进一步加剧。在其他信局设立过多的地方，也都不可避免地存在无序竞争。如在安庆，20 世纪初，仅挂号信局就有 18 家。

  不同信局之间存在知名度及社会声誉等方面的差异，生意兴隆的信局往往成为被冒名顶替的对象。有的信局采用在取名上"音同字异"的办法以达到假冒之目的，《申报》为此专门发表文章："如信局之有福兴润由来已久，上至天津燕台，下至苏杭宁绍，人妥而捷，故能得名，乃有欲冒充以图朦混者，忽于法租界中开设复信顺一局，以夺其利，在有识者自不致误认，而一切仆从持书往寄，每有不知其为托名者矣。"② 再如 19 世纪 90 年代，苏州全泰盛、森昌、乾昌等十家具有良好社会声誉的老信局，因被冒名而发布公告："苏州道前街风池园信伙茶会已历多年，近因混入甚多，以致不分皂白，今我十家另在风池街东首凤鸣台设牌茶会，倘蒙仕商赐顾，请送至凤鸣台认明十家老局为要，如有银信随给局票，万乞留神，切勿被骗。"③ 胡万昌也遭遇冒名问题，为此汉口胡万昌总局为宁波胡万昌信局被假冒一事发表声明："本局专带各省仕商公文银洋信件并无错误，兹因宁波本局招牌在水街口永义泰信局内，只此一家，并无别处，恐有无耻之徒私挂本局招牌，假冒图章揽收银洋汇票，查出即追究办，仕商赐顾者须认明本局招牌，庶不误事。"④ 从相关资料可知，各地假冒号名现象比较普遍。如在东北地区，"除了公认的民信局之外，最近还出现了许多冒牌信局。这在东三省各处都有，但以在大城市及商业中心为更多"。⑤

---

① 《信局新章》，《申报》1894 年 4 月 4 日第 2 版。
② 《记信局招牌字异音同》，《申报》1873 年 8 月 15 日第 1 版。
③ 《信局声明》，《申报》1894 年 8 月 31 日第 8 版。
④ 《楚南胡万昌老信局》，《申报》1882 年 9 月 11 日第 5 版。
⑤ 辽宁省地方志办公室编：《辽宁省地方志资料丛刊》第 1 辑，1986 年印行，第 67 页。

四 对相关从业者缺乏有效的制度制约

民信业基本的规章制度是在经营过程中逐渐形成并逐步发展的,但民信局开办时仅在形式上需要得到官方许可,只需呈请地方官备案,其余一切自由,不受官厅拘束,没有相关规章制度有效地监管、制约和规范其行为;从民信局自身讲,由于其所具有的经营分散性,缺乏行业内部的自我监管和约束,绝大多数地方没有设立信业公所,或者是设立了也没有起到有效的监管和制约作用。时人曾经指出,由于缺乏对信局从业者的相应制度制约,以至于对其各种不轨行为,"既无例援以惩其罪,又无专责以分其咎,是以各信局得以任便肆为,而人莫之奈何,纵或向其理论而已"。[①]从总体上看,民信业在发展过程中没有形成健全规范的规章制度,这也是它后续发展动力不足的原因之一。

关于民信业为维持自身发展而制定的行业规章,相关资料都缺乏细致的记载,这可能有两个方面原因。一是所制定的规章制度没有被记载下来,二是没有制定详细规范的规章制度。从所掌握的资料看,后一种可能性更大。从《光绪年间民信局条规》中可以发现它在规章制度方面的缺失,全文如下:

——议吾业往来银洋货物,最为重大,必须殷实之家方可开立。
——议新开之局,必须大排筵席,广邀同业,以冀大众咸知。
——议凡进伙友,必须押洋三百元,方可许做。
——议伙友设有寒素之人,难集三百元之数,最少亦须一、二百元。因局中收送信件,皆系重大,此洋以备不虞。
　议吾业向无学生,每局必须添立机司　人,专司局中杂用。
——议薪水每人每年,终须一百余元,不分大小。
——议局中例不给饭,各友自出饭金,包于厨房,不涉店中之事。
——议寄送各物,倘有遗失,何人经手即由何人赔偿。
——议如寄物件,不得任意损坏、受潮等弊,各伙务宜加意留

[①] 仇润喜等主编:《中国邮驿史料》,北京航空航天大学出版社1999年版,第319页。

心，免致多有争执。

——议每年须以正月初五寄信开班日，五月十三日关帝诞日，此两日各局敬神，互相邀请，以通同业和睦之诚。

——议定每年腊月二十三日封班，近地二十四日封班，各局一律照行。①

从上文可以看出，这些条规是民信业为了维护本行业经营而制定的，虽然涉及开设条件、局伙押金、人员组成和薪水、注意事项、赔偿原则、年终节日等方面，但非常简略。对于其发展至关重要的经营中的规章制度，仅有"寄送各物，倘有遗失，何人经手即由何人赔偿"和"如寄物件，不得任意损坏、受潮等弊"两条。而且，在非常简略的行规中有的还缺乏实质性内容，不具有可操作性。如"必须殷实之家方可开立"，何谓"殷实之家"？这或许也是造成人们一直认为民信局具有雄厚资本的原因之一。由于缺乏可操作性，这种行规在一定程度上也就失去了意义。如在协源、宝顺、全盛、老正大等信局发表的声明中："窃维信局一业，以通仕商之鱼雁而图程途之迅速，执业虽微，干系甚重，七局连环互保，历来多载，诚实无讹。近有歇业无耻之徒，混称信局，捏名戏牌，上街收信，冒取洋物，追查无根，现今小火轮木轮遍行内河，私带信洋等件，殊堪痛恨，蒙仕商庄号委寄洋物信件，必须认明招牌，免受欺骗。"②从声明所述可以看出，开设这些信局的人肯定不属于"殷实之家"的行列。这些信局的设立，对于民信业的健康发展极为不利。但由于缺乏规章制度对不具备开业资格的信局进行制约，其他信局只能以发布告的形式表明自己的态度，并给顾客"必须认明招牌，免受欺骗"的告诫而已。

无论是对信局主还是对相关从业者，都缺乏具体明确的规章制度制约。关于对从业者缺乏规章制度制约问题，在有些信局的声明中可以得到体现。如"永义昶永义祥信局系余亲自开创，历年已久，所设各处码头既广，用伙益多，其中安分营生者固属不少，第人类既多，未免良莠不齐，

---

① 北京市邮政局史志办公室编：《北京邮政史料》，北京燕山出版社1988年版，第395—396页。

② 《苏申信局声明》，《申报》1892年5月1日第6版。

如有本局伙友私自在外向各宝号借贷银钱，赊欠货物，即使盖有本局图章，亦不足为凭，盖信局图章与他号不同，信局之图章每封信壳亦必加盖，况且均在伙友手中，至于局中收条，亦不过暂为收受银洋信札之据，一经送到，即属无用，故不在支取银洋之例。去年曾登报章，今再声明，如本局需用银洋货物，另有局主刘玉鉴亲手花押为凭，伙友私盖图章，本局一概不认"①。再如永义昶致大信局，"恐有各码头局友交替私取押身洋及私出局中图样，向各宝号收取银洋货物、私借银洋票款等情，与局无涉，若寄银洋货物必须认明本局收条图章为凭，如回信已转，即作罢论，恐有不法之徒口请东翁私自支取，故特声明"。②信局主对所雇员工利用信局名义借钱物等事，只能采取声明不予承认的方式，以达到制约雇员不轨行为的目的，足以看出信局在规章制度方面的缺失。由于缺乏有效的制度制约，频频出现信局坑骗顾客事件。如在上海，"其专递浙宁等处信件，各局侵吞银洋家信之案层见叠出，均经分别追办，现据浙宁信局永利等八户联名禀称，伊等皆遵宪章，各由公所归帮入行，出具连环保结，守规递送，并有集资存公，以备一局失误七局摊赔"。但归帮入行、连环互保的规定对于信局不具有强制约束力，"迨后新开信局皆不入行，且不相识，此外尚有虚挂局名并无局基沿街撞骗者，以致侵吞客洋潜逃者"。③

民信局作为一种民营服务行业，所雇用人员的素质对本行业的健康发展具有重要作用。如宝顺信局因用人不当而遭受损失后，发出感叹："为此登报告知同业，以后用人必须靠实荐保，随时觉察，免被贻害。"④民信业逐渐认识到雇用人员问题的重要性并加以强调，"其各局用伙亦须妥觅，确保纳保，局内经事是开张，互保既所以慎重大局，而用伙觅保亦得以各整各局也"。⑤面对屡屡出现的不轨行为，在处理问题的过程中，民信业总结经验教训，在人员管理方面虽然制定了一些制度，但总体上仍处于非常薄弱的状态，并且在具体操作中没有落到实处。当时制约信局从业

---

① 《声明》，《申报》1895年12月1日第4版。
② 《声明》，《申报》1904年7月18日第7版。
③ 《信局新章告示》，《申报》1879年11月14日第3版。
④ 《宝顺信局敬启》，《申报》1889年2月17日第5版。
⑤ 《窃我信业自禀奉》，《申报》1878年2月18日第5版。

者的方法主要有押金和保人两个方面。押金即保证金，其目的是以之作为约束从业者的手段，防止违规行为的发生。如"永义昶致大信局开设四十余年，各码头局中伙友有押身洋无押身洋，局中是有号簿载明"①。找保人的目的是通过保人制约从业者，另外，在出现损失的情况下，还可以向保人追索。

无论交押金还是找保人，主要是靠社会公德及自身道德品质来约束其行为，而非制度化的制约机制，以致从业者的违规及不法行为还是屡见不鲜，其中以侵吞顾客金钱财物为主要表现。如"吾元春在硖石局经手，近来起心不良，私拆客洋三百元，已经汪姓理赔清楚，严追在案，于十月十一为始另放妥友执掌，承各宝号赐顾，务不捷妥，若有前项吾姓往来与汪姓无涉，免得后论"②。还有，"开信局之潘竹春至英公堂称，李小云荐钱金生至局经送信件，现被钱私拆烟台寄来之八家银信共银五十余两"。③再如嘉兴实裕钱庄盛泽益源绸庄发表声明称："为声明洋蚨羽化事，去腊盛泽益源绸庄托实裕买，洋逐日由两局分寄以应需，不料十九日由全盛局寄去之洋六百六十五元，益源开拆尽变铅段，不胜惊骇。然事有根源，即着禾局主到盛追查，嗣密探得盛泽全盛局司账方瑞霞曾将各路洋信掉头拆用，又于渠枕下搜出洋四十余元，盖方某岁阑日近，窟深难填，故将寄去之洋掉包弥补，殊属胆大妄为，罪无可逭，当嘱盛泽局主黄祥圖将方某送官究办，而黄某含糊不允，此中疑实不言而喻，于是新正即着方某到禾，禾局主邀仝各局主向渠理论，将其私下掉头拆用之事详细指明，即欲扭交经官，而方某情处俯首，无词对众，招实情愿措还云，邀盛局主黄某及荐人林某到禾理楚，而黄某畏罪不到，转托盛泽永和经手。姚某偕同荐人到禾，一面禾局主邀仝协兴等局主互相调妥，洋得全归小庄，本欲先将方某送官严办，追究同党，嗣为各局再四恳情，因众情难却，于是开法外之恩，不予深究。"④ 其他类似例子很多。"永义泰信局司账俞介甫初六早晨出门，云到夏姓木作帮理喜事，岂知至今已三日，一去不返，内各主顾来

---

① 《声明》，《申报》1904年7月18日第7版。
② 《汪协源信局谨告》，《申报》1898年11月29日第7版。
③ 《私拆银信》，《申报》1886年11月28日第3版。
④ 《声明盛泽全盛局掉包》，《申报》1886年3月11日第5版。

局追查洋信，即往该木作找寻，据复不知下落，查局中号簿约计各客洋信二百外元，大略被其私拆带去，细数尚未查核。"① 这种行为发生的普遍性，无疑表明信局在制度制约方面的缺失。

以上所举各例尚属信局的直接雇用者，在民信业发展的过程中，信局从节约经费的角度出发，它们与有些雇用者之间是临时关系，如雇用的走足或挑夫以及把邮袋交给轮船账房运递的委托关系。就走足或挑夫而言，由各信局与其约定，按时按地点运送，工薪视信件多少、路途远近订立协议章程，付与现金或按季结算；就轮船信局来说，通过委托轮船账房带递邮件，每月支付一定的报酬。由于属于临时雇用或委托关系，信局对这些人更缺乏有效的制约措施，出现侵吞钱财货物的现象为数众多。如1884年12月，厦门福兴康信局托日新轮船寄上海布袋包封一个，除一封信外还有银洋120元，由该船副买办唐云卿收下。但信到达上海后，上海福兴康信局发现该包封已经被拆，里面没有银元，最后报官。审判结果是唐见财起意，窃取了银元。② 还有信局临时雇用的挑夫或脚夫见财起意的例子。如"杭州公利上江信局在珠宝巷开设多年，专为人寄送货物银钱，从无遗误。本月初八日，因有某庄寄往徽州江西等处绸货五札，特雇脚夫谷发友挑至观成堂绸业会馆报捐，讵料谷如黄鹤之一去不返，遍寻无踪，闻此货约值价洋一千余元。谷系散行挑夫，并无埠头管束，向在荐桥一带挑货，从无错误，故局中深信弗疑，遂将绸货令其挑往，谷顿起不良，中途脱逃"③。再如"去年十二月二十日宝顺信局脚夫翁开年由大场起身，肩挑浏河恭泰等递寄申洋五百元，路过陆家牌楼地方，顿起不良，将洋藏匿，假跌入河，捏称被失，回局述明，司账陈亮伊信以为实，未细察情形，竟同赴宝邑报奉诣勘，并无遗失痕迹，陈亮伊即查知自首，当奉一再研训，翁开年供出已用去洋一百元，尚有四百元藏于周家街旁小路边浮厝棺盖上，而上覆稻草，蒙邑尊饬令带同翁开年及局东鲍善康局伙周维进前赴该处，当众如数起获，洋系原封无错"。④

---

① 《声明》，《申报》1894年10月8日第5版。
② 参见《信局领洋》，《申报》1885年3月8日第4版。
③ 《挑夫脱逃》，《申报》1895年9月8日第2版。
④ 《宝顺信局敬启》，《申报》1889年2月17日第5版。

由于对这种临时关系缺乏详细规范的制约而出现的纠纷，往往是各执一词，互相攻击，造成的是对民信业的不利影响，如图南轮船账房和全泰福信局之间因为信包问题而出现的纠纷即是一例。图南轮船账房关某针对全泰福所发布告称："盖轮船抵埠，向章各信局来取洋包，局伙必带有该局图记字条为凭，此定例也。本轮于廿六日晨抵埠，该局即遣人先提信包，后于十二点钟持条取洋包时，关某已公出，各同事当即验看图记无异，且字条与上次取洋之条笔迹相同。后至下午四点钟，该局又携图记到取，诸多龌龊，且又托各报登录，损人名器，以成其鬼蜮伎俩，观其狡猾多端，其预为吞吐地步可知，真乃丧尽天良，犬猪不食其肉矣！余在账房办事多年，事无巨细，一秉至公清，夜扪心堪称无愧，乃该局变诈百出，防不胜防，如某局吞没捐款及某氏洋信等事，历历可考，距今仅月余耳。"①

就整个社会来讲，无论是从政府还是从民信业自身的角度，都缺乏有效的制度制约，对于种种不轨行为，找不到可以理论的地方，更不要说制裁了。郑观应指出："至商旅工役人等出外谋食，欲报平安，或飞信以达价值，或具函以汇款项。虽由各信局分别寄交，每有浮沉，无从根究。"② 如同和公号通过福兴润信局寄往天津提单信5封，后来接到天津方面来信说一直没有收到，该商号"即向该信局根查，而该信局意存延宕故，始则藉词推诿，继则置之不问，屡次往查，则令收信人搪塞，而执事人竟避匿不出，置若罔闻，一味延宕"。③ 可以看出，民信业自身缺乏规则约束，信业公所起不到有效的监管作用，官府缺乏相应的处罚措施，在许多情况下，无论商家还是个人往往持息事宁人的态度。如宁波人袁继烈委托信局寄递银洋受到损失，在声明中说："此数洋亦不与深究矣，若有顾彼者，各宜慎之。"④ 杭州永源昌商号在声明中说："二月内托汉友代购皮弦样两包，交汉口全昌仁协兴昌寄杭，迄今未到，均有局据，竟敢托词狡赖，区区小事，不与深究，奉告诸君寄物宜

---

① 《串吞索诈》，《申报》1896年10月7日第4版。
② 夏东元编：《郑观应集》（上），上海人民出版社1982年版，第97页。
③ 《信局误事》，《申报》1896年10月1日第4版。
④ 《拆信》，《申报》1878年7月24日第7版。

慎。"① 只有在损失较大的情况下，顾客才可能诉诸官府。如信局寄错地点的例子，"五月廿八日，协泰昌交森昌盛信局洋九十元寄往烟台，信已收到，洋竟无着，当向查追，反将协泰昌号东扭送公廨，幸蒙蔡太守镜讯，核得该局交单，载明寄托重庆"。对于这种给顾客造成时间、精神等各方面损失的事件，最终也仅是判信局照数赔偿而已。② 此外，还有把信函货物送错收主的例子。如在上海，"本埠大东门内祥泰布号开设已久，迩来复有祥生泰布号开在小东门城内。前经祥生泰误收祥泰苏属寄来信货，彼时祥生泰认错服礼过去。本年冬初，又有祥泰苏来信货，信面开明切脚，而祥生泰又复疏忽误收开用"。对于这种信局误递的案例，姑且不论有意还是无意，由于没有明确的制度制约，只能是在布业公所出面协调的情况下，"惟既往不咎"了事。③

民信业在运作中出现的各种问题，不但给顾客造成损失，影响社会经济的发展，同时也危害了整个民信业的发展。对于所出现的问题，由于缺乏相应的规章制度制约，也就没有具体的制裁措施，无论是官府还是信业公所往往持推脱的态度。如对信局侵吞客洋事件，官府在告示中说："嗣后凡寄银洋家信以及紧要包封物件，均须送交同行信局，嘱令赶速寄递，照章付给酒资，倘有贪贱信力，寄交未经入行各信局，被其骗吞逃逸来案控追者，实系自误，概不准理。"④ 但官府寄递信函因信局寄递不到却态度嚣张而采取的措施令人深思，"本埠森昌信局承接上月初九及二十四两日蔡观察寄紧要公件两函至湖北抚署，近接来信知两函均未投到，因于前日派家丁至局检查底薄，局伙出言不逊，家丁受辱而归禀知观察，观察怒甚，函请上海县署提究，黄大令立饬马快将局主钱玉成提案"，该局主的回答颇耐人寻味，"蔡大人因前后所寄函未经递到，派家丁来局稽查，局伙不知，以致怠慢，及小的闻知其事，立即函致湖北稽查矣，求恩交保出外，容俟查明下落，然后禀陈，大令着收押所中，限五日内查明禀覆，如违提比"。⑤ 在这个例子中，信局和官府对于涉及自身利益问题的态度都

---

① 《信局捐物》，《申报》1903年7月4日第7版。
② 参见《信局昧良》，《申报》1887年8月25日第5版。
③ 《解纷息事》，《申报》1882年1月10日第5版。
④ 《信局新章告示》，《申报》1879年11月14日第3版。
⑤ 《局主被押》，《申报》1896年8月17日第3版。

得到明显体现，但对于普通商民来说，遇到类似事情，官府和信局肯定是另一种态度。

五　民信业缺乏有效的赔偿机制及抵御风险的能力

在长期的运作过程中，"所有收寄各件，均登记簿内，如有遗失损坏"，信局负责赔偿，其基本规则为"汇票、现金、包裹中途如有遗失，信局应如数照赔，如遇盗匪劫抢，则赔一半，脚夫被杀则全数免赔，是为惯例"。[①] 但由于缺乏具体的规章，如有遗失损坏其赔偿责任并无一定限度。如日升昌信局因轮船失事发表声明："前上海轮船被焚洋物，宁波公兴寄汉物一包估四元，绍兴永隆寄衣料一包估七元，德昌寄洋五元物一包估三元，扬州福兴寄湖南洋三元，德顺兴寄衣料一包估十元，赵寄江西朱收洋八元，马季生寄南京洋四元，赵由江寄九江洋五元，以上各户因不及寄出，耽误两天，乃本局之责，为此说明赔还，寄户速向寄处本局凭回单取洋勿误。"对于因信局耽误而遭受的损失，信局负责赔偿，但其他金银货物则不在赔偿之列，只能是"各由天命"。[②] 需要指出的是，信局对无论何种原因造成的普通平信丢失，则不负赔偿责任。据《申报》上登载的丢失广告看，有的还加上一句，如"以上失单俱登报上，惟各寄空信汇票不及详细登明"[③] "今将各寄汇票公文列后……空信不及细登"[④] 等字样，绝大多数对于平信丢失则根本没有提及。

一般来讲，民信局遵循的赔偿原则是：由于自身原因而造成的损失，负责全额赔偿；对于因被盗抢而造成的损失，在案件未破获前，信局先行赔垫三成。但由于没有规范的赔偿原则和赔偿机制，信局和客户双方在丢失邮件的估价方面往往存在严重分歧，信局对此也是怨言满腹。"现在世风日下，人心不古，变端日出，诈伪丛生，凡遇局家偶有遗失，往往花样百出，假如空信伪言票件，破衣说是绸绫，甚至店家粗货亦有诈道多金者种种，藉端生事，以少报多扰累情形，以致各码头吃苦无穷，每至公所，

---

　　① 关庚麟署：《交通史·邮政编》第1册，交通、铁道部交通史编纂委员会1930年印行，第39页。
　　② 《上海日升昌信局启》，《申报》1891年1月14日第4版。
　　③ 《信船被劫》，《申报》1891年1月3日第4版。
　　④ 《局船被盗》，《申报》1891年8月24日第4版。

忿言怨语，痛声不绝。"[1]

民信业经营的项目不仅有信函，还有现银、现钱以及贵重货物，这都需要雄厚资本作基础，才能在出现各种意外的情况下形成有效的赔偿机制，促进民信业的良性发展。但民信业与票号、钱庄不同，从各方面情况推断，它拥有的资本不会太大，从而造成民信业的个体分散经营模式使它在抵御市场风险方面先天不足。另外，由于近代中国社会动荡，信局运送的现银、货物等对盗匪具有相当大的吸引力，屡次出现信局划船、走足、挑夫等被盗抢甚至于被杀事件。对于频频出现的盗抢事件，信局只能采用力所能及的办法应对。如在温州，"温郡各信局脚班均扮成乞丐模样方敢就道，否则身上所穿衣服必被剥去，货物更无论矣"。[2] 对于社会环境的混乱，官府也是无可奈何，才会出现这样的警告："年关伊迩，盗贼横行，各处信船货船往往在途被劫，上海县汪瑶庭知之，传谕船埠头转饬各船户，凡遇开班须在日间，切不可于夜晚冒险行驶。如果不遵，设有疏虞，咎由自取。"[3] 有的地方官府规定对违禁夜行遭到抢劫的信船，增加赔偿额度，"官场复禁止夜行，于冬令尤为严密，奈匪徒出没亦有不卜夜而卜昼，在船户则以昼报，而旁观拟议必以为贪赶夜站使然，以致大宪饬遵，嗣后信局包送信物洋银，如敢违禁夜行，致有失事者，无论水陆，责令照数全赔"。[4] 可以看出，禁止信船夜行仅是权宜之计，由此反映出官府在制止盗抢方面的无力，官府对信局缺乏积极有效的保护措施。同时也从侧面说明，信局赔偿具有很大的随意性，没有形成有效的赔偿机制。

关于信局走足、挑夫、划船被盗抢甚至于被杀的案例很多。如汉阳县陈永昌信局脚夫在夜行乘坐划船渡河过程中，被强盗杀死。[5] 再如，"杭州老公利信局本月廿三日下午有洋信货物七担，至临安县近镇头地方遇盗，多人手持军火劫抢一空，班头朱小宝被盗洋枪轰毙，担夫亦有受

---

[1] 《声明信业公所议定新章》，《申报》1901年12月29日第4版。
[2] 《东瓯多盗》，《申报》1887年3月17日第3版。
[3] 《信船避夜》，《申报》1901年2月14日第3版。
[4] 《信局船改用小火轮议》，《申报》1886年6月25日第1版。
[5] 参见《劫案续闻》，《申报》1886年10月29日第2、3版。

伤"。① 而且，信局走足、信船被盗抢在绝大多数情况下是一抢而空。如"本月二十六日，苏州信船行至崑山离城一里之遥，二更时分，突遇强人抢劫，将苏六局通顺、宝顺、协源、通裕、全盛、鸿源一应信包内有汇票信件及零星银洋零物等件，尽行劫去一空"②；再如，"本埠致大等信局九家于本月二十四日饬脚夫三名挑信物至苏常，行至江桥镇附近白坑港地方突遇盗匪持刀而至，所有信物被劫一空"③；还有，"十月二十八日清晨，全盛局信局递信划船由嘉兴开赴乌镇等处，行至三里塘突遇盗匪蜂拥而上，将货物抢劫一空"。④

从《申报》新闻中的报道以及信局或顾客因为丢失而发布的声明中可以看出，所有信局都遭受过盗抢，甚至出现过一家信局短期内在不同寄递路线上遭盗抢的事件。以永和、永泰丰信局为例加以说明。据不完全统计，1876年1月，"昨悉永和、永泰丰两信局船由本埠赴湖，于本月初二日将晚时行至昇山境，竟遭盗劫，计抢去货物十一件"⑤；1876年7月，上海寄往杭嘉湖三府的13家信局总包封遭劫，其中就有永和、永泰丰⑥；1880年10月，众信局包括永和、永泰丰把收寄的银洋货物装载驶往嘉兴、嘉善、西塘、硖石、王店、海宁等处途中，遭到抢劫⑦；1883年1月，"本埠全盛、永和、永泰丰、正源信局之短班划船，闻日前行至西塘中途被盗抢劫，银洋货物颇属不少"⑧；1885年10月，《申报》先后有两次报道："初三日黎明时，全盛、正源、永和、永泰丰等局船在嘉兴北门外太平桥秀水县地界被盗抢去"⑨，"昨日黎明本埠日晖港中有永和、永泰丰信船被盗，当盗船来时，船户见势不佳，即将银包掷入河中，盗见之甚怒，随将该船踏沉，船内货物共计四十余件悉付波臣，连船俱没"⑩；

---

① 《信班被盗》，《申报》1889年11月21日第5版。
② 《信班船遇盗》，《申报》1873年12月19日第6版。
③ 《信班被盗》，《申报》1890年7月15日第2版。
④ 《信船遇盗》，《申报》1901年12月11日第3版。
⑤ 《局船被劫》，《申报》1876年1月3日第3版。
⑥ 参见《信包遇劫》，《申报》1876年8月21日第6版。
⑦ 参见《告示》，《申报》1880年12月4日第5版。
⑧ 《信船被劫》，《申报》1883年1月23日第3版。
⑨ 《局船被盗》，《申报》1885年10月16日第6版。
⑩ 《信船被劫》，《申报》1885年10月21日第3版。

1888年1月，从事杭嘉湖及沿线城镇一线邮件寄递的永泰丰、永和信局信船，被盗贼抢劫一空[1]；1888年11月，运行在这一路线上的永泰丰、永和信局信船再次被劫，同样是被抢劫一空[2]；1889年1月，"本月初十十一两日，本埠全盛、正源、永和、永泰丰等湖班船行至坊垣被盗，将舟中货物抢劫一空，舟子急将洋包抛入河中，是以未经劫去"[3]；1889年6月，"廿九日，全盛、永和、正源、永泰丰四局信船由菱湖开放至双林，计离约十里，在凤凰桥地方被盗，所有各物劫去一空"[4]；1890年12月，"廿八黎明，全盛、永和、永泰丰、正源湖班划船两只自盛泽开行来沪，在盛泽东栅八角厅地方陡遇匪徒……惟永和、永泰丰一船见势凶横，当将银包抛入水中，货物亦被劫一空"，而"全盛、正源一船银洋货物尽被劫去"[5]；1891年8月，"全盛、永和、永泰丰、正源信局船于十四日由湖州、菱湖、双林、南浔等处收得空信汇票公文等件，驶至震邑兰溪塘地方，被盗抢劫一空"[6]；1891年底，全盛、正源、永和、永泰丰"本月廿四接下各寄货物，于廿七日在嘉兴秀水县地方被劫"[7]；1897年4月，"初二日，上海正源、全盛、永泰丰、林仁记、协兴、福润、永和等信局将所收银信打叠成包，载送盛泽、湖州、南浔等处，次日驶至青浦县境张市堰，初四晨，甫过小毛湖，突有盗匪五六十人驾船五六艘，呼哨一声，将船中洋银烟土抢劫罄尽，闻所失约值四千金之谱"[8]；1899年3月，"二十九日清晓，林仁记、永泰丰两信局递信船驶至盛泽镇乡间坛邱地方，忽来盗船两号，有盗十余人，一拥而上，将船中洋银烟土及零星货物二十余件劫掠一空，据云所失约值六百金"[9]；1900年8月，包括永泰丰信局在内的五家信局被劫，价值约三千金。[10]

---

[1] 参见《信船被劫声明》，《申报》1888年1月16日第4版。
[2] 《局船被盗》，《申报》1888年11月11日第4版。
[3] 《信船被劫》，《申报》1889年1月20日第3版。
[4] 《信船被劫》，《申报》1889年7月3日第3版。
[5] 《信船被劫》，《申报》1891年1月11日第3版。
[6] 《信包被劫》，《申报》1891年8月24日第3版。
[7] 《声明盗劫》，《申报》1891年12月2日第6版。
[8] 《信船遇盗》，《申报》1897年4月7日第3版。
[9] 《信船遇盗》，《申报》1899年5月17日第2版。
[10] 参见《劫案类志》，《申报》1900年8月30日第2版。

上面所举仅就目力所及关于永和、永泰丰被盗抢的案件，难免多所遗漏，但也可看出在如此频繁的盗抢下，信局如何能够切实落实赔偿问题。上面的报道大多没有表明信局被抢劫时所受损失的具体数目，给人的印象还不够直观和清晰。上海日生信局所受损失的记载则比较清晰，"本月初一夜，船停大团镇地方，遇盗劫去洋物列后：王义隆洋四十元五角启泰，唐永盛洋五十元协成乾，正泰洋廿二元洽记，泰顺洋五元吉甫，东来洋十八元洽记，徐宅洋三元陈锦章，王永顺票七十元恒顺，虞宅洋一元吴良才，王义隆洋一元八角德日新，合茂洋一元怡□，下砂场洋一元同源顺，乾源物一包永新，洽和洋一元四角道生，合顺物一包德润，柜杏钱六百廿四泳记，恒源洋一百元汪吉甫，义成米糖一包文彩章又手炉米糖程正泰，宝昌物二包东天成，震兴票五十五元源茂又洋五十元恒顺，汇丰洋廿元洽记，合茂洋十九元洽记，义弄洋一百元成德，和恳局洋五十元恒森"。① 总计以上所失，不计物品，单现洋共计483元7角、钱640文，损失可谓惨重。同年5月，日生信局再次被劫，"本月二十三日，本埠日生信局船行至浦东南汇县属飞云桥地方，突遇盗船行劫，致失诸客所寄洋银二千数百元"。② 从数额上看，此次损失远大于上次。在不到半年的时间里，日生信局两次被劫，所失洋银数额巨大，按照当时民信局的规模来划分，该信局的寄递范围仅限于上海及其周围地区，只能算是小信局。从当时同类规模信局的盈利看，单这两次所受损失，按照惯例先行赔垫1/3的数额来说，它也根本支付不起。其他因信局被盗抢而遭受数千元损失的例子很多。如1874年12月，"初三日，有自杭州至苏之信局船一支，系福润、正和、正源三信局所合开者，乃行至新市镇地方，猝为盗所劫掠，计抢去货物洋银约四千余元"③；1890年3月，上海致大信局划船开往常熟途中，"所有大土洋货等物劫掠一空，约值洋千余元"④；汉口王仁永信局将信银等汇齐后，专足送往江西省垣，行至德安县某地，有群盗啸聚拦住要隘，喝阻信足抢劫一空，查劫去信银300余两，信货值千余金。⑤ 还有信局一

---

① 《信船被盗》，《申报》1889年1月9日第5版。
② 《信船被劫》，《申报》1889年5月24日第3版。
③ 《新市信局被劫》，《申报》1874年12月15日第2版。
④ 《信船被劫》，《申报》1890年3月19日第2版。
⑤ 参见《盗劫信银》，《申报》1886年12月13日第2版。

次损失竟达五六千元之多。如1898年2月，"初三夜，全盛信局船由杭州载洋银货物开往绍兴，行抵萧山县境西小港，猝遇盗船肆意搜刮，约计所失洋银三千圆之谱，货物值二千圆"。① 在如此频繁、猖狂的盗抢下，难怪信局发出感叹："嗟乎! 行路之难，至于此极，吾辈信业日报杞忧，何以为生。"②

此外，除了因被盗抢等外力因素而造成的损失外，信局自身失误也是重要原因之一。如上海宝顺信局把顾客交寄的洋六包，"雇装小车往南局带苏，不料在大东门外城脚下被车夫窃去一包，内洋六百元"③；"全盛信局由苏雇划船运申洋包计卅六封、洋九百十三元半、汇票四封，廿六晨到埠，泊杨家渡码头携洋包上岸，被船人遗失"④；上海老正大信局"于廿七夕被贼撬门进内窃去洋包一个，内各家所寄洋信共洋四百廿二元，又全昌仁附寄镇江老仁和寄苏天和栈内左芷林客人收汇票一纸，计元二千两，又洋信四封，计洋四十一元"⑤；上海老协兴信局，"前日南市老协兴信局划船由西乡来沪，行抵南黄浦，忽被朱姓驳船所撞以致覆没，所携信件货物尽付东流"。⑥ 按照赔偿规则，由于信局自身失误而造成的损失，属于全额赔偿的范围，但在笔者查阅到的资料中，对于这类损失的赔偿，没有相关资料的详细记载。

由于民信局的个体分散经营模式，其本身资本不大，缺乏抵御风险的能力。尤其是在当时社会环境不安定的情况下，民信局被盗抢事件屡屡发生，有时一家信局在短时间内多次遭到盗抢，这就更使它们缺乏赔偿能力。由于缺乏赔偿能力，所谓的赔偿原则也就失去了意义。在出现损失的情况下，信局就会倾向于采用少赔或者是根本不赔的办法，从而把其抵御风险的低下能力转嫁到被服务对象身上，由此造成顾客和信局之间的矛盾不断加深。

综上所述，民信局具有的经营线路的选择性，相关从业者的不轨行

---

① 《信船被劫》，《申报》1898年2月28日第2版。
② 《扮勇为盗》，《申报》1885年10月22日第5版。
③ 《招寻失洋赏格》，《申报》1872年9月6日第4版。
④ 《遗失洋包》，《申报》1888年2月9日第5版。
⑤ 《招寻失洋》，《申报》1880年12月30日第6版。
⑥ 《信船失事》，《申报》1902年3月14日第3版。

为,同业之间的无序竞争性,对从业人员缺乏有效的制度制约、缺乏有效的赔偿机制及抵御风险的能力等方面的弊端,是民信业自身无法克服的痼疾。随着商品经济的发展,民信业所具有的这些弊端与整个社会商品经济协调发展之间的矛盾逐渐凸显,从邮递事业促进经济和社会发展的角度讲,需要有一种能够克服民信局弊端的邮递组织和形式来代替它,那就是官办民用的邮政组织。

第五章

民间信局和官办邮政之间的博弈

由于民间信局和官办邮政在近代共存了较长时期，要研究民信局的兴衰，就不能不涉及双方之间博弈的演化过程。从1866年海关兼办邮政开始，到1934年民信局被彻底取缔为止，共存了近70年，双方关系经历了平行发展时期、相互竞争时期和一进一退时期三个阶段。1866年至1896年，海关兼办和试办下的邮政仅限于通商口岸地区，寄递地点有限，双方没有发生业务上的激烈竞争，总体上处于互不联系、各自独立发展状态。在此期间，民邮的发展远高于官邮，表现在寄递地点不断增加、邮递路线不断延伸，形成遍及经济发达地区的通信网。从1896年清政府正式同意由海关举办邮政后，双方进入了相互竞争时期。从民信局角度讲，"由于民信局把大清邮政局当作夺去他们大部分生意的竞争者，并且，在把他们认为对他们有害的消息告知他们的代表的方法上是迟缓的"；从官办邮政角度讲，"世界各国邮政事业，莫不列为国家独占之营业，其目的在使人民以最小之资费，获最大之利益。然我国民办信局与邮局，营同一之业务，实与国家独占之旨相背，岂可任其存在"。[①] 官邮要限制民信局的发展，才能达到垄断邮政之目的。在此过程中，官邮除利用国家强制力限制和排挤民信局外，最主要的手段是在业务上开展竞争。

[①] 仇润喜主编：《天津邮政史料》第1辑，北京航空学院出版社1988年版，第77、79页。

第一节 民间信局和官办邮政的相互竞争时期(1896—1911)

从 1896 年清政府授权海关正式开办邮政，到 1911 年中华民国成立前的 15 年里，官邮发展迅速。但在官办邮政建立初期，就双方力量对比来讲，民信局尚处于明显的优势地位，它们对官邮持鄙视态度。与民信局轻视官邮的短视眼光相反，官邮表面上许诺仍准其继续经营，但实则真正打击之对象，几乎全在民信局。1904 年，邮政总办帛黎明确提出民信局已经成为官邮发展的重要障碍，"至于原有信局听其自然一节，查设立邮政本国家专有之权，民局一层，不能听其自便，开办伊始，必使人人晓认此旨"，所以，"亟应示以限制"。[①] 在官邮开办初期，民信局在许多方面具有官邮所暂时无法比拟的优势，它已经深深扎根于中国社会中。另外，官邮又具有民信局所不具备的政治资源优势，它可以利用国家强制力对民信局进行政策上的控制和排挤；并且，官邮积极加强自身的软硬件建设，与之展开强有力的竞争，民信局则处于被动应付状态，缺乏积极有效的措施对抗这种排挤和竞争。对民信局而言，这一时期处于由盛转衰的转折期。

一 官办邮政对民间信局进行排挤和竞争的具体措施
(一) 官邮试图把民信局纳入统一管理的轨道

官办邮政开办后，在如何处理与民信局的关系上是相当微妙的。首先，清政府对官邮在多种邮递方式并存局面中地位问题的表述比较含混。"凡有民局仍旧开设，不夺小民之利"，这是其基本态度；清政府没有限制民信局的发展，也就没有赋予官邮在邮递上的垄断权，但同时又规定："并准赴官局报明领单，照章帮同递送，期与各电局相为表里。"[②] 也就暗示官邮处于主导地位，民信局处于从属地位，给官邮管理和控制民信局留下了可操作空间。"准赴官局报明领单"后来逐渐演变成民信局必须到邮

[①] 中国近代经济史资料丛刊编辑委员会主编：《中国海关与邮政》，中华书局 1983 年版，第 123 页。

[②] 同上书，第 81 页。

局挂号，才允许经营邮递业务。赫德明确表达了他的想法："彼等为大清邮政局之代办机关，基此意义，遂制定特别章程，以为彼等之指导与监督。"① 其次，官邮当时的设立地点仅限于通商口岸地区，寄递地点和范围有限。"对那些偏僻的地区，至今还处在幼年时期的帝国邮政无能为力，只好利用这些没注册的信局作为它的代理机构。"② 所以，官邮既要贯彻清政府"不夺小民之利"的要求，又要暂时利用民信局的寄递网络以补其不足。虽然如此，这并不表明官邮是听任民信局发展的，它充分利用清政府在规定双方关系上留下的可操作空间，试图把民信局纳入统一管理的轨道。

早在1892年12月，赫德已经初步提出垄断通商口岸地区邮件寄递的办法，"民间所立之信局，若有书信由通商此口欲送通商彼口，则应交新关邮政代送，递至第二口民局查收，所有寄费照例先行缴纳"。③ 1896年3月，总理衙门在开办邮政折中专门制定了针对民信局的三项条款："（1）凡民局之信件途经通商口岸交轮船寄送者，均须由该局将信件封固装成总包，交由邮政局转寄，不得迳交轮船寄送，并应按往来通商口岸之章完纳岸资，至其轻重大小随后酌定，由各该邮政局晓谕众知，所有在内地往来之内资，由该民局自行酌定收取；（2）邮政局接运民局之封固总包，应寄交书明处所之同行民局查收，取回收单备查；（3）凡民局开设联约处所，应赴邮政局挂号领取执据为凭，无须另纳规费，倘该民局领有执据后不愿复行承办此项事件，应先赴邮政局呈明将执据缴销。"④ 在经营地域上，官邮首先着手的是通商口岸地区，从民信局的业务往来、到邮局挂号等方面对其进行限制。

官办邮政开办后，即依照上述规定制订了具体措施："凡有邮局之处，各民局应赴官局挂号，此外俱不得擅营递信业务，违者处以银五十

---

① 关庚麟署：《交通史·邮政编》第1册，交通、铁道部交通史编纂委员会1930年印行，第48页。

② 秦惠中主编：《近代厦门社会经济概况》，鹭江出版社1990年版，第332页。

③ 关庚麟署：《交通史·邮政编》第1册，交通、铁道部交通史编纂委员会1930年印行，第44页。

④ 中国近代经济史资料丛刊编辑委员会主编：《中国海关与邮政》，中华书局1983年版，第83页。

两之罚金。至挂号民局，所往来通商口岸之信件，交轮寄送者，应装成总包由邮转寄，应纳资费由邮局酌定公布"，后来规定民局总包每磅纳费一角。① 这就明确了设立邮局地区官邮的垄断权。1896 年 7 月 17 日，赫德发出邮字第 13 号通令：各通商口岸信局限于 8 月 15 日前申请挂号，"应将本局何年开设，设在何处，局东姓名籍贯，何处有分局，何处有何字号代办者，递寄何处，并寄费若干，需时几何，逐一详细报明，以资代寄，再赴关挂号"，并特别申明，"并无他意，亦毋庸另纳丝毫费用，即希照办可也"。② 这便于官邮对民信局的开设地点、寄递线路、寄递时间、寄递费用等方面的情况进行详细了解，有利于与民信局开展竞争。官邮对挂号一事非常重视，1897 年 3 月，专门发布通令："民局几乎全部可照旧经营其业务""只是附加必要之注册手续，如运船邮件之接送方法及运寄费"，并且，"须在官邮政局注册以示认可"。③ 对于其中的原因，赫德的解释是"为便导引、管理，须使其挂号，视为邮局之代办机关，与邮局相辅而行"④，把民信局纳入统一管理轨道的目的昭然若揭。

官邮规定通商口岸地区的民信局要到邮局挂号，其目的是把这些地区的民信局初步纳入统一管理轨道。如在营口，民信局多已先后向邮局挂号，最初为轮船信局。1897 年 4 月，营口的 5 家轮船信局，全部按照规定到邮局挂号。⑤ 挂号的绝大多数是轮船信局，是因为"注册的信局有着与沿海口岸及内河城镇相联系的巨大业务，并利用了在那些需要传递邮件的地方已建立起来的轮船交通设施。为此，它们不得不与帝国邮政取得协调"。⑥ 挂号的轮船信局成为官邮的辅助部分，官邮达到了把部分民信局纳入统一管理轨道的目的，但通商口岸地区的专行内地信局则没有挂号。如 19 世纪末，天津挂号的民信局有老福兴、全泰盛、协兴昌等 7 家，它

---

① 仇润喜主编：《天津邮政史料》第 1 辑，北京航空学院出版社 1988 年版，第 77 页。
② 《邮政新章》，《申报》1896 年 8 月 24 日第 1 版。
③ 黄胜强主编：《旧中国海关总税务司署通令选编》第 1 卷，中国海关出版社 2003 年版，第 381—382 页。
④ 张翊：《中华邮政史》，（台北）东大图书公司 1996 年版，第 98 页。
⑤ 参见《营口邮政》，《申报》1897 年 4 月 1 日第 2 版。
⑥ 秦惠中主编：《近代厦门社会经济概况》，鹭江出版社 1990 年版，第 331 页。

第五章　民间信局和官办邮政之间的博弈　241

们或者是利用轮船、铁路，或者是委托邮局寄递，而未挂号的立成公义成、三顺等信局主要采用走足的运送方式。① 在上海，1901年底，按照规定挂号的民信局共有46家，"这些民信局发送邮件的路线已经包括在大清邮政局的航线之内，就是说，它们是用轮船从这里发送信件的"，"据可靠消息，未登记的民信局，它们的邮件是由信使经由陆路或内河航线的小船发送的，它们不需要同大清邮政局直接联系"。②

在官邮建立初期，挂号民信局可以把邮件包封交给邮局寄递，由于每磅只需交纳一角之费，给民信局留下了较大的利润空间。"每代信局寄信一包重一磅者收费一角，而信局一磅重之包封，其包内之信少者二三十封，多者五六十封，其收民间之费，每信一封至少须制钱一百。"③ 从经济收益的角度来加以利诱，这是吸引轮船信局挂号的重要原因之一。但到1899年，随着官邮势力的逐步扩张，对民信局的政策发生较大变化。同年1月，《大清邮政民局章程》公布，规定"民局交邮政转寄总包应纳之满费，改为半费"，即交寄的邮件总包由每磅交纳一角增长为六角四分，自然激起民信局的极大不满。从全国范围看，"自汉迄沪，民局均纷纷呈诉，沿江上下均已停班，情甚迫切"，信局的申诉及停业抗议给清政府造成了极大压力，"必须将民局包封加费量予核减，方可息事宁人"。④ 为尽快平息事态发展，清政府向赫德施加压力。在官方和民信局的双重压力下，赫德被迫做了让步，"只可照所拟收资三角办理"，并且，"应先订明，自改纳三角之日起，每年加费一角，加至九角为止，此六年中彼此设法，庶民局承认日后渐少余利，邮局承认目下暂受亏折"。外务部同意了赫德的方案，但后来形势的发展超出了赫德的预想，一是民信局继续进行抗争，二是"是时海关章程无稽核洋局收包之条，于是洋局乘此诱令信局前

---

① 参见仇润喜主编《天津邮政史料》第1辑，北京航空学院出版社1988年版，第80—86页。
② 徐雪筠等译编：《上海近代社会经济发展概况》，上海社会科学院出版社1985年版，第99页。
③ 刘锦藻撰：《清朝续文献通考》（四），（台北）新兴书局1965年版，第11228页。
④ 仇润喜主编：《天津邮政史料》第1辑，北京航空学院出版社1988年版，第87—89、96页。

往交运信包，略取寄费，以攘中国邮权"。① 为扭转这种局面，赫德决定："自（1902年）三月初一日起，各民局如其在口岸之官局挂号，即可代为寄递信包，无庸纳费。"② 这是官邮试图把民信局纳入统一管理轨道过程中双方的一次正面较量，在这次较量中，官邮占有处于管理地位的优势。虽然此次加费最终因多种原因而取消，但它表明了官邮把民信局纳入统一管理轨道的决心。

在官邮正式开办后数年内，遵守挂号规定的主要是轮船信局，对于从事内地邮件寄递的信局来说，则没有什么约束力。"系因官局未收民局信包代其递寄，故民局无隙与官局共事，遂致挂号者不见其多"③，"它们不愿向官方注册登记，只雇佣一个已注册的信局，为它们与帝国邮政官员打交道。……未注册的信局仅仅利用地方的交通设备，通过民船和现存的道路，将邮件传递到帝国最偏僻的地区"④。对于如何把这部分民信局纳入统一管理轨道，一直是令官邮颇感为难的问题。1900年，赫德提出："须令在通商口岸设有字号之民局向邮局挂号，邮局并须设法代各民局运寄往来各埠之邮件。凡已在邮局挂号之民局，须令其将往来各埠之邮件交由邮局寄递。此外，更须设法联络各民局，使其为邮局代办机关寄递往来各内地之信函。"⑤ 表现出在把轮船信局纳入统一管理轨道的基础上，利用和限制从事内地邮件寄递的民信局的意图。可见，把所有民信局逐步纳入统一管理轨道是赫德一直以来的策略。

随着官邮势力向内陆地区的扩张，为把内陆地区的民信局也纳入统一管理轨道，1905年10月，官邮把要求挂号的范围扩大到内地信局，"通令无论口岸内地各民局，一律均需挂号"⑥，这表明民信局到邮局挂号已经成为一项硬性规定，有一部分信局按照规定到邮局挂号。如上海新开的

---

① 中国近代经济史资料丛刊编辑委员会主编：《中国海关与邮政》，中华书局1983年版，第124、140页。
② 仇润喜主编：《天津邮政史料》第1辑，北京航空学院出版社1988年版，第96页。
③ 中国近代经济史资料丛刊编辑委员会主编：《中国海关与邮政》，中华书局1983年版，第124页。
④ 秦惠中主编：《近代厦门社会经济概况》，鹭江出版社1990年版，第331—332页。
⑤ 张志和等主编：《中国邮政事务总论》（上），北京燕山出版社1995年版，第663页。
⑥ 仇润喜主编：《天津邮政史料》第1辑，北京航空学院出版社1988年版，第78页。

裕兴福信局,"遵奉邮政官局挂号领照,遵规入行设立长江各埠"。① 营口自官邮设立后,向邮局挂号的最初为轮船信局,之后为专行内地信局。但在实际运作中,还是有相当一部分内地信局没有遵守该规定。为解决这个问题,1907年1月,税务处致函赫德:"查内地各处现尚未遍设官局,欲令各民信局一律赴官局挂号,此时不无窒碍,且勒令不挂号之民局一律歇业,亦恐不无滋扰。"为此,税务处建议各地官邮配合地方官府出告示,要求信局在三个月内到邮局挂号后,才允许从事邮件收寄工作,对于逾期不挂号者,予以从重处罚。② 在官邮和地方官府越来越严格的制约下,挂号民信局逐渐增多。如在上海,1908年有信局69家,其中挂号的有52家。在汉口,1908年挂号信局增加到47家,交寄的信件也增加很多,"其故系因光绪三十三年八月之后,已有三十二家民局挂号"。③ 在九江,1909年共有21家信局,其中挂号的有16家。④

通过以上各项措施的贯彻实施,官邮把轮船信局和越来越多的内地信局纳入统一管理轨道。"因邮局发达,全国信局因其利用之便,至光绪三十四年,已有半数以上前往邮局挂号,愿受统辖。其未挂号各局,虽尚散布各地,继续营其独立之业,然已无力阻止邮局之发展矣"⑤,这为其最终实现其对邮政的垄断权打下坚实基础。1911年7月,邮传部(注:1906年清政府设立邮传部,1911年5月,邮传部从海关手中接管邮政)制定的地方官府保护邮政的十条办法中规定:"凡未经邮局承认之民局应令关闭。"⑥

(二) 官邮网点的普及和邮路的延长

在双方竞争的过程中,官邮网点的普及和邮路的延长是其中的一个重要方面。只有实现邮路的延长和邮政网点的普及,官邮才能在更多的地点和更大的范围内把民信局排挤出去。官邮正式建立后,清政府非常关注邮

---

① 《新开裕兴福长江信局》,《申报》1900年11月4日第6版。
② 参见中国近代经济史资料丛刊编辑委员会主编《中国海关与邮政》,中华书局1983年版,第149页。
③ 张志和等主编:《中国邮政事务总论》(上),北京燕山出版社1995年版,第130页。
④ 参见关庚麟署《交通史·邮政编》第1册,交通、铁道部交通史编纂委员会1930年印行,第60页。
⑤ 谢彬:《中国邮电航空史》,上海书店1991年版,第41页。
⑥ 张翊:《中华邮政史》,(台北)东大图书公司1996年版,第108页。

政普及工作。光绪二十二年（1896）二月，"饬总理衙门转饬赫德，妥议章程开办，即推行沿江、沿海各省及内地水陆各路"。① 于是，官邮在网点普及上，"以通商口岸为标准，将全国分为三十五邮界，每一邮界设一邮政总局统辖之，派一邮务总办。邮界之大者又酌分为副邮界，设副总局，派一副邮务总办，其下皆设司账巡查邮务司事供事"，35个邮界是北京、牛庄、天津、芝罘、济南、胶州、重庆、宜昌、沙市、岳州、汉口、九江、芜湖、南京、镇江、上海、苏州、宁波、杭州、温州、三都澳、福州、厦门、汕头、梧州、三水、广州、琼州、北海、龙州、蒙自、思茅、腾越、长沙、大通，5个副邮界是太原、开封、成都、贵阳、西安。② 官邮的目的是以这40处邮界为邮政网点扩展的中心，实现邮路在邮界内部及各邮界之间的连接和延伸，这就把经济比较发达地区都包括在内了。这些地方也是民信局聚集之地，"视民局势力雄厚之处力兴邮务，以挫其锋"③。

从1899年开始，官邮在向更广大的内陆地区扩展的同时，在通商口岸市区增设分局。到1901年，官邮已初具规模，"效用略彰，雏形渐具"④。到1902年，"我们更主动和有效地开展了内地邮政发展工作"，进一步加强了内地邮政网点的普及，提出"所有府县各城，均应另设全备之邮局，承办各项邮务。其左近地方，并可多设代办及各信箱"。⑤ 从实际情况看，此后邮政的发展非常迅速，逐步在内陆地区各地设立了邮政局所。如在河南，"汴省邮政自各府厅州县及著名村镇设立周遍，近复及于较小之村镇，计薛湖集、五沟营、玉山镇、博望驿、吴家店、柳林集，一律添设分局"。即使是在比较偏远的地区，也开始设立邮务机构。在江西靖安县，"靖安境处丛山，形势险僻，交通殊称不便，近经九江邮政总局派员察看推广分局，业与该县商定，邮柜暂设县署，先行试办，俟有起

---

① 傅贵九：《英法俄日等国把持清代邮政史料选》，《历史档案》1984年第3期。
② 张心澂：《中国现代交通史》，（台北）学生书局1976年版，第593—594页。
③ 全国图书馆文献缩微复制中心：《中国近代邮政史料》，2005年印行，第286页。
④ 同上书，第284页。
⑤ 张志和等主编：《中国邮政事务总论》（上），北京燕山出版社1995年版，第8、257页。

色，再设分局，已于丁未十一月下旬开办"。①

从邮政网点的普及来讲，到1898年11月，"除河南、山西、陕西、甘肃、新疆西北各直省至今邮政局尚无法寄递外，其余各直省大宪等文函全可由邮政局照以上之法递送"。② 在正式开办两年后，官邮已经从通商口岸地区扩展到广大内陆地区，发展速度很快。从数量上来说，1902年，官邮已设立总局33处、分局309处、支局388处，除甘肃兰州外，其余各省均已通邮。③ 但从全国范围来看，邮政局所的数量还是有限的，资金制约是其中的重要原因。为解决资金短缺和邮政局所设立之间的矛盾，1902年起，官邮实行设置代办铺户的办法。这样既可以加快网点的普及，又可以解决经费不足造成的发展缓慢问题。"实践证明，这种新形式的邮政机构对完善邮政体制和充实邮政机构具有特殊的作用。对代办铺商的突出优点必须给予肯定，它们能和普通邮局一样向公众提供同样的邮政服务，能提高大清邮局的信誉。开设这些代办铺商既简便又经济，不需配备邮政人员，符合中国人的观念，不需或仅需很少的费用即可试办各种邮政业务。在一些人员充实和机构健全的能承当管理中心分局的周围，可设立一定数量的代办铺商。"到1904年，邮政局所进一步增加，全国总计1319处，比1902年几乎增加了2倍之多，"邮政所办事务虽尚未能完备，然已颇可承办要需"。④ 此后，邮政局所的设立进一步普及。1906年达2069处，1908年达3493处，1910年更增到5300处以上。⑤ 按照1910年邮政事务情形总论记载："是年中所有如法稳营之事项，堪称安谧进行，所得之效果亦与往时无异。……现计已设之邮政局所，已达至五千三百以上，凡由地理及商业上邮政堪有获利之佳况者，莫不包括在内。综此数

---

① 《东方杂志》第5年第2期《交通》部分之《各省邮政汇志》，光绪三十四年二月二十五日发行，第81页。

② 中国近代经济史资料丛刊编辑委员会主编：《中国海关与邮政》，中华书局1983年版，第95页。

③ 参见沈阳市邮政局邮政志办公室编《中国邮电史料》第1辑，1985年印行，第101—102页。

④ 张志和等主编：《中国邮政事务总论》（上），北京燕山出版社1995年版，第6、7、258页。

⑤ 参见黄福才《试论近代海关邮政与民信局的关系》，《中国社会经济史研究》1996年第3期。

中，几含有一切府、厅、州、县各城。"① 这些遍及全国的邮政局所为官邮扩展业务打下了基础，增强了与民信局竞争的实力。

官邮并不只注重网点普及和邮路延长，在得到一定发展的基础上，其关注点转向邮路的连接以及邮递速度的提高等方面。"第本意所最重者不在扩充局所，实欲由此省联络彼省之路线，俾得便于交通。又使日间邮递改为昼夜兼程，以期加助速率。"② 随着邮路的开拓，邮路之间的交叉、连接越来越多，互相交织在一起，彻底改变了民信局寄递网络稀疏的局面。如在西南地区，1908年，"贵州邮政总理钮满君以由贵州至四川重庆府往来邮通殊多不便，特募健步十六人，仿驿站办法，轮流传递，限令七日到渝，七日复黔，又于清镇、黔西、大定、毕节四州县推广，遍设分局，上达云南昭通府，下达四川叙永厅，以利交通而便商民"。③ 1910年，"由汉口至成都，及由成都至打箭炉，逐日均有一班用昼夜兼程早班邮差带寄，因之汉口及半为西藏城之打箭炉之间，四千里昼夜兼程邮差如一长练连贯"。④ 这是在经济落后而且邮路开辟困难的地区，在中东部地区的变化更大。如在湖南，1909年10月，"长沙经浏阳至平江的早班邮路过去是五天一班，而长沙民信局每天有脚夫来往浏长间。……我局已将长沙经浏阳至平江的五日一班邮路中的长浏段改为逐日班"。⑤

从较长时段来看，1896年到1911年间，官邮处于快速发展时期。到1911年，东起中朝边境，西至西藏拉萨，北到蒙古库伦（注：今乌兰巴托），南抵海南琼州；东南台湾（1895年以前），西北迪化（注：今乌鲁木齐），西南云贵，东北吉黑，都有了邮政局所，初步构成了遍及全国的邮政网路。⑥

---

① 张志和等主编：《中国邮政事务总论》（上），北京燕山出版社1995年版，第180页。
② 同上书，第91页。
③ 《东方杂志》第5年第1期《交通》部分之《各省邮政汇志》，光绪三十四年正月二十五日发行，第34页。
④ 张志和等主编：《中国邮政事务总论》（上），北京燕山出版社1995年版，第197—198页。
⑤ 张志和等主编：《全国各级政协文史资料——邮电史料》（中），北京燕山出版社1995年版，第1027页。
⑥ 参见赵尔巽等撰《清史稿》第16册卷152，志一二七，中华书局1976年版，第4479页。

表 5—1—1　　　　　1901 年至 1911 年官邮局所统计表[①]　　　　单位：处

年份	总局（副总局）	分局	代办处	总计
1901	30	134	12	176
1902	30	263	153	446
1903	34	320	609	963
1904	40	352	927	1319
1905	41	396	1189	1626
1906	38	484	1574	2096
1907	44	509	2250	2803
1908	44	548	2901	3493
1909	47	605	3606	4258
1910	49	736	4572	5357
1911	49	908	5244	6201

关于邮路的情况，1904 年之前缺乏详细的统计数字，从 1904 年开始，这种状况得以改变。"清光绪三十年以前，我国邮政虽粗具规模，惟各区组织各省局所尚未筹设完备，故各项（邮路）里程亦无记载。至光绪三十年邮政总局编制邮政事务总论，里程数目至是始能稽核。"[②]

官办邮政局所的普及和邮路的延长，大大压缩了民信局的经营空间，这些邮政局所如同楔入民信局寄递网络中的一个个楔子，同民信局进行业务上的争夺，大大削弱了民信局的实力，把更多的地点纳入官邮的寄递范围，成为官邮寄递网络的组成部分。这些邮政局所的分布比较均匀，尤其表现在偏远落后地区，把原来不在民信局寄递网络内的广大边远内陆地区纳入官邮的寄递网络内，改变了民信局只专注于有利可图路线的状况。

---

① 关庚麟署：《交通史·邮政编》第 2 册，交通、铁道部交通史编纂委员会 1930 年印行，第 379—380 页。

② 同上书，第 407 页。

表 5—1—2　　　　1904 年至 1911 年官邮邮路里程统计表①　　　　单位：华里

年份	邮差线	航船线	铁路线	总计
1904	101000			
1905	121000	15000	8300	144300
1906	153000	17000	11203	181203
1907	181500	18500		200000
1908	205000	20500	12500	238000
1909	240000	48000	13000	301000
1910	287000	50000	15000	352000
1911	319000	45000	17000	381000

注：1. 缺 1904 年航船线和铁路里程，1907 年铁路线不详。

2. 1905 年至 1907 年航船线缺轮船里程，1909 年至 1911 年为轮船加帆船总数。

（三）逐步增加官邮服务项目和降低资费

在海关兼办、试办邮政及官办邮政初创时期，主要限于收寄信函、新闻纸、刊物和贸易契等，服务项目单一，与民信局多种多样的服务项目形成强烈反差。时人编撰的《成都通览》中做过比较："邮政局不能寄衣包、行李及银钱、背挑，大帮局能寄，实可济邮局之不及，故民局不能废也。"② 在以后的发展中，官邮增加了明信片、书籍、包裹和货样等，服务项目单一的状况大为改观，但还是与整个社会需求不相符，这是官邮与民信局竞争中的重要障碍之一。随着官邮具有的优势逐渐为民众所知晓，所带来的方便快捷的服务获得好评，但服务项目单一的现状为民众所不满。如寄递银洋一项，"知其寄资甚廉而又能速而无误也，于是咸乐就之，然尚稍有扞格而不能尽洽民心者，则以邮局但寄信函而不携带银洋也"。《申报》为此专门发表文章，为官邮增加服务项目出谋划策。③

官邮在发展的过程中，逐渐增加适应社会需要的服务项目。1898 年 1

---

① 关庚麟署：《交通史·邮政编》第 2 册，交通、铁道部交通史编纂委员会 1930 年印行，第 426—427 页。

② 傅崇矩编撰：《成都通览》（上），巴蜀书社 1987 年版，第 96 页。

③ 参见《论中国通商各口宜多开小汇划庄以补邮政之不逮》，《申报》1897 年 8 月 28 日第 1 版。

月，开办邮政汇兑业务；5月，开办保险包裹及代卖主代收货价业务。1899年，清政府第一次修订颁布了《大清邮政章程》，规定邮局办理信函、明信片、新闻纸类、印刷类、瞽者文件、各类传单、货样、挂号邮件、快递邮件、保价信函、保价箱匣、汇兑、包裹13项业务。1905年4月，开办新闻纸挂号及立券业务；1906年5月，开始试办快递业务。在以上所增加的服务项目中，一部分是适应社会发展需要新增加的，也有一部分是从民信局手中夺过来的。即如新闻纸一项，新闻纸运送业务原来掌握在民信局手中。20世纪初，正值中国民办报纸勃兴时期，各大中城市共出版报刊200余种。为了把这项数量庞大的业务从民信局手中夺取过来，官邮采取了相关措施。1905年，邮局同《南洋官报》(南京)、《北洋官报》(天津)、《南务报》(北京)订立协议，由邮局窗口办理代售业务，在开始时给予免费邮运利益。并且，官邮还制定了一系列优待办法，从收寄、运输、取费、投递等方面给予报社便利。同年4月，邮局开始办理新闻纸立券和总包业务，并确定第一、二、三类新闻纸的名称。同年，对新闻纸邮寄实行以立券和总包形式寄递，即第二类"立券新闻纸"，系每次交寄在500份以上、每份重量在10公分以上者，加盖"立券邮资"戳记，按总重量计费，每月邮资总付；第三类"总包新闻纸"，交寄每捆在50份以上，按总重量邮费记账纳费。同时，扩大新闻纸的范围，把原来规定周刊以下才享受新闻纸低资费寄递的办法，改为凡月刊以下均可作为新闻纸寄递，使新闻纸的受惠面大大增加，诱使原来利用民信局寄递的报纸纷纷改为利用邮局寄递。

还有汇兑业务，寄带银洋是民信局的重要业务之一。如重庆民信局最重要的业务是寄递汇票与现金，营业额大的达到每年300万元。[①] 1898年1月，官邮虽然开办汇兑业务，但对数额有严格限制，"所汇之银钞至多不得过拾元之数目"[②]。由此造成顾客选择民信局寄递银洋，"现方今邮局汇带银洋，其数既有限制，而汇率又昂贵，民局正可补邮局之不足"。[③]

[①] 参见彭瀛添《民信局发展史——中国的民间通讯事业》，(台北)"中国文化大学出版社"1992年版，第87页。

[②] 仇润喜主编：《天津邮政史料》第2辑(下)，北京航空航天大学出版社1989年版，第363页。

[③] 《整顿邮政策》，《申报》1910年1月1日第1张第3版。

为改变这种状况，官邮对汇兑的限制逐渐放松。1904年起，根据修订的汇兑章程规定，办理汇兑业务的邮局分为甲、乙两类，甲类局每张汇票限寄50元，乙类局每张汇票限寄10元，使一部分汇兑业务转移到邮局手中。如在江西，1909年，"江西民局因邮局推广汇票之故，致九江十六家挂号民局与五家未挂号民局均形凋敝"。[1] 即使是已经开办的服务项目，如包裹寄递等，随着其安全性为民众所认知，同时随着资费的降低，民众也纷纷弃民信局而选择邮局。如1905年，"即如苏、杭两界，以包裹为大宗。苏州经办包裹一万五千件，杭州二万二千件。其包裹多系绸缎之类，向虽专由民局揽办，而近则多交邮局寄投"；在贵州，1909年，"因丝商决定重庆、成都发来之绸缎、绣货托由邮局运送，以致贵州最大之民局受亏甚巨"。[2]

官邮的有些服务项目是在试办成功的基础上，才开始大规模推广的。如1906年快递业务在汉口试办，直到1909年4月，始向全国推行。对于这项"商民称便"的服务项目，官邮采取各种措施加速其发展，在发展过程中逐渐完善。1909年5月，在把快递服务向全国推行时，能直接通达快信的地点十分有限，仅有50处。《申报》为此发表《整顿邮政策》一文，提出："窃谓有数地必宜推广设立者，（一）各国自设邮局各埠，（二）铁路轮船交通便利之处，（三）商务发达之内地。以上各处均须开办快信，以图商民之便利。"[3] 这种观点与官邮发展快递业务的方向相契合，开办地点迅速增加。到1911年，开通地点包括：直隶11处，山西10处，陕西3处，甘肃1处，河南8处，山东9处，四川7处，湖北8处，湖南11处，安徽2处，江苏13处，浙江6处，福建16处，广东10处，广西3处，云南3处，贵州7处，奉天10处，吉林3处，加上库伦[4]，共计142处，开办地点已经遍及各省重要城镇。官邮加快寄递速度，对于商号有巨

---

[1] 关庚麟署：《交通史·邮政编》第1册，交通、铁道部交通史编纂委员会1930年印行，第60页。

[2] 张志和等主编：《中国邮政事务总论》（上），北京燕山出版社1995年版，第29、164页。

[3] 《整顿邮政策》，《申报》1910年1月1日第1张第3、4版。

[4] 参见北京市邮政局史志办公室编《北京邮政史料》，北京燕山出版社1988年版，第90—92页。

大的吸引力。原来利用民信局传递商业信息的商号，"改由邮政传递，其紧要信件遵章双挂号，即与专足无异，且更妥速"。[1] 官邮通过压缩民信局的业务空间，只允许其经营某些邮局暂时无力涉足的项目，从而形成官邮在有些业务上的垄断局面。如在四川，1909年，"其在四川民局之组织尚坚，惟成都据报伊等营业多被邮局侵占，因屡有寄挂号信之人，内有民局伙友，足见此辈已肯变为官局之主顾。其营业所限，渐渐只余运送货物、现银及装支票之保险信件"。[2]

在双方的竞争中，资费竞争也是一个重要方面，在资费方面占有优势的一方具有战胜对手的有利形势，双方资费竞争优势经历了从民信局向官邮转变的过程。官邮建立后制定了各个服务项目的详细资费标准，"信件每函重不过二钱五分收费洋银二分，五钱收费洋银四分，七钱五分收费洋银六分，以上信件每重二钱五分收费二分，余可类推；挂号信件每函收费洋银四分，挂号回单每单收费洋银四分，明信片尚未发用每张收费洋银一分，新闻纸中国每张收费洋银半分，外国每张收费洋银一分，如数张包作一卷，每重二两收费一分，书籍货样并印刷各物价单等每件重不过二两收费洋银二分，各项小包每包重不过八斤四两宽不过八寸五分长不过一尺七寸厚不过八寸五分，如在一磅以内收费洋银一角，如在一磅以外溢出之磅每磅收费洋银五分，如在一斤以内收费洋银一角三分，如在一斤以外溢出之斤两每斤收费洋银六分"。[3] 与民信局低廉的资费比较起来，官邮资费甚高。如在杭州，民信局"寄费甚廉，每件自一分六厘起，至二分五厘止，最高寄费仅及邮政平信之半"[4]。官邮也在了解民信局的收费标准。"凡往来内地不联约各处之信件，其内资多寡应由民局自行酌定，一面报明附近邮政局晓谕众知。"[5] 官邮规定民信局的收费标准要报明邮局，便于据此做出资费上的调整。

---

[1] （清）李燧、李宏龄：《晋游日记·同舟忠告·山西票商成败记》，山西经济出版社2003年版，第159页。

[2] 张志和等主编：《中国邮政事务总论》（上），北京燕山出版社1995年版，第163页。

[3] 《大清邮政总局葛》，《申报》1897年2月7日第6版。

[4] 戴鞍钢等主编：《中国地方志经济资料汇编》，汉语大词典出版社1999年版，第985页。

[5] 中国近代经济史资料丛刊编辑委员会主编：《中国海关与邮政》，中华书局1983年版，第82页。

为争取竞争优势，有些地方的邮局自行制定了较低的资费标准。如在绍兴，"郡城邮政局自去岁创设以来，杭绍两处往来之信甚属寥寥，因由绍至省民信局每封只收钱十二文，故人皆乐于寄递，现经杭关税务司孟家美君谕令局中，于西历四月一号起，所有杭绍往来之信一律减收半价，如重二钱以内者，只须邮费一分"[①]，由此导致邮局的业务量迅速增加。邮局降低资费所取得的明显效果，推动了官邮降低资费标准。1902年4月，在新制定的邮章中，官邮大幅度降低了各种服务项目的资费。"信件每重五钱者寄至附近总局收洋银半分，寄至往来各局收洋银一分，明信片单者收洋银一分，双者倍之，新闻纸类每重三两者收洋银半分，盖已较前者约减去四分之三矣。至于寄递包裹费，益廉之又廉。"[②] 将平信由原来的四分降为一分，降幅不可谓不大，同时其他项目的资费也做出相应调整，这是中国近现代邮政资费历史上第一次调整邮资。官邮降低资费后取得明显效果，"每函只须一分，初时未甚通行，群情未免疑阻，迩来设局日广，居人知其取资廉而递送速，寄信者遂纷至沓来"。[③]

官邮降低资费，取得了双方竞争中的价格优势。"官局若费省而迅速，自然来者日多"[④]，吸引了越来越多的民众选择邮局。这在各地的情况大致相同。如1910年，在长沙邮界内，"其事业以官局在最要处所之间设立昼夜兼程快班，及开办长沙、湘潭间一分之邮资，因之猛受摇撼"。[⑤] 又据1910年6月长沙邮局工作月报中记载："耒阳民信局业务很好，他们收寄长沙的信，每件仅收费十文（折银洋九厘），而且每天有人来往长沙，因此当地邮局售出邮票很少增加。我们实行平信每件收费一分的制度后，民信局就一败涂地了。"[⑥] 同样，包裹资费降低也为官邮争取到了为数可观的业务。如在天津，"自包裹资费降低以后，短短的一段时间内，包裹业务量有了相当可观的增长。从上海来的各批邮件，包裹量都有所增加，

---

① 《邮局减费》，《申报》1901年4月18日第3版。
② 《邮政新章》，《申报》1902年4月8日第3版。
③ 《论信差获咎事》，《申报》1904年5月18日第1版。
④ 刘锦藻撰：《清朝续文献通考》（四），（台北）新兴书局1965年版，第11228页。
⑤ 张志和等主编：《中国邮政事务总论》（上），北京燕山出版社1995年版，第202页。
⑥ 张志和等主编：《全国各级政协文史资料——邮电史料》（中），北京燕山出版社1995年版，第1028页。

寄出的包裹量也相应有了增长"。① 官邮资费的制定，并非以盈利为唯一目的，"邮寄资例之修改，非仅以裕邮政之收入，盖视时势之需要，以适合本国之情形，与世界之趋势为主旨者也"②，这是官邮和民信局的重要区别之一。

（四）加强对民信局非法运营查缉力度

官邮查缉民信局的非法运营行为，是伴随着要求民信局挂号政策的出台而实施的一项措施。官办邮政建立后，在试图把民信局纳入统一管理轨道过程中，做出两项规定：一是根据官邮主要开办信件业务的实际，要求"凡通商口岸各信局之信包，均归邮政局代寄"③；二是要求"凡有邮政局之处，除挂号之民局外，所有商民人等不得擅自代寄信件"。④ 因此，没有到邮局挂号而从事邮件寄递的民信局成为非法。后来，要求挂号的范围扩大到内地信局，"内地民局则于光绪三十年甫令照章挂号，自是而后，凡有民局寄件非经官局之手，不得迳赴轮船火车私行带寄，违者追加邮费并科罚金"。⑤ 要求民信局挂号政策的出台，其最终目的是把民信局纳入统一管理轨道。有一部分民信局遵守了这个规定，如从事宁波—上海间邮件寄递的民信局专门发表声明："今因国家创设邮政官局，仍准民局挂号领凭，照旧开设，凡通商口岸各信局之信包均归邮政局代寄，惟银洋一项现因官局尚未定章，为此禀明税宪允准照旧自放妥足往来管押，惟银钱货物不得夹杂信函，必须将银洋固封另包以符邮章而免科罚。诚恐仕商庄号未及周知，为此登报声明。"⑥ 然而，有些民信局无视规定而在暗中从事邮件寄递，官邮"于是另定妥章，严加防范"⑦。官邮对民信局展开非法运营查缉，制定了处罚金额。1896年，规定违者处以银50两的罚金；对于轮船私带信件行为的处罚更为严厉，每次罚银500两。⑧

---

① 仇润喜主编：《天津邮政史料》第2辑（上），北京航空航天大学出版社1989年版，第72页。
② 王桎：《邮政》，商务印书馆1935年版，第44页。
③ 《宁绍信局声明旧章》，《申报》1897年3月12日第4版。
④ 刘锦藻撰：《清朝续文献通考》（四），（台北）新兴书局1965年版，第11230页。
⑤ 全国图书馆文献缩微复制中心：《中国近代邮政史料》，2005年印行，第286页。
⑥ 《宁绍信局声明旧章》，《申报》1897年3月12日第4版。
⑦ 全国图书馆文献缩微复制中心：《中国近代邮政史料》，2005年印行，第286页。
⑧ 参见《邮政简明章程》，《申报》1897年7月23日第2版。

从邮政正式开办起，双方之间就开始了非法运营和反非法运营的博弈，各地邮局普遍开展了查缉民信局非法运营的行动。如1897年2月，瑞和轮船上行抵达芜湖，"有一搭客似系信局中人，挈带银信六百余元，尽系上海、镇江两埠送寄上游各埠者，另有空信三封，亦附有银洋，被查关西人查出，尽提上关"。① 1898年8月，镇江海关从大通号轮船上查获上海全昌仁信局未通过官邮而运往镇江、南京、安庆和汉口的四捆《申报》，于是传唤镇江全昌仁信局代办人，告知《申报》应由邮局运送，而且处以三倍于新闻纸包裹邮费的罚款，共31.59元。② 1898年9月，东海关查获通州轮船从上海运往烟台装有信件的口袋两只，系全泰盛信局所有，"饬令照缴票资"，并且，"诚恐此外各局难免无前项情事，合行出示逾禁，为此示仰各民局知悉，嗣后无论何局再有将信袋私交轮船捎带者，察出从重罚办外，并将本邮政局所给执照吊销，决不姑宽"。③

为加强对民信局非法运营查缉的力度，1899年12月颁布的《大清邮政民局章程》，对相关规定进一步明确和细化。"邮政'专营'业务之概念于清光绪二十六年（1899）前后，在《大清邮政民局章程》公布之际遂成定论"④，这也是官邮以国家强制力作后盾的具体体现。1905年10月，官邮再次强调："对于未挂号之民局私由轮船漏寄信件查出被扣之罚款另行规定，申奉外务部核准，即嗣后无论口岸内地民局一律均须挂号，倘有不挂号之民局再犯以上情事，其被扣之信包全行代拆，各于信面书明缘故，交由收件人令出倍半之资，一面根究原承寄之民局，从重示惩。"⑤ 对民信局非法运营的查缉，1906年10月制定的章程更加详细、明确，增强了可操作性：(1) 凡未挂号各信局，不问设在通商口岸或内地，必须在三个月内一律向邮局挂号，倘逾限仍未挂号者，如仍经营信业，邮局即扣留其信件，逐件按欠资信件办理，向收信人收邮费一倍半；(2) 凡已挂号各信局，如托轮船私运邮件，一经查出即按欠资信件办理，向收信人收邮费二

---

① 《邮政再述》，《申报》1897年3月14日第2版。
② 参见张铸泉主编《清末镇江邮界总局档案摘译汇编》，1997年印行，第43页。
③ 《大清邮政沪局》，《申报》1898年10月31日第8版。
④ 王孝槐主编：《江西邮政通信简史》，江西人民出版社1997年版，第100页。
⑤ 关庚麟署：《交通史·邮政编》第1册，交通、铁道部交通史编纂委员会1930年印行，第56页。

倍；(3) 凡信局非法运寄邮件，无论挂号与否，均拘送官厅惩办，初犯科以罚金，二犯三犯，逐次加罚，至四犯时，已挂号者取消挂号，未挂号者停止营业。① 各地官邮均加强了对民信局非法运营的查缉和处罚力度。如在天津，1905 年 9 月，对查获的从北京寄给未经挂号的民信局的邮件处以三倍邮费的罚金。② 1906 年初，锦州府票号委托福和信局寄往天津各票号的信函数十封，在山海关火车站被查，天津票号委托天津商务总会向天津邮政总局交涉，希望尽快索回信函，最终结果是"查福和信局前私带之信包，系在牛庄境内缉获，是以此事应由牛庄邮政局酌核办理，本局碍难干预"。③

随着官邮查缉力度的增大，促使民信局非法运营的隐蔽性也在不断增强。"他们的做法是把多家邮件交付一人替他们私运。如被查获，则由一两个未被罚过款或仅罚过一次款的民信局出面认领邮件，其他参与私运邮件的民信局则为这一两个局分摊罚款。为逃脱责任，除非在极个别情况下，他们不在邮件上加盖局名戳记，以便万一被查获时，因未盖戳记而进行抵赖。"④ 这必然给官邮打击非法运营行为造成更大困难。尤其是在 1906 年 10 月，总税务司署决定废除往来通商口岸间信局总包的免费办法，并于 11 月 16 日正式开始实施。对民信局总包加费政策虽然最终得以实现，但同时使非法运营现象更加严重。"惟各局走私之事，益见增多，虽吊销执照，勒令闭歇，亦难阻止。"⑤ 如在苏州，"扬子江口一带因有多数之小河与各水道，沿途利用小船或航船，民局事业尚能维持。苏州一处无论何家民局均不将总封交由邮局寄递，系由自备之信班办理"。⑥ 1907 年 2 月，在短短几天里，天津火车站查获的由山东运往北京的非法邮件中

---

① 参见谢彬《中国邮电航空史》，上海书店 1991 年版，第 41 页。
② 参见仇润喜主编《天津邮政史料》第 2 辑（上），北京航空航天大学出版社 1989 年版，第 66 页。
③ 黄鉴晖编：《山西票号史料》，山西经济出版社 2002 年版，第 349 页。
④ 仇润喜主编：《天津邮政史料》第 2 辑（上），北京航空航天大学出版社 1989 年版，第 68 页。
⑤ 张樑任：《中国邮政》（上），上海书店 1990 年版，第 29 页。
⑥ 关庚麟署：《交通史·邮政编》第 1 册，交通、铁道部交通史编纂委员会 1930 年印行，第 62 页。

包括信件581件，包裹225件。① 1907年，天津胡万昌信局因四次非法运营被查获，但拒不缴纳罚金，最终经官府处理，强令其缴纳罚金洋70元，并勒令停业。同年8月，天津邮局查获的非法运营邮件中，有9个包裹属于第二次违规的义兴信局，被处以51.50元的罚款。就天津邮界而言，仅1907年查获的民信局通过铁路非法运营邮件而收的罚金就有700多元。② 面对这种局面，邮政总办帛黎多次宣称："各口挂号民局之外，尚有未挂号者，不但私寄包裹，并有偷运信包逾期不取之弊"，他哀叹"整顿此事亦殊棘手"，于是他向总税务司署和税务处请示处理办法。税务处提出的方案是："惟有饬各邮政司先期与该处地方官妥商，由地方官出示晓谕，令各民局无论口岸与内地有未挂号者，准其赴官局挂号，以三个月为限，倘该民局仍不遵办，私自运寄，一经搜获，即将该信包拆开，一面从速将各信分送，向收件人罚缴邮资，照原费倍半，复于此项信背上盖一戳记，内刻此信由民局私寄、官局查获、罚资倍半等字样，一面根查此信包由何人接递，从重罚办，以重邮政。"③ 官邮利用政策上的优势和所被赋予的权力，对从事非法运营的民信局处以罚款、吊销执照等严厉处罚，体现了管理者的主导地位和掌握邮政垄断权的趋势。

官邮加大对非法运营的监管和处罚力度，起到两方面作用。一是迫使越来越多的顾客出于安全考虑，选择把邮件交给官邮寄送。如在天津，"查获私运邮件对银号也起到了威慑作用，他们正逐渐地脱离民局，把汇票信函改交我邮局邮寄"。④ 这在晋商蔚丰厚票号内部通信中可以得到证明，"现在邮政定章，凡各省来往信件，皆须送局邮递，其不由邮政传递者，例应受罚。日前沪上来信，经邮局查出，扣留迟延半月之久，信局受罚，始行领出送到。时事既今昔不同，办法亦当随时更改。凡我同行各处

---

① 参见中国近代经济史资料丛刊编辑委员会主编《中国海关与邮政》，中华书局1983年版，第134页。
② 参见仇润喜主编《天津邮政史料》第2辑（上），北京航空航天大学出版社1989年版，第70—72页。
③ 中国近代经济史资料丛刊编辑委员会主编：《中国海关与邮政》，中华书局1983年版，第149—150页。
④ 仇润喜主编：《天津邮政史料》第2辑（上），北京航空航天大学出版社1989年版，第70页。

往来信件，以后拟改由邮政传递"。① 二是迫使越来越多的民信局把邮件总包交给官邮寄送，导致交寄的邮件数量迅速上升。如在天津，"因私运邮件不断被查获而被罚款，现在民局已被迫把大部分邮件交我大清邮局了。私运邮件尤其是包裹，虽仍有发生，但数量已大渐减少"。②

（五）加强宣传扩大官邮的影响力

民信局为民众所信任是与其悠久的历史联系在一起的，信局组织虽很原始，但因沿袭已久，一般民众对它的信任甚至超过官邮。官邮作为一种新事物，被人们认可和接受需要一个过程，"当地人对外人商号尚缺信任之心，而对民办局所的信任则是长期培养起来的，因此建立邮政体制，实多困难"。③ 在海关兼办和试办邮政时期，通邮地点仅限于通商口岸地区，能够接触到的人很少，其影响力十分有限。即使是在邮政正式开办后，"且人情最多疑沮邮局之果便事否，亦未能家喻户晓，使民间一律信从"。④ 不仅民信局敌视它，绝大多数民众对它也持排斥态度。安徽境内邮局的遭遇即是如此，"开办之初，芜湖多数人民对于此项国家之设置，并不重视，仍将信件交由民局寄送。该项民局于本省安庆、芜湖、大通、屯溪等处，各有其坚固之地位，牢不可破。是以芜湖邮局初创数年，不得不为此等民局所窘困"。⑤ 南昌与此类似。1903 年 3 月，南昌邮局设立，但由于未被公众认识，商铺亦不愿充当邮局代办，故业务清淡，邮政服务点也仅此一家。要推广邮政，就必须改变这种状况，让更多的民众认识和了解它，这是官邮必须认真面对的问题。"官局在其成长过程中，既要与中国民信局和外国客局进行竞争，又要与公众对新邮局的不信任作斗争，

---

① （清）李燧、李宏龄：《晋游日记·同舟忠告·山西票商成败记》，山西经济出版社 2003 年版，第 160 页。

② 仇润喜主编：《天津邮政史料》第 2 辑（上），北京航空航天大学出版社 1989 年版，第 70 页。

③ 天津市档案馆等编：《清末天津海关邮政档案选编》，中国集邮出版社 1988 年版，第 9 页。

④ 《书信局吁恩后》，《申报》1900 年 3 月 21 日第 1 版。

⑤ 张志和等主编：《中国邮政事务总论》（上），北京燕山出版社 1995 年版，第 753—754 页。

直到它为公众所认识和接受。"① 除加强业务竞争外，官邮还积极开展宣传工作，扩大和增强邮政的影响力。

　　总理衙门要求在发展官邮的过程中，注重宣传工作，"饬令该总税务司酌定简明办法，刊刻报单，张贴各口岸设局处所，并散给各口各处信局及寄信之人，务令家喻户晓，人人咸知利便"。② 在设立邮政局所的过程中，要求办事人员大力宣传，在邮政局所开办后，即将寄信规条逐细书明清单张贴于门外，并告白数张张贴于各城门、巷口，务使人人皆知设立邮政之大意，以扩大官邮在民众中的影响。如在保定，1897年初，设局人员在选定开办地点后，"随即雇人将局内裱糊干净，外面亦稍为修整。大门外悬挂竖牌一块，上书'大清邮政局'字样。在各街巷口遍贴告白，复在局门外贴一告白，其文曰'本局专寄各处信件，所有官商人等各色公文信件，均可寄送。若欲知详细章程。来局面询可也'"。由此造成很大影响，"是以每日到局询问者络绎不绝，大有应接不暇之势。查该处原有民局五、六家，每日所收不过三十封之谱。官局设立不及半载，每日可收至百有余件之多。由保定至天津、北京之信，今日交局，明日即可递到。因此寄信者俱称价廉而速"。其他地方亦复如是。献县在设立邮局和邮箱后，"遣人在该城迤南十二里之善桥、四十里之富庄驿、迤北三十里之商家林张贴告白"。③

　　为了使人们知晓新设立的邮政局所的地点，官邮采用各种方式广而告之，以达到使民众知悉的目的，报纸是其中的主要形式之一。如《申报》登载："照得邮政官局现已分设浙江省湖州府城内太和坊，凡有寄往湖州各项邮件，本局准于每日上午十一点钟封发，为此示仰凡诸色人等一体知悉。"④ 再如，"南金夹桥起一统北施公山至于信局，一例风雨不更，随到随送，决不有误，如送不到，禀局究办，邮票二分，倘即要之，信可以挂

---

　　① ［英］穆和德等：《近代武汉经济与社会》，李策译，（香港）天马图书公司1993年版，第64页。
　　② 刘锦藻撰：《清朝续文献通考》（四），（台北）新兴书局1965年版，第11227页。
　　③ 仇润喜主编：《天津邮政史料》第2辑（上），北京航空航天大学出版社1989年版，第14页。
　　④ 《大清邮政沪局谕》，《申报》1901年4月18日第7版。

号"。① 官邮宣传的内容多种多样，包括邮政规章的普及、邮政网点的设立、服务项目的增加等方面，都属于宣传的范畴。邮政人员为此也是不遗余力，正如葛显礼所说："为了使中国官商了解新邮递制度的优点，我正在把香港的邮政指南酌量翻译出来，这样各界人士就能够懂得新制度的道理和办法了。"② 1907年，邮政总署于"是年出印之书，则由《通邮汇编》一项，特为邮局办公人员及局外之人检阅已设之局所。编内将已开之总分各局，按省按府分别详载，并标志号，表明某处系属何等邮局"，并且提出"其后陆续开设者，仍拟随时添补"。③ 这对于广大民众查找邮政局所提供了极大方便，也是向社会宣传官邮的一种好形式。

在各地官邮建立和发展的过程中，由于进行了不遗余力的宣传，效果非常明显，官邮所提供的方便快捷的服务逐渐为民众所认识和接受，他们开始转向利用官邮。首先是在通商口岸地区，在官邮开办初期，"人民对于邮局深滋疑虑，不愿与局有何交接，以致内地铺商劝其充当邮局代办，大非易易，即初次派出巡员，各地人民亦以白眼相加"。④ 但随着官邮为民众所认识，这种状况得以改变。如在汉口，1897年初，"刻下官绅商贾诣邮政局投信者昕夕源源不绝，亦足见风气之大开也"⑤，人们对官邮的敌视和排斥态度已荡然无存。"今则邮局已深受欢迎，商铺争以充当邮寄代办、管理一部分邮差邮路为荣矣。"⑥ 随着邮政局所在更多地方的设立，官邮的影响也在逐步扩大。如在济南，1901年到1905年，由于官邮努力宣传，人民纷纷到邮局寄信，致使民信局的业务量越来越小，逐渐改营他业。到20世纪初，官邮已成为相当一部分民众的首选，受到普遍欢迎。1905年12月，总税务司署宣称："邮政局已为公众认可，声誉日隆，业绩昭著，深受官民欢迎，前程似锦，宏图指日可待。"⑦

---

① 《镇北邮政分局》，《申报》1908年1月7日第1张第7版。
② 中国近代经济史资料丛刊编辑委员会主编：《中国海关与邮政》，中华书局1983年版，第31页。
③ 张志和等主编：《中国邮政事务总论》（上），北京燕山出版社1995年版，第104页。
④ 谢彬：《中国邮电航空史》，上海书店1991年版，第76页。
⑤ 《汉皋邮政》，《申报》1897年3月8日第1版。
⑥ 谢彬：《中国邮电航空史》，上海书店1991年版，第76页。
⑦ 黄胜强主编：《旧中国海关总税务司署通令选编》第1卷，中国海关出版社2003年版，第563页。

更为重要的是，为使更多的民众加深对官邮的认识，官邮通过各种方法宣传邮政的基本规则，以求能为广大民众所知晓。报纸在这方面起到很大作用，《申报》上就多次刊登这方面的文章。如"自国家创设邮政局以来，三十六鳞传书甚便，寄递之法前已示知，兹复恐寄信人尚未明晰章程，再开列条款刊行分送，冀免流弊，俾众周知"，然后，把交寄信件时的注意事项及基本规则逐一详细开列，"一凡交邮政局寄递之邮件，须于封皮面上写明寄交某人姓名、住寓某省某府县村镇及作何业或在何铺店字号，逐一详细登载，惟书地名总须按照地图等类所载之官名，不得随意书写古名别名，庶免歧误，其信面上亦不得书明寄递要意，即如内有要言以及汇票洋银各等字样，倘其书明，有人见之，顿起歹心，盗窃等弊，恐不能免，以致邮寄转多未便"，使人一目了然。① 还有，"照得邮政定章，凡银元角洋铜元制钱等概不得封入信内，违则查出扣留，不予寄递，为此晓谕寄信人等知悉，嗣后切勿将各种现钱封入信内，致违邮章"。② 这些都是民众在寄递邮件时需要明了的基本常识，通过宣传，不仅使民众了解了这些基本规则，也扩大了官邮的影响力。

官邮影响力的扩大恐怕没有比民众舍民信局而选择邮局更有说服力的了，这一点可以从原来为民信局所垄断的代购一事上得到证明。如上海括打药房原来一直利用民信局为顾客寄递药物，1899年12月改为通过邮局寄递，它在广告中说："自今以后，外省诸君如欲购戒烟普济水者，请照上开地址函交各处邮政局寄至本药房，即照来银发药，仍由邮局带返，往来既速，带资亦廉，兼保永无假冒之弊，实为两便。"③ 该广告从寄递速度、资费高低、是否假冒等方面对两者进行了比较。其他地方也是如此。在武昌，"迩来邮政通行，传递既速，取费又廉，商民同声称颂"④；在天津，"自各处添设邮政局以来，中外商民无不称便"。⑤ 到1906年，"查邮政之设将及十年，近日逐渐推广，不特函寄商民函件颇见信从，即机密文

---

① 《邮局章程》，《申报》1900年4月7日第2版。
② 《大清邮政沪局邮政司谕》，《申报》1909年3月18日第1张第8版。
③ 《各省购药请由邮政局既免假冒往返又速》，《申报》1899年12月21日第4版。
④ 《推广邮政》，《申报》1901年4月22日第2版。
⑤ 《本埠安设信箱》，《大公报》1903年12月4日。

报亦俱藉以邮传往还，极称便利"。① 这说明官邮得到了整个社会的普遍认可。所以，经过硬件上各方面建设的不断推进和完善以及软件上的努力宣传，到1911年前后，民众对官邮的认识发生彻底改变，邮政已经稳步地改变了自己的形象，在公众中建立起强烈的信任感。

（六）争取外部资源保护和推进官邮的发展

在双方竞争的过程中，官邮可以利用多方面资源为自己服务，尤其是在取得地方官府的支持和利用海关资金方面。在海关试办邮政时期，山东地方官府对过境信差的阻挠及破坏给其留下了深刻印象，直到1893年，德璀琳还说："1878—1879年冬季镇江、天津间的陆路邮运引起的麻烦，记忆犹新。我们的信差被山东巡抚下令驱散和拘留了，邮件被抛弃在大路上。"② 这使海关认识到地方官府在邮政开办中的重要作用，"总而言之，民信局已成为稳定的体系，要引进新的邮政体系，必须得到当地政府竭诚支持"。③ 在发展过程中，努力争取得到各级官府的支持是邮政一贯遵循的方针。其目的是利用官府的权威压制思想守旧者对官邮的排斥，同时，防止和阻止民信局对官邮或明或暗的破坏。

在新设立邮政局所时，官邮明确要求有关人员"照例恭送该管之州、县官邮政章程一本，拜会时托其竭力保护"④。对于拜会地方官员的落实情况，以绍兴邮局的开办为例。"中国邮政局已遍于通商口岸，而绍兴尚属阙如，兹由杭局总办派杜姓来绍，到会稽县拜会，适县主黄大令公出未晤，至府署亦如之，爰赴山阴县署与宁绪香大令晤商一切，旋即赁定笔飞弄坊屋，择吉本月初十日开局。"⑤ 由此可以看出拜会地方官员的落实情况以及官邮的办事效率。1901年7月，邮政总办阿理嗣向赫德建议："设法敦劝各省督抚大宪，发展邮政官局。"⑥ 同时，阿理嗣还要求各省人员重申保护官邮的饬令："饬办邮政之谕旨系于光绪二十二年二月初七日所

---

① 全国图书馆文献缩微复制中心：《中国近代邮政史料》，2005年印行，第120页。
② 仇润喜主编：《天津邮政史料》第1辑，北京航空学院出版社1988年版，第170、243—247页。
③ 天津市档案馆等编：《清末天津海关邮政档案选编》，中国集邮出版社1988年版，第9页。
④ 黄福才：《试论近代海关邮政与民信局的关系》，《中国社会经济史研究》1996年第3期。
⑤ 《新设邮局》，《申报》1900年5月16日第1版。
⑥ 沈阳市邮政局邮政志办公室编：《中国邮电史料》第1辑，1985年印行，第98页。

奉，谅彼时各省大宪自必业经钦遵通饬各属矣。惟至今已逾四年有余，且近年国内顿起风波，民心不靖，大约于邮政一端仍系迹近生疏，莫若请总署转咨各省大宪，将前奉之上谕重申宣布，谆谕官绅商民俾知何事可为，何事不可为。即如各府、州、县地方官应保护及辅助邮政各员役，各地方商民应信服及认用邮政官局寄信，以及各项民局应谨遵邮章办理，以免另出枝节。"① 这项工作得到落实。如光绪三十年（1904）十二月承德府代办邮政分柜铺户、光绪三十二年（1906）闰四月小站和咸水沽内地代办邮政铺户设立时，事先都由津海关税务司致函承德府和天津县署要求就开办之事张贴保护告示。

在官邮与民信局出现冲突的情况下，官府从保护官邮发展的角度，对于制止事态的扩展起到重要作用。如 1897 年初，扬州发生邮局信差遭信局伙计群殴事件，官府立即出面干预，"即传邮政局信差唐堃南、陈八子、陈宝生略问情由，另将信局中各凶手指出，旋而谒江甘两邑宰商办此案，现在道路传闻谓为首起事者为福兴润、全昌仁、铨昌祥三家，已由江甘两邑宰饬役分投严缉矣"。② 无疑，官府的行动对当事信局及其他信局都起到极大的震慑作用。在官邮第一次提出信局总包加费而遭到的激烈抗争中，如果没有地方官府极力压制，事态的发展一定会严重得多。如 1900 年 3 月，宁波民信业致函宁绍道台提出："会商总理衙门达奏免加邮费，止设内地，以恤困忧，俾数万民不致废弃等情。"这个要求遭到严词拒绝，"本道查邮政推广章程本系奏定有案，各省一律，断难更阻"。③ 在南京，"各民局主无可为计，爰于本月初六日一律停班，公推八十余人赴南洋大臣两江督署禀求矜察，督宪鹿滋帅阅词即谕曰：邮局乃国家新政，加增邮费出自赫总税务司之意，本部堂既无权抑制税司，更不能阻挠国政……开导再四，各民局主始无言而退"。④ 在九江，官府对民信局所上禀帖的批复是："今邮政局酌加信包寄费，既非止九江一口，则事关大局……该民

---

① 中国近代经济史资料丛刊编辑委员会主编：《中国海关与邮政》，中华书局 1983 年版，第 102 页。
② 《信局肇祸余闻》，《申报》1897 年 2 月 22 日第 1 版。
③ 中国近代经济史资料丛刊编辑委员会主编：《中国海关与邮政》，中华书局 1983 年版，第 138 页。
④ 《信局吁恩》，《申报》1900 年 3 月 15 日第 2 版。

局等务须安分营生，不得藉端滋事，致干严究，切切著即遵照。"①

在邮政发展的过程中，各级地方官府成为官邮的有力支柱。这主要表现在两个方面：一是发布文告，通令保护邮政发展；二是对破坏邮政的行为进行严肃处理，以起到警诫作用。如1901年，绍兴三桥埠百官镇开设了邮政分局，"不意无知愚民见信箱上缮有西文，误为洋人所设，造言生事，意在阻挠。数日前，无赖某某等人见局丁某甲持信分送，强索一观，甲不允，致相口角，旋被将信件号衣尽行撕毁，饱以老拳，甲遂报知司事，电达孟君，立派管理邮务西人尼格纳斯君渡江至绍，拜谒府尊熊再青太守，请即拘拿讯办，以儆效尤，太守允之"。② 在上海，"江海关税务司好博逊君函致苏松太兵备道兼江南海关监督袁海观观察，内开查本关邮政总局所设本埠及相近诸城镇各分局，总计共四十一处，均已陆续开办，诚恐愚民无知，或有滋扰等事，请即通饬地方官妥为保护等因，核得单上所开邮政分局四十一处，内高昌庙、南市、闵行三处并租界中福建路一处，均在上海县境内，因札饬县主汪瑶庭大令出示晓谕，大旨谓尔等居民须知邮局系国家所设，原为便民起见，毋得藉端滋事，致扰大局等因，一面严饬地保随时妥为照料"。③ 在阜宁，1908年8月和11月，先后发生书院学生和军校学生到当地邮局闹事事件。为此，淮扬道台立即派阜宁警察局长前往调查，使这一事件得到圆满解决，阜宁县为此专门向公众发出布告，禁止到邮局寻滋闹事。④

到1904年前后，地方官府在保护官邮问题上已经基本达成共识，全力支持官邮的开办。"至于各官府中，亦无不确欲成全邮政，其情形已无可疑。即如山西、河南、湖北，以及他省大员，均经自行出有剀切晓谕，内将邮政声名宗旨及所办系属国家内政各节，业经明示众知。凡遇新设邮局地方，若请该处颁发告示遍贴城厢，亦觉不甚费手。而且州县官中，自请前赴该治树立邮局者亦颇不乏其人。每值函请某处保护邮局邮差，即可

---

① 《信局禀批》，《申报》1900年4月30日第2版。
② 《阻兴邮政》，《申报》1901年11月14日第2版。
③ 《示护邮政》，《申报》1904年7月7日第3版。
④ 参见张铸泉主编《清末镇江邮界总局档案摘译汇编》，1997年印行，第91—92、94—95页。

蒙其妥允。"① 在实际运作中，不少地方邮局开办之初，会由官方发出告示，借助官方权威进行推广。1901年的《山西巡抚保护邮政的告示》是目前所见到的由省级官府最早出台保护官邮发展的文告，文告从国家利益、社会发展和个人便捷等多个角度阐述了建立与发展官邮的必要性，特别强调对于邮政事宜"尔军民等当必争相转告，乐于奉行。其有不法匪徒，胆敢到局喧哗滋扰者，则是故违功令，自干刑辟，定当拘获重惩不贷。后来又有《河南巡抚保护邮政的告示》(1904)和《山东巡抚保护邮政的告示》(1905)。② 其他省份也发布过类似告示。如在陕西，"乃有无知愚民见有洋员出入，遂疑为洋员所设，甚至地方官亦多漠视，并不加意保护，往往失遗函件，似此情形，殊属疏忽，亟应严加整顿，以肃邮政。除札地方官饬令约保，妥为保护稽查，并移甘肃洋务总局转饬所属一体出示外，合亟出示晓谕"。③ 进入宣统时期后，邮传部继续要求地方官府保护官邮的发展，并加以制度化和规范化。1911年7月，邮传部制定了地方官府保护邮政办法十条，对地方官府应起到的作用和具体职责做出明确规定，进一步增强了地方官府保护官邮发展的针对性和有效性。④

官邮得到的外部资源中的另一个重要方面是利用海关资金支持邮政发展。1866—1896年，海关在兼办和试办邮政时期没有得到清政府资金上的任何支持，单纯依靠海关资金来维持邮政的运转和发展，自然严重制约了发展速度和规模，这也是该时期邮政发展缓慢的原因之一。官办邮政建立后，清政府虽然多次要求加快官邮的发展，但还是没有给予资金上的支持。"新成立的中华帝国邮政除了公开的竞争之外，不能以任何形式干涉其（注：指民信局）活动，也不能从国库拨款来支持和发展这个机构。"⑤ 1903年，官邮发展已经初具规模的情况下，"共收邮资约三十五万两，共

---

① 张志和等主编：《中国邮政事务总论》（上），北京燕山出版社1995年版，第8页。
② 参见中国近代经济史资料丛刊编辑委员会主编《中国海关与邮政》，中华书局1983年版，第96—97、119—120、127—128页。
③ 《洋务局晓谕保护邮政》，《申报》1906年4月29日第4版。
④ 参见全国图书馆文献缩微复制中心《中国近代邮政史料》，2005年印行，第312—315页。
⑤ [英]魏尔特：《赫德与中国海关》（下），陈彭才等译，厦门大学出版社1993年版，第318页。

支经费约六十七万两"①，两者之间的缺口尚达 32 万两，收支差距较大。1903 年 11 月，清政府提出官邮"近来已由沿江沿海推及内地。嗣后，铁路所到之处，邮政即当相辅而行"②。

既要克服资金困难，又要不断加快建设步伐，邮政处于艰难的运转状态。"邮政开办时，政府并无指定专款，而新设邮局、开辟邮路、购置运输工具、印制邮票文件，在在皆须经费，无钱莫办，所幸有海关支援，勉能应付，但如此当非久计。"③ 所以，海关资金是支持官邮初期发展的基础。赫德在预算 1905 年经费时说："照其所拟，明年约需经费一百零九万两，以入款三十万两计之，不敷约七十四万两之谱，不得不设法筹备。"由于存在如此大的资金缺口，1904 年初，赫德将特别财政援助的请求提交外务部，其目的是获得清政府的资金支持，以与官邮快速发展的要求相适应，但"本部（注：指户部）以近来库储支绌异常，实难拨此巨款筹备邮局经费"为由加以拒绝。④ "户部第一次驳回了申请，赫德因此致伍廷芳函，说：'如果户部一点儿款都不拨，我们就不得不'关店'了！'过去六年中我勒紧海关的腰带来资助邮政局，但是不能再这么做下去了……现在停止邮政局的工作是很可惜的，它的工作进展很好，并且非常有前途，如果有适当资助的话，很快就会出现良好的结果，对于政府是财政收入的来源，对于社会是最重要的便利和最有用的服务。另外，如果我们停止的话，外国邮政局就会立即介入填补空缺，以后要让他们出去会是非常困难的。"⑤ 清政府经过一番权衡利弊后，"查邮政一项，关系中国利权甚大，该总税务司所陈答节不为无见"⑥，赫德的提议最终得到清政府的认可。

1904 年 6 月，清政府同意每年由津海、江汉、江海、闽海、潮海、粤海六关每月各拨款 1 万两，共计总额为 72 万两的协济款作为官邮推广的经费。"邮政一项，关系全国交迪，向无地方经费，只有光绪三十年四

---

① 《邮政筹款》，《申报》1904 年 9 月 11 日第 2 版。
② 仇润喜主编：《天津邮政史料》第 2 辑（上），北京航空航天大学出版社 1989 年版，第 74 页。
③ 晏星编著：《中华邮政发展史》，（台北）商务印书馆 1994 年版，第 366 页。
④ 《邮政筹款》，《申报》1904 年 9 月 11 日第 2 版。
⑤ ［英］魏尔特：《赫德与中国海关》（下），陈彩才等译，厦门大学出版社 1993 年版，第 450 页。
⑥ 《邮政筹款》，《申报》1904 年 9 月 11 日第 2 版。

月外务部与户部核定津海等六关每年协济银七十二万两"①,这是清政府第一次专门为邮政的发展拨发资助。但由于六个口岸的道台中有人很不热心,有人则极力反对,所以这笔拨款最终也没有完全拨付到位。从1904年7月到年底,各关拨款情况是:"津海福州两处全未照解,其余四处所拨亦未如数,计江海拨银三万两,江汉拨银二万四千两,粤海拨银五万三千两,潮海拨银五万四千两,共拨银十六万一千两。按原议半年应拨银三十六万两计,差银十九万九千两。"为此,1905年3月,赫德再次致函外务部:"所指各该关不能按期如数解款协济,致官局进退维谷,若不设法力纠正,将恐已成之举一旦涣散而不可收拾矣。"外务部回函:"已飞咨各省督抚转饬各该关道,即将指拨邮政经费务须按期如数解清,毋得延欠,致误要需,并将所欠经费亦令设法照数补解,以维邮政。"② 即使是在清政府多次督促下,邮政协济款还是没能按时足额到位,最多的年份仅能达到一半而已。

虽然一直处于发展和资金困乏的矛盾中,但在海关资金的支持下,官邮还是在不断向前发展,尤其是在20世纪后,更以超常速度向前发展。对此,马士曾做过评价:"中华邮政在创业之初,倘无海关以人力、物力及财力之充分支援,必难成长发达,以底于可以自给自足、自谋发展为一独立的国营事业。"③ 这种说法还是比较客观和公正的。

(七) 垄断轮船、火车等现代运输工具

民信局主要采用信船、走足以及委托轮船或火车带寄等方式,尤其委托轮船或火车带寄是民信局中长距离寄递的主要方式之一。在官邮发展的过程中,先后垄断了轮船、火车等现代化交通工具运输邮件的权力。这对民信局的打击表现在两个方面:一是切断了民信局长距离邮件运输的通道;二是迫使民信局只能利用原始的信船、走足等方式,这无论是在资费、速度还是安全性方面,都不可与官邮同日而语。关于垄断轮船的运邮权,早在海关兼办和试办邮政时期即已开始。1877年1月,葛显礼呈文

---

① 全国图书馆文献缩微复制中心:《中国近代邮政史料》,2005年印行,第30页。
② 黄胜强主编:《旧中国海关总税务司署通令选编》第1卷,中国海关出版社2003年版,第542—543页。
③ 晏星编著:《中华邮政发展史》,(台北)商务印书馆1994年版,第363页。

赫德提出:"中国轮船现在经常行驶沿海沿江各口岸,政府给了它们以充分的帮助,因此可以要它们免费代运邮件。"[1] 同年3月,德璀琳也致函赫德:"考虑到海关有权准许或禁止各船便利行事,我以为除英、法、日邮船外,用合理的条件,垄断从事中国沿海贸易的所有船只运送邮件的业务,不会引起太多麻烦。"[2] 这是海关利用其对轮船具有管理权的身份企图垄断轮船运邮权的开始。随后,官邮将该项政策付诸实施。1878年8月,天津海关与轮船招商局、怡和轮船公司、太古轮船公司签订合同,各轮船公司同意只带运海关邮件,对民信局的任何邮件都要拒绝带运。1886年3月,赫德要求清政府"规定除邮政局交运的邮件外,船舶不得运送任何其他的邮件"[3]。

官办邮政开办后,有了正式的官方身份,具有以国家强制力为后盾的强大政治资源优势,进一步强化垄断轮船运输邮件的权利。"自去岁国家邮政局创兴,各处信局所收信函例得交邮政局投递,开河之后,轮船次第抵津,邮政局执事人恐各轮船私带信包,遂向海关及三公司订立章程。"[4] 各公司承诺:"除大清邮局的邮件外,拒绝承运任何华洋邮件或其本国(领事)邮局的邮件。"到1901年7月,共有12家国内外轮船公司与官办邮政签订了合同。1904年,赫德向外务部提出就华商轮船带运邮件制定专章,"俾饬遵守而重邮政",得到外务部同意。[5] 为了垄断驶赴中国内港的华洋轮船带送邮件的权力,官邮为此制定专章,"作为续订华洋轮船驶赴中国内港章程内第二条后之补条,并列于后,一凡华轮均有代运邮袋之责,其行驶内港者,一经领准驶入内港之关牌,即应代运邮政局信袋,分交路经各局,每值行轮往来,遇有邮局外,即须赴局声报,以便随时交接

---

[1] 中国近代经济史资料丛刊编辑委员会主编:《中国海关与邮政》,中华书局1983年版,第2页。

[2] 天津市档案馆等编:《清末天津海关邮政档案选编》,中国集邮出版社1988年版,第28页。

[3] 中国近代经济史资料丛刊编辑委员会主编:《中国海关与邮政》,中华书局1983年版,第52页。

[4] 《析木星光》,《申报》1897年3月16日第2版。

[5] 仇润喜主编:《天津邮政史料》第2辑(上),北京航空航天大学出版社1989年版,第232—235、237页。

信袋，不致有误……其他邮件，各华船不得私带，并不得揽带他局邮件"。①

在利用现代化运输工具运送邮件方面，官邮可以利用民信局所不具有的资源为其服务。如冬季华北与上海等地的海路邮路的开通即是如此，"历年大雪之后、冬至之前，天津各河层水凝结，海关所收书信例得改由陆路递至京师，其递沪者，亦遵陆南下。今年朝廷下诏创兴邮政，事无大小，咸归赫鹭宾总税务司主持。兹者赫君查得山海关北带（注：原文如此）河冬令不冰，且其水甚深，足任轮船寄碇。前由烟台至沪，则常年均有轮船往来，如于冬令自备一船，由北带河至烟台接送南北往还之信，其陆路则由火车递送，统计不过五日之期，较之往时马递书函速可倍半，惟其船一时碍难购取，查开平矿务局向有轮船数号常川装运矿煤，时值隆冬，即多闲矿，爰咨请北洋大臣王夔帅饬局预备一号在烟台海面过冬，为递送书函之用，夔帅准之，已谕饬局员与赫君熟商一切矣"。②

除轮船外，随着近代铁路的建设，"中国邮政局日见推广，即腹地边省凡铁路所到之处，邮政亦与相辅而行"③，官邮又垄断了铁路的运邮权。1903年4月，外务部核准赫德拟定的官办邮政与铁路公司之间的《火车运邮章程》八条，规定："铁路只允中国邮政官局运送包件，其民局及别国官局邮件概不准行运送"，"嗣后铁路推广各处，均须照此章程办理"。④ 自1881年开始出现铁路起，到1911年止，已经有9292公里（注：包括一部分外国修建的铁路在内）。⑤ 1921年颁布的《邮政条例》把铁路运送邮件之责以法律的形式确定下来，"所有在本国之铁路均须依交通部所定办法，负运送邮件及包裹之责，铁路因运送邮件及包裹须备有足容邮政机关员役及邮件包裹之车辆"。⑥

由于官邮垄断了当时最快捷的运输工具运送邮件的权利，凡轮轨通达

---

① 《邮政专条》，《申报》1904年8月10日第3版。
② 《邮程无阻》，《申报》1897年11月16日第1版。
③ 刘锦藻撰：《清朝续文献通考》（四），（台北）新兴书局1965年版，第11231页。
④ 全国图书馆文献缩微复制中心：《中国近代邮政史料》，2005年印行，第323—324页。
⑤ 参见宓汝成《帝国主义与中国铁路（1847—1949）》，上海人民出版社1980年版，第670页。
⑥ 关庚麟署：《交通史·邮政编》第1册，交通、铁道部交通史编纂委员会1930年印行，第118页。

之处的邮件总包一律交邮局带运,违者以私运论处,民信局可以利用的只有小船、脚力等最原始的运输方式,限制了民信局自运邮件的范围,使民信局逐渐丧失独立完成全程寄递的能力,对民信局起到的是釜底抽薪的作用。"惟邮局对于民局不易对付怀柔之术,既穷势不得不处之以高压,令其向邮局挂号。初时民局犹群起反抗,惟轮路运送邮件已为国立邮政所专用,民局自不得不俯首服从,来局挂号。于是邮局乃令民局将其收寄之书信,封成总包转交邮局代为寄递"①,这是把民信局纳入官邮统一管理轨道的重要举措。

(八) 学习借鉴民信局的经验教训

中国近代邮政制度移植自西方,其基本的运作方式具有西方色彩,但在中国社会扎根立足的邮政体制并不完全受这方面的限制,它在创立和发展的过程中,积极向扎根于本土的民信局学习。在海关兼办和试办邮政时期,他们已经认识到学习和借鉴民信局经验教训的重要性。1885年,葛显礼就明确提出了向民信局学习的思想,"要使一个洋式的邮政局能够成功或者同民信局竞争,必须修改业务制度并且仿照大的民信局的惯例办理"。② 他们认为:照搬外国传送邮件的办法是不会完全适用于中国国土的,而民信局的经验是几百年来的经验,许多实例表明这样做是最有效的办法,因而民信局的一些办法在许多情况下被采用了。③ 官邮从正面学习民信局的长处以取长补短,使移植自西方的邮政制度能够适应中国社会需要;从反面吸取其教训,以去除民信局的陋习。

官邮在多方面学习民信局的经验,"兼复察其所长,施于邮政,以合普通习惯"。④ 如在开展业务方面,民信局与官邮竞争的一种做法是为大商号、大银号的邮件记账。官邮对此有深刻认识,"中国信件大宗,向以商号、银庄为最。而彼等所极需者,一系来信务速接到,一系来信抢晚付邮。此等情事民局优于承办,是以官局如欲收回民局之事,必宜仿此设

---

① 张志和等主编:《中国邮政事务总论》(上),北京燕山出版社1995年版,第665页。
② 中国近代经济史资料丛刊编辑委员会主编:《中国海关与邮政》,中华书局1983年版,第30—31页。
③ 参见徐雪筠等译编《上海近代社会经济发展概况》,上海社会科学院出版社1985年版,第154页。
④ 全国图书馆文献缩微复制中心:《中国近代邮政史料》,2005年印行,第286页。

法"。为了把这部分业务争取过来,邮局借鉴民信局揽收银行与商人信件的"编列专号专档保管"办法,开办"号信"业务,专门揽收银行、钱庄和商行的信件,"一面特派专差于应交各商之来信立到立投,一面即令该专差等就便分往各商号收取应发之信",并在内地"添派昼夜兼程之差,节节进步便利商民"。这一业务很受票号和大商人的欢迎。① 邮局开办快递业务也是向民信局学习的结果,"快捷的专人送信,原是民局的特色,但邮政官局自一九〇五年秋亦仿照办理,组织专班投递,尽速发运出班。起初在京津沪三地试办,自一九〇六年再扩展至汉口、福州、广州及开封等七地,然后逐步筹议至一九〇九年五月起,在全国50处邮局正式开办快递邮务,这实在是向民信局的又一挑战"。② 从快递业务实际发展的速度看,远远超过了这个计划。

官邮还借鉴了民信局上门收信的服务方式。如据镇江邮界高级视察华希伯记载,1908年1月,邮局专门派了两个人到大商店和官方收信,每人平均收集1956封,计3912封。"商人很欢迎这个制度,数量还可望持续增加。从收集信件以来,代售处信柜信件没有减少。民信局是受害者,他们对此很不满。"因此,华希伯提出:"我坚决建议这个制度应在所有大城市推广。"到4月,"这一措施本月已被扬州和常州采纳,常州收信3505件,扬州收信1208件,这是他们第一个月的成果"。③ 还有开办挂号业务,也是借鉴民信局的做法而开展的服务项目。据记载,"固由平民乐于挂号,然亦别有原因,缘向来民局铺规,交寄信件之时,均系先付半资,投到时再付一半,寄件者以此半资未完,遂共以为可恃。而邮局章程先付满费,寄件者未免怀疑,既有挂号之章,故均乐于照办,以期妥善"。再如仿效民信局送信后又带回回信的做法,邮局开办"收信回执"服务,"由收信本人于回执上左边,注明姓名画押为凭",再将回执交给发信邮局,"以便交原寄信之人作为该件投到之据"。④ 随着官邮安全、稳妥的服务为广大民众所认知,索取回执的顾客逐渐减少。如在上海,1909年,

---

① 仇润喜主编:《天津邮政史料》第2辑(下),北京航空航天大学出版社1989年版,第609—610页。
② 晏星编著:《中华邮政发展史》,(台北)商务印书馆1994年版,第260页。
③ 张铸泉主编:《清末镇江邮界总局档案摘译汇编》,1997年印行,第82、86页。
④ 黄福才:《试论近代海关邮政与民信局的关系》,《中国社会经济史研究》1996年第3期。

"索取回执之包裹见少,此系商民深知邮局寄送各项包裹诚有可靠"。① 其他如增设网点,增加开取箱筒和投递次数,延长封发信件时间等,都是为了与民信局竞争而向其学习的结果。

除学习和借鉴民信局的正面经验外,官邮还从反面吸取其教训。1882年,海关邮政在开始接收华人邮件时,颁布了《海关邮局章程》,在确立的原则中,诸如规定邮局应有固定的收递信函时间,尽速办理人民邮件,以及在固定的邮资之外严格禁止额外需索,等等,无一不是针对民信局的陋规,树立其信誉的有效办法。官办邮政开办后,为防止民信局陋习的出现,1899年2月,官邮颁布《邮政舞弊罚例》,规定凡恐吓、勒索投信人,以及私拆、藏匿、损坏邮件者,轻者杖刑,重者入监。光绪二十五年(1899)十一月,总税务司发布邮政通谕第30号,颁布了《内地分局办公诫程》,共87条,对内地分局的人员、业务等问题做了具体而明确的规定,其中有"凡邮政局内各项员役切不准向收件人婪索央求并接受各项酒资,违者送官惩办"。② 由此可见,官邮为防止信局陋习在邮政中的出现所做的努力。

官邮对于邮局员工索取酒资等违规行为,鼓励民众举报。如在杭州,"邮政局定章,凡寄信往他埠者,先由本处买得邮票贴于信面,送到后不准再索分文。乃杭地自开局以来,送信之人每向人家索取酒资一二十文或三四十文不等事,为税务司李君所闻,以其有违定章,照会道宪查禁,并请访拿惩办陈养源,观严当即札饬仁钱二县抄录原行照会札文,出示晓谕,如再有邮局工役人等送信到来索取钱文者,即将其人扭送来署,惩办不贷"。③ 不仅在杭州,上海等地也出现过类似现象。为此,官邮专门发布布告,"若不亟加整顿,将何以兴邮务而顺舆情,嗣后如再遇有前项情弊,准其寄信或收信本人随时到局通报,亦可不必亲身前来,只须将原寄封套备函附呈,以凭追究重办可也"。④ 民众的检举揭发以及对员工的严厉约束,有效地减少了信局陋习对邮局的渗透,成为邮政良性发展的积极

---

① 张志和等主编:《中国邮政事务总论》(上),北京燕山出版社1995年版,第155页。
② 仇润喜主编:《天津邮政史料》第2辑(下),北京航空航天大学出版社1989年版,第433—445页。
③ 《禁索邮费》,《申报》1898年1月11日第2版。
④ 《邮政局告白》,《申报》1901年12月8日第7版。

因素之一。

以上从官邮排挤打击民信局和在多方面与民信局展开竞争的角度,对双方在1896—1911年的关系进行了详细的论述。官邮与民信局之间的竞争格局以及向民信局的学习借鉴,对官邮的发展产生深远影响。多种服务项目的推出,都有与民信局抗衡的背景,而内地邮路的开拓,昼夜兼程邮班的设置,以及大城市增加本地投递收信频率等措施,无不反映了与民信局争夺市场的需求。从总体上看,官邮的快速发展是多方面因素促成的结果,官邮在社会影响力和认可度上都有了很大程度的提高。"现计开办已历年余之久,商民寄信往来称便,具见总税务司筹划周详,办理得法,亟宜遍设分局,俾广流行。"① 国人对官邮的态度发生很大变化,"近年以来,中国所行新政收效能如此之大而速者莫邮政,若所谓利民而亦利国者,殆真当之无愧者哉"。② 在近代邮政发展的过程中,"光绪二十三年(1897年)一月一日,中国邮政统一归总税务司掌握,面貌为之一新,年年谋取邮政事业的发展"。③ 从发展历程看,这一时期邮政的组织、机构、人事、业务等方面全盘展开,为日后迈向安定与繁荣铺筑了一条道路,为其在民国时期绝对优势地位的确立以及垄断地位的形成奠定了坚实基础。

二 民信局的抗争和初步萎缩

在官办邮政和民间信局共存的过程中,对于官邮的控制、排挤和竞争,民信局为了维护自身利益,进行了或分散或联合的抗争,给清政府和官邮造成了一定压力,取得了一定成效。但在官邮持续的打击和竞争下,民信局不可避免地走向衰落。本节主要概述民信局的抗争及初步萎缩的状况。

(一) 民信局的抗争

在1896年到1911年间双方相互竞争的过程中,民信局在官邮政策上的控制和排挤以及业务上的竞争下,为了自身利益,进行了比较积极的抗

---

① 黄胜强主编:《旧中国海关总税务司署通令选编》第1卷,中国海关出版社2003年版,第420页。

② 《书申报所载议改邮章事后》,《申报》1903年1月8日第1版。

③ [日]中国驻屯军司令部编:《二十世纪初的天津概况》,侯振彤译,1986年印行,第30页。

争。由于民信局尚处于鼎盛时期,在与官邮的对抗中,民信局能够联合起来进行抗争,取得了一定成效,尤其表现在对民信局交寄总包增加资费问题上。早在海关兼办和试办邮政时期,民信局对于邮局的设立一直持有戒备之心,"起初,劳巴德·赫德提出开设官办邮局建议之时,这些民局极力排斥其议。为了防范于自家营业的被蚕食,甚至发动了很大的运动"。[①]如对于海关设立书信馆一事,"各信局已有所知,惊其失业,拟呈公禀阻挠"。[②] 可见民信局对于可能危及其生存的类似组织的设立所持有的敌对心态。但由于邮政的设立地点主要限于通商口岸地区,经营的服务项目有限,利用邮政的人很少,双方没有形成尖锐的竞争关系,处于平行发展状态。

1896 年官办邮政开办,海关主持下的邮政获得了正式的官方身份,给民信业造成巨大压力。"因国家创办邮政局,信业中人心惶惶。"[③] 如在杭州,"浙省举办邮政,各民局咸有失业之虞"。[④] 有的地方的信局采用联名上书的办法以维护自己的利益,"惟旧时所开之各民局未免因而受困,故当开创之初,即纠同业联名禀请大宪设法挽回,俾生机不致遽绝,当事者以事关新政,未敢阻挠"。[⑤] 有的地方的信局则采用制造谣言的形式以图抵抗。如在武昌,"邮政创行之初,各信局每妄造谣言,肆情诋毁,鄂人士少见多怪,遂相率裹足不前"。[⑥] 此外,有些地方的民信局则采用停班方式向官府施加压力,有的甚至采用集体罢工方式以示对抗,在各地多次发生类似事件。如在扬州,"邗上各信局向例新正初五日开班,今年因邮政开局,各民局主人纷纷至镇江商议章程,遂一律暂停收发"。[⑦] 在停班期间,扬州还发生了邮局信差遭到信局伙计群殴事件。当时镇江邮局派到扬州送信的信差住在旅店中,遭到福兴润、全昌仁、铨昌祥三家信局伙计的群殴,虽然最终查明此事系由邮局使用原信局伙计投递信件而引发,

---

① [日]中国驻屯军司令部编:《二十世纪初的天津概况》,侯振彤译,1986 年印行,第 34 页。
② 《议设书信馆》,《申报》1878 年 5 月 21 日第 1、2 版。
③ 《营口邮政》,《申报》1897 年 4 月 1 日第 2 版。
④ 《武林邮政续闻》,《申报》1897 年 3 月 6 日第 1 版。
⑤ 《书信局吁恩后》,《申报》1900 年 3 月 21 日第 1 版。
⑥ 《邮政风行》,《申报》1897 年 11 月 17 日第 1 版。
⑦ 《信局述闻》,《申报》1897 年 2 月 20 日第 1 版。

但它表明民信局与邮局之间的对立关系。① 上海也发生了信局伙计合殴邮局信差事件。当时上海官邮委托全泰盛信局代为分发信函，并且"嘱以无论何处之信，须随到随发，不得稽延"，"而各信局咸谓邮政局信到较速，嗣后须与伊等接到之信同时分送，至初五日照例开班，而各信局约齐在景福楼会议"。在此过程中，全泰盛信局执事人遭到众信局伙三四十人的群殴，涉及信局有24家。② 可以看出，这并非仅仅是信局之间的业务竞争，而是针对官邮的对抗事件。

在民信局设立较多的地方，都发生了对抗官邮的事件。如在安徽，由于民信局具有强大势力，以至于出现官邮"初创数年，时为信局所穷困。曾有一次，信局竟至通电各处，抵制邮局"的局面。③ 镇江则采用罢工方式以示抗议，"所有长江各民局信袋均交邮局递寄，镇江邮政局现设在验货场后洋房内，其邮政一切章程贴于洋关大门，迩日各商民信函概投局递寄，络绎不绝，局中司事异常忙碌，镇地民信局不知何故相率罢市，闻同业公议据情禀明常镇道税务司候批矣"。④ 而在上海徐家汇，则发生直接针对官邮的更为激烈的行动，自从邮局创立后，"传消递息，远近灵通，信局中人嫉之，遍布谣言，致无赖乘机滋事闹内，某分局竟被土匪焚毁，银钱器物抢劫一空"。⑤ 所以，从各地民信局的态度看，对于官邮的建立充满敌意，他们采取的抗争措施在社会上造成较大影响，也给清政府造成一定压力。但从总体上讲，绝大多数地方的民信局采用的抗争方式是比较温和的。

除了采用直接或间接的对抗外，民信局也在服务项目上进行些微改革，以与官邮竞争。如在上海，1898年底，7家民信局把停班时间推迟4天，"吾业停班，历年旧章向系于腊月廿三日为止，窃思今岁市势比昔更属艰难，不得不邀集全业汇议整顿，宽放公局四天，以便商号，限于廿七日为止，上街友因时届岁底，账务纷繁，为此七局公派妥友，在各店专

---

① 参见《信差被殴》，《申报》1897年2月19日第1版；《信局肇祸余闻》，《申报》1897年2月22日第1版；《详述信局肇事缘由》，《申报》1897年3月2日第2版。
② 参见《信局肇事案送县》，《申报》1897年2月10日第3版。
③ 沈阳市邮政局邮政志办公室编：《中国邮电史料》第2辑，1986年印行，第119页。
④ 《信局罢市述闻》，《申报》1897年2月13日第2版。
⑤ 《邮局被焚》，《申报》1902年9月19日第3版。

收信件，仍恐不及兼顾，望恳各庄客号乞恕原谅"。① 但这种细枝末节的变革，所起到的作用是微小的。

在官邮各方面业务不断发展的情况下，它还利用所掌握的政策优势和管理者身份，在其他方面展开对民信局的控制和排挤，其中的重要举措是增加民信局交寄总包的寄费。1899年公布的《大清邮政民局章程》规定，从1900年4月起，民信局交寄的总包寄费由每磅一角增加到六角四分，这是对民信局利润空间的极大压缩，触动了其根本利益，因而引起集体抗争。如在宁波，民信局联合致函宁绍道台："每日包封交邮递，每磅出交费洋一角，本属局等已受艰苦。今则邮颁新章，经税务司传到局等面谕，每磅加费五倍之多，计洋六角四分，民更难生。非特前照上谕不夺小民之利，即则蚀民之利，明准开设，暗实加费而逼闭，民命何以聊生。"② 九江民信局也是采用上书官府的形式，"迩者内地各信局闻邮政总局有另定新章加收寄费之说，一时惶急异常，相率赴道辕递禀"，他们提出收费一角已经大大减少其利润，"民等因世业难舍，生计维艰，只得遵办，苟延残喘，然统计一角之邮费较曩昔未开通通商口岸以前，雇佣脚夫划船所费已增至数倍之多，是利源已涸，如坐荆棘丛中，不啻幕燕釜鱼与死为邻矣"，他们还提出"内地之服官服贾于他邦者，父盼其子，子盼其父，兄盼其弟，妻盼其夫，民局一闭，音信杳然，不几号呼怨詈之声盈天下乎"，认为增加总包寄费"为夺利病民"之举。③ 汉口也是如此，"汉口信局计共十六家，前因邮政局欲加代递包封费，遂联名赴关署签恳"。④

在南京，民信局采用停班和上书官府相结合的形式。"近日邮局忽颁新例，凡民局附寄信件，每磅增收小洋银六角四分，民局无利可图，迭词联名具词呈诸邮政局总办西员穆林德君，恳其体恤商艰，仍循曩例，穆君不允，各民局主无可为计，爰于本月初六日一律停班，公推八十余人赴南洋大臣两江督署禀求矜察。"⑤ 并且，民信局的请求得到两江总督的支持，

---

① 《信局声明》，《申报》1898年1月9日第4版。
② 中国近代经济史资料丛刊编辑委员会主编：《中国海关与邮政》，中华书局1983年版，第138页。
③ 《信局禀批》，《申报》1900年4月30日第2版。
④ 《汉水明珠》，《申报》1900年4月13日第2版。
⑤ 《信局吁恩》，《申报》1900年3月15日第2版。

"省垣各信局因邮政局厘改新章,凡有投递信包者,每磅须收小洋银六角四分,未免多所赔累,因于本月某日纠集同业赴督辕恳恩,署两江总督鹿滋帅批示牍尾云,据禀该业前经税务司议定章程,民局投送信包,重满一磅者,收费洋银一角,兹奉邮局传知换领执照,加收费洋银六角四分,生机已绝,恳请仍照旧章等情"。① 在上海,则采用集体停班的方式。信局在《申报》上发布消息云:"去年邮局另颁新章加费,环求各宪署奉总理衙门电达展限一年,再行酌订善法,不料本月廿四夜,邮政局骤发谕单,饬令廿五日起,信包每磅涨价六角四分,较前顿加五倍有余,禀求邮宪酌予善法,毫不宽容,但邮局骤然增费,主客猝难酌加,生计已绝,为此暂行停班议事,一有妥善章程,再行照常开班。"② 在南昌,"前者省城各信局以邮政局增收寄费,相率停班为挟制之计"。③ 在芜湖,"各信局因邮政局于三月初二日起加收寄带包封之费,每磅须洋银六角四分,并饬挂号换照,以致相率闭门,内地早班亦皆停止"。④ 其他像营口等地的民信局也是以停班方式表达抗议。⑤

采用上书官府或停班形式,是各地民信局针对总包寄费增加普遍采用的抗争方式。除了采用有组织的抗争外,有的地方的民信局则采用了较为极端的方式破坏官邮的运营,官邮则借助官府力量给予打击。如在安徽省城安庆,"皖垣各民信局前因邮政局另定新章,代带包封每磅加收至洋银六角四分,爰相率伺于要路截夺邮政局总包封,以泄其忿,事为芜湖总理邮政之墨税务司所知,以此风断不可长,特电请省中大宪严行查究"。⑥ 从全国范围讲,采用这种极端方式的地方很少。在双方竞争的过程中,这次抗争是规模最大的一次,也是体现民信业集体斗争性的一次。"自汉迄沪,民局均纷纷呈诉,沿江上下均已停班,情甚迫切。"这次抗争对清政府产生了极大压力,"必须将民局包封加费量予核减,方可息事宁人等

---

① 《督宪批禀》,《申报》1900年3月20日第2版。
② 《停班议事》,《申报》1901年12月8日第5版。
③ 《洪崖访道》,《申报》1900年4月29日第2版。
④ 《率由旧章》,《申报》1900年4月16日第2版。
⑤ 参见《营口近事》,《申报》1902年4月12日第3版。
⑥ 《鸠兹客述》,《申报》1900年4月25日第3版。

因"。① 清政府担心事态继续扩大，因而向赫德施加压力，"中国信局遍各口岸府州县，不下数万人，一旦失业，恐为害地方，殊失民心，期限已迫，恳饬总税务司仍照初议取费，不必再加，以保民业"。②

无论是官邮建立初期民信局的敌视态度，还是决定对总包加费民信局采取的对抗措施，官邮自身都没有因此而动摇，相反倒是民信局先改变了其态度。如在扬州官邮建立初期，虽然出现民信局停班议事行为，但最终以照常营业而告终，"直至月之十二日，各局东议定而回，十三日各民局始行开市，鱼雁通行矣"。③ 在决定对邮件总包加费的情况下，南昌发生停班相抗争事件，但"嗣知此事无益于事，深自悔恨，现已照常开行矣"。④ 这都属于停班时间较短的例子。在上海，停班虽长达三个月，但最终也因无力支撑，准备采用把所增加的资费转嫁到顾客头上的方式而开班。"敝业前因邮局骤加寄费五倍，停班递诉各宪，蒙南洋大臣刘宫太保体恤民艰，力挽生计，三次电咨外务部核议，于去年十二月初五日，奉宪谕暂加二倍，而邮局迨至本月二十日始行牌示准寄，计已停班三月，亏耗经费不赀，然敝业收送官商信件，含辛茹苦，星夜赶投，以便商务交涉灵通，故邀各客诚信，但所获蝇头本属有限，是立邮局以后，已难敷衍，今再加寄费二倍，生计更绌，惟有仰告官商鉴谅苦衷，凡来往信笺信封均从坚薄，因原定每封系磅平二钱五分为限，重则递加，故宜就轻为宜，其信资议以宁波、温州、广、汕、厦、天津、烟台、牛庄、通州、江阴、镇江、南京、芜湖、安庆、大通、九江等各埠，每封照旧暂加钱十文，惟汉口及九江之内地每封暂加钱廿文，以别远近……今已议定开班。"⑤ 营口也是如此，"信局近因邮政局加收信赀停班多日，兹已议定每信加钱百文，照常传递"。⑥ 民信局态度的转变表现了它的妥协性，也表明民信业作为一个行业在组织性方面的缺失。

最终，各地民信局的邮件寄递还是照常运转起来。如果不是后来出现

---

① 仇润喜主编：《天津邮政史料》第1辑，北京航空学院出版社1988年版，第96页。
② 《宪示照登》，《申报》1900年5月2日第2版。
③ 《信局述闻》，《申报》1897年2月20日第1版。
④ 《洪崖访道》，《申报》1900年4月29日第2版。
⑤ 《议定开班》，《申报》1902年3月1日第4版。
⑥ 《营口近事》，《申报》1902年4月12日第3版。

"客邮"趁机拉拢、联合民信局的趋势,从当时的形势看,官邮是不会改变其加费的态度的。对于这种改变,邮政总办帛黎后来做出解释:"是时海关章程无稽核洋局收包之条,于是洋局乘此诱令信局前往交运信包,略取寄费,以攘中国邮权,故官邮无法,只得全免信包寄费,当经呈报外部在案。"① 在这种形势下,赫德不得不变通策略,他申呈外务部:"时势变更,拟另订办法,自同年(1902)三月一日起,各民局如在口岸之邮局挂号,即可代为寄递信包,无庸纳费。"② 虽然官邮对民信局总包加费的目的没有实现,但它却表明了官邮排挤和打击民信局以实现其垄断地位的趋势,在双方的第一次正面交锋中,官邮占有明显的政策优势。这次抗争对官邮造成很大压力,也使它认识到民信局具有的力量不可忽视,同时也认识到对民信局总包增加寄费的条件不成熟。此后,官邮避免与民信局在信包寄费问题上再次发生冲突,而是把主要力量放在自身的软硬件建设上。

又经过几年的发展,在官邮势力进一步扩大以及外部形势变化的情况下,民信局邮件总包资费问题再次被提上议事日程。1904年,邮局"于本年二月十六日又颁新章饬知信局,凡属口岸,仍照旧章办理,其余各埠改照平民信收价"③。也就是说,官邮改变了1902年3月以来民信局交寄的邮件总包免费政策。此举再次引起民信局的不满,有些地方再次采用上书官府申诉的形式。如上海、长江、南北洋各地的119家信局通过上海商务总会向外务部提出申诉:"伏查自有邮政以来,凡轮船火车能到之口岸,民间信函由邮局迳寄者居多,民局生计已属难支,幸而口岸挂号之民局包封免费,稍获沾润。"但当时的形势发生很大变化,"客邮"已经没有再拉拢民信局的可能,"华洋邮局寄包按去岁与各国新订章程亦须赴关报验,则邮局复有稽查之把握,即信局可杜违章之门",官邮的态度非常强硬,"即使信局以歇业为词,于公事、民事亦无妨碍,若夫内地民局办法稍难,

---

① 中国近代经济史资料丛刊编辑委员会主编:《中国海关与邮政》,中华书局1983年版,第124页。
② 晏星编著:《中华邮政发展史》,(台北)商务印书馆1994年版,第257页。
③ 中国近代经济史资料丛刊编辑委员会主编:《中国海关与邮政》,中华书局1983年版,第143页。

然亦可妥筹良策"。① 1905年10月，官邮再定民信局纳费新章程："凡挂号民局封固总包交邮政局由轮船火车代寄者，均按运皮重量交纳满费之半数（注：即每磅三角二分），寄邮路邮差所通之处则纳全费。"②

对于此次邮件总包加费，各地民信局的反应还是比较强烈的，但与上次相比，此时民信局具有的优势已经大为减弱，总税务司署的强硬态度并没有改变。在这个过程中，总税务司署的上级主管部门——外务部的态度一直不明确，赫德对此多次表达了不满。1905年12月，赫德在呈文中说："查邮政代寄民局总包酌收资费一事，前经迭次申呈贵部鉴核有案。此事至今尚未大定。……现在邮务异常扩充，寄递邮件日见加多，一切差工脚费、办公开销，势必异常浩大，照章应收代寄之费，自不能永免不交。是以民间信件虽经民局之手，既得用邮政轮船之便，亦应在按件纳费章程之内。……若恐取资较重，则先行通融减半收费亦可，但必须呈明通行遵办，方免各处日后借口，并俾邮政推广有资。所有拟定轮船火车运送邮局代寄民局之信包，一律完纳邮政满费或半费之处，出自贵部鉴裁。"③赫德的态度以及官邮发展的现实需要对清政府有所触动，这从其态度逐渐明确上可以体现出来。1906年，"各民局联名呈请，总包邮件无论寄往何处，及运送方法如何，均予免费，卒经部驳斥不准"。④ 经过外务部和税务处（注：1906年7月新设立税务处，海关改为隶属税务处）与总税务司署之间的多次协商，同年10月，关于民信局交寄的邮件总包收费标准最终出台。总税务司署发布通令："凡挂号民局送交大清邮局由轮船或火车运送之总包，今后一律按半价收费。此项决定废除自1902年3月以来对往来通商口岸间运送此类信包之免费办法。"⑤ 另外一项相关规定是，轮船信局"交寄信件总包如逾办公时刻，准于轮船开行之时在码头当面交

---

① 中国近代经济史资料丛刊编辑委员会主编：《中国海关与邮政》，中华书局1983年版，第124、143页。
② 晏星编著：《中华邮政发展史》，（台北）商务印书馆1994年版，第257页。
③ 中国近代经济史资料丛刊编辑委员会主编：《中国海关与邮政》，中华书局1983年版，第145页。
④ 仇润喜主编：《天津邮政史料》第1辑，北京航空学院出版社1988年版，第78页。
⑤ 黄胜强主编：《旧中国海关总税务司署通令选编》第1卷，中国海关出版社2003年版，第578页。

寄，照章按信包斤两完纳满费"①。这些规定于11月16日正式开始实施。这时民信局已经失去以前的优势，不得不接受此项办法。双方之间经过数年加费与反加费的博弈，对民信局邮件总包增加寄费政策的出台及实施，最终以官邮的胜利而告终，它表明官邮势力的增长与民信局势力的衰落。在此之后，对于官邮实施的各项控制和排挤措施，民信局已经完全没有反抗能力。1911年7月，邮传部更订新章，凡属民局总包往来通商口岸者，均按总重量照邮局寄费资例纳付满费。"于此可见，当时政府不愿再使方兴未艾、精善有为之邮政有所牺牲，以调和民局之感情。盖民局之营业现已不复遍及全国，惟只限于某某数处耳。"②

（二）民信局的初步萎缩和衰落

民信业追寻自身衰落的时间，一般是从1896年官办邮政建立开始。"兹吾信业自被邮政开设以来，已难敷衍。"③ 1896—1911年，官邮打击和排挤民信局的政策贯彻始终，由于官邮的快速发展以及管理者的政治资源优势，双方之间的优势对比逐渐发生改变。这一时期是民信局由盛转衰的转折期，其中民信局势力强大的地区出现了初步萎缩，民信局势力薄弱地区衰落的表现更为明显。如1904年7月，上海长江南北洋各地的119家信局申称："近年信局凋敝异常，借蝇头以苟延残喘，此外别无生计。"④

由于官邮首先在通商口岸地区建立起来，所以最先感到竞争压力的就是这些地区的民信局，"邮政开创，企业生意难上加难矣"⑤。如在天津，1897年12月，各信局联合致函税务司称："自今年官局开办以来，民局信件日形减少，商等平时已属万分为难，因别无恒业可守，不得不勉强支持，冀获蝇头微利。"⑥ 后来，随着官邮的进一步发展，民信局的衰落更为明显。1907年前后，"北省因有昼夜兼程之邮递，民局不能与争，擞其

---

① 关庚麟署：《交通史·邮政编》第1册，交通、铁道部交通史编纂委员会1930年印行，第56页。
② 张志和等主编：《中国邮政事务总论》（上），北京燕山出版社1995年版，第666页。
③ 《停班议事》，《申报》1901年12月8日第5版。
④ 中国近代经济史资料丛刊编辑委员会主编：《中国海关与邮政》，中华书局1983年版，第144页。
⑤ 《信业公所致远堂声明》，《申报》1897年11月16日第4版。
⑥ 中国近代经济史资料丛刊编辑委员会主编：《中国海关与邮政》，中华书局1983年版，第137页。

情形有渐次歇业之势"。由于业务减少，有的信局被迫兼营别的行业以维持生计。"查得多数信局已不能专恃寄信为生，故每于行内兼办彩票，以作弥补。"如"全昌仁系北方最大之民局，光绪二十七年，有极壮观之铺店，现在改为客栈。又有五家，系极有势力极其兴旺之大民局，今则并为一小家，已停收发信件之事。南方之民局，光绪二十七年尚有四十七家，现只存有二十四家，因仅恃寄信生理不敷日用，是以兼营彩票、烟草以补其亏"。到 1908 年，天津民信局的状况更行恶化，"民局向来之组织已破，所有寄件多半系交邮局运送"。1909 年，则进一步衰落，虽然还有挂号民信局 15 家，但"仅有三家经理少许之营业"。到 1911 年，更行凋敝，"在天津邻近之处，民局经营向称繁盛，现则已经跌落，几至无足轻重"。北京与之类似，1909 年，民信局"依旧有十九家，惟彼等之营业减少。所办之邮路，从前一千一百里约减至七百里。所寄之邮件，由二十四万五千约跌至二十万。总封内之信件，由二十二万二千跌至十八万六千"。1910 年，北京界内民信局只剩下 14 家，其中 3 家殆已歇业；1911 年，信局数量进一步减少，原有挂号信局由 11 家减至 7 家。①

在上海，民信局也出现明显的萎缩迹象。"伏查自有邮政以来，凡轮船火车能到之口岸，民间信函由邮局迳寄者居多，民局生计，已属难支。"② 就整个江苏省而言，同样如此。其原因在于随着官邮得到越来越多民众的认可，更多的顾客选择把邮件交给邮局寄递。"现查有主要银号及数家行铺，业与该民局等断绝来往，已将寄件托付邮局矣。其在南京、芜湖、大通及镇江等处，所办总封内装之信，均见跌落。"③ 在镇江，1908 年，民信局逐渐衰落。④ 1909 年，"其在江苏，则有南京、镇江、上海、苏州等处之民局营业颇有把握，惟其一切事务较前见微"。1910 年，"其镇江副邮界内，现有挂号民局二十九家，未挂号者二十一家，内有数家多系设在紧要之区，殆以带寄包裹及商家信件为生理。其所办寻常信件

---

① 参见张志和等主编《中国邮政事务总论》（上），北京燕山出版社 1995 年版，第 99、130—131、163、201、239 页。

② 中国近代经济史资料丛刊编辑委员会主编：《中国海关与邮政》，中华书局 1983 年版，第 143 页。

③ 张志和等主编：《中国邮政事务总论》（上），北京燕山出版社 1995 年版，第 202 页。

④ 参见张铸泉主编《清末镇江邮界总局档案摘译汇编》，1997 年印行，第 82 页。

之事，业已衰减，且邮局所寄之包裹大见增加，已将彼等进项撤去重要之一部"。① 在苏州，1902—1911年官邮事业大踏步前进，民信局渐渐无法与邮政局竞争，难以立足，每年都有若干代理机构关闭。目前苏州地区仅有9家挂号信局和7家未挂号信局，这些信局在其他地区有11家代理机构，比原来已大为减少。②

在华中地区，民信局则出现衰落迹象。在汉口，民信局衰落的主要表现是寄递线路减少。1910年，上年所报在汉口之挂号民信局有23家，现只留存其紧要之脚夫信路，乃系由汉口经樊城以抵老河口，又由汉口至羊楼洞及由汉口至沙市等路。宜昌也是如此，宜昌有自立之民信局3家，维持一漫无秩序之信班，开通至重庆及成都两处，带寄货物及书籍。沙市有挂号信局8家，然而其中只有2家仍在带寄银票及现银。在常德，当时还有3家信局，"虽有敛信者九人，脚夫约五十人，所办信件事业终属清苦"。③ 在道州，道光年间始设信局，通邮地点达20多处，1903年，道州邮局成立不久，民信局即停办。④ 在湘潭，1910年，民信局业务量下降，业务收入减少三分之一以上。⑤

上文已经论及，官邮垄断沿海沿江一线轮船的运邮权，对轮船信局造成极大打击，它们首先被排挤出去。到1899年，"轮船信局已不起太大作用，现在与其说他们辅助大清邮政局工作，毋宁说在阻碍大清邮政局的工作。随着我大清邮政局不断地为更多人所认识，他们肯定会自行消亡"。⑥ 这在各地的表现都比较明显。如在南京，1903年，"自有邮政以来，此间民信局十有六家，生涯已形寥落，然内河及旱道仍由民信局转运，尚属薄糊口之资。近年，邮政日渐扩充，又复减收寄费，寄信者咸投邮局，而各

---

① 张志和等主编：《中国邮政事务总论》（上），北京燕山出版社1995年版，第164、202—203页。
② 参见陆允昌编《苏州洋关史料（1896—1945）》，南京大学出版社1991年版，第98—99页。
③ 张志和等主编：《中国邮政事务总论》（上），北京燕山出版社1995年版，第202页。
④ 参见湖南省道县县志编纂委员会编《道县志》，中国社会出版社1994年版，第470页。
⑤ 参见张志和等主编《全国各级政协文史资料·邮电史料》（中），北京燕山出版社1995年版，第1079页。
⑥ 仇润喜主编：《天津邮政史料》第2辑（上），北京航空航天大学出版社1989年版，第20页。

民局收信愈少，几至门可张笋，赀本稍裕者尚能勉强支持，其全赖信资赡家者，则咸苦徒耗开支，生计日趋艰窘，正和、全泰洽两局日来相继倒闭，闻两局各有亏累，其数均属不赀云"。①

随着官邮的快速发展，给民信局带来的压力由通商口岸地区向内陆地区发展，凡是设立邮局的地方，也就是民信局衰落并开始倒闭的地方。"迩者邮局愈推愈广，遐陬僻壤亦皆分设邮筒，向之藉信业为衣食计者，已骎骎乎有不可终日之势"②，因而导致有些地方的信局数量减少。如在杭州，随着官邮的设立和业务量不断增加，信局数量不断减少。据1896—1901年的海关报告记载："在设立大清邮局以前，本地有20多家邮政行从事广泛的业务。然而邮政行的数目逐渐减少，现存不到十家，即使如此，其业务人员也大为减少。"到1911年底，这种情况发生更大变化，"本地于1896年开设的大清帝国邮局，在近几年内有相当改进发展，现在实际上代替或吸收了所有当地邮政行"。③ 在江苏昆山、新阳等县，"光绪之季推广邮政，昆山亦设邮箱。至宣统二年乃设局于大街，地区五图复推行，各乡镇或仅设邮箱，或设立分局，于是民局生涯益形寥落矣"。④ 在芜湖，20世纪初已经出现信局倒闭现象，裕兴福就是一例。1902年10月，一家商号向汉口寄递汇票，"其票交裕兴福带汉，不料该局闭歇，此票遂失"。⑤ 随着芜湖邮局派人至太平府、宁国府、庐州府及运漕一带开设分局，"皖中各埠信局生涯恐从此益加清淡矣"。⑥ 在山东，1907年，"济南一界办理亦有成效，各民信局几至无可经办"。1908年，随着官邮的进一步发展，民信局进一步衰落，"济南省城系该省内地之要会，现将民局之事已渐次吸收"。1910年，在长沙邮界内，随着官邮在紧要处所间昼夜兼程快班的建立及长沙、湘潭间资费的降低，民信局业务

---

① 《信局难支》，《申报》1903年10月31日第2版。
② 《书信局吁恩后》，《申报》1900年3月21日第1版。
③ 徐蔚葳主编：《近代浙江通商口岸经济社会概况》，浙江人民出版社2002年版，第672、681页。
④ 戴鞍钢等主编：《中国地方志经济资料汇编》，汉语大词典出版社1999年版，第984—985页。
⑤ 《遗失汇票》，《申报》1902年10月18日第8版。
⑥ 《皖上置邮》，《申报》1902年2月28日第2版。

"因之猛受摇撼"。① 有些地方的信局虽然还在苦苦支撑，但由于业务量减少，导致雇用人员减少。1909年，长沙尚有曾森昌、裕兴康、全泰盛、李永隆四家，雇用148人；到1911年，因业务量减少而裁减为34人。②

在福建，由于存在民信局和侨批局两者兼营的情况，其中相当一部分以经营侨批为主，"在民信局兴盛之时，由于福建旅居国外华侨为数较多，所以闽南一带民信局都兼营或专营国外批信业务"，民信局出现衰落的时间更早。1900年，福建登记挂号的民信局有44家，1904年起随着邮政的扩张，逐渐没落。③ 1908年，福州邮界内的民信局已经出现明显的衰落迹象，"福州一界有民局二十四家，用有信夫七十名，经过寄路约八千里，惟其营业利益渐少，建宁府与建阳府之民局年内业经停闭，其余大半系因寄信之生涯冷落，另谋他业"。1909年，福建民信局虽然还是24家，但其中数家已停业，其余多行归并。④

在原来民信局势力相对薄弱的地区，邮局的出现对其造成直接冲击，其衰落以致闭歇的时间间隔较短。如在山西，1909年，只剩下9家，其中挂号者3家，但"年内有五家闭歇，未挂号者不日殆亦有此现象"。到1910年，出现倒闭现象，"山西省内之民局，数处依旧生存，惟其生涯寥落，行将迫于官局办之昼夜兼程快班，势必因而挤闭"。在河南，1909年，民信局由上年的7家减少到2家；1910年，河南省则有赊旗镇独一未挂号之民局，其业务已减去一半。汉口森昌信局的经理处，虽然仍设在许州、禹州、郾城、郑州及周家口等处，但现已裁去所用脚夫，其邮件统由邮局寄送。在新疆，1911年，迪化原有的3家民信局，均已歇业。⑤ 在贵阳，据1909年的邮政报告称：由于官办邮政的激烈竞争，"麻乡约"已撤退了他们的全部邮务。本城"麻乡约"的经营者告诉调查者，他们已无力进行竞争。由于

---

① 张志和等主编：《中国邮政事务总论》（上），北京燕山出版社1995年版，第94、121、202页。

② 参见张志和等主编《全国各级政协文史资料·邮电史料》（中），北京燕山出版社1995年版，第1026页。

③ 参见福建经济年鉴编辑委员会编《福建经济年鉴 1985》，福建人民出版社1985年版，第277页。

④ 参见张志和等主编《中国邮政事务总论》（上），北京燕山出版社1995年版，第131、164—165页。

⑤ 同上书，第163、201、239页。

邮政开始了每天昼夜邮班，他们在本城与重庆之间的邮政业务也受到沉重打击。这一年，他们失去了一半以上的业务，正打算把本城与重庆之间的邮政业务也撤除。不久的将来，他们将只办理轿子和力夫业务。随着邮政网点的逐渐普及，该地区民信局日行衰落，最终退出了历史舞台。1930年1月，贵州邮务管理局的调查称：职局遵照严密调查，省内如贵阳、遵义等地，以前虽有一二民局之开设，但因地方交通不便，其组织复极幼稚，自邮局创办以后业已自行停业，目前更绝无从事此项信业者。①

就全国范围看，1896年到1911年，"民局营业现已日渐退步"②。据1910年的邮政事务总论统计，民信局数量为：北京14家、河南1家（未挂号）、烟台6家、汉口23家、武昌1家（未挂号）、宜昌3家、沙市8家、长沙4家、常德3家、南京16家、镇江50家（已挂号29）、厦门18家、广州24家、梧州2家、北海1家、琼州5家、云南4家、重庆23家（未挂号）、万县6家（未挂号）、苏州27家、上海86家（未挂号21）。从官邮角度讲，1910年双方力量对比的变化，"堪称安谧进行，所得之效果亦与往时无异。以其平静之办法及其适妥之进步，遂使邮政事业获邀普通之信用赞成日加无已。不日可望如他国之邮务，促成统寄官民函件独一委任机关"；从民信局角度讲，"民局数目及所办之事，年复一年，所见帖然陡落之情形，与前无异"。1911年这种变化仍在继续，"是年之初可称快者，即系民局之数目及所办之事均见跌落"。③ 所以，1911年在民信局的发展历程中是个重要的转折点，这不仅表现在数量减少，而且营业状况也大为衰落。

民信局的萎缩和衰落除数量上的变化外，还有一个重要表现，就是交邮局寄递的包封信件数量减少，它与信局数量的减少紧密联系在一起，各地都是如此。关于民信局交寄的包封信件数量，虽然还有不少信局在暗中从事邮件寄递工作，但包封信件数量减少能从侧面说明其萎缩和衰落。仅就江西而言，1905—1911年民信局交寄的包封信件数量变化如下表，从

---

① 参见贵州省地方志编纂委员会编《贵州省志·邮电志》，贵州人民出版社1992年版，第436页。
② 《整顿邮政策》，《申报》1910年1月1日第1张第3版。
③ 张志和等主编：《中国邮政事务总论》（上），北京燕山出版社1995年版，第180、201—204、238页。

中可见明显的减少趋势[1]：

表 5—1—3 1905—1911 年江西民信局交寄的包封信件数量 单位：件

1905 年	1906 年	1907 年	1908 年	1909 年	1910 年	1911 年
738628	467433	455247	485155	400300	255800	189900

在这一时期双方竞争的过程中，官邮打击和排挤民信局的政策贯彻始终，双方力量对比的变化也比较明显。随着邮政网点的普及，"开展多项新式邮递业务，邮路遍布全国，集中统一，效率较高，逐渐被民众所信任，经营原始、组织松散的民信局，是无法竞争得过它的"。到 1909 年，官邮宣布："和民局的竞争，甚至可以说事实上已告终了，胜利归于国立邮政局。因为事实证明，民信局现在只能在邮局还没有接触到的地方，或邮局不屑于去做的业务，如承运金银等方面才能有所作为；它们已经接受了新秩序，开始依赖邮局，利用邮局的邮路代它们运递总包邮件。"[2]

值得一提的是，从当时社会的总体认识讲，人们希望由官邮来实现邮递体制的统一，但同时他们也认为处理民信局的办法是把它纳入邮政体制中。郑观应的认识在当时具有一定的代表性："开办之时，宜由地方官约齐信业董事，晓以大义，告以邮政一端实为利国利民起见。自某月、日为始，各信局一律闭歇，不得阻挠，并劝各信局出资入股，每年从优分给官利，以示体恤。其不欲入股，愿改图别业者亦听之。至信局业已入股，其中伙友亦不可尽使投闲，令每局保送二、三人以凭委用。如是则情义兼尽，本末皆清。其各局工役人等，即可收入局中，以备差遣。"[3] 他从资金和人员两方面为官邮消纳民信局出谋划策，但具有浓厚的理想化色彩，缺乏可操作性。官邮开始制定的政策也是把民信局纳入邮政的轨道，赫德的想法是"初亦拟使民局与官局并存并荣，逐步吸收民局使之为官局的代办机构，最后达成邮政独占经营的目标"[4]。后来，赫德更为清晰地表达

---

[1] 王孝槐主编：《江西邮政通信简史》，江西人民出版社 1997 年版，第 101 页。
[2] 邮电史编辑室编：《中国近代邮电史》，人民邮电出版社 1984 年版，第 38 页。
[3] 夏东元编：《郑观应集》（上），上海人民出版社 1982 年版，第 672—673 页。
[4] 晏星编著：《中华邮政发展史》，（台北）商务印书馆 1994 年版，第 402 页。

了这种思想,"各民局目前既可暂延时日,且与邮政并立而存,不受邮局牵制,而终久又可为国家邮政吸收无遗,且勿庸加以限制或禁止也"。①其目的是把信局人员纳入邮政系统内,从事邮件寄递工作。但在具体实施过程中,没有按照预定轨道发展,绝大多数信局人员没有被纳入邮政系统中,这项政策只在少数地方得以实现。如在陕西汉中,1886年开办了一家民信局。1904年4月,陕甘邮区西安邮局巡查司派员筹建汉中府邮局,经与这家民信局协商,以该局为基础于同年6月成立了汉中府邮政分局。②但在其他地方,笔者查到的相关例子却很少。

第二节 民间信局和官办邮政的一退一进时期(1912—1934)

经过1896年到1911年间的竞争,双方的力量对比发生明显的变化,民信局所具有的优势逐渐丧失,官邮奠定了其发展的基础。到1906年,官邮已完全具备了近代邮政的基本功能。同年,清政府借改革官制之机,成立邮传司,隶属邮传部,邮传司于1911年正式从海关手中接管邮政,民信局已无力阻止官邮的发展。进入民国后,官邮对民信局进行全方位的排挤和打击,但"欲使根深蒂固之信局俯就范围,决非易事,邮局乃进而扩充其实力"③,在邮政网点的普及、服务项目的增加、服务水平和质量的提高等方面进一步加强。1912年到1934年,是官邮形成垄断地位的时期,也是民信局逐步衰败并最终退出历史舞台的时期。

一 官办邮政对民间信局进行打击和竞争的具体措施
(一)官邮网点的普及和邮路的延长

官邮和民信局双方的竞争在一定程度上表现为寄递空间的争夺,官邮寄递空间的扩大就意味着民信局寄递空间的缩小。"迩者邮局愈推愈广,遐陬僻

---

① 彭瀛添:《民信局发展史——中国的民间通讯事业》,(台北)"中国文化大学出版社"1992年版,第199页。
② 参见郭鹏主编《汉中地区志》第2册,三秦出版社2005年版,第760页。
③ 谢彬:《中国邮电航空史》,上海书店1991年版,第41页。

壤亦皆分设邮筒……将来各处分局日广，商民贪其便利，官局多设一处，即民局受亏一分，迨至积日累月，遍处皆官局，而民局尚何利之可图哉！"① 1910年后，官邮网点的普及向最为偏僻落后的地区扩展。"按全国郡邑共一千九百一十计之，其未置邮之二百三十处，大抵属于无可获利之区，已计于应办规划之中，暂行搁置未办。惟查目前经营之事迹及其情形，均有如是之进步，则是扩充应办之诸端为时已至。行令乡僻无关紧要之处所，及夫绵远未经入手之边疆，一律推广无遗，以期普遍。"② 在对努力方向做了准确分析的基础上，"内地邮务竭力推广至边徼以外之四大疆域"③。

为了促进邮政的发展，1913年对邮区划分进行了重新调整，其目的是与习惯上的行政区划统一起来，1914年元旦这一规划正式生效，同时废止了原来的邮政分区，各省自成一个独立的邮区，治所设在省城。具体实施细则是，"以一行省为一区，每区置管理局一，派邮务长一员管理之。邮区之较大者，得划分为数段，除管理局为中心点之一段外，其他各段各置一等邮局，由一等邮局长管辖之。此外尚有二等及三等邮局，则视所在地邮务之繁简而等差之也，均分别隶于管理局或一等邮局，各置二等邮局长或三等邮局长管理之。城市繁密之处，得设支局数处，概称邮务支局，归当地之邮局管辖。其余村镇地方，人烟较稀，仅设置信柜，委托商家代司寄递邮件之事者，称邮寄代办所，分别隶于二三等邮局，由二等或三等邮局长管理之也"。④ 根据以上原则，1913年12月，邮政总办帛黎签署通令，把全国按省区划分为21个邮务管理局，分别是直隶、山西、河南、陕西、甘肃、新疆、满洲、山东、四川、湖北、湖南、江西、江苏、上海、安徽、浙江、福建、广东、广西、云南、贵州，各邮务区内还暂定了29个一等局。这些邮务管理局和一等邮局成为官邮网络展开的重要节点，以这些节点为中心，把邮政网点向内陆地区及基层村镇延伸。

进入民国后，由于原来邮政的基础不同，各地发展的重点亦存在较大差异。如在基础薄弱的山西，1901年才开始创办邮政，民国元年才改为

---

① 《书信局吁恩后》，《申报》1900年3月21日第1版。
② 张志和等主编：《中国邮政事务总论》（上），北京燕山出版社1995年版，第180页。
③ 刘锦藻撰：《清朝续文献通考》（四），（台北）新兴书局1965年版，第11235页。
④ 王桎：《邮政》，商务印书馆1935年版，第7—8页。

正邮界,"是年之抄,凡属省内重要地方,无不设有邮局";1913年,"凡有关系紧要之地方,均经设立邮政"。从数量上说,山西1901年有邮政局所4处,1906年69处,1910年295处,1916年309处,1921年348处。在有些地方,出于人员和经费方面的考虑,不宜设立邮局的则采用设立流动村镇驿站的方式。到1921年,"其有地方现仍未设邮务处所者,大都地瘠民贫不宜设局。现时则于此等地方暂办村镇邮站,以应所需。是以本年对于素未设有邮务处所之地方,推广村镇投送事务,不遗余力,计添设村镇邮站六百余处"。①

在福建,因为地形原因,官邮发展甚为缓慢,直到1916年这种状况才逐步改变。"自是以后,营业继续稳固增加,而邮务上之交通,亦与各处紧要市镇渐次衔接。"② 这表现在邮政局所的数量上,从1911年的407处增加到1921年的1100处③;1923年底,达到1388处。④ 邮递路线也在逐渐延长,1911年时仅有7349里,1921年底达到20026里。⑤

在原来邮政发展水平相对较高的安徽,1911年,开办的注意力已经下移,不但注意城镇邮局的普及和推广,而且开始注意到乡村的推广工作。如"现正注意村镇邮政之办法,不久即拟施行普及全省。是以将来不独予各乡镇以邮政之便利,即在大小村落亦莫不然"。⑥ 1913年,"所有本邮区内繁要各地,几均可以通邮。复经新设邮差邮路二十八条,共长二千七百二十五里"。1923年,安徽境内有重要的邮政局所627处,次要局所545处,邮路25956里。⑦ 1930年,据统计,安徽邮区有管理局1个,一等局2个,二等局38个,三等局69个,支局6个,代办所571处,共计

---

① 张志和等主编:《中国邮政事务总论》(上),北京燕山出版社1995年版,第295、697、700页。

② 沈阳市邮政局邮政志办公室:《中国邮电史料》第2辑,1986年印行,第121页。

③ 参见池贤仁主编《近代福州及闽东地区社会经济概况》,华艺出版社1992年版,第423页。

④ 参见沈阳市邮政局邮政志办公室编《中国邮电史料》第2辑,1986年印行,第121页。

⑤ 参见池贤仁主编《近代福州及闽东地区社会经济概况》,华艺出版社1992年版,第423页。

⑥ 张志和等主编:《中国邮政事务总论》(上),北京燕山出版社1995年版,第242—243页。

⑦ 参见沈阳市邮政局邮政志办公室编《中国邮电史料》第2辑,1986年印行,第119—120页。

687处；城市信柜、村镇信柜、村镇邮站和代售邮票处共计1154个。①

在江西、直隶等地，无论是邮政局所的设立还是邮路的延伸，都表现出向基层村镇延伸的态势。在江西，民国元年，邮政分支机构已遍及各县和重要城镇。在直隶，1921年，"局所之数目及邮路之长度，亦累年有增无已。邮差邮路今已遍布全省，所有城邑及村镇，均经办有定时邮班，即商店不多之乡村，亦由邮差按班来往。现查已有邮务便利之地方，共计约四千处"。②

在原来邮政基础较好的地区，其发展还表现在邮班的增加、邮件在途时间的缩短等方面。其设置原则是，"凡邮路越过全区及衔接省会者，或该邮路间之商业特旺者，宜设昼夜兼程邮班，以期运送邮件加倍迅速"。③如在湖北，1910年，孝感至宜昌间开办每日发班的旱班邮路。由于该条线路承运的邮件数量不断增加，1914年，又增加了一班。1918年，因为寄往四川的邮件数量大大增加，于是将宜昌通往万县的日夜快班邮路，加开双班，由此造成邮件运输量的增加及在途时间的缩短。1913年，"广水至老河口昼夜兼程邮路运寄之时间，已由一百十三小时减为七十二小时。而嘉鱼县接至羊楼洞及通城县两处，久觉必要之昼夜兼程邮班，业经设立。此项邮路足供湖北省内茶叶最要聚处之所需"。④昼夜兼程邮班的拓展取得明显效果，自昼夜兼程邮路推展，信局遂受很大打击。

在西南和西北地区，官邮的基础非常薄弱。"此由地方贫瘠，交通阻塞，民智僿野，商务萧条，加以时局历年不靖之种种障碍所致。"进入民国后，这些地区的重点还放在邮政局所的设立及邮路的延长方面，取得很大成绩。如在贵州，1907年开始在贵阳开办邮政，1910年设立贵阳邮区时，有支局12处，代办所66处，邮路10980里。⑤ 1913年，"本省荒僻贫瘠之状况，是年并未改移，而邮务则甚有成效"，贵阳邮区经办的邮件从上年的362.2万件增加到688.45万件。⑥ 到1920年，贵阳邮区有邮政

---

① 参见安徽省地方志编纂委员会编《安徽省志·邮电志》，安徽人民出版社1993年版，第11页。
② 张志和等主编：《中国邮政事务总论》（上），北京燕山出版社1995年版，第693页。
③ 仇润喜主编：《天津邮政史料》第3辑，北京航空航天大学出版社1990年版，第349页。
④ 张志和等主编：《中国邮政事务总论》（上），北京燕山出版社1995年版，第306—307页。
⑤ 参见沈阳市邮政局邮政志办公室编《中国邮电史料》第2辑，1986年印行，第125页。
⑥ 张志和等主编：《中国邮政事务总论》（上），北京燕山出版社1995年版，第324页。

第五章　民间信局和官办邮政之间的博弈

局所357处，邮路19350里。① 在甘肃，到1913年，"甘肃省内之邮务大加扩充，新设邮差线路将近八千里，代办支局新设四十六处。各项邮路之衔接，愈觉改良。缘已将原设邮差之邮班增速，并将重班邮件之邮班，大都亦并增速之"。② 可以看出，原来不在民信局寄递网络覆盖范围内的偏远地区也设立了邮政局所。关于民国时期邮政局所的发展情况见下表③：

表5—2—1　　　　　　　民国时期历年官邮发展情况

年份	总计	自办					委办			
		管理局	一等局	二等局	三等局	支局	代办所	信柜	邮站	代售邮票处
1912	6816	14		954		151	5697			
1913	7808	15		1139		167	6487			
1914	12501	21	32	932	309	189	6841	4177		
1915	12792	21	32	956	380	198	6923	4282		
1916	13358	21	32	990	368	205	7181	4561		
1917	13993	21	34	1078	338	212	7420	4890		
1918	14513	21	36	1152	333	221	7604	5146		
1919	22446	22	37	1286	344	243	7830	5673	7012	
1920	30922	22	39	1320	562	272	8290	6055	14362	314
1921	35549	23	40	1327	725	285	8633	6970	17232	523
1922	38657	23	42	1327	759	281	8875	7248	19579	809
1923	40112	24	41	1333	772	278	9148	7509	20198	1427
1924	42518	24	41	1343	792	280	9310	7965	22336	1638
1925	43970	24	41	1231	929	284	9498	8261	22064	1666
1926	44506	24	41	1227	981	289	6662	8260	22356	1824
1927	42994	24	41	1212	935	260	9654	7975	21069	1579
1928	41675	24	35	1037	1058	253	9719	7804	20166	1918
1929	43521	25	35	999	1120	256	9828	7930	21410	2100
1930	44755	23	37	998	1159	277	10029	8093	22039	2157
1931	45443	23	37	995	1178	281	10155	8334	22283	2260
1932	45261	23	37	972	1221	282	10293	8433	21740	2131
1933	42686	21	28	832	1127	308	9769	8004	20405	2
1934	46567	21	28	822	1230	301	10009	8725	22868	562

邮政快速发展的另一个重要表现是邮路不断延长，关于民国时期邮路

---

① 参见沈阳市邮政局邮政志办公室编《中国邮电史料》第2辑，1986年印行，第125页。
② 张志和等主编：《中国邮政事务总论》（上），北京燕山出版社1995年版，第298页。
③ 彭瀛添：《民信局发展史——中国的民间通讯事业》，（台北）"中国文化大学出版社"1992年版，第134—136页。

的发展情况见下表①：

表 5—2—2　　　　民国时期历年官邮邮路里程统计　　　　单位：公里

年份	总计	邮差邮路	铁路	公路	航空	航路
1912	229824	187200	10368			32256
1913	264384	220032	10944			33408
1914	279936	235008	10944			33984
1915	283738	236160	10944			36634
1916	290707	242496	10944			37267
1917	299578	248832	11232			39514
1918	310349	258624	11520			40205
1919	344407	291437	11695			41275
1920	396491	341976	11800			42715
1921	424874	367253	12259			45362
1922	439222	379317	12551			47354
1923	445707	384711	12901			48095
1924	456304	393852	13152			49300
1925	463891	397478	13480			52933
1926	471271	405473	13707			52091
1927	462237	395132	14199			52905
1928	458051	386599	14578	2555		54319
1929	465971	390762	14920	5420		54869
1930	488317	393492	15303	18577	3647	57298
1931	494442	395480	15380	21537	4360	57685
1932	506138	396050	15618	27638	7639	59193
1933	466530	359518	9424	25890	10872	60826
1934	493758	372062	10026	36670	13278	61722

通过以上各表可以看出，1912 年到 1934 年间，邮政有了极大发展，原来稀疏的民信局通信网络已经完全被现代化的官邮通信网络所取代。无论是沿江沿海、内地各省还是边疆地区，都开通了密集的邮政通信线路，这些线路相互交织构成遍及全国的通信网。原来不在民信局覆盖范围内的广大西北、西南地区也都建立了邮政局所，通过邮政网点的设立与外部世界紧密联系在一起，使这些地区在一定程度上改变了闭塞的面貌，能够与外界进行便捷的交流和沟通。

---

① 彭瀛添：《民信局发展史——中国的民间通讯事业》，（台北）"中国文化大学出版社" 1992 年版，第 137—139 页。

（二）官邮服务项目的增加和改善

进入民国以后，官邮开办的服务项目进一步增加，原来开办的服务项目则进一步完善。在新的服务项目增加方面，1912年2月，开办商务传单业务；同年12月，开办保险信函业务；1913年，开办代售印花税票业务；1914年，创设火车行动邮局；1918年，开办兑换国际回信邮票券业务；1919年，开办邮政储金和邮转电报业务；1920年，开办国际保险信函和箱匣业务；1921年，开办航空邮务；1922年，开办邮政认知证；1927年，奉天、北平等地邮局开办摄影电报业务；1934年，开办代订刊物、代购书籍、平快邮件业务。

进入民国后，原来开办的有些服务项目有了进一步的发展。如新闻纸类，1912年底，"计各报业在邮局挂号，认为新闻纸类者，已有四百余家。而其所以发达者，固有政治上之潮流，而邮局于中华民国元年四月一日起，准将报纸邮费与印刷物，一律减收半费，实予以直接之鼓励。且除报纸而外，凡属传单、广告以及其他印刷之品，经办亦属甚多"[①]，这项规定有利于文化事业的发展。按照邮局规定的"平常新闻纸类""立券之报纸""按照总包特别优益寄送之报纸"，三类新闻纸的寄递进一步便捷和优惠。仅就后两种而言，1916年邮局规定在立券新闻纸类按照常规交纳寄递费用的基础上，可得到20%的回扣，以示优惠；对于按照总包寄递的报纸的优惠幅度更大，"自清宣统元年规定，凡报纸之体积与重量不逾于平常所规定者，则每份纳制钱二文。至民国三年（1914），减为每份制钱一文。五年，且得减百分之二十之折扣。至民国十五年，改为每份报纸每重一百公分纳银一分。民国十八年，除照上纳费外，且得减去百分之四十之折扣"。[②]

关于其他服务项目的发展情况，叙述起来比较零碎。如包裹业务在1901年以前，全部由民信局经营。此后，官邮虽然增加了包裹业务，但增长速度缓慢。"查光绪三十四年之包裹总数较三十三年仅增五十三万五千件，进步未速，其故在口岸纳关税，内地纳厘金，每有改寄民局或寄他国邮局者（各国包裹除运往国外者纳税外，国内并不纳税）。"为改变这种

---

① 张志和等主编：《中国邮政事务总论》（上），北京燕山出版社1995年版，第261页。
② 王栘：《邮政》，商务印书馆1935年版，第49、52页。

状况："今拟变通办法，凡运往同省之包裹毋须纳税，省外照章纳税，则包裹之邮费必增，所减微而所得大，又何惮而不为耶！"① 随着对包裹寄递政策的改变，顾客交邮局寄递的包裹数量不断增加，这项业务逐渐转到官邮手中。关于明信片项目，虽然在民国以前已经开办，但总体的发展比较缓慢，进入民国以后才进入快速发展时期。如在杭州邮界，1913年，"经办邮件由九百万件增至一千五百万件，其中明信片计增一倍有余，足证此项廉便通信之法，实为人民所乐用"。②

　　汇兑业务的发展在开始时也比较缓慢，这既有官邮政策的主观原因，也有全国范围内币制不一等方面的客观原因。"改良汇票办法　吾国地广人多，上年经办汇票仅有五百万两，既由币制不一，亦由交通未便，确有窒碍之处，今拟改良办法如左：（一）凡发兑汇票，均用国家银元及大清银行之钞币；（二）凡各项官私钞票，均准封寄，照日本现行章程，另备精厚皮纸信套，由邮局出售，专寄钞币，由寄者写明币数并加图印，邮资与汇票同；（三）日本汇票定章五元以内取费三分，依次递加，吾国每洋一元取资二分，未免过贵，亟宜酌减，以便商民。"以上对如何改善汇兑政策提出了自己的看法。从总体上讲，晚清时期的汇兑政策虽然有所改进，但其缺陷还是非常明显，"现方今邮局汇带银洋，其数既有限制，而汇率又昂贵"。③ 进入民国后，汇兑政策得到进一步完善，把普通汇票分为一般、高额、定额和小额四种。从1914年6月起，规定甲类汇兑局可以互相汇寄，每张汇票限额为100元，每人每日限汇三张；乙类汇兑局与甲类或乙类汇兑局互相汇寄，每张汇票限额为50元，每人每日限汇两张。1920年起，把汇兑局改为特、甲、乙三类。特等局开发及兑付汇票，每张限额200元，每人每日限三张；甲类局每张限额100元，每人每日限三张；乙类局每张限额50元，每人每日限两张。1925年，邮局开创汇兑印纸制度，即以汇兑印纸粘贴于汇票之上，代表汇款数额。同时，汇款限额再度提高，特类局同一日向同一人开发及兑付限额由600元增至1000元，甲类局限额由300元增至500元，乙类局限额未变。1930年，各种不同

---

　　① 《整顿邮政策》，《申报》1910年1月1日第1张第3、4版。
　　② 张志和等主编：《中国邮政事务总论》（上），北京燕山出版社1995年版，第314页。
　　③ 《整顿邮政策》，《申报》1910年1月1日第1张第3、4版。

类型汇兑局的汇兑限额进一步增高。

上面对民国时期邮政服务项目的增加和原有服务项目的改进，仅举例予以说明，难免不够详尽周全。官邮的发展，恐怕没有比邮件数量的增长更有说服力的了，见下表[1]：

表5—2—3　　　　　民国时期历年官办邮局邮件统计表

年份	普通邮件	特种邮件					总计
		挂号邮件	快递邮件	保险信函	邮件箱匣	合计	
1912	184296010	6440300	128883	969		7730152	132026162
1913	184785465	10476100	2214795	7776		12698671	197484136
1914	197639300	11944800	2156392	14805		14475997	212115297
1915	209261500	14761900	2753195	25333		17540428	226801928
1916	230325420	16978400	3082544	35909		20096853	250432273
1917	256275250	18488690	3585320	32140		22106150	278381400
1918	277147500	2112200	3990550	28778		25131528	302269028
1919	311237300	24070850	4589170	25672		28685692	339922992
1920	367691100	28261600	4914790	19465		33195835	400886935
1921	406607190	30133460	5353110	22598		35509168	442116358
1922	401093740	20425250	4824700	19926		25269876	426363616
1923	448009938	20427176	5171677	32915	10	25631778	473641716
1924	494609874	22274354	5410064	57766	37	27742221	522352095
1925	536311213	22868542	5757862	69683	463	28696550	585007763
1926	558619239	21796918	5296813	57498		27169229	585788468
1927	552602322	21800164	5346870	108041		27255075	579857347
1928	605953224	24335700	6124200	133219	5	30592116	636546340
1929	689069527	28324960	6999563	118310		35442833	724512360
1930	758561000	29514100	7838800	103000		37445900	796017800
1931	797883060	29966500	9097100	785400		39142140	837025200
1932	706334000	24623000	7964400	57100		32640050	738978500
1933	753200200	25782500	8525500	55400		34463400	787563000
1934	786387800	27429900	8452400	65400		35947700	822335500

---

[1] 彭瀛添：《民信局发展史——中国的民间通讯事业》，（台北）"中国文化大学出版社" 1992年版，第142—144页。

(三) 官邮服务水平和质量的提高

官邮发展的过程，也是和民信局之间展开竞争的过程。"对中国人来说，大清邮政局是一个完全新型的机构，也是一个在一定范围内同既得利益冲突的机构。它的进展一开始虽然因为利益冲突者的阻碍而较缓慢，但有迹象表明，它已赢得了普遍的欢迎。它比信局的优越之处在于：有规则的便宜的费用表、汇款制度、贵重包裹邮寄的便利和准时。当这些长处愈来愈广泛地被认识时，当地居民的惠顾将会大大增加。"① 在官邮建立初期，因为制度不完善以及受社会环境的影响等方面的原因，它的弊端也显现出来。如在上海，"本埠士商军民人等所寄各处书信，或时隔多日彼处并未收到，或所贴邮票被人揭去，改交民局递送，重收寄费，或虽贴邮票，仍须稍加酒钱，不给则后不再送，种种弊端，不一而足"。② 由于官邮处于初建阶段，网点的普及和邮路的延长等工作处于重要地位，还没有更多的时间和精力抓服务水平和质量的提高。随着邮政事业的发展，服务水平和质量的提高逐渐成为重点，大到邮政章程，小到具体的服务规章，涉及的面越来越广。如1907年制定的五条邮政新章对具体业务做出明确规定。③

关于民国以后官邮服务水平和质量的提高，可以从不同时期提出的经营方针上得到整体上的体现。早期邮政根据帛黎1903年5月16日的通令，把经营方针归纳为常（regularity）、速（speed）、妥（security）三个字。"常"是正规，时间均为公历，以协调外洋邮件的交接；"速"是迅速；"妥"是安全。随着邮政的发展，其追求目标也随之发生改变，逐渐把它归纳为四大目标："快、安全、普遍与服务。""服务"的含义包括便利与费用低廉，"普遍"则指机构的普遍。如为加快寄递速度，"以巡员步勘为准，绘制邮政舆图，规定里程与递信时限，不得迟误"。又如邮件传递实行"双人眼同"的签收制度，强调"邮件之不可侵犯"，严惩私拆、盗窃邮件行为。④

---

① 秦惠中主编：《近代厦门社会经济概况》，鹭江出版社1990年版，第333—334页。
② 《邮政局告白》，《申报》1901年12月8日第7版。
③ 具体内容参见《东方杂志》第5年第1期《交通》部分之《各省邮政汇志》，光绪三十四年正月二十五日发行，第33—34页。
④ 许涤新等主编：《中国资本主义发展史》第2卷，人民出版社2003年版，第848页。

邮政的经营方针表现在每一项具体工作中。如到1912年，在原来发展水平较高的地区，设立局所和开辟邮路的速度缓慢下来，主要转向对局所和邮路的整顿。"所有是年尤致力者，大半系将原有之邮班局所分别改良，并将该项邮班局所，重行组织，以符时势之必要。"在全国范围内对相当一部分局所和邮路都进行了整顿与改良，同时，官邮的重点向服务细节方面转移。如1912年，"上海及所属各处，改良之计划甚多。其村镇邮班，上年只在三十里以内办理者，现已推及附近村落二百四十一处，计用村镇邮差五十名，共计村镇间之邮差邮路，其长已逾三千里。所有各该村镇互寄之邮件，均按投递界内之资例收费，此节殊为众所欢迎，办理极有成效"，此外，"其信差多至一百三十名，现均备有自行车发给领用。所有投递事务，组织极其完备。邮局每日向各局外人探询有无迟误之函件，通常接有答复，莫不交口称感，谦逊异常。又信差号衣亦经改良，冬季并有绿色长式外衣发给各差着用，不独各差较前适意，即其形式亦颇美观"。1916年，上海邮政的服务质量和水平进一步提高，"是年内所注之意仍系将现有之邮务改良增速，是以办公时间业经扩充，以便公众交寄挂号邮件之时于晨间可以较早，于晚间可以较迟。现在每日特派一班人员前赴苏州以上各处，接乘开赴上海之快车，即在车上将快信分拣，以便火车一至上海立可投送。此外，并将就地投送各段加以厘订及扩张，且有投送次数增多者，信差之服务亦经严为监察，因用查验信函办法查出违章之情事数项，公众于此多有致函表示感重者"。在温州，1913年，官邮在多方面进行了服务改良，主要包括投递办法及提取信柜邮件等方面，"每日向系两次者，改为平常每日五次，邮班时期每日六次。又在邮班时期，特行加派四名邮差，向本城官厢之铺户居民，揽收信件日凡二次，并有快信差人两名，向各处揽收快信，计由下午四时直至下午十一时"。在湖北，1914年，为了缩短邮件在途时间，对原来的邮路进行了重组，"是年本区大多数之邮差邮路，业经完全视察，重行组织，其结果几于各路运寄之时间已均缩短"，"又嘉鱼县至羊楼洞昼夜兼程之快班，甚为茶商所欢迎，缘自汉口向湖北茶叶集中要地之羊楼洞寄递一信，现在只有二十四小时即可寄到，其在往年则须三日"。①

在发展基础薄弱的地区，在注重局所的设立和邮路延长的同时，注重邮路整顿等方面的工作。如在山西，1913年，"凡有关系紧要之地方，均经设立邮政。是年内所最注重者，大率系将邮差之邮班加速，并施以普通之改良"。到1920年，山西邮政的服务质量和水平达到一个新层次。"本省邮差邮路，为求其速率加快，寄递按时起见，业经重行改组，故于是年末季内，延误情事竟无所闻。"四川也是如此，1914年，"扩充及整顿之事务均已告成，尤以成都重庆两方面为特最，村镇信柜计设有二十一处，其挨户提取信件之办法已在重庆施行。就地投递事务亦经大加整顿，并将局所办公时间展长，并投送信件由每日四次改为六次"。在更为偏远的地区，对于细节方面的服务也很重视。如在云南腾越，1913年，"因商民便利起见，特将邮局迁于繁盛之地，并将邮局办公时刻特为延长。且又设有挨户取提邮件之办法，尤于寄到之邮件，特为注意，俾得迅行照投"。②

民国以后邮政服务水平和质量的提高，也体现在各项具体制度的制定和实施方面。如1914年9月，代理邮政总局总办铁士兰发布通谕，就无法投递的信件做出专门规定："凡遇收件人住址迁移者，务令信差竭力探访，以期妥速送到。其尤须注意者，凡无法投递邮件，如封面载有寄者之姓名、住址，应即径退原寄人查收，不得遽行送交无着邮件公署办理。近查邮局揭示局内或登报公布之无法投递邮件广告，其中所列之住址，每有虽非知名处所，然使稍费心力，未尝不克查明。此种情形，实招物议。嗣后，各等邮局长遇有揭示局中或旅馆或登报之无法投递邮件广告，须先自行审查，次将该广告交给在局各员传观，以冀各该员等或有知晓收件人住所之处。一面更须将该项广告与各旅馆旅客表查对，期有所获。总之，凡邮件非经竭力探访收件人住所后，不得率尔登入广告，作为无法投递之件。"1926年8月，邮政总局"为办理无论因何缘故其邮件无法向收件人投递或向寄件人退回起见，特于哈尔滨、天津、上海、广州等处设无着邮

---

① 张志和等主编：《中国邮政事务总论》（上），北京燕山出版社1995年版，第274—275、315—316、350—351、422页。

② 同上书，第295、324、349、594页。

件处"。①

在服务水平和质量提高方面,尤其值得一提的是官邮在局所的美观和豪华方面所做的努力。根据国人心态,官邮一直注重局所的美观和豪华,从海关邮政时期就开始强调,但由于当时资金缺乏,这个问题没有得到切实贯彻和执行。民国以后,在经营盈余的情况下,邮政局所的建设问题提上议程。据1916年的邮政事务总论记载:"现在既有盈余而无亏折,因之多数应行整顿乃竟延搁过久之事项均可进行,就中第一事项即系建筑合宜之局所。诚以现有局所共计一千六百处,而为邮局自有者则不满二十处,余者殆均属租赁,其中能启人信仰邮局之心者无多,而能为邮局营业之招来者更居少数。就以上所陈者观之,业经着手补救,即在汉口建有壮丽局房一所,并附装新式各器物,计共用费约二十八万元。其他紧要各处所并拟以合时之局房逐渐供备,而次要处所对于此层亦将随时设法以应所需。"各地邮政在资金允许的情况下,不遗余力地贯彻建造美观气派营业场所的原则。如在湖北,1916年,"是年二等及三等邮局共有十处迁往较为敞大适宜之房屋,英国租界内之新建邮务管理局(邮局建有此式房屋者,以此为始。)将近竣工,此房对于当地邮务及集中之汉口要埠允足相称。其地基系由海关购置实应所需,且其房屋图样并系极意绘具者,所有工程及材料均属精良。该房不第壮观,且亦坚实,允为将来其他较大及紧要城邑建筑邮局之良好模范也"。在江苏,1919年,"扬州邮局迁至市肆中心门面优美之新屋宇内,此项举动实为公众所欢迎。其他各局亦需同此之改良,一俟经济绰有余裕时,当即积极办理"。② 建造美观气派的邮政局所,适应了国人心态,增强了民众对官邮的信任度。

在实际运作中,随着服务水平和质量的提高,官邮所具有的安全、稳妥、方便、快捷等特点显现出来,得到广大官民的认可,不仅商民乐于把邮件交给邮政寄递,官府也乐于把文件交给邮政寄递。如在陕西,1913年,"是年虽遇水灾变乱及层出不穷之盗案,邮件于此省内,则未损失一

---

① 仇润喜主编:《天津邮政史料》第3辑,北京航空航天大学出版社1990年版,第136—137页。

② 张志和等主编:《中国邮政事务总论》(上),北京燕山出版社1995年版,第406、417—418、551页。

件。陕西邮局经寄衙署文件，系由是年开办，竟无一件致有耽延损坏遗失情事，亦未接有一纸之诉函。此堪特为述及。职是之故，邮局致力之处，深为人所感重，各级官厅亦多表示谢忱"。①

（四）进一步加大对民信局非法运营的查缉力度

民国以后，官邮在注重加强局所建立、线路拓展、服务项目增加等软硬件建设的同时，加强对民信局非法运营的查缉工作。"事实上单凭一纸公文，自不能收遏制走私之效，必须从业务上加以改进，以适合商民之需要，使其乐于利用，取得竞争上的优势，方是釜底抽薪的最实际的有效途径。"② 1906年11月，邮政正式废除对民信局交寄的信包免费寄递的办法，一律按半价或全价收费，这使民信局的利润空间大大缩小。民信局已经失去了与官邮对抗的能力，迫不得已接受了这次加费，而另在非法运营方面找出路。针对民信局的非法运营，日益壮大起来的官邮完全占据了主动权，采用更加严厉的措施查缉这种行为。由此造成民信局的非法运营行为减少，同时也造成其非法运营行为更加隐蔽。对此，官邮表达了它们的无奈，"实行缉私后，送交大清邮政代运之民局邮件，即有显著上升，有时高至以往三倍之数，但查缉稍驰，其交寄数量即速下降……私运人拒绝交付罚金，邮局亦无可奈何。撤销登记也不起什么作用，因为违法的民局不论登记与否都在干私运的勾当，而私运实为这些信局最有利可图之事。私运者在其总包上所写的商号名称每为虚构，唯有相关之人方知私运人是谁。因此又增加了邮局处理上的困难"。③

民国以后，官邮对民信局的非法运营行为，在查缉力度和处罚力度上都大大加强。"凡走私邮件系按该件应纳资费科收三倍，并将走私之民局另科罚金，计初犯十两，再犯二十五两，复犯五十两。"④ 如1912年7月，邮局查获了从天津往北京私带邮件的民信局7家，邮件111封，"违犯邮章，理应科罚。按照邮政章程，除违章科罚外，每信应须加罚三倍邮资，以昭炯戒。兹因该七家不肯受罚，实属不知自爱"。对初犯的老

---

① 张志和等主编：《中国邮政事务总论》（上），北京燕山出版社1995年版，第297页。
② 张翊：《中华邮政史》，（台北）东大图书公司1996年版，第106页。
③ 晏星编著：《中华邮政发展史》，（台北）商务印书馆1994年版，第258页。
④ 关庚麟署：《交通史·邮政编》第1册，交通、铁道部交通史编纂委员会1930年印行，第57页。

福兴罚银 10 两,对第二次违章的聚兴杜记、义兴杜记各罚银 25 两,对第三次违章的三盛、福兴润、立成各罚银 50 两,"并饬追福兴润、三盛、立成三家执照回来,照章不准其再开民局"。① 可以看出,这比 1906 年制定的"初犯科以罚金,二犯三犯逐次加罚,至四犯时,已挂号者取消挂号,未挂号者停止营业"之规定,更加严厉。查缉和处罚力度的增大,取得了明显效果。如在天津,1914 年,"推民信局在天津邮件增多之故,恐因信件走私为海关禁阻所致尔"。②

对民信局非法运营行为的查缉在其他地区也取得明显效果。如 1912 年初,"民局所恃以私运邮件,于汉口、芜湖、南京、上海等处之计划,已为邮局勘破,于是彼等违章寄递之法,因之减少"。此后,在官邮更加严厉的查缉下,这些地区的非法运营行为更为减少。1914 年,在湖北省,"民局包封信件,据民局所报之数,已由三十六万零八百八十三件增至四十八万七千一百件。就该项包封增出之数计九万六千件观之,似系民局事业甚见发达,实则乃因各该民局私运信件之事已形减少,共计是年拿获之案不过三十件而已"。到 20 世纪 20 年代,湖北境内的非法运营行为已经大为减少。1920 年,民信局交寄的总包邮件共计 29500 件,内装信函 322100 件,远远超过上年的数量,"殆由是年核准挂号之民局有所加增,遂使挂号民局之数已达至二十二家,邮局对于该项民局,业经施以严密之监视,惟未查有走私情事"。③

由于非法运营行为的隐蔽化,官邮采取更为严密的查缉措施和更为严厉的处罚力度,以起到杀一儆百的威慑作用。如在宁波,1913 年,"此界民局挂号者共十一家,其走私邮件之锢习仍属难免,虽经竭力防杜,而滋蔓几不可除"。为此,官邮采取围追堵截等各种办法,"计是年拿获走私邮件之案,不下六十四起",对走私行为的蔓延起到有效的遏制作用。1915 年,浙江"是年拿获走私邮件案,共计八十二次"。1918 年,浙江查获的非法运营事件更行减少,"共二十二次,其中有十五次均已科罚,并令三

---

① 参见仇润喜主编《天津邮政史料》第 1 辑,北京航空学院出版社 1988 年版,第 99—100 页。
② 张志和等主编:《中国邮政事务总论》(上),北京燕山出版社 1995 年版,第 376—377 页。
③ 同上书,第 272、350、614 页。

倍纳费，其余亦均酌视情形，从严惩办"。1919年，"民局私走邮件拿获者，十有七次，每次全行科以罚金"。① 浙江属民信局众多之地，而查缉的非法运营件数如此之少，主要是由其行为的隐蔽性造成的，但官邮常抓不懈的缉私行动，对非法运营行为起到一定的遏制作用。就全国范围讲，1914年，"全国民局包封信件较上年增加一百二十五万件，因邮局防范私运之法更加严密也"。② 单上海民信局交寄的信件就增加约61.3万件，"此项发展总因防范走私之得力，并非民局之活泼"。③

表 5—2—4　　　历年官办邮局查获民信局非法运营邮件统计④

年份	查获件数	年份	查获件数	年份	查获件数
1918	11479	1924	3553	1930年上半年度	7000
1919	8040	1925	不详	1930	14160
1920	4282	1926	1616	1931	11927
1921	6287	1927	7269	1932	14875
1922	5425	1928	20103	1933	11300
1923	4958	1929	13725	1934	12100

从上表可以看出，在全国范围内，1919—1927年，查获的非法运营件数一直徘徊在数千件；到1928年，即进入南京国民政府时期后，查缉非法运营的力度进一步加强。1928年，官邮"收寄包封之件数及重量，均见增加，又因各区对于私运邮件切实取缔，故拿获民局信客私运之邮件，共有二万零一百零三件，上年则仅七千二百六十九件"。1929年，民信局交寄的包封件数及重量都有所增加，但查获的非法运营件数却见减

---

① 张志和等主编：《中国邮政事务总论》（上），北京燕山出版社1995年版，第315、388、506、553页。

② 关庚麟署：《交通史·邮政编》第1册，交通、铁道部交通史编纂委员会1930年印行，第64—65页。

③ 张志和等主编：《中国邮政事务总论》（上），北京燕山出版社1995年版，第355页。

④ 关庚麟署：《交通史·邮政编》第1册，交通、铁道部交通史编纂委员会1930年印行，第66页；彭瀛添：《民信局发展史——中国的民间通讯事业》，（台北）"中国文化大学出版社"1992年版，第167页。

少,"各区对于走私信件取缔得力,故收寄民局之包封遂见增加"。①

除加强对非法运营的查缉和处罚力度外,官邮继续利用地方官府的力量加强对民信局的打击。如在云南,1915年,"云南省内由本省巡按使通饬全省地方官,凡民局经营邮政事业及骡夫等私带信件,概行禁止"。在湖北,1916年,"是年湖北长官拟订检查民局函件办法九条,送请邮局施行"。在浙江,1919年,"咨行浙江省长转饬地方官,严令民局前赴挂号,并不得自行私寄"。②

(五)加强邮政的制度建设

近代邮政是伴随着制度建设而逐渐发展壮大起来的,官办邮政时期已经奠定了制度基础。1911年5月,邮传部从海关手中接管邮政,官邮进入了独立发展时期。进入民国以后,官邮在制度建设方面进一步加强,既包括新制度的制定,也包括旧制度的完善,其中最重要的是人事管理制度。邮政总办帛黎发布第三号通谕,关于人员管理方面有《管局供事规则》和《巡查供事规则》两项,对有关人员的行为、职责做了具体而明确的规定。前者规定:"管局者非仅将局务治理严整、邮递无误即为尽职,亦应于邮务之进步锐意振兴始为上策。且须教练属下人等同心一意,皆以日望邮务发达为宗旨。其襄办、供事、分信人、城差及邮差等均与局务进步有极大之关系,均须用最正之人。若一人不正,足能破坏一局之名誉。是以革除不职者,为管局供事分内之事。更须以自己之行为作属下之规范而保局中名誉。管局供事之声名非常重要,若该供事声名恶劣,邮政之名誉亦随之日下,若名誉可靠,则商民之信用自坚";"管局供事及其属下员役人等均不准吸鸦片、赌博、饮酒或随意冶游等事。如有干以上之所例禁者,即行革除不贷。管局供事见局中有此等不敦品行之人,办即应据实禀办。倘敢隐忍不报,一经查出,则该管局供事一律获谴";"管局供事与属下人员均应以礼貌对待商民人等,实为邮局之前途有大关系,必须力求商民之尊重及信用";"管局供事须与各商联络,如有交谈之机会,须令彼等

---

① 张志和等主编:《中国邮政事务总论》(中),北京燕山出版社1995年版,第1260、1308页。

② 关赓麟署:《交通史·邮政编》第1册,交通、铁道部交通史编纂委员会1930年印行,第58、65页。

知邮政局乃为国家所设立而利便商民者也。对彼等讲说邮政之规则及邮政之利便，并办事之妥实，使彼等信服邮政局之寄递信件极稳、极快。此外管局亦须知有何等商人仍由民局寄递信件，可设法全行招徕"；"邮政人员不得与寄件人等有争斗口角之事。如有无礼之动作，定予重惩。凡来局探询邮件之人，须以邮政章程、邮政局所表、寄费清单等确为详答"等，本规则共计269条，可谓详尽之至。后者的规定有30条，其中要求："设立新局、开创邮路，于所经各地方随时体察该处所需禀陈，以便酌量推广邮务"；"凡各代办创设伊始，经理人等大半于邮政之见习必浅，应将一切公务指导娴熟，以期俱能胜任"；"无论查局及开设新局时，必须谒见该处地方官，以期联络而冀蒙其保护与扶助。并访见银号及铺商等，藉以解释邮政之便利。无论巡查何时何处，凡邮政范围所能办及事项，均宜特为注意"。① 在具体业务操作程序方面，也制定了许多规章制度。如邮件传递实行"双人眼同"的签收制度。

在官邮发展的过程中，《邮政条例》的制定和颁布经历了漫长的过程。"民国四年交通部设立邮律起草委员会，遴派华洋人员会同草拟邮律。嗣后迭经修正，始於八年三月成立邮政条例草案，至十年十月十二日，始由大总统以教令公布。全文凡四十七条。其中关于邮政营业之范围，邮政之责任，以及各种禁例，均明白规定，使公众有所遵守，办理者知所准绳也。"② 条例第一条规定"邮政事业专由国家经营"，第二条规定"信函、明信片之收取、寄发及投递为邮政事业"，第五条规定"无论何人不得经营第二条之事业"。但第四十六条又规定："本条例施行前，以第二条之事项为营业曾经邮政局许可或于本条例施行后三个月以内呈请邮政局许可者，视为邮政局之代理机关，不适用第五条之规定。但邮政局认为必要时，得停止其邮政营业。"③ 该条例的颁布具有重要意义，"有此条例民局营业不惟大受制裁，且以著（注）明收寄邮件实为国立邮局专营业事业"。这就从法律上规定了邮政的专营性和国家对邮政的垄断性，表明要从事邮

---

① 仇润喜主编：《天津邮政史料》第2辑（下），北京航空航天大学出版社1989年版，第371—433页。

② 王桎：《邮政》，商务印书馆1935年版，第10页。

③ 仇润喜主编：《天津邮政史料》第1辑，北京航空学院出版社1988年版，第342—347页。

递业，原来没有挂号的信局要挂号，原来已经挂号的信局要重新挂号；同时也明确了官邮对民邮的态度，为后来取缔民信局奠定了法律基础。"大总统以教令公布邮政条例，是不啻予各该独立民局以严重之约束，尔后此等民局，即不得不寄托邮局宇下矣。"[①] 邮政条例颁布后，对邮政作为国家专营事业的地位以法律的形式予以确认，这就改变了清政府同意邮政官办时地位不明确的状况，横亘在发展道路上的障碍进一步扫除，官邮的发展进入了走向统一和专营的最后冲刺期。

1921年颁布实施的邮政条例规定：自条例公布后三个月内，各民信局必须向邮局挂号，违者停止营业，这是最早引以为据的可以取缔民信局的条文。"信局营业，遂益大受影响。盖一般人从此多知收寄邮件，实为国立邮局专营事业故也。"[②] 由于该条例的强制规定，迫使原来没有挂号的民信局挂号，从而造成挂号民信局的数量增加，1920年为464家，1921年为465家，1922年为514家，1923年为552家，1924年为575家。随着挂号民信局的增多，越来越多的民信局被纳入统一管理的范畴，官邮统一和垄断局面的形成逐步加快。如在北京，1921年，新增加挂号民信局7家。[③] 在山东，1922年，"民局包封已有二年未向本区邮局交寄，但于现年，烟台民局经向邮局交寄包封三十九件"，"此项民局包封所以再向邮局交寄者，显系该民局等欲免其挂号执照之取消"。就全国范围讲，1923年，"民局交寄邮件之数目见有增加，此项信局之大部分因已在邮局挂号，遂归入国家邮政范围之内"。同时，倒闭民信局的数量也在不断增加，如"其未经挂号而停闭者湖南则有两家，江苏及上海各有一家"[④]。

综上所述，进入民国以后，在官邮与民信局之间实力转变的情况下，官邮的政策也随之发生变化，在不放松对民信局排挤和打击的基本策略下，更加注重边远地区邮政网点的普及、沿海沿江及内陆地区邮路的扩展和延伸、服务项目的增加和改善、制度建设的加强等方面。除了在苏、

---

① 张志和等主编：《中国邮政事务总论》（上），北京燕山出版社1995年版，第673、676页。
② 沈阳市邮政局邮政志办公室编：《中国邮电史料》第2辑，1986年印行，第65页。
③ 参见谢彬《中国邮电航空史》，上海书店1991年版，第42、59页。
④ 张志和等主编：《中国邮政事务总论》（中），北京燕山出版社1995年版，第852、908页。

浙、闽、粤四省的部分地区外，民信局已经完全被官邮所取代，即使是在以上四省中，民信局的实力也大为衰落。

二 民信局的完全衰落及最终被取缔

经过官邮和民信局双方势力的转变，在握有国家政治资源和组织优势的官邮的排挤和竞争下，曾经盛极一时的民信局不可避免地走向了衰落，官邮为其以后的发展奠定了坚实基础。"到了辛亥革命时，民信局的生意已经下降了几乎50%，而帝国邮政局的生意却相应地增加了。"[①] 进入民国以后，"各处民局年复一年，渐次凋谢，弱者泰半歇业，强者已难支持，要以官局刚柔相济，操纵应时，故能歙然无惊，帖然制伏。然则此项私立机关行将渐灭无余，不待言矣"[②]，民信局面临的是完全衰落的趋势及最终被取缔的命运。

（一）民信局的完全衰落

1912年，北京政府成立，在新旧政权更替之际，"民局以政体共和，人民应享自由幸福为词，力倡自由寄递，不受邮局干涉，曾联盟呈请北京交通部要求寄递自由"[③]。民信局不但联合向北京政府呈请要求寄递自由，各地民信局也向当地邮局提出寄递自由要求。如"芜湖邮局接到上海信业公所协兴昌等电称，共和成立应享自由，寄鄱阳轮船信包被尊处强扣，商等誓不承认，祈速发还"；还有，"镇江邮局接到民信局同业全泰洽等号禀称，营民业信局者理应享共和自由之幸福，乞将扣留包封发还，此后听我自由寄递，不得阻抄"[④]。无论是对北京政府还是对地方邮局的申诉都遭到严厉驳斥，民信局遂组织信业联合会希图抵制，在上海咸瓜街设立全国民信局信业公所，竭力主张邮局、信局互助合作，向新政府请愿实行，同样遭到政府的驳斥。这表明北京政府与清政府的态度发生根本变化，把民

---

① [英]魏尔特：《赫德与中国海关》（下），陈羚才等译，厦门大学出版社1993年版，第321页。

② 全国图书馆文献缩微复制中心：《中国近代邮政史料》，2005年印行，第286页。

③ 实业部中国经济年鉴编纂委员会编：《中国经济年鉴 1934年》第十二章"交通"，商务印书馆1934年版，第710页。

④ 关庚麟署：《交通史·邮政编》第1册，交通、铁道部交通史编纂委员会1930年印行，第57—58页。

信局视为实现邮政垄断权的严重障碍,所以,"信局反对运动,迄难奏功。自是而后,全国信局势力之衰微,已如江河日下"①。同时,"国内的骚乱和内乱给民信局的许多活动造成了大破坏。公众意识到,把他们的信件交给由政府援助的机构比交给无助的私人企业更安全更便宜"。②

关于民信局完全衰落以致闭歇的具体时间,笔者无法做出明确回答,因为各地民信局因基础不同而存在较大差异。从整体上看,"入民国后,邮局日渐发达,放弃兼办民信之商业行店固多,而原为专业者转业尤众,故民信局已不能与昔日并论"③,各地民信局衰落的速度加快。如1901年在山西,"该省邮局甫经开设之时,举凡民信局以次停闭"。到1920年,山西邮区的民信局已所剩无几,"民局生意向本仅限于归化及包头镇两处,至今已成弩末,盖该两处尚存之民局,因不克支持,均于是年关闭"。1902年陕西官邮开办后,随着邮政事务的不断发展,"比及邮局一经扩到,则驿站及多数民局之事务随告终,并于相当时期内陆续撤废。至民国六年,即已无复存留。而默然成立之邮政,日渐趋于紧要"。④

在长江中游地区,如汉口,1912年,"汉口邮界及所属分邮界内之民局事业,较他处为畅旺,然关闭及改营他业者,仍有数家"。⑤ 1924年,汉口在邮局挂号的信局为太古晋、亿大、乾昌、全昌仁、裕兴康、协兴昌、福兴润、老福兴、松兴公、正和协、铨昌祥、政大源、全泰盛等22家。⑥ 在湖南,1915年,民信局的势力已经大为衰落,"本省民局挂号者计有二所,未挂号者一所。岳州近又添设一处,只以迫于不能维持,不久即行闭歇。以故是年经办民局包封之数,较上年减去百分之十,足征此项营业渐行减缩"。后来,民信局的衰落情势更为严重。1920年,"民局交寄之包封数目,仍系异常跌落,以故此项民局,虽前时曾为该省邮局所惧

---

① 沈阳市邮政局邮政志办公室编:《中国邮电史料》第2辑,1986年印行,第65页。
② [英]魏尔特:《赫德与中国海关》(下),陈羚才等译,厦门大学出版社1993年版,第321页。
③ 彭瀛添:《民信局发展史——中国的民间通讯事业》,(台北)"中国文化大学出版社"1992年版,第82页。
④ 张志和等主编:《中国邮政事务总论》(上),北京燕山出版社1995年版,第592、698、704—705页。
⑤ 同上书,第272页。
⑥ 参见武汉邮政志编纂办公室编《武汉邮政史料》第1辑,1983年印行,第60页。

之劲敌，兹恐值完全停止营业之时为期不远。查民国八年终，尚在营业而未挂号之民局，计有二十五家，内有三家已经请予挂号，并有七家停止营业"。1921年，"本省挂号民局营业，昔尝繁荣，自民国七年至十年则日见衰落，势成弩末。查此项民局，民国十年仅有三千六百三十件交由邮局运寄。现在本省虽尚有未挂号民局数家，无夫如曩者可为我局营业之劲敌矣"。① 从数量上说，1921年，湖南有挂号民信局6家，未挂号者3家；1922年，挂号者12家，未挂号者4家；1923年，挂号者还是12家，未挂号2家。1924年，有一家停业，挂号信局只剩下11家，交寄的包封及信函数也大为减少，"此项减少，极为畅意，足见各该民局之营业，日就衰落也"。1925年，湖南民信局的衰落更行明显，"即系民局包封收寄之数减少极巨，殊堪令人满意。此项包封内装邮件之总数仅九百封，而上年收寄之数，则为三千九百封"。②

在安徽，民信局的势力也日见衰落。1913年，安徽省内共有挂号民信局38家，未挂号者28家。具体而言，安庆原有的18家挂号信局合并为7家，"至在屯溪及徽州二处之民局，其营业虽仍甚旺，惟与国家邮局抗衡，则实见退步"。③ 芜湖于1896年设立邮局，"是时民办信局甚多，人民不谙邮章，所有寄件大半仍由信局汇交邮局，嗣后渐次推广，信局遂就消灭"。④ 1915年，"大通民局十七家并归商铺两家，经营业务"。⑤ 1927年，安徽境内的民信局共有34家，其中安庆11家，芜湖17家，屯溪1家，大通2家，泗州3家。⑥ 与以前相比，虽然在数量上没有明显变化，但在业务上已不可同日而语，处于苦苦支撑状态。

在江西，九江民信局在进入民国后已经出现严重衰落，"近来以邮政办理日益进步，营业乃一落千丈，且为情势所逼，不得不屈伏（服）于邮

---

① 张志和等主编：《中国邮政事务总论》（上），北京燕山出版社1995年版，第384、617、739页。
② 张志和等主编：《中国邮政事务总论》（中），北京燕山出版社1995年版，第1029—1030、1093页。
③ 张志和等主编：《中国邮政事务总论》（上），北京燕山出版社1995年版，第312页。
④ 戴鞍钢等主编：《中国地方志经济资料汇编》，汉语大词典出版社1999年版，第988页。
⑤ 关庚麟署：《交通史·邮政编》第1册，交通、铁道部交通史编纂委员会1930年印行，第65页。
⑥ 参见张林侠编《中国集邮与邮政要览》，人民邮电出版社1991年版，第68页。

政局之下，所有信件只许按照邮局章程办理，现各家所以能维持者，全赖景镇、饶州、鄱阳等内地钱庄每日报告行市之信"。① 20世纪20年代，江西民信局的数量已大大减少，挂号者17家，未挂号者2家。1923年，民信局的数量没有明显变化，"现只存十九家，皆在邮局挂号，营业日就衰微"。② 1928年，九江还有森昌、胡万昌、亿大、铨昌祥、全泰洽、全昌仁、全泰盛、松兴公、裕兴福、协兴昌、乾昌、老福兴、福兴润13家；南昌还有全泰盛、福兴润、丰泰利、永成和、裕兴昌5家。③ 1934年10月，江西省政府发布"令饬九江等县政府取缔民信局"通令，要求取缔九江的松兴公、裕兴福、森昌、正和协、全昌仁、协兴昌、老福兴、福兴润、乾昌9家，河口的协泰森、协兴公记两家，高安、万载的永成和各一家，玉山的协泰森、全泰盛、老协兴、恒利4家，景德镇的老福兴一家。④

在福建，进入民国后，经营国内民信业务的民信局迅速衰落。1914年，"福州府段内挂号民局减少三处，未挂号之民局减少十一处"。⑤ 只有侨批业还比较兴旺，到1915年，从事国内寄递业务的民信局除闽南一带外，都先后停业。如在延平府，原有赖春龙、黄洽顺、朱顺兴、朱仲兴、黄成春5家挂号民信局。1911年，赖春龙和黄洽顺两家停业，其他3家勉力维持；到1915年，这三家也相继停业。其他地方也是如此。也就是说，福州邮界内经营内地业务的民信局全部停业，福州城内从事沿海一线寄递在邮局登记的10家民信局，也处于半停业状态。1934年，福州民信局名义上尚存9家，至年底全部关闭。⑥

在北京，1920年，"民局交寄之包封数目确见减少"，"于此可见，此项民局已不成为邮局之劲敌矣。倘民局得能不再幸免检查，则其营业，目前已如是之微者，行见将来必能格外减少。此等民局之中，挂号者现有六

---

① 九江指南社编印：《九江指南》，1932年印行，第44页。
② 沈阳市邮政局邮政志办公室编：《中国邮电史料》第2辑，1986年印行，第116页。
③ 参见商务印书馆编译所编纂《中国旅行指南》，商务印书馆1928年版，[五三]九江、[五二]南昌。
④ 参见《令饬九江等县政府取缔民信局》，《江西省政府公报》1934年第6期，第1—3页。
⑤ 张志和等主编：《中国邮政事务总论》（上），北京燕山出版社1995年版，第360页。
⑥ 参见福州市地方志编纂委员会编《福州市志》第2册，方志出版社1998年版，第549页。

家，按所能确实证明者，仅有一家未曾挂号"。① 1928 年，北京虽然还有三义成、立成、协兴昌、胡万昌、福和、福兴润、聚兴、全泰盛、义兴、三盛 10 家信局②，但也仅是形式上存在，而没有实际业务了。

在四川，进入民国后，民信局的势力更行衰微。1912 年，其经营项目仅限于官邮未涉及的区域，"四川省内所有邮件，几系全归邮局寄递，所存之数家信局，其经办者不过带寄现银货物之类"。20 世纪初，"该省所有尚存之民局三家，其事业之活动，可云无足介意"，"其营业日见衰降"。③ 到 1923 年，四川仅有重庆的 3 家民信局还在苦苦支撑。由于西南地区的民信局是信件寄递和货物运输兼营，在业务衰落的情况下，它们有转行的优势。重庆就是如此，"邮政兴后，旧日民营信局今皆别改为运输行矣"。④

在东北地区，民信局出现的时间较晚，数量也不多，在官办邮政建立后很快衰落。如在宾州府，原有民信局十余家，但到"光绪季年，城中尚有此种局一处，自邮政推行，而二局（注：指民信局和文报局）旋即取销矣"。⑤ 在吉林，咸丰初年设立民信局，较有声誉的信局最多时达到 7 家，但都于 1911 年先后停办。进入民国后，东北地区的民信局更行萎缩，"民局事业忽形退减。北京民局是年交寄之件，较上年减少三分之二。东三省及迤北一带减缩情形，亦复相同"。⑥ 据记载，这一年"奉天及哈尔滨、吉林各处民局竟至全行歇业"。其他地方也仅仅维持形式上的存在而已，1914 年，东三省民局交寄的包封信件仅有 2100 件，而"东三省民局包封信件前四年每年每逾二万件"，由此可见衰落

---

① 张志和等主编：《中国邮政事务总论》（上），北京燕山出版社 1995 年版，第 586—587 页。
② 参见商务印书馆编译所编纂《中国旅行指南》，商务印书馆 1928 年版，[一四] 北平。
③ 张志和等主编：《中国邮政事务总论》（上），北京燕山出版社 1995 年版，第 272、610、730 页。
④ 戴鞍钢等主编：《中国地方志经济资料汇编》，汉语大词典出版社 1999 年版，第 999 页。
⑤ 黑龙江省邮电管理局史志办公室：《黑龙江地方志邮电志采辑》，1990 年印行，第 128 页。
⑥ 辽宁省地方志办公室编：《辽宁省地方志资料丛刊》第 1 辑，1986 年印行，第 69 页。

之严重。到1918年,东三省信局已无包封邮件可寄。① 1920年,在东三省邮区,"民局经在邮局挂号者虽有二家,其实并无生意,故是年内并无民局包封交寄"。② 这就意味着1920年,东三省民信局实际上已经倒闭,1921年则全部歇业。

在20世纪前叶,民信局最集中、最活跃的地区是上海、江苏、浙江三地。进入民国后,上海民信局也一直处于萎缩状态,"许多民信局仍然存在,但是他们的业务在年年缩减"。③ 此后数年间,上海民信局的数量没有大的变化,但其业务量已大为减少。到1920年,上海"民局局所数目,是年并无变动,其在邮局挂号之民局,计有三十八家,未挂号之民局,按所能查询者计之,则有十六家"。④ 1922年,"是年之内民局停闭者两家,可征其所营之业,萎靡不振"。1923年,又停闭一家,剩下35家。1924年,虽然仍为35家,但处于苦苦支撑、苟延残喘的状态。⑤ 1928年,上海还有太古晋、日生盛、永利、永和裕、永泰丰、永义昶、正大、老福兴、全昌仁、全泰洽、全盛泰记、协源、协兴、协兴昌、林仁记、胡万昌、通裕、森昌、裕兴福、福润、福兴康、铨昌祥、全盛、全盛和记、顺成、精盛、宝盛、老协元、老协兴、正和、正源、老福兴隆记、鸿源协记33家。⑥ 到1932年年底,则处于完全衰败状态,"少数民信局现犹存在,但从整体来说,所有中外来往邮件,现在统归中国邮局办理"。⑦

除上海外,江苏其他地方都有为数众多的民信局,这一时期也都处于衰落状态。在南京,1909年有信局16家,到民国元年初,由16家合并为4家。到1920年,就整个江苏省而言,"是年内,挂号民局闭歇一处,

---

① 参见关庚麟署《交通史·邮政编》第1册,交通、铁道部交通史编纂委员会1930年印行,第63、64、66页。
② 张志和等主编:《中国邮政事务总论》(上),北京燕山出版社1995年版,第605页。
③ 徐雪筠等译编:《上海近代社会经济发展概况》,上海社会科学院出版社1985年版,第154页。
④ 张志和等主编:《中国邮政事务总论》(上),北京燕山出版社1995年版,第625页。
⑤ 参见张志和等主编《中国邮政事务总论》(中),北京燕山出版社1995年版,第871、967、1033页。
⑥ 参见商务印书馆编译所编纂《中国旅行指南》,商务印书馆1928年版,[六]上海。
⑦ 徐雪筠等译编:《上海近代社会经济发展概况》,上海社会科学院出版社1985年版,第284页。

现在本区内营业之民局，尚存一百零四家。此外，并未查见未经挂号之民局"。① 而且，已经大为减少的民信局主要集中在少数重要城市。在扬州，1928年有17家，分别为全昌、亿大、裕兴福、仁正和、乾昌、公盛、张廷记、全泰盛、政大源、孙大正、老福兴、胡万昌、福兴润生记、全泰洽、公润生、铨昌祥、协昌等；在通州，1928年，仅剩下森昌、老福兴、福润兴、全泰盛4家，比原来减少的更为严重。② 苏州民信局在鼎盛时期达到50多家，1922年，有老恒利、铨昌祥、永利、全盛义记、全盛合记、正源、通裕、宝顺、通顺协、老福兴、协大、老福润、鸿源、福兴润、全昌仁、协兴昌、老协兴、协源、林永和、意大、老正大、正大、永义祥、顺成、政大源、森昌、协泰森、全泰盛、裕兴康、乾昌、正和合记、正和协记、老惠通、永和仁、永义昶35家。③ 1928年，无锡有全盛、宝盛、通盛、鸿源、林永和、老正大6家；常州有全盛、林永和、老正大、宝顺、鸿源、亿大、通顺7家。④

浙江民信局在进入民国后同样处于衰落状态。1915年，"全省民局仍极繁盛，杭州、湖州、嘉兴、绍兴、宁波、温州等处尤为发达"；1920年，浙江"民局新挂号者两家，共为二十六家，未挂号者多至二百三十六家"。⑤ 从数量上看，虽然为数众多，但相比较道咸同光时期，已经是大为衰落。1927年，湖州尚有全盛、福润、协兴、正大、永泰丰、成顺、林永和、正源、永和、正和等数家。1928年，湖州登记领照的民信局有10家。1928年，嘉兴有永利、协大、福顺、顺成、正和、正大、协兴、汪协源、正源、林永和、全盛等数十家；杭州还有全盛、顺成、正和公记、永和义记、老福润、永和合记、马正源、老协泰、正大、永和、福

---

① 张志和等主编：《中国邮政事务总论》（上），北京燕山出版社1995年版，第272、622页。
② 参见商务印书馆编译所编纂《中国旅行指南》，商务印书馆1928年版，[八]南通、[九]扬州。
③ 参见苏州市地方志编纂委员会编《苏州市志》第1册，江苏人民出版社1995年版，第584—585页。
④ 参见商务印书馆编译所编纂《中国旅行指南》，商务印书馆1928年版，[三]常州、[四]无锡。
⑤ 关庚麟署：《交通史·邮政编》第1册，交通、铁道部交通史编纂委员会1930年印行，第65、67页。

润、正和等数十家。① 仅从数量上看，还不能给人以明晰的认识，但如果从业务量上来讲，相当一部分民信局只剩下一副空招牌，而没有多少业务了。

1921年10月，邮政总局颁布实施《邮政条例》，规定："除认可之民局，视为邮局代理机关外，无论何人，概不得营邮局相同之业务。"② 对于民信局未得到官邮认可的，要求各地"邮政官员对于此项条例必须通晓娴悉，以便襄助各处行政长官实力奉行。既颁有此条例，则现与邮局竞争营业之民信局，邮政终有将其排除之能力。是以各邮局长应严查所管辖之地方是否存有未挂号之民信局。如有，即应将该民局之详细情形呈报各该隶属之邮务长，以凭核办"。③ 该条例明确把民信局视为官邮发展的障碍和被取缔的对象，民信局因此受到更大打击。该条例颁布的另一个重要后果是迫使势力还比较强大的江浙一带民信局向官邮挂号，从而使不在官邮管理范畴内的民信局更加减少。如在江苏，自条例实施后，有37家信局呈请挂号，到1921年底，江苏邮区共有挂号信局140家；1924—1925年，挂号信局为138家；1926年，为141家。④ 虽然数量上的变化并不明显，但"其营业衰落之象，视邮局初办时不啻霄壤矣"⑤。

由此可见，到20世纪20年代中期，"除江苏、浙江、福建、广东四省而外，各省信局殆皆无再行发展之望。黄河流域之陕西、甘肃、新疆，长江流域之四川、贵州，珠江流域之云南，六省信局首被邮局征服。他若北部诸省，仅馀直隶一省。中部诸省，仅馀湖北、江西、安徽三省，尚有相当势力残存，他皆无足论矣。即努力奋斗之江苏、浙江、福建、广东四省，递送信件之数目，逐年亦呈减少之概焉"。⑥ 如在贵州，1930年1月，邮务管理局调查民信局情况的呈文称："职局遵照严密调查，贵州省内如贵阳、遵义等地，以前虽有一二民局之开设，但因地方交通不便，其组织

---

① 参见商务印书馆编译所编纂《中国旅行指南》，商务印书馆1928年版，[六一]杭州、[六二]嘉兴。

② 张樑任：《中国邮政》（上），上海书店1990年版，第30页。

③ 仇润喜主编：《天津邮政史料》第1辑，北京航空学院出版社1988年版，第341页。

④ 参见张志和等主编《中国邮政事务总论》（中），北京燕山出版社1995年版，第868、1031、1094、1160页。

⑤ 沈阳市邮政局邮政志办公室编：《中国邮电史料》第2辑，1986年印行，第118页。

⑥ 同上书，第65页。

复极幼稚，自邮局创办以后业已自行停业，目前更绝无从事此项信局者。"① 由此表现出有些省份的民信局已经消失，即使是还继续存在的省份，其势力也大大减弱。从数量上说，1919 年底，全国挂号民信局共 447 家，较上年减少 8 家。② 虽然肯定还有民信局没有挂号，但数量不会很多，与原来三四千家的数量相比，已经大为衰落。

针对浙江、江苏、湖北等省民信局势力还比较强大的实际，官邮加大了对这些地区邮件走私的查缉力度。1921 年，"浙江、江苏两省民局仍系星罗棋布。是年走私邮件被获者，计有六千二百八十七件，而在上年仅获四千二百八十二件"。③ 在湖北，1923 年，民信局交寄的包封数略有增加，"此项增加，实无可疑系因宜昌及沙市各民局减少走私邮件之结果，缘该民局等迭被缉获，难逃严厉之稽察"。④ 就宜昌而言，1905 年，宜昌有曾繁昌、胡万昌、全泰盛三家；1913 年，胡万昌停办；1917 年，全泰盛因故被吊销执照，勒令停业；宜昌仅剩下曾繁昌一家，原来每年收寄信件约 6000 件，而 1932 年共收寄 132 件；1933 年初，该信局自行倒闭。在津市，原有曾森昌、全泰盛、李永隆三家；1920 年，全泰盛关闭；1930 年，因国家禁止私人寄递信件，曾森昌和李永隆被取缔。⑤

关于民信局在民国以后的衰落的情况，据 1912 年的邮政事务总论记载："是年，民局事业，范围愈形缩减。其原因，半由民局不易支持，半由地方官吏遇有查出民局犯章情事，极力赞助官局。"⑥ 从总体上看，民信局的衰落并非单一因素促成的结果，1912—1921 年的厦门海关报告进行了分析：进入民国后，官邮在没有放松邮政网点建设的同时，注意力主要集中于重建现有的邮局和代办处，通信线路的改善，高效率服务工作的

---

① 贵州省地方志编纂委员会编：《贵州省志·邮电志》，贵州人民出版社 1992 年版，第 436 页。
② 参见关赓麟署《交通史·邮政编》第 1 册，交通、铁道部交通史编纂委员会 1930 年印行，第 66 页。
③ 张志和等主编：《中国邮政事务总论》（上），北京燕山出版社 1995 年版，第 676 页。
④ 张志和等主编：《中国邮政事务总论》（中），北京燕山出版社 1995 年版，第 955 页。
⑤ 参见张志和等主编《全国各级政协文史资料·邮电史料》（中），北京燕山出版社 1995 年版，第 962、973、1162—1163 页。
⑥ 张志和等主编：《中国邮政事务总论》（上），北京燕山出版社 1995 年版，第 271—272 页。

训练，以及没有注册的非法信局的禁绝，凡此种种，都比开辟新的邮局和通信线路更加引起重视。毫无疑问，邮政业务的增加，应归功于上述条件的改善以及随之而来的公众信任的加强。[①] 1924年的邮政事务总论中说："至于经办之民局包封，其数目实有快意之跌落，于此可证，国家邮政收服久经树立之民局信客，固已奏凯而旋矣。"[②] 关于在全国范围内民信局的衰落，从民信局交寄的包封邮件数量上可以体现出来：

表5—2—5　1912年到1934年民信局交官办邮局寄递之包封邮件[③]

年份	包封件数	重量（公斤）	书信件数
1912	204120	51842	2749600
1913	248800	30018	4796100
1914	145933	16085	3124279
1915	155496	18258	3366227
1916	155417	20808	2624301
1917	161464	21388	2730244
1918	156668	21537	2559314
1919	163812	23294	2903352
1920	190350	24979	3017463
1921	175850	25538	3383550
1922	166019	26564	3345011
1923	187264	32912	4454510
1924	169500	28292	3352730
1925	165150	29296	3389720

---

① 参见秦惠中主编《近代厦门社会经济概况》，鹭江出版社1990年版，第369—370页。
② 张志和等主编：《中国邮政事务总论》（中），北京燕山出版社1995年版，第1002页。
③ 沈阳市邮政局邮政志办公室：《中国邮电史料》第2辑，1986年印行，第66页；彭瀛添：《民信局发展史——中国的民间通讯事业》，（台北）"中国文化大学出版社"1992年版，第160—162页；张志和等主编：《中国邮政事务总论》（上），北京燕山出版社1995年版，第443、479、526、573页；张志和等主编：《中国邮政事务总论》（中），北京燕山出版社1995年版，第1132、1196、1260、1308、1368、1407页；张志和等主编：《中国邮政事务总论》（下），北京燕山出版社1995年版，第1454、1503、1558页。

续表

年份	包封件数	重量（公斤）	书信件数
1926	151890	30574	3691940
1927	120831	24566	2802780
1928	137967	30254	3551110
1929	143660	32540	3769300
1930	152820	33712	4090650
1931	142700	34200	3927700
1932	142300	32300	3713700
1933	143400	37000	3978800
1934年上半年	65000	15900	1835000

关于民信局数量的变化也是如此，据邮政总局1933年2月的调查，当时全国登记领照的民信局及侨批局共计791家；1934年6月，调查结果是全国登记领照的民信局为386家，另外还有批信局322家，共计708家。一年左右的时间，前后相差80余家。

（二）民信局最终被彻底取缔

进入民国后，官邮无论是在网点普及、邮路延长、服务项目增加等硬件建设上，还是在服务水平和质量的提高、在民众中的影响力等软件建设上，与开办初期都不可同日而语。到20世纪二三十年代，官邮已经具备了取代民信局的实力，"邮政总局以邮政发展已相当普遍，公众寄信不论城乡均已甚为便利，且资费低廉划一，民信局实已形同赘疣"[1]，于是政府利用强制力取缔民信局工作提上议事日程。官邮正式开办时，清政府允许民信局继续开办和经营，但当时已经有人认识到民信局必将被彻底取缔。1900年，《申报》上的一篇文章就指出："令民局照旧开设，识微之士早知此说不过笼络一时之计，将来必有更张"[2]，对民信局的命运做了准确预测，但这种预测直到20世纪20年代才显现。

---

[1] 仇润喜主编：《天津邮政史料》第1辑，北京航空学院出版社1988年版，第104页。
[2] 《书信局吁恩后》，《申报》1900年3月21日第1版。

对于官邮来说，要实现在邮递事业上的垄断地位，首先要确立官邮的专营权。1921年，当时的交通总长张志潭在呈大总统文中说："窃维邮传为交通要政，一切条规均须完备，乃易收推行尽利之功。我国置邮以来，迄今二十五载，经在事人员苦心擘画，成效昭著。而对于保护邮政统一权尚未制定规章，不无缺点。"由此可知，直到20世纪20年代初，官邮还没有确立其专营权。晚清政府视民信局为邮政的辅助机构，进入民国以后，才开始确立官邮的专营权。1915年6月，交通部成立邮律起草委员会，开始着手邮律及相关附属规则的制定。在《邮政总局所拟邮律章程》中首次提出了专营权问题，"邮局有唯一之权项将信函、明信片及每期不逾十日之新闻纸，以及各项包封类、各书籍货样包封，并邮局可寄之所有各项包封或邮件，由设有邮局之一处运至无论国内国外设有邮局之他处，且有唯一之特权办理关于邮件一切收取寄发投递等项事务"。[①] 邮政条例的制定完成并颁布实施经过了比较漫长的过程，"民国四年交通部设立邮律起草委员会，遴派部局华洋人员草拟邮律。嗣由邮传司会商邮政总局，迭经修改，八年三月始成邮政条例草案，由部送法制局审查。经法制局与部往复磋商修改，四月由部提出国务会议转行国会依法办理。嗣经众议院通过，移送参议院审议。未几国会停议，案悬未决。十年九月交通部因太平洋会议开会在即，此项条例之颁布与撤销客邮事颇有关系，遂提出国务会议请先以教令公布，经国务会议议决照办"。[②] 1921年10月12日，《邮政条例》颁布，第一条即明确规定邮政事业由国家经营，"至此，邮政由国家专营之政策，始告确立，而民信局则在被取缔之列矣"。次年4月，交通部统一邮权委员会成立，取消民信局为其工作之一大目标。[③] 南京国民政府成立后，对民信局采取取缔政策，随后开始付诸实施。1928年8月，全国交通会议在南京召开，指出："邮政为国家专营事业，各处民信局，防碍邮政统一"，会议议决民信局应于1930年内一律取消。[④]

虽然势力已经大为衰落，但取缔政策的出台，还是在残存的民信局中

[①] 关庚麟署：《交通史·邮政编》第1册，交通、铁道部交通史编纂委员会1930年印行，第72、116页。

[②] 同上书，第71—122页。

[③] 参见张翊《中华邮政史》，（台北）东大图书公司1996年版，第108页。

[④] 交通部总务司统计科编：《中华民国二十二年交通部统计年报》，1935年印行，第187页。

激起强烈反应，各地信局组织代表向政府请愿，其中主要有吴县商会主席施魁和、镇江信业代表章士钰、宁波信业代表印源通、全国信业总代表华云锦等人。民信局的请愿起到了一定作用，"嗣以驻沪各省民信局联合会、宁波总商会等，迭次请愿，谋暂缓取缔，俾各民信局有充分时间以为转业准备，藉维生计。交通部体念民间困难，同意取消原令，惟严令各地民信局一律赴邮局挂号领照，将所收信件封成总包，交邮局代寄，同时拟定民信局挂号领照暂行办法五条，通令各邮区切实遵办"。[①] 为保证挂号领照措施的实施，交通部制定了五条暂行办法：(1) 所发民局执照，嗣后概由本总局填交各管理局转发；(2) 民局已挂号者，应将旧执照缴由各该管理局转呈更换新照，其未挂号者，应向所在地邮局请求转呈挂号领照，其挂号期限以本年年底为止；(3) 每年换发新照一次，以兹信守；(4) 所有各区已挂号、未挂号、已请领新照、未请领新照各民局之详情，应于本年年底分别列表呈报，又每月月报内亦应列入，以资查考；(5) 所有民局收寄邮件，均须封作总包，交邮局寄递。在推行过程中，民信局又以各种理由和借口加以抗拒，交通部对此进行了具体分析，并对实行办法做了部分修改。"至二十年间，各区民局挂号尚在声请办理之间，当再呈奉部令核准，将前项办法第二条挂号期限展至二十年年底为止，惟仍以二十年以前始业之民局为限；但抗不声请挂号领照者，尚属不少，大都以信件有内河外江之分，外江之信件既交由邮局转寄，内河信件如再悉交由邮局转寄，则妨碍其生计甚巨为词，或请暂缓取缔，或请再行展缓挂号期限，或请暂缓过磅（过磅二字则指将信件交由邮局转寄，而须按重量纳费而言），当经迭次呈报，并将前项办法第五条修正如下：所有民局收寄信件，均须封作总包，交由邮局寄递；但发自或寄交之地方，如未设有邮务局所，或信柜，或其他为村镇信差投递所不及，准暂由民局自行寄递；惟中途经过之地方，设有二处或二处以上之邮局，同时设有该民局之分局或代理人者，仍应交由邮局寄递。其民局或信客营业所及之地点，应由民局开具清单，呈

---

① 彭瀛添：《民信局发展史——中国的民间通讯事业》，(台北)"中国文化大学出版社" 1992年版，第210页。

送当地邮局备查。"① 修改后的条例规定，1931年前设立的信局才有挂号领照资格；同时，该条例进一步限制了民信局的寄递地点和范围，要求民信局把寄递地点报送邮局，这为邮政网点进一步覆盖这些地点创造了条件，也为最后取缔民信局打下坚实的基础。

虽然有所展缓，但国民政府在彻底取缔民信局问题上态度很坚决。1933年11月，"复由部指令邮政总局，凡民信局应即严令限至二十三年年底逐渐停止营业，并顾及取缔后之善后办法，于二十三年三月一日训令该总局转饬各邮区邮务长限于期末届满以前妥为布置，务得有误"。② 同时，邮政总局派人到各地做了详细调查，民信局数量如下③：

表5—2—6　　　　　　　　　　全国民信局表

邮区	已挂号	未挂号	备考
广西	无	无	
山西	无	无	
云南	无	无	
贵州	无	无	
陕西	无	无	
湖南	无	无	
湖北	20	无	
上海	37	19	
江西	32	无	
河北	7	无	
河南	3	无	
山东	6	无	
北平	9	无	
浙江	43	211	

以上系各区遵照本局通饬第一零一七号查报之数目

---

① 实业部中国经济年鉴编纂委员会编：《中国经济年鉴 1934年》第十二章"交通"，商务印书馆1934年版，第710—711页。

② 楼祖诒、朱传誉：《中国邮驿发达史》，(台北)天一出版社1975年版，第348页。

③ 实业部中国经济年鉴编纂委员会编：《中国经济年鉴 1934年》第十二章"交通"，商务印书馆1934年版，第714页。

续表

邮区	已挂号	未挂号	备考
苏皖	177	无	
东川	6	无	
西川	无	无	汕头有已挂号民局88家
广东	179	5	厦门有已挂号民局169家
福建	234	15	
新疆	无	无	
以上系根据各该区以前查报之数目			
共计	753	250	

附注：福建民局中，经营国外华侨之信件与汇款者，厦门一处153家，其他各处32家，共185家；广东民局中，经营国外华侨之信件与汇款者，汕头一处66家，其他各处27家，共93家。

根据邮政总局的调查，"各区民信局营业年来大致渐就衰落，为上海、浙江、广东、湖北等区，尚形活动，乃由各该区邮务长就当地情形详细研究，分别条陈，呈由总局分别办理"。[①] 需要指出的是，所谓闽、粤两省当时的民信局数量为413家，但绝大多数为侨批局。除去这413家，其他各地的民信局仅为340家，加上未挂号的250家，共计为590家，其数量已微不足道。

虽然国民政府交通部饬令民信局"统限于廿三年底止结束，停止营业"[②]，但又担心"无地方军政机关协助，恐仍难发生效力"，于是，"为统一邮权起见，已呈请行政院通行各省市军政机关，饬行所属地方长官尽力协助邮局，严行取缔。各民局于本部限定期限内，一律结束，以维邮权，而资统一"。[③] 为此，行政院饬令各省市军政机关协助邮政取缔民信局，并为民信局取缔后可能给民众带来的通信不便制定了具体措施。"邮政为国家专营事业，乃世界各国通例。我国邮政条例规定至明，故民信局之存在，其妨害邮权甚为巨大。交通部为统一邮政起见，

---

① 楼祖诒、朱传誉：《中国邮驿发达史》，（台北）天一出版社1975年版，第348页。
② 交通部编：《中华民国二十二年交通部统计年报》，1935年印行，第187页。
③ 仇润喜主编：《天津邮政史料》第1辑，北京航空学院出版社1988年版，第105页。

特于民国廿二年十一月间，令饬邮政总局，凡国内民信局，应严令逐渐停止营业，至廿三年年底为止，并经该部迭次呈准本院转令各省市政军机关协助总局取缔各处民信局，务于限定期内一律结束。一方面在限期届满以前，妥为布置，不使民众因民信局之取销或有感觉不便之处。于是参酌当地情形，详细研究，按照需要，分别布置，其中或另开窗口，或加添邮班，或增加提取信箱次数，或延长收信时间，以及添设信筒信箱邮寄代办所村镇信柜邮亭，并扩充村镇投递，添用邮务佐听差缉私人员等，将来限期届满，民信局取销之后，民众方面当不致感受何种不便，故民信局同业虽屡派代表向各方请愿缓延取缔，然交通部以民信局有碍政府邮权，取缔势在必行，限期转瞬将届，应切实协同取缔。"① 由此可见，国民政府彻底取缔民信局的决心和为此所做的精心准备。从官邮的角度讲，最终确立其在邮递事业上的垄断地位，是在政府彻底取缔民信局之后。

在官邮精心的准备及妥善的布置下，取缔工作得以顺利实施。关于取缔过程，交通部编写的统计年报中这样概述："及至年底届期，大多数信局，均能遵令结束。惟有浙江等区，意存观望，推派代表呈请展缓，经部批驳不服，又提起行政诉愿，亦经逐点驳回。"② 也就是说，政府彻底取缔民信局，并没有遭到强有力的抵抗。1934年12月，是近代中国邮政发展史上的重要节点，经过长期的限制、排挤之后，民信局至此全部停业。"此一具有数十年历史之民信局，历经若干年之周折，始逐渐归于淘汰，整国邮权，遂告统一。"③ 从普通民众的反应来说，"自民信局结束后，添设邮寄代办所、村镇信柜邮亭信筒信箱，加添邮班，增用邮员邮差信差及缉私人员。以期民众不因信局取消，而感有何不便也"。④ 关于取缔民信局，有人做过这样的评价："经营了至少五百年的民间信局，终于被国营邮政取而代之，在事实上亦并不尽在于法令

---

① 中央银行经济研究所：《中央银行月报》1934年第9—12期，第2732—2733页。
② 交通部统计室编：《中华民国二十三年度交通部统计年报（二十三年七月至二十四年六月）》，1936年印行，第167—168页。
③ 仇润喜主编：《天津邮政史料》第1辑，北京航空学院出版社1988年版，第104页。
④ 交通部统计室编：《中华民国二十三年度交通部统计年报（二十三年七月至二十四年六月）》，1936年印行，第167—168页。

森严、缉私严禁等措施,而是国营邮政局自身努力振兴业务,调整资费,并充分吸取民间信局的长处,在经营管理上力臻革新,提高服务便民的效率,乃能有成。"①

---

① 晏星编著:《中华邮政发展史》,(台北)商务印书馆1994年版,第259页。

第六章

结　　语

第一节　民信局的兴起与发展是适应商品经济发展需要的结果

在中国传统社会发展的过程中，由于商品经济发展水平落后，长期缺乏方便快捷的信息沟通组织为普通商民服务。到了明清时期，商品经济的发展突破了区域之间的界限，形成商品流通沿运河、沿江、沿海三线共同发展的局面，随着全国范围内区域经济的发展和商品流动的频繁、流通范围的扩大，商品流通路线也在向内陆和边远地区延伸，形成了初具规模的全国性市场网络，有力地促进了地方和区域之间乃至全国范围内的商业一体化进程，专门为商民服务的信息沟通组织的出现才成为可能。晚清时期，随着商品经济的发展，以上海为中心的长江下游经济区、以天津为中心的华北经济区、以汉口为中心的长江中游经济区、以重庆为中心的长江上游经济区、以营口为中心的东北经济区、以福州为中心的东南沿海经济区基本形成，各区域内部及区域之间的商品流通数量进一步增加，范围进一步扩大，带动了一大批新兴商业城镇的兴起，形成了一个以新兴的大小商业城镇和农村镇市为基础组成的商品流通网，民信局因而获得发展良机，寄递地点不断增加，寄递范围不断扩大。同时，晚清时期，随着沿海沿江港口和部分内地城市的逐一开埠，在市场变迁、贸易规模扩大以及交通条件改善等诸多因素的共同作用下，区域之间的经济贸易联系逐渐增强，区域之间的贸易往来总量不断上升，导致中国现代化的空间进程表现为从沿海沿江的通商口岸城市向内陆地区延伸的特征，区域之间频繁的经济交流和互动，加强了全国范围内经济一体化趋势，这在沿海沿江一线的经济较为发达地区表现得尤为明显。

商品经济的发展是民信局产生的根本原因，商品流通网络的扩大是民信局寄递网络展开的基础，随着商品流通路线的相互交织，民信局的寄递路线也在区域内部及区域之间不断开辟和延伸，民信局通信网络也在日益密集。民信局适应区域内部和区域之间大规模商品流通的需要，形成以上海、天津、汉口、重庆、营口、福州等区域经济中心城市为中心展开的寄递网络。这个寄递网络以区域经济中心城市为网络展开的中心，呈现出在不同层次的区域经济中心城镇展开的特点，民信局成为区域内部及区域之间信息沟通、票据往来、银钱汇兑甚至于货物交流的桥梁。

晚清时期形成的民信局空间网络结构呈"丁"字形展开，上海位于这个寄递网络展开的中心和枢纽地位，这是与上海优越的地理位置和作为全国经济中心的地位相一致的。晚清时期，在商品经济发展的基础上，随着国内各区域内部及区域之间的经济联系明显加强，民信局的信息传递和沟通对全国范围内的经济地理布局产生重大影响，促进了各区域内部及区域之间的资源配置和整合，优化了经济地理布局，不但加强了各区域内部的经济联系和区域之间的经济往来，也增强了各区域经济中心城市与上海之间的商品流通，进一步强化了上海的埠际贸易转运中心和枢纽地位，形成商品在全国范围内广泛流通的格局，国内市场出现明显的加强整合的趋势。民信局寄递网络与商品流通网络之间的一致性，即是这种市场整合的重要表现。同时，民信局寄递地点的增多和寄递范围的扩大又使商品流通及资源的配置和整合在更大的范围内展开，近代中国以通商口岸为主体的市场经济的发展，直接推动了城乡商品流通和农村集市贸易的兴盛，使这种市场整合趋势进一步加强。商品流通网络和民信局寄递网络的相互促进，扩大了商品流通的范围，使得各区域能够扬长避短，因地制宜地发展生产，形成各自的经济特色。通过通商口岸地区与内陆地区城乡之间日益频繁和密切的经济互动，进一步带动了区域内部及区域之间的经济重新整合，由此形成晚清时期的商品经济发展呈不断上升的趋势。

中国地域辽阔，各区域商品经济发展水平存在较大差异，这个特点在晚清时期已经比较明显地显现出来。美国汉学家柯文指出：中国的区域性与地方性的变异幅度很大，要想对整体轮廓更加分明、特点更加突出地了解，而不满足于平淡无奇地反映各组成部分间的最小公分母，就必须标出这些变异的内容和程度。他粗略地按照文化差异把中国划分为沿海和内地两大区域。[1] 美国学者施坚雅则主要按地形从空间上把中国划分为华北、西北、长江上游、长江中游、长江下游、东南沿海、岭南、云贵和满洲九大区域。由于各区域商品经济发展水平的差异性，建立在此基础上的民信局寄递网络的密集度在空间上呈现出两个特点：一是呈现出从东中部地区向西部地区逐渐稀疏的特点；二是呈现出从沿海沿江地区向内陆地区逐渐稀疏的特点，经济极不发达的内陆边远地区则没有民信局的设立，这是与区域之间经济发展水平的差异性相一致的。对晚清时期民信局促进商品经济发展作用的评价，也是建立在区域商品经济发展水平差异性基础之上的。

第二节　现代化进程中传统与现代之间的关系

中国作为一个后发外生型的发展中国家，所背负的历史沉重尤其表现在传统因素的深厚和浓重，在现代化进程中不可避免地存在传统与现代之间的关系问题。在过去相关问题的研究中，有一种比较流行的观点，即认为传统与现代是对立的，近代中国社会发展的过程，也就是后者不断克服前者的障碍、摆脱前者残留的负面影响的过程。这无疑存在着把近代中国社会传统与现代相互交织的发展过程简单化的倾向。就民间信局和官办邮政之间的关系来讲，可以比较明显地体现出现代化进程中传统与现代之间复杂的关系。民信局是随着中国自身内部商品经济的发展而出现的一种民营服务组织，其内部组织简单，规模小，资金有限，属于中国传统企业的一种具体形式。作为一种典型的小型传统企业，民信局已经深深地嵌入中国社会中，其运作具有适应国人需要和心态的特点，具有极大的活力和极强的适应性。现代邮政制度移植于西方，其运作具有明显的西方色彩，属仿效西方建立的现代企业制度的一种具体形式。所以，如何看待民间信局与官办邮政之间的关系，在一定程度上表现为如何看待传统与现代之间的关系问题。

---

[1] 参见［美］柯文《在中国发现历史——中国中心观在美国的兴起》，林同奇译，中华书局 2002 年版，第 178 页。

在官办邮政和民间信局共存的过程中，双方之间的关系变化经历了平行发展时期、相互竞争时期和一进一退时期三个阶段。在海关兼办试办邮政和官办邮政建立初期，与民信局相比，官邮不占有丝毫优势，相反，民信局在许多方面具有官邮所暂时无法比拟的优势。"民信局设立既久，且投递迅速，信用可靠，取资低廉，颇为民间所乐用，当时邮局虽已成立，但民信局在社会上已造成一种良善生活，而邮局初创，社会上一般人士对邮局多不能认识，以为邮局投递信件包裹等不若信局之可靠；又信局信资对于熟悉主顾，可多折扣，且可不必先付，得于年终月底或季节作一次之结账，此尤与小商经济之运用大有便宜；更以信局能应主顾之便利，每于适当时候派人临门收信，譬如旧式商店惯例，办理信件每在夜间，则信局对各大市镇，必俟夜深始往收信。凡此皆能适合商人之习惯，而国营邮政尚在萌芽时期，各种设备不全，以视民局势力之根深蒂固，其处境之困难，概可想见。"[1] 但作为一种新型的现代企业组织，官邮在发展的过程中，不仅在邮政网点的普及、邮路的延长、服务项目的增加、资费的降低、垄断现代化的运输工具、查缉民信局的邮件走私等方面与民信局展开竞争，更重要的是，官邮在基本的运作模式上，不断向竞争对手学习，积极借鉴民信局富有本土特色的经营理念和经营制度，利用民信业适应社会需要的运作模式来改造和充实邮政的运作，使其建立在适应国人心态和需要的基础上，并吸取民信局经营和管理中的教训，从而使邮政成功地嵌入中国社会，成为西方制度移植到中国来的成功范例之一，现代邮政所提供的安全、廉价和高效的服务逐渐为国人所认识。邮政事业避免了官僚衙门作风，长期以来，形成了制度比较健全、效率较高的一项公用事业。

对中国社会来说，现代化是在传统社会的基础上开始的，传统因素是现代化的前提和基础，这是中国现代化进程中必须面对的基本国情。就民间信局和官办邮政之间的总体关系来看，双方在共存的过程中，经历了共生、合作、利用、借鉴、竞争等种种关系不断变化的多种形态。所以，在社会发展过程中，传统与现代往往呈现出一种胶着状态，双方之间不但有竞争、冲突、排斥、对抗的一面，也有合作、互补、融合、共生的一面，呈现出的是传统对现代所具有的积极的、推进性的因素。因而，对于现代

---

[1] 张樑任：《中国邮政》(上)，上海书店1990年版，第21页。

化进程中的传统因素来说，既不能视为现代的对立物而予以全盘否定，也不能笼统地视之为优越性而予以全面弘扬，应该采取一分为二批判继承的态度。从现代化视角来审视近代官办邮政和民间信局之间双方势力的演变过程可以看出，不可将"传统"与"现代"简单地对立起来，两者之间并不是截然分开的，应该着重注意的是两者之间的融合。正如虞和平指出的：就中国早期现代化进程的实际情况而言，传统社会因素对于现代化既有相对立的一面也有相适应的一面，就是那些已经发生变异的传统因素也存在着这种两面性。[1]

从中国早期的现代化进程开始，一直到现在所进行的中国特色社会主义现代化建设，中国的现代化进程已经进行了100多年。在这个过程中，一直存在着如何正确处理"传统"与"现代"之间关系问题的争论。对于这个问题，罗荣渠指出："传统与现代性是现代化过程中生生不断的'连续体'，背弃了传统的现代化是殖民地或半殖民地化，而背向现代化的传统则是自取灭亡的传统。适应现代世界发展趋势而不断革新，是现代化的本质，但成功的现代化运动不但在善于克服传统因素对革新的阻力，而尤其在善于利用传统因素作为革新的助力。"[2] 这也是中国在今天进行现代化建设需要认真思考和对待的问题。

第三节　现代化进程中的国家意志

中国传统的政治体系是秦汉以来所建立的一套高度中央集权的完备的封建专制政治体制，这是与小农经济的经济结构紧密联系在一起的，中央政府缺乏对社会的有效控制和动员能力，但对于外源性的现代化国家来说，成功地建立起一套能够有效地推进现代化进程的现代国家体系是这个国家现代化成败的关键。"外源性现代化，特别是延误了的晚近现代化，在其启动阶段非经济因素的作用大于经济因素的作用，其中最突出的是国家即中央政权在推动经济增长与社会变革中的重大作用。这不论在理论上

---

[1] 参见虞和平《关于中国现代化史研究的新思考》，《史学月刊》2004年第6期。
[2] 罗荣渠主编：《从"西化"到现代化——五四以来有关中国的文化趋向和发展道路论争文选》，北京大学出版社1990年版，第33页。

和实践上都是一个值得深入探讨的问题。"① 罗荣渠的这段话无疑强调了国家意志在外源性国家的现代化进程中的作用。中国的早期现代化是在遭受西方列强侵略的情况下,为挽救民族危机和使国家富强而采取的应变行动。一般把始于19世纪60年代的洋务运动作为中国现代化进程的起点,西方邮政制度的引进是洋务运动的重要组成部分之一,具有抵御"客邮"的意图。1866年海关开始兼办邮政,当时中国已经存在适应商品经济发展需要而出现的民信局,因而出现现代邮政和民间信局共存的局面。在双方共存的过程中,先后经历了晚清政府、北京政府和南京国民政府三个时期。在双方竞争和势力演变的过程中,三个政府的不同态度表现出国家意志在现代化进程中的作用。

  晚清政府虽然同意由海关兼办试办邮政并最终于1896年正式开办官办邮政,但它担心邮政的设立会造成社会的动荡,本着"不夺小民之利"的原则,允许民信局继续开办和经营。"不夺小民之利"的原则表现出晚清政府在现代化问题上的价值取向和路径选择,体现出晚清政府缺乏国家主导现代化的自觉意识和行动。虽然到清末新政时期,相比较原来清政府表现出比较强烈的国家主导现代化进程的特征,其中关于邮政是于1906年设立邮传部,其职责为"管理全国轮船、铁路、电线、邮政事务,凡京外官商轮船、铁路各公司、厂局及电局、邮局,并关涉本部各学堂,皆有统辖考核之责"②。但晚清的现代化是由封建统治阶级领导的,他们的思想观念和认识不可能领导中国走向现代化。从实际运作层面讲,晚清现代化是在缺乏中央权威的情况下进行的,其实际领导力量是以汉族为主体的地方督抚,官邮在发展过程中注重利用地方官府的力量保护和推进邮政的发展正说明了这个问题。由于缺乏强有力的中央权威,由于封建专制统治的政治体制没有改变,晚清政府在现代化问题上表现出来的是保守性和局限性相交织的一面,因而最终没有把中国推上现代化之路。但它毕竟开启了中国现代化的大门,在思想认识和制度设计等某些方面为以后现代化的

---

  ① 罗荣渠:《现代化新论——世界与中国的现代化进程》,商务印书馆2004年版,第197页。
  ② 信息产业部《中国邮票史》编审委员会编:《中国邮票史》第2卷,商务印书馆2004年版,第48页。

发展奠定了基础。

在北京政府时期，虽然当时的中国仍处于社会动荡状态，但早期现代化的有些方面却得到了迅速发展，其原因在于北京政府的首脑人物对发展现代化抱有积极的态度，另外还有一批资产阶级上层分子进入政府担任要职，他们积极谋求经济现代化方面的改革，努力加强国家意志对现代化进程的干预，制定了一系列有利于工商业发展的政策法令并付诸实施。其中为推动交通事业的发展，1913年2月，北京政府制定的《工商政策》中，其中一条为"发展交通，以谋地方之兴盛，工商之发达"[①]，邮政即是交通事业的重要组成部分。在官办邮政和民间信局双方的关系上，北京政府已经摆脱了"不夺小民之利"观念的束缚，"辛亥壬子之间，国体变更，人民误解自由，民信局乃有组织信业联合会，请愿政府，主张邮局信局互助合作之举，交通部拒之"[②]。北京政府视民信局为官邮发展的障碍，制定出相关的政策与措施限制和排挤民信局。同时，北京政府积极推进官邮发展，"因制度比较严密，管理机构精干，总局不过百人，效率较高，邮政在北洋政府时期稳步发展"[③]。这表现出国家意志在现代化进程中作用和能力的增强。

在南京国民政府时期，为推进现代化进程，制定了一系列发展工商、财政的经济政策和措施。1929年3月，国民政府在南京召开第三次全国代表大会，通过了《训政时期经济建设实施纲要方针案》，提出建立国民强有力的物质基础应"以交通并发为首要"。1930年3月，国民政府召开的三届三中全会通过了《关于建设方针案》，强调重要的资源及重要的工业都要由国家经营，现有的私营要逐步过渡到国家经营。在这一系列方针政策的指引下，邮政事业在各方面都取得了更快的发展。"本时期邮政已基本上由南京政府管理，惟仍推行法国人帛黎所定的邮区和全程全网通信制度，有较严格的服务规章，邮件能安全、准时投递，职工稳定，是惟一

---

① 虞和平主编：《中国现代化历程 启动与抉择》第2卷，江苏人民出版社2001年版，第382页。
② 实业部中国经济年鉴编纂委员会编：《中国经济年鉴 1934》第十二章"交通"，商务印书馆1934年版，第626页。
③ 许涤新等主编：《中国资本主义发展史》第2卷，人民出版社2003年版，第848页。

效率较高的国营事业。"① 在官办邮政已经完全能够适应社会发展需要的情况下，取缔民信局工作提上了议事日程。

可以看出，晚清政府、北京政府、南京国民政府对待民信局的态度大不相同，由此体现出的是国家意志在现代化进程中的差异。晚清政府没有明确提出和制定打击、排挤或取缔民信局的政策，却多次要求加快官邮发展的步伐，这是在外来危机日益严重情况下的被动之举，这一时期是民信局出现初步萎缩或衰落的时期。北京政府时期，官邮限制、排挤和打击民信局的相关政策陆续制定并实施，表现出国家在主导现代化进程中水平和能力的不断提高，这是民信局在一些地区倒闭和在一些地区衰落的时期。南京国民政府采取一系列的经济政策，全面加强对经济干预的力度和广度，其基本出发点在于稳定和增加收益，致力于建立国家垄断的经济体制，以此加强维护国家稳定和发展的力量，这一时期是民信局衰败时期。在邮政已经得到大力发展，能够适应社会需要的情况下，取缔民信局工作最终得以顺利实施。所以，对于中国这样遭受西方侵略的外源性国家的现代化进程，需要具有权威性的、有强烈现代化意识的中央政府的推动，才能有效地起到整合社会资源、加速推进现代化进程的作用，从晚清政府、北京政府、南京国民政府三个不同时期推动现代化进程的能力和效果来讲，呈现出不断增强的态势。

但从官办邮政完成在邮递事业上的垄断过程可以看出，这是在国家强制干预下行政垄断的结果。所谓行政垄断，是指政府机构利用行政权力对竞争进行限制和排斥，从而使特权企业获得独占地位。在官办邮政和民间信局共存的过程中，官办邮政既是政策的制定者和监督者，也是具体业务的实际经营者，双方之间的竞争不可避免。官办邮政除了在业务上与民信局展开竞争外，它还利用国家政治资源做后盾，在政策上采取各种措施不断排挤和打击民信局，其中包括要求民信局到官邮挂号的强制规定、提高民信局交寄的邮包资费、垄断现代化的运输工具、打击民信局的非法运营行为等方面。所以，近代中国邮政垄断地位的形成是在现代化进程中通过法律和行政手段，在排斥和打击竞争者、限制竞争的过程中形成的，表现出明显的行政垄断性特征。从官办邮政和民间信局之间的博弈来说，民信

---

① 许涤新等主编：《中国资本主义发展史》第3卷，人民出版社2003年版，第101页。

局所具有的竞争优势尤其表现在它所具有的经营理念和经营制度，这也是官办邮政吸收和借鉴的主要方面，民信局的竞争是官办邮政能够快速健康发展的因素之一。对此，官邮也有深刻认识："如果没有民信局作为竞争者，大清邮政局将不会有这样的效率……由于有竞争者，年轻的大清邮政局如一切商行一样，必须迎合他的主顾……为此大清邮政局的大部分成就应归功于竞争者的存在。"① 所以，官办邮政和民间信局之间的竞争，对于双方来说都是有益的。

传统理论认为邮政属于具有自然垄断性的行业，这种观点从以上论述来看是站不住脚的，邮政垄断地位的形成在一定程度上是国家的法律行政力量支持和干预的结果，近代中国邮政在邮递事业上垄断地位的形成即说明了这一点。处于经济转型期的现代中国邮政的垄断地位正面临着各种挑战，以打破垄断局面、引入竞争机制、提高效益、高效经营为基本取向的邮政产业改革已经成为发展趋势。适应经济体制改革需要，在国家宏观经济政策调控下，有些属于竞争性的邮政服务项目正在放开，形成国营和民营相互竞争的局面，这是打破邮政行业行政垄断局面的具体措施，也是建设中国特色社会主义市场经济的具体体现。在这个过程中，行政垄断已经成为建立社会主义市场经济体制的主要制约因素之一，如何规制滥用行政手段和权力限制竞争的问题，是建立社会主义市场经济体制过程中必须认真思考和对待的问题。我国在这方面已经制定颁布了一些法律法规，如1993年颁布实施的《反不正当竞争法》、2007年颁布实施的《反垄断法》等即是具体的体现。

---

① 徐雪筠等译编：《上海近代社会经济发展概况》，上海社会科学院出版社1985年版，第154页。

参考文献

一 档案资料及史料汇编

1. 北京市邮政局史志办公室编：《北京邮政史料》，北京燕山出版社1988年版。
2. 陈梅龙等译编：《近代浙江对外贸易及社会变迁》，宁波出版社2003年版。
3. 池贤仁主编：《近代福州及闽东地区社会经济概况》，华艺出版社1992年版。
4. 仇润喜等主编：《中国邮驿史料》，北京航空航天大学出版社1999年版。
5. 仇润喜主编：《天津邮政史料》第1、2、3辑，北京航空学院出版社1988年版、北京航空航天大学出版社1989年版、北京航空航天大学出版社1990年版。
6. 戴鞍钢等主编：《中国地方志经济资料汇编》，汉语大词典出版社1999年版。
7. 关庚麟署：《交通史·邮政编》第1、2册，交通、铁道部交通史编纂委员会1930年印行。
8. 黑龙江省邮电管理局史志办公室编：《黑龙江地方志邮电志采辑》，1990年印行。
9. 黄胜强主编：《旧中国海关总税务司署通令选编》，中国海关出版社2003年版。
10. 李必樟译编：《上海近代贸易经济发展概况（1854—1898年）》，上海社会科学院出版社1993年版。

11. 李文治、章有义编：《中国近代农业史资料》第1、2辑，三联书店1957年版。
12. 辽宁省地方志办公室编：《辽宁省地方志资料丛刊》第1辑，1986年印行。
13. 楼祖诒编著：《中国邮驿史料》，人民邮电出版社1958年版。
14. 陆允昌主编：《苏州洋关史料》，南京大学出版社1991年版。
15. 茅家琦等主编：《中国旧海关史料》第46、49、152、153册，京华出版社2001年版。
16. 秦惠中主编：《近代厦门社会经济概况》，鹭江出版社1990年版。
17. 全国图书馆文献缩微复制中心：《中国近代邮政史料》，2005年印行。
18. 沈阳市邮政局邮政志办公室编：《中国邮电史料》第1、2辑，1985年印行。
19. 实业部中国经济年鉴编纂委员会编：《中国经济年鉴 1934年》，商务印书馆1934年版。
20. 天津市档案馆等编：《清末天津海关邮政档案选编》，中国集邮出版社1988年版。
21. 吴弘明编译：《津海关贸易年报（1865—1946）》，天津社会科学院出版社2006年版。
22. 吴弘明整理：《津海关年报档案汇编》，天津档案馆等1993年刊印。
23. 武汉邮政志编纂办公室编：《武汉邮政史料》第1辑，1983年印行。
24. 徐蔚葳主编：《近代浙江通商口岸经济社会概况》，浙江人民出版社2002年版。
25. 徐雪筠等译编：《上海近代社会经济发展概况（1882—1931）》，上海社会科学院出版社1985年版。
26. 姚贤镐编：《中国近代对外贸易史资料》第1—3册，中华书局1962年版。
27. 张志和等主编：《全国各级政协文史资料——邮电史料》（上、中、下），北京燕山出版社1995年版。
28. 张志和等主编：《中国邮政事务总论》（上、中、下），北京燕山出版社1995年版。
29. 张铸泉主编：《清末镇江邮界总局档案摘译汇编》，1997年印行。

30. 中国海关学会汕头海关小组等编：《潮海关史料汇编》，1988年印行。
31. 中国近代经济史资料丛刊编辑委员会主编：《中国海关与邮政》，中华书局1983年版。
32. 周勇等译编：《近代重庆经济与社会发展（1876—1949）》，四川大学出版社1987年版。
33. ［日］中国驻屯军司令部编：《二十世纪初的天津概况》，侯振彤译，1986年印行。
34. ［英］穆和德等：《近代武汉经济与社会（1882—1931）》，李策译，（香港）天马图书公司1993年版。

二 地方文献

35. 安徽省地方志编纂委员会编：《安徽省志·邮电志》，安徽人民出版社1993年版。
36. 成都市地方志编纂委员会编纂：《成都市志·邮政志》，成都出版社1993年版。
37. 福州市地方志编纂委员会编：《福州市志》第2册，方志出版社1998年版。
38. 傅崇矩编：《成都通览》（上），巴蜀书社1987年版。
39. 贵州省地方志编纂委员会：《贵州省志·邮电志》，贵州人民出版社1992年版。
40. 湖南省地方志编纂委员会：《湖南省志·邮电志》，湖南人民出版社1995年版。
41. 吉林省地方志编纂委员会：《吉林省志·邮电志》，吉林人民出版社1991年版。
42. 季心田主编：《镇江邮电志》，上海社会科学院出版社1997年版。
43. 林学明、邹文斗主编：《湖北省志·交通邮电》，湖北人民出版社1995年版。
44. 南京市地方志编纂委员会等编：《南京邮政志》，中国城市出版社1993年版。
45. 山东省地方史志编纂委员会编：《山东省志·邮电志》，山东人民出版社2000年版。

46. 上海郊县邮电志编纂委员会编：《上海郊县邮电志》，1995年印行。
47. 四川省地方志编纂委员会编：《四川省志·邮政电信志》，四川辞书出版社1993年版。
48. 苏州市地方志编纂委员会编：《苏州市志》第1册，江苏人民出版社1995年版。
49. 温州市邮电局编：《温州市邮电志》，人民邮电出版社1996年版。
50. 营口市地方志编纂委员会办公室编：《营口市志》第2卷，方志出版社1997年版。
51. 政协宜昌市文史委编：《宜昌市文史资料》第13辑，1992年印行。
52. 政协浙江省湖州市文史委编：《湖州文史》第9辑，浙江人民出版社1991年版。
53. 中华人民共和国厦门海关编著：《厦门海关志》，科学出版社1994年版。

三 期刊、报刊

54. 《大公报》。
55. 《东方杂志》。
56. 《江西省政府公报》1934年第6期。
57. 交通部编：《中华民国二十二年交通部统计年报》，1935年印行。
58. 交通部统计室编：《中华民国二十三年度交通部统计年报》（二十三年七月至二十四年六月），1936年印行。
59. 《申报》。
60. 《中华邮工月刊》。
61. 中央银行经济研究所：《中央银行月报》1934年第9—12期。

四 著作

62. 陈学文：《明清时期太湖流域的商品经济与市场网络》，浙江人民出版社2000年版。
63. 仇润喜、阎启文编著：《天津的邮驿与邮政》，天津古籍出版社2004年版。
64. 戴鞍钢：《港口·城市·腹地——上海与长江流域经济关系的历史考

察（1843—1913）》，复旦大学出版社 1998 年版。

65. 樊如森：《天津与北方经济现代化》（1860—1937），东方出版中心 2007 年版。

66. 复旦大学历史地理研究中心主编：《港口——腹地和中国现代化进程》，齐鲁书社 2005 年版。

67. 李洛之、聂汤谷编著：《天津的经济地位》，南开大学出版社 1994 年版。

68. 李孝聪：《中国区域历史地理》，北京大学出版社 2004 年版。

69. 李毅民、冯双编著：《常增书的集邮道路》，人民邮电出版社 2002 年版。

70. 刘锦藻撰：《清朝续文献通考》，（台北）新兴书局 1965 年版。

71. 刘献庭：《广阳杂记（及其他一种）》，中华书局 1985 年版。

72. 刘秀生：《清代商品经济与商业资本》，中国商业出版社 1993 年版。

73. 楼祖诒、朱传誉：《中国邮驿发达史》，（台北）天一出版社 1975 年版。

74. 罗荣渠：《现代化新论——世界与中国的现代化进程》，商务印书馆 2004 年版。

75. 彭瀛添：《民信局发展史——中国的民间通讯事业》，（台北）"中国文化大学出版社" 1992 年版。

76. 曲晓范：《近代东北城市的历史变迁》，东北师范大学出版社 2001 年版。

77. 山东省邮电管理局史志办公室：《山东邮电史稿》，1982 印行。

78. 商务印书馆编译所编纂：《中国旅行指南》，商务印书馆 1928 年版。

79. 上海社会科学院经济研究所等编：《上海对外贸易（1840—1949）》，上海社会科学院出版社 1989 年版。

80. 王桎：《邮政》，商务印书馆 1935 年版。

81. 王鹤鸣：《芜湖海关》，黄山书社 1994 年版。

82. 吴承明：《中国资本主义与国内市场》，中国社会科学出版社 1985 年版。

83. 吴松弟主编：《中国百年经济拼图：港口城市及其腹地与中国现代化》，山东画报出版社 2006 年版。

84. 谢彬:《中国邮电航空史》,上海书店1991年版。
85. 信息产业部《中国邮票史》编审委员会编:《中国邮票史》第1、2卷,商务印书馆1999年版、2004年版。
86. 徐珂:《清稗类钞》第5册,中华书局1984年版。
87. 许涤新、吴承明主编:《中国资本主义发展史》,人民出版社2003年版。
88. 晏星编著:《中华邮政发展史》,(台北)商务印书馆1994年版。
89. 杨正泰校注:《天下水陆路程·天下路程图引·客商一览醒迷》,山西人民出版社1992年版。
90. 姚曾荫:《广东省的华侨汇款》,商务印书馆1943年版。
91. 邮电史编辑室编:《中国近代邮电史》,人民邮电出版社1984年版。
92. 张海鹏、张海瀛主编:《中国十大商帮》,黄山书社1993年版。
93. 张樑任:《中国邮政》,上海书店出版社1990年版。
94. 张翊:《中华邮政史》,(台北)东大图书公司1996年版。
95. 赵尔巽等撰:《清史稿》第16册,中华书局1976年版。
96. 郑挥:《牛角集——郑挥集邮研究论文集》(民信局篇),未刊稿,2002年印行。
97. 郑林宽:《福建华侨汇款》,福建省政府秘书处统计室1940年印行。
98. 郑曦原编:《帝国的回忆:〈纽约时报〉晚清观察记》,李方惠等译,生活·读书·新知三联书店2001年版。
99. 郑友揆:《中国的对外贸易和工业发展(1840—1948)》,程麟荪译,上海社会科学院出版社1984年版。
100. 中国社会科学院经济研究所编:《上海市棉布商业》,中华书局1979年版。
101. [美]罗兹·墨菲:《上海——现代中国的钥匙》,上海社会科学院历史所编译,上海人民出版社1986年版。
102. [美]马士:《中华帝国对外关系史》,张汇文等译,上海书店2000年版。
103. [美]罗威廉:《汉口:一个中国城市的商业和社会(1796—1889)》,江溶、鲁西奇译,中国人民大学出版社2005年版。
104. [英]魏尔特:《赫德与中国海关》,陈彩才等译,厦门大学出版社

1993年版。

105. ［美］费正清、刘广京编：《剑桥中国晚清史（1800—1911年）》，中国社会科学院历史研究所编译室译，中国社会科学出版社1985年版。

106. ［美］施坚雅主编：《中华帝国晚期的城市》，叶光庭等译，中华书局2000年版。

107. ［日］滨下武志：《中国近代经济史研究——清末海关财政与通商口岸市场圈》孙斌、高淑娟译，江苏人民出版社2006年版。

五　学术论文

108. 陈锋：《明清时期汉口的发展历程》，《江汉论坛》2002年第11期。
109. 陈晓鸣：《九江开埠与近代江西社会经济的变迁》，《史林》2004年第4期。
110. 戴鞍钢：《近代上海的枢纽港地位》，《浙江学刊》2006年第5期。
111. 戴鞍钢：《近代上海与长江流域商路变迁》，《近代史研究》1996年第4期。
112. 戴鞍钢：《近代上海与长江流域市场网络的架构》，《复旦学报》（社会科学版）1996年第5期。
113. 樊卫国：《二十世纪前期长江沿岸城市的外贸互动关系》，《档案与史学》2000年第6期。
114. 傅贵九：《读总署清档·议设邮政随笔》，《历史档案》1984年第3期。
115. 黄福才：《试论近代海关邮政与民信局的关系》，《中国社会经济史研究》1996年第3期。
116. 黄鉴晖：《民信局兴亡简史》，《浙江学刊》1986年第6期。
117. 林成西：《清代乾嘉之际四川商业中心的东移》，《清史研究》1994年第3期。
118. 林真：《福建批信局述论》，《华侨华人历史研究》1988年第4期。
119. ［日］臼井佐知子：《徽商及其网络》，何小刚译，《安徽史学》1991年第4期。
120. 王鹤鸣：《芜湖开埠与安徽近代经济的发展》，《安徽史学》1995年第

3 期。

121. 吴斌祥、谭术魁：《武汉商业市场的转移和贸易腹地的扩大》，《江汉论坛》1993 年第 4 期。
122. 徐建国：《赫德与近代中国邮政制度的确立和初步发展》，《历史教学（高校版）》2009 年第 10 期。
123. 徐建国：《近代民信局的寄递网络研究》，《安徽史学》2009 年第 3 期。
124. 徐建国：《近代民信局的空间网络分析》，《中国经济史研究》2008 年第 3 期。
125. 徐建国：《民信局与侨批局关系考辨》，《福建论坛》（人文社科版）2011 年第 5 期。
126. 徐建国：《清末官办邮政与民信局的关系研究（1896—1911）》，《重庆邮电大学学报》（社会科学版）2011 年第 1 期。
127. 许檀：《明清时期城乡市场网络体系的形成及意义》，《中国社会科学》2000 年第 3 期。
128. 许檀：《清代前期流通格局的变化》，《清史研究》1999 年第 3 期。
129. 许檀：《区域经济与商品流通——明清时期中国经济发展轨迹探讨》，《史学月刊》2004 年第 8 期。
130. 张思：《19 世纪天津、烟台的对外贸易与传统市场网络》，《史林》2004 年第 4 期。
131. 庄维民：《贸易依存度与间接腹地：近代上海与华北腹地市场》，《中国经济史研究》2008 年第 1 期。

六　学位论文

132. 顾臻伟：《苏中邮电事业早期现代化讲程（19 世纪末—1949 年）》，硕士学位论文，扬州大学，2007 年。
133. 吕一群：《晚清汉口贸易的发展及其效应》，博士学位论文，华中师范大学，2009 年。
134. 唐巧天：《上海外贸埠际转运研究（1864—1930 年）》，博士学位论文，复旦大学，2006 年。
135. 张珊珊：《近代汉口港与其腹地经济关系变迁（1862—1936）——以主要出口商品为中心》，博士学位论文，复旦大学，2007 年。

后　　记

本书是在我的博士论文基础上修改而成。时光荏苒，日月如梭，转眼间博士毕业已是七年，但有许多记忆是挥之不去的。1993年从山东师范大学毕业后，进入一所中学工作，原先的激情渐渐消失，深深地感觉到生活的平淡和心中的失落，于是决定再努力一把。在工作八年后，进入大龄硕士研究生的学习行列，虽然生活清贫，但感觉到再次进入学校学习后所带来的快乐，那是一种精神上的愉悦。硕士毕业后，进入一所地方高校工作，又感觉到自己知识上的不足和现实环境的压迫，于是再次拿起了英语和专业课课本，开始了向更高层次的冲击，于2007年9月进入厦门大学学习。

在厦大三年的博士学习生活中，我深感自己的基础薄弱和愚昧迟钝，不敢有丝毫懈怠，整天穿梭在宿舍、食堂和图书馆之间。感谢业师戴一峰教授，在三年的学习生活中，深深地感受到业师所具有的广博的学识、敏锐的思维和开阔的眼界，更深深感受到业师严谨的治学精神和诲人不倦的态度，这也使我有了更为强烈的紧迫感。戴老师在上课的过程中，就我所遇到的问题答疑解惑，对我写的读书笔记进行详细的剖析和讲解，使我受益匪浅。在跟随业师学习期间，所受到的专业训练和学术积累，将使我受益终生。

在完成博士学业后，我进入中国延安干部学院工作，可以说进入了一个全新的工作领域，也曾为自己当初的选择迷茫过。在这七年时间里，我从一名干部教育培训工作的门外汉转变成了一名专职教师，所从事的教学工作获得领导的肯定和学员的好评，所取得的科研成果得到领导和同事的认可。

本书的编辑成书,离不开中国社会科学出版社工作人员的辛勤付出,也感谢学院的领导,在学术著作出版困难的情况下,给予了资助,在此一并表示谢意。

徐建国

2016 年 6 月于中国延安干部学院